《文史哲》与共和国人文学术七十年书系／主编 王学典

《文史哲》与中国人文学术七十年

1951~2021

陈峰 李梅 邹晓东 著

山东大学出版社
SHANDONG UNIVERSITY PRESS
·济南·

图书在版编目(CIP)数据

《文史哲》与中国人文学术七十年.1951～2021/陈峰，李梅，邹晓东著.
—济南:山东大学出版社,2021.7
(《文史哲》与共和国人文学术七十年书系/王学典主编)
ISBN 978-7-5607-7083-3

Ⅰ.①文… Ⅱ.①陈… ②李… ③邹… Ⅲ.①文史哲—
中国—1951—2021—文集 Ⅳ.①C53

中国版本图书馆 CIP 数据核字(2021)第 136452 号

责任编辑 武迎新
封面设计 午 云

出版发行 山东大学出版社
社 址 山东省济南市山大南路 20 号
邮政编码 250100
发行热线 (0531)88363008
经 销 新华书店
印 刷 山东新华印务有限公司
规 格 720 毫米×1000 毫米 1/16
22.75 印张 348 千字
版 次 2021 年 7 月第 1 版
印 次 2021 年 7 月第 1 次印刷
定 价 118.00 元

不入"主流"　难成"一流"

（代序）

王学典

2021 年 5 月 9 日，习近平总书记给《文史哲》编辑部全体编辑人员回信。信中指出："《文史哲》创刊 70 年来，在党的领导下，几代编辑人员守正创新、薪火相传，在弘扬中华文明、繁荣学术研究等方面做了大量工作，在国内外赢得一定声誉。"当前的任务是"深入理解中华文明，从历史和现实、理论和实践相结合的角度深入阐释如何更好坚持中国道路、弘扬中国精神、凝聚中国力量"，"广大哲学社会科学工作者共同努力，在新的时代条件下推动中华优秀传统文化创造性转化、创新性发展"。"高品质的学术期刊就是要坚守初心、引领创新，展示高水平研究成果，支持优秀学术人才成长，促进中外学术交流。"总书记重要回信对办好学术期刊、加快构建中国特色哲学社会科学具有重大意义。

这就要求学术期刊在学术文化发展中承担更多责任、肩负更大使命。于是，产生了一个具有根本性的问题：学术期刊的角色定位是什么？在学术演进的过程中，期刊能起"引领"作用吗？能引导乃至创造学术潮流吗？

在期刊界、在期刊人共同体中，在这个问题上是有较大分歧的。譬如，不少编者认为，期刊只是平台，是媒体，是中介，是集装箱，是公共汽车，是仓储，是码头；当然也有编者说，期刊是指示器，是风向标，是有自己的价值追求的。

上述分歧可以归结为这样一个问题：在学术发展史上，刊物是不是永远是消极的、被动的、次要的？主动的一方、积极的一方、起主体作用的一方，是否永远是作者、是学者?

在我看来,回答当然是否定的。大量事实证明,期刊人也是学术史上的创造者,在学术演化的进程中,期刊也可以成为积极、主动、能动的一方。

众所周知,在民国学术史上,有两份杂志非常著名,一份是陶希圣创办的《食货》杂志,另一份是顾颉刚创办的《禹贡》杂志。章太炎在评价清代学术史时,认为清人治学有四大缺陷,其中之一是"食货之学的缺略"。社会经济史研究也即"食货之学"空白的被填补,是20世纪中国学术最为巨大的贡献。其中,陶希圣创办的《食货》杂志的贡献和作用,为左翼史家和右翼史家所公认。正是这份杂志将分散的社会经济史的研究力量汇聚到一起,又是这份杂志发现和培植了一代社会经济史研究的新生力量。如果说20世纪上半期,有哪一份杂志曾经起过造就和引领学术潮流的作用,非《食货》莫属!《禹贡》也同样如此。如果说《食货》贡献了社会经济史学科的话,《禹贡》则贡献了现代历史地理学。把传统的沿革地理转化为现代意义上的历史地理学,是顾颉刚的贡献,是《禹贡》的贡献。

在国外,期刊引领学术潮流的最典型的例证莫过于著名的《经济社会史年鉴》杂志了。1929年,《年鉴》杂志在法国创刊,随即开启了西方史学的新纪元。正是在《年鉴》杂志这个平台上,形成了风靡全世界的年鉴学派。2019年是《年鉴》杂志创刊90周年,90年来,《年鉴》杂志一直是一代代持相同主张的史学家们的主要阵地,一直在引领着世界史学乃至整个人文社会科学的潮流。作为一家学术期刊,《年鉴》杂志早已成为飘扬在世界学术界的一面旗帜,向我们不容置疑地证明着学术期刊在学术创造中所能达到的高度和极限。

《食货》《禹贡》尤其是《年鉴》杂志的成功表明,期刊人是能参与引领学术潮流的,是能直接介入时代生活的,是能直接参与历史创造的。在新旧学术转型时期,杂志的作用,期刊人判断力、洞察力的作用,尤其明显。而当下,我们正处在又一次学术大转型的关键时刻,期刊人的选择去取能力正面临又一次考验。

1949年以来,中国的人文社会科学已经经历了两次大的范式变迁:一次是从1949年开始,我们经历了从民国学术向共和国学术的巨大转型;另一次是从1978年开始,我们又经历了从“以阶级论为纲”的人文社会科学到“以现代化(西方化)为纲”的人文社会科学的巨大转型。而眼下我们正经历人文社会科学的第三次巨大转型,也就是从“以现代化(西方化)为纲”的人文社会科学向“以中国化(本土化)为纲”的人文社会科学的转变。

我在这里提出近70年来三次学术大转型的分析框架,主要是想说明:一个期刊能否进入所谓的“一流”,和这份期刊对学术大势的敏感与把握有关。本人所在的《文史哲》杂志所享有的历史声誉可以为这个观点提供一个注脚。

2017年,在为迎接李克强总理视察《文史哲》编辑部所做的汇报材料中,我们把《文史哲》的贡献概括为三点:一是在从民国学术向共和国学术的转型中起到了不可替代的作用;二是在研究以儒学为代表的中国传统文化方面一直起带头作用;三是在近年来推动中国文化走出去,与西方自由主义展开对话方面作出了巨大努力。其中,奠定《文史哲》的地位和声誉的最重要的因素,是其在推动近70年来第一次学术大转型方面所起的巨大作用。

1951年5月1日,《文史哲》杂志创刊。甫一创刊,《文史哲》就发起了一系列学术论战,其中比较著名的论战有:古史分期问题论战、农民战争史问题论战、资本主义萌芽问题论战、亚细亚生产方式问题论战。1954年,更发起了《红楼梦》问题论战,这一论战由于受到毛泽东主席的关注,从而演化为一个重大的意识形态事件、学术史事件。纵观这些论战,纵观《文史哲》杂志这一时期所发表的众多文章,就会发现这些论战和文章几乎全部从属于一个主题:用马克思主义,特别是用马克思主义中国化的成果毛泽东思想,来置换在民国时期占主流地位的胡适的实验主义、自由主义。这样看来,《文史哲》在推动从民国学术向共和国学术转型中发挥了巨大作用,甚至是不可替代的作用。所谓不可替代,就是这时没有任何一家杂志能和《文史哲》杂志相比拟,包括当时由中国科学院哲学社会科学学部主办的《新建设》杂志,上海的《学术月刊》1957年才创刊,而当时已经创刊的《历史研究》《经济研究》《哲学研究》由于是专业刊,也没有起到《文史哲》所起的作用。至于为什么只有山东大学及其所主办的《文史哲》杂志这时能起到这个作用,我因有专门的文章发表,这里不再深论。另外,我在这里也只是陈述事实,不作是非判断。总之,一个杂志能否进入所谓“一流”,和这家杂志能否进入时代的思想主流、学术主流密切相关,一个不曾进入主流的杂志和期刊,怎么能办成“一流”呢?

“文化大革命”结束之后,另外一家杂志所享有的辉煌地位也说明了同样的道理。以一篇“读书无禁区”发端的《读书》杂志,从1979年创办伊始,就紧扣“反思‘文革’”“呼吁现代化”“倡导向西方学习”的时代脉搏,在思想文化领域冲锋陷阵,一段时间内走在学界特别是思想启蒙的前列,起到了引领潮流、前驱先路的作用。《读书》杂志对“文化大革命”后30年思想文化史的塑造作用不可低估。如果说《读书》杂志代表或推动了思想文化领域乃至人文社会科学领域“现代化或西方化”范式的崛起的话,那么,现在一个不可否认的事实是,思想文化领域、人文社会科学领域的主流风气已经变了,而许多杂志并没有及时跟进。

从与西方接轨到与传统接轨,从反传统到弘扬传统,从追求西方化到追求本土化、中国化,已成为当下中国人文社会科学领域里的主流。用习近平总书记在2016年5月17日《在哲学社会科学工作座谈会上的讲话》中的话来说,当下学界的主要任务,就是要创建中国特色的哲学社会科学,打造有中国风格、中国气派的学术体系、学科体系和话语体系。总之,创建一个不同于自由主义的哲学社会科学的中国范式,已成为上下共同关注的重大问题。积极投身到这一伟大事业中去,不仅是期刊能否成为一流的需要,更是期刊不容推卸的历史责任。

无论从哪个角度看,中国改革开放以来的快速工业化进程都是惊人的,在30多年的时间内,中国不但基本完成了从延续了5000年的农耕社会向工业社会的转型,用一代人的时间走完了西方两三百年所走过的路程,而且这种转型走的还是一条迥异于西方的独特的工业化道路。譬如,西方的经济学教科书告诉我们:市场经济的建立是以产权清晰为前提的,但中国恰好是在产权模糊的背景下建立起市场经济体系的。又譬如,这些教科书还告诉我们,政府消极乃至缺席才能发展市场经济,但中国走的恰好是政府在场乃至政府主导的市场经济道路,等等。总之,中国走过的这条独特的工业化道路,给人类社会向工业化社会转型提供了哪些西方没有的东西?这条道路颠覆了哪些基于西方经验的社会科学结论？这条被称为“中国道路”的模式的特征和问题在哪里？这些都是需要我们认真去回答的问题。但现在的人文社会科学却无力承担这一历史重任。我们的人文社会科学学科体系，是20世纪初以西方特别是以欧美学术为蓝本建立起来的。这个体系的所有层面和板块主要是西方的，包括所有的理论工具、基本预设、方法路径等，基本上是一种全盘性的横向移植。这套西方的解释体系与中国经验之间存在着巨大的脱节，则是自20世纪二三十年代以来学界有目共睹的事实。此一脱节现象近几十年来表现尤剧。中国近40多年来以快速工业化为内容的经济奇迹的发生，用西方的“经济模型”和“社会模型”是无法解释的，但我们又没有同步发展出基于中国经验的自己的“模型”，所以呼唤本土模型的主张应运而生。创造一种从中国经验出发，以回答中国问题为鹄的，并最大限度地尊重中国特点、中国文化、中国传统、中国材料、中国数据、中国案例的，而且有别于自由主义的哲学社会科学的新范式，从而改变一百多年来把中国“西方化”这一趋势和现状，是当下中国哲学社会科学界面临的主要历史任务，也是中国期刊界义不容辞的时代使命。

将自己所在的杂志办成“一流”，引领潮流，是多数期刊人的梦想与追求，而进入当下的文化主流、思想主流和学术主流中去，则是实现这一梦想与追求的第一步。

总书记重要回信为办好“一流”期刊提供了最新指引，明确了人文学术期刊的使命担当。《文史哲》将在新的历史起点上再出发，开启更加美好的未来。今后，我们将以总书记重要回信为根本遵循，坚定不移地奋力前行，不辜负历史，不辜负新时代，在共和国人文学术的第三次转型中再立新功！

2021年5月

目　录

上编

从民国学术到共和国学术:《文史哲》与新中国人文学术大转型

中编

枯木逢春:《文史哲》与中国古典学术的复兴

下编

重返本土:《文史哲》与21世纪以来的中国学术气候变迁

上编

从民国学术到共和国学术：

《文史哲》与新中国人文学术大转型

引言　新学术时代的开启与《文史哲》的创办

1949 年中华人民共和国建立，不仅带来了社会政治方面翻天覆地的巨变，也昭示着学术上一个新的时代的降临。群星闪耀、流光溢彩的民国学术即将终结，焕然一新的共和国学术正徐徐拉开帷幕。民国学术堪称春秋战国以降中国学术的又一高峰。这一学术高峰的形成，既是中国学术两千年积累演进的结果，又是西学植入、与中学碰撞交流的产物。民国学术高峰的铸就，不但是思想学术自身发展的逻辑使然，更与近代中国社会结构的剧烈变动相表里。民国学术已经不再是民国时期学术的简称，而成为中国学术史上一个专有名词、一个象征符号。以至于近年来，在学界与民间的双重驱动下，民国学术被罩上了一道神圣的光环。

那么究竟何为民国学术，其与以往和此后时期不同的特点何在？欧阳哲生指出："民国学术之所以自成一个单元，其根据在于它拥有区别于前之清代学术、后之新中国学术的精神特征、学术制度和学术风貌。"其学术形态是"以引进西方学术制度为主导，以现代学科体系为架构，以新型的大学研究院为学术单位，以生产新学术成果为导向"。他将民国学术称为"中国现代学术形态的生成时期"。① 相关学者对近代中国"新学术运动"的概括和描述也可为把握民国学术的特质提供一种参考。② 所谓"新学术运动"，是从清末尤其是新文化运动以后，一批"新知识阶层"，为救国向西方学习"思想、学术、文化"。他们主张"学术独立"，认为"学术、文化发展的基础是自由，是不受任何教条的指导或干涉"，刻意创造一种"自我疏离感"，由"求道"转为"求知识"，倡导"为学问而学问"。概

① 欧阳哲生：《民国学术之历史定位》，《史学理论研究》2020 年第 1 期。

② 参见王汎森：《"主义"与"学问"——1920 年代中国思想界的分裂》，许纪霖主编：《启蒙的遗产与反思》(《知识分子论丛》第 9 辑)，南京：江苏人民出版社，2010 年，第 221～255 页。

括言之,民国学术是一种深受西方影响的中国现代学术,它几乎全面接受了西方科学的价值、技术和制度,是以西方标准改造中国学术的一种尝试。

不管从何种视角来看,民国学术的成就都是空前的。它是中国学术史上的一个黄金时代,构成了中国学术现代化历程中不可或缺的一环。可以肯定地说,民国学术是超越于清代学术之上的。[①] 清代学术尽管是中国传统学术的集大成者,但仍不能与民国学术相比肩。比如,疑古派领袖顾颉刚曾坦承其自身的功力远逊于清代学者、宋代学者,却能超迈其上,青出于蓝而胜于蓝,首先得益于民国初年新文化运动所造成的学术风气。自由开放的学术风气,是学术上产生伟大创造发明以及涌现大师、经典的前提和土壤。这一外部环境显然是思想文化专制达到高峰的清代所不具备的。另外,民国时期西学的大规模引进给中国学术古老的躯体注入了新鲜血液,甚至从某种程度上说是血液的置换,这种学术上的大变革、大改造、大转折,又岂是清代学者能够企及的?

另一方面,民国学术与共和国学术存在很大的关联性,从民国学术过渡到共和国学术不仅是时势转移的结果,更有其学术上的内在逻辑。

以往论者多着眼于民国学术的主流或正统,往往忽略了民国学术本身的复合性、动态性,忽视了民国学术内部存在的歧异和分化。其实,民国学术并非整齐划一、一成不变,而是多种路向并存、不断变动的。“新学术运动”与“主义”间的紧张就说明了这一问题。在“五四”前后,以俄国十月革命成功及一战结束为背景,国内无政府主义与共产主义等“主义”崛起,关于救国道路的认识出现严重的分裂。在主张学术救国与学习英美一派之外,形成了步趋苏俄、倡导社会革命的一派。20 世纪 20 年代起,思想界出现了“为主义而学问”的学问观。新主义者“想用一种最新的、最进步的主义来指导一切,涵盖一切,解释一切,尤其是在人文社会的领域”[②]。他们将“为学问而学问”的学术斥为“虚伪的旁观主义”,认为所有学问应该是“社会的”“阶级的”。总之,民国学术是一个多元复合体,其内部有正统与异端、中心与边缘之分。而“正统”和“异端”是相对的、不固定的,一旦均势被外来的某种力量所打破,二者的易位也就在所难免。当马克思主义这个“异端”伴随着政权更迭的政治力量开始支配诸思想文化领域时,旧

---

① 学界对此有不同看法,参见葛剑雄:《被高估的民国学术》,《文汇报》2015 年 10 月 17 日。

② 王汎森:《“主义”与“学问”——1920 年代中国思想界的分裂》,许纪霖主编:《启蒙的遗产与反思》(《知识分子论丛》第 9 辑),第 235 页。

的“正统”也就走向了末路。

从更广阔的视野来看,从民国学术到共和国学术,即通常所说的“五四”以后的中国现代学术史,可以视为实验主义和马克思主义两大思潮的对抗史。大体说来,实验主义在民国年间特别是抗战全面爆发之前居于正统地位、主流地位,马克思主义则处于边缘状态和半地下状态。民国时期重要的学术机构、学术团体和学术刊物大部分是实验主义的阵地,核心学术资源几乎全部被实验主义的领袖胡适的门生故旧所掌控。马克思主义于“五四”前后开始大规模引入和传播,至 20 世纪 20 年代末平地崛起,尤为青年群体所追捧。但由于马克思主义与左派革命运动的关联性,学院派多不认可其为纯学术、真学术,而视之为半政治半学术,或学术与政治的混合体。因而,马克思主义学派很少有资格进入最高学术殿堂。抗战时期,国难当头,学风丕变,实验主义开始走下坡路,马克思主义能够与现实相呼应,地位呈上升态势。同时,马克思主义由于能够反思自身存在的弊病,汲取实验主义之长,不断走向成熟,为 1949 年后进入主流埋下了伏笔。

1949 年后,随着政权鼎革,学术界也乾坤倒转,从民国学术向共和国学术急速转向。在很大程度上,共和国学术对民国学术的取代,即是马克思主义取代实验主义。新中国成立初期大大小小的思想运动,矛头最终指向的就是胡适的实验主义。从马列主义理论学习运动到《红楼梦》事件,最后到全国性胡适思想大批判,都促进了新中国成立初期的意识形态传播与学术转型。1958 年后,实验主义已被彻底打倒,在学术界声名狼藉,马克思主义取得了独一无二的权威。此后,随着共和国学术的演化,马克思主义学术内部的激进派与稳健派之间的冲突上升为主要矛盾。① “文化大革命”时期在极“左”路线的支配下,马克思主义学术陷入巨大的危机之中。“文化大革命”结束后,“回到乾嘉去”的暗流涌动,实验主义再度抬头。中国现代学术又回归到两大思潮、两大学派相互制衡、相互推动的道路上。但这是一种更高层次的回归,一种新的语境下的回归。

《文史哲》杂志正是诞生和成长于从民国学术向共和国学术转型时代。它不但是这场学术转型的亲历者和见证者,而且还一度充当了推动者和引领者。

① 参见王学典:《近五十年的中国历史学》,《历史研究》2004 年第 1 期。

《文史哲》杂志既载入了这一段学术史,又堪为这一段学术史的代表。那么,1951 年诞生的《文史哲》是如何与共和国人文学术大转型紧密缠绕联结在一起的?为什么这样一份产生于政治中心、文化中心之外的刊物竟能主动承担起引领学术转型的重大使命?这就必须考察《文史哲》创刊的种种机缘。

恰如有关学者所言,新中国成立初期的“几份史学刊物都带有地方特色,与一些学者个人兴趣和努力相关”①,《文史哲》的创建便离不开一个关键性人物——华岗。从某种意义上讲,没有华岗就没有《文史哲》,没有华岗主政下的山东大学就没有《文史哲》50 年代的辉煌发展。“华岗是 20 世纪 50 年代《文史哲》的代名词,华岗的思想是《文史哲》的灵魂。”②我们先看华岗与《文史哲》的因缘际会。

华岗于 1925 年加入中国共产党,积极投身革命事业。抗战爆发后,华岗在国民党统治区从事党的理论宣传工作,任《新华日报》总编辑、中共南方局宣传部部长等职。同时,他又将革命现实斗争的需要和经验投射于学术领域,其史学研究重点就主要集中于“中国革命史”范围内。此外,他还在哲学、文学等诸多领域均有建树,是中国马克思主义学术范式的主要缔造者之一。华岗集革命家与学问家于一身,可以说,他是一位将“严肃的学者”与“热情的老布尔什维克”两种素质完美结合在一起的“党内学者”代表性人物。③ 而正是华岗“敏锐的政治嗅觉”和“新闻宣传工作者特有的敏锐眼光”对其日后山大的教学科研主持工作起了推动和引领作用。④

1950 年 4 月,华岗出任山东大学校长兼党委书记。他非常重视人文学术研究。1951 年春的一个夜晚,华岗邀请副校长陆侃如、历史系主任杨向奎、教师孙思白等在家中商讨创办综合性学术刊物问题,后来此商讨又得到童书业、赵俪生、冯沅君等人的支持。经讨论,刊物宗旨确定为“繁荣学术,培养人才,发现人才”,推举华岗为杂志社社长,副校长陆侃如和文学院院长吴富恒为副社长,杨

① 罗志田:《文革前“十七年”中国史学的片断反思》,《四川大学学报(哲学社会科学报)》2009 年第 5 期。

② 刘培平:《华岗与 20 世纪 50 年代山东大学的辉煌》,《山东大学学报(哲学社会科学版)》2003 年第 5 期。

③ 参见王学典、黄广友:《华岗:中国马克思主义学术范式的构建者》,《文史哲》2011 年第 5 期。

④ 参见刘培平:《华岗与 20 世纪 50 年代山东大学的辉煌》,《山东大学学报(哲学社会科学版)》2003 年第 5 期。

向奎为主编,编委会由历史系和中文系教师组成,负责日常工作。1951年5月1日,《文史哲》创刊号诞生。《文史哲》创刊之初为同人杂志,自办发行,具有"自治"性质,但却是全国高校第一家文科学报。当时"全国无人敢办同人刊物"①,也可见《文史哲》的诞生恰得益于华岗的魄力与胆识。

可以说,华岗不仅是一名杰出的学者,更是一位出色的战略科学家。华岗对新中国学术发展是具有宏观的判断和规划的。最典型的是,对胡适实验主义的批判不是偶发的、随机的,而是有计划、有步骤的。从批判"古史辨",到批判"井田辨",再到批判"红楼梦辨",这一系列动作就说明了这一点。据社长吴富恒回忆,华岗之所以创办《文史哲》,不仅仅是为开辟新学术园地,而且是"要通过《文史哲》打破旧有的、单一的学术模式,建立起一种辩证唯物主义的、历史唯物主义指导下的新的学术范式"②。再进一步讲,华岗的办刊理念与其政治理念密不可分。他认为新中国高校改革的成败关键在于党的理论和政策的落实,因而尤为重视政治思想工作和理论工作的领导。在教学科研中,华岗尤为重视马克思主义的宣传和落实工作。他不仅亲自给全校师生开设"社会发展史"政治大课以及作时事报告来讲解马列主义,使"学习马列很快成为山大教师的一种时尚"③,而且将马列主义理论与实际相结合的理念运用到《文史哲》办刊中。一方面,华岗通过《文史哲》的工作,鼓励山大文科教师"运用马克思主义批判唯心史观,联系自己学术思想,重新研究中国古代文化遗产"④。教师因此无形中掌握了马列主义新观点来从事科研工作,《文史哲》因而也得到有新意的文稿。而华岗在坚持为《文史哲》终审文稿的同时,又带头写稿,为那时知识分子学习马克思主义起到了表率作用。1951～1955年,他先后在《文史哲》发表了近40篇文章,"这些文章的主题,集中到一点就是结合中国革命实际和历史实际阐明马克思列宁主义、毛泽东思想"⑤。另一方面,华岗又提倡学术自由讨论,反对将马

---

① 刘光裕:《华岗与〈文史哲〉》,周广璜、李扬眉编:《继绝开新　作者读者编者回忆〈文史哲〉》,北京:商务印书馆,2011年,第72页。

② 吴富恒:《〈文史哲〉的创刊与发展》,《文史哲》2001年第3期。

③ 刘光裕:《华岗与〈文史哲〉》,周广璜、李扬眉编:《继绝开新　作者读者编者回忆〈文史哲〉》,第63页。

④ 葛懋春:《回忆早期〈文史哲〉杂志社社长华岗同志》,周广璜、李扬眉编:《继绝开新　作者读者编者回忆〈文史哲〉》,第54页。

⑤ 葛懋春:《回忆早期〈文史哲〉杂志社社长华岗同志》,周广璜、李扬眉编:《继绝开新　作者读者编者回忆〈文史哲〉》,第53页。

克思主义定于一尊。“虽然他反对为学术而学术的超阶级、超政治的‘纯技术主义’,但他认为,让人们接受马列主义最好的方法与途径,是自由讨论或辩论。”① 华岗在领导《文史哲》工作中,顺应学术的本性,充分发扬学术民主,在明确学术与政治问题界限的基础上,重视组织学术上不同意见的争论。譬如《文史哲》中关于“中国古史分期问题”的讨论,“战国封建论”“魏晋封建论”之类的文章的发表,便与华岗倡导学术争鸣密切相关。也正是出于学风上的民主,《文史哲》延揽了一批老学者,又扶植培养了诸多中青年学者乃至“小人物”等新生力量。正因华岗的领导,《文史哲》得以开风气之先,充当了弄潮儿的角色,引领了全国学术潮流。

如果说华岗为《文史哲》的创刊“掌舵”的话,那么山东大学则为《文史哲》的发展奠定了雄厚的根基与强大的学术支撑。具体而言,山东大学的“红色”基因及名家学者的汇集是不得不提的两大因素。

山东大学作为一所国立大学,在 20 世纪 30 年代时就聚集了老舍、闻一多等名家,诸学派云集,古典学术研究力量雄厚,已成为现代学术重镇。1951 年 3 月,山东大学与华东大学合并。华东大学是山东解放区为培养急需的党政干部而创办的兼具党校性质与政治短训班性质的政治大学,其学生多为革命青年,教师则为参加革命较早的知识分子,政治意识更加自觉,这使得山东大学被迅速地政治化,革命氛围浓厚。两个学校合并,“是政治与学术的合并,是学院与意识形态的合并,是时代需要与科研的合并”②。新山东大学在华岗主政下,由旧大学向新型社会主义大学转型,50 年代“以不守旧、趋时而著名”③。

50 年代山东大学文史哲领域的学者班底的汇集可溯及至抗战胜利后的复校时期。当时校长赵太侔吸收蔡元培兼收并蓄的办学思想,营造学术自由的宽松氛围,不拘一格招揽人才,这些因素促使一批学者在抗战胜利后纷纷投奔山大。④ 华岗主政山大后,为完善学校学科建设,于 1951 年单独成立历史系,由杨向奎担任主任,并增聘文史学者来山大任教。1952 年院系调整,齐鲁大学文史

---

① 杨敏:《〈文史哲〉的 20 世纪 50 年代:在学术与政治之间》,《中国新闻周刊》2011 年第 44 期。

② 王学典:《学术与意识形态的高度缩合——山东大学 20 世纪 50 年代文科辉煌的由来》,《把中国“中国化” 人文社会科学的近期走向》,上海:上海人民出版社,2017 年,第 239 页。

③ 赵俪生:《篱槿堂自叙》,上海:上海古籍出版社,1999 年,第 240 页。

④ 参见刘光裕:《华岗与〈文史哲〉》,周广璜、李扬眉编:《继绝开新 作者读者编者回忆〈文史哲〉》,第 61 页。如冯沅君、陆侃如、杨向奎、丁山、童第周、萧涤非等知名学者就于此时加盟山东大学。

系被撤销后的师资并入山东大学历史系,进一步增强了山东大学文史人才力量,“文史见长”的学科发展战略于此提出。就当时具体学科情况来说,山东大学“坐享其成”地拥有了一批已经成名的文史领域的教授。就历史系而言,除以杨向奎、童书业、黄云眉、张维华、郑鹤声、王仲荦、赵俪生、陈同燮为首的“八马同槽”外,还有吴大琨、许思园、华山、丁山、卢振华、莫东寅、袁寿椿、韩连琪、孙思白、蒋捷夫等一大批优秀历史学者,他们在中国古代史、近代史、思想史、农民战争史等研究领域均有代表性建树。① 因而,山大历史系在当时国内综合性大学的历史系中实力不俗。在中文系方面,有号称“四大金刚”的冯沅君、陆侃如、高亨、萧涤非以及其他的著名学者为山大中文系的强盛增添了强大动力。② 哲学方面,则由华岗亲自领导,积极开展对于马克思主义的哲学探讨。这些学者又构成了《文史哲》的编辑班底,同时也是《文史哲》的主要供稿者。如罗竹风所言,“《文史哲》的诞生绝不是什么偶然的,而是在当时山大学术空气浓厚的具体历史背景下合乎规律的事态发展”③。

但从另一方面而言,囿于历史系建制是在新中国成立之后,如果将当时的山东大学与北京大学等老牌名校相比的话,它的学术力量还是稍逊一筹的。但是它出彩在哪里呢? 出彩的地方正在于这些学者掌握了马列主义这个学术研究的思想武器,并以此来指导学术研究。“在 1950 年代那种举国学习马列主义、学习毛泽东思想的气氛之下,学术界的中心问题,是如何在史学界贯彻马克思主义,而不是整理史料。”④同时,这些被纳入计划管理体制内的学者,又在华岗的领导下以《文史哲》为平台展开一系列学术论战,从而走在全国学术发展的前列。《文史哲》“不但把已有地位的山大中文系突出地摆在同行面前,也使刚刚从中文系独立出来的山大历史系陡然崛起于兄弟大学历史系甚至于一些老牌历史系之间”⑤。可以说《文史哲》促进了山大历史系的学科建设,而历史系学

① 具体而言,杨向奎专攻中国古代社会和思想领域,童书业的春秋史研究国内一流,王仲荦的魏晋封建论自成体系,赵俪生的中国农民战争史、土地制度史研究颇为精深,吴大琨以中国经济史研究见长。

② 如冯沅君、陆侃如的中国古典文学研究,高亨的文字训诂,萧涤非的杜甫研究等,均在学术界首屈一指。

③ 罗竹风:《回顾以往　激励未来》,《文史哲》1986 年第 5 期。

④ 王学典:《学术与意识形态的高度绾合——山东大学 20 世纪 50 年代文科辉煌的由来》,《把中国“中国化”人文社会科学的近期走向》,上海:上海人民出版社,2017 年,第 237 页。

⑤ 徐显明:《〈文史哲〉与山东大学文科建设——〈文史哲〉创刊 50 周年献词》,《文史哲》2001 年第 3 期。

者又推动了《文史哲》的发展。

不难发现，新山东大学实际达到了政治和学术两因素的平衡，这种平衡恰好为时代所需。《文史哲》借此平台，由政治家与学问家联手办刊，政治为学术导向，学术凭借意识形态指导实现了新旧范式的转型。

1953 年，《文史哲》从学者们的同人刊物改成由山东大学学报委员会编辑出版，正式成为“山东大学学报之一”。它“背靠山大面向全国”，“有山大强大的文史阵营作后盾，又得到全国文科学界的有力支持”。① 实际上它早已超出了一校学报的范围，成为社会性的学术刊物，成为全国学术界的一个学术阵地。

《文史哲》自创刊始，便将“通过刊载应用新观点、新见解的研究文章，提高自己的理论水平与学术水平，推进学校文科的教学与科研”②作为最初的办刊宗旨，此后又将“扶植小人物，延揽大学者”定为办刊宗旨。在刊物发展过程中，《文史哲》以“百花齐放，百家争鸣”为办刊原则，坚持走“专家办刊，学者立刊”之路，以“‘预’学术潮流为使命，不断发掘新的选题，展开大规模的争鸣”③，成为 50 年代思想文化展现领域内的一面学术旗帜。《文史哲》作为 20 世纪后半期文史领域各种学术思潮的领导者和参与者，最能折射出当代中国学术发展的轨迹。通过《文史哲》这个窗口，我们可以考察共和国人文学术的转型及学术政治化模式的形成及其成败得失。

---

① 孔繁：《我所知道的〈文史哲〉》，周广璜、李扬眉编：《继绝开新　作者读者编者回忆〈文史哲〉》，第 27 页。

② 《编者的话》，《文史哲》1951 年第 1 期。

③ 刘京希、李扬眉、郭震旦：《学术期刊的学术史角色建构——以〈文史哲〉的历史变迁为视角》，《中国编辑》2017 年第 10 期。

第一章 新中国历史学“五朵金花”的绽放

民国学术与共和国学术代表着两个迥然不同的学术时段，二者之间的差异实质上是两种学术路数的分野。主要表现为以下四端：第一，在学术与时代的关系上，前者执守“为真理而求真理”的为学理念；而后者则主张撤除学术与时代、历史与现实之间的藩篱，力倡学术向政治靠拢。第二，在理论与材料的关系上，前者强调“拿证据来”，“有一分材料说一分话”，“没有材料就不说话”；[①]后者则强调理论的先决地位，尤其将其作为治学的首要环节，甚至认为“不用正确的理论来分析研究，史料等于废物”[②]。第三，在宏观与微观的关系上，前者认为一个字的古义的辨识与天文学上发现一颗恒星有同等价值，主张小题大做，选题越小越好、越冷偏越好，走向极端者则沉醉于对细枝末节的追逐之中而不能自拔；后者则一直致力于研究社会文化的大变动、大关节和大转折，倾心于宏大叙事的建构。第四，在普及与专精的关系上，前者走的基本上是一种学院派的路子，注重研究高深学术；后者强调知识学问向大众普及，为大众所接受，发挥思想改造和精神动员作用。[③] 这两种学术路数的较量博弈发端于1949年之前，前者一度占居上风。而1949年之后的中国学术史，是民国学术步步退却、共和国学术强势推进的历史。整个学术界乾坤倒转，可谓“流水落花春去也，换了人间”。《文史哲》杂志就是在这一大势下诞生并顺应了这一大势而迅速崛起的。

《文史哲》杂志创刊伊始，就卷入到“五朵金花”问题的大讨论中。新中国成立后十七年，最具影响的史学研究当数以“五朵金花”为代表的历史理论问题的

---

① 傅斯年：《历史语言研究所工作之旨趣》，《国立中央研究院历史语言研究所集刊》第一集第一分，1928年10月。

② 翦伯赞：《目前历史教学中的几个问题》，《红旗》1959年第10期。

③ 参见王学典：《近五十年的中国历史学》，《历史研究》2004年第1期。

讨论。“五朵金花”指的是中国古代史分期问题、中国资本主义萌芽问题、中国封建社会农民战争问题、中国封建土地所有制形式问题和汉民族形成问题。从学术发展脉络来看,“五朵金花”问题实际是民国唯物史观史学中的问题探讨在新中国成立后的延续性发展,是唯物史观运用中对人类历史发展过程的总体认识,其中涉及的理论内核正是社会形态问题及历史发展动力等历史理论问题。而就社会背景层面而言,它们都是社会现实问题催生的产物,“一般都和中国的前途和命运息息相关,都直接服务于急风暴雨式的革命战争”①,又表现出强烈的现实政治诉求。民主革命时期,中国面临“向何处去”的革命道路选择问题。部分学者在社会史论战中将马克思主义的社会形态理论运用到史学研究中去,以“论证马克思主义对于研究中国历史的普遍性”②;新中国成立后,社会主义建设和发展道路的“政治正确”亟待理论上的“合法性”阐释与论证。除了已经成熟运用唯物史观的马克思主义史家外,那些民国时期以史料考证为主的“旧史家”也主动或被动地参与到“五朵金花”问题中去。因“其辩论规模之大,参与人数之多,涉及问题之广,持续时间之长,讨论程度之深入,在中国近现代史学史上都是空前的”③,这一学术事件对研究新中国成立后马克思主义史学尤其是十七年史学的重要性不言而喻。

《文史哲》作为共和国初期构建马克思主义学术的重要阵地,它“力图把社会发展形态、阶级斗争等理论引入人文学科的各个领域”④,并由此发掘出新研究课题。于史学研究领域而言,在五六十年代,《文史哲》刊登了大量与“五朵金花”问题相关的讨论文章,其中又以中国古史分期问题、资本主义萌芽问题、农民战争问题这“三朵金花”为主要讨论对象。这些学术讨论预学术发展之流,切实体现了“百家争鸣”精神。那么在相关问题讨论中,《文史哲》是如何体现学术与政治间的紧张关系的?李怀印认为,曾“受过强调仔细考证的传统训诂学的

---

① 王学典:《五朵金花:意识形态语境中的学术论战》,《文史知识》2002 年第 1 期。

② 蒋海升:《“西方话语”与“中国历史”之间的张力——以“五朵金花”为重心的探讨》,山东大学博士学位论文,2006 年,第 37 页。

③ 张越:《“五朵金花”问题再审视》,《中国史研究》2016 年第 2 期。

④ 蒋海升:《政治与学术的互动——20 世纪 50 年代的〈文史哲〉》,《文史哲》2001 年第 4 期。

熏陶”和“接受西方史学传统的训练”的资深史学家,在面对“学科化”[1]问题时,“不仅意味着高度教条化的马克思主义学说的应用,而且使之有可能再度强调严谨的专业训练”[2]。在史学教条化之外,学人如何延续带有历史主义倾向的学术传统? 再进一步讲,在外源因素政治力量的裹挟之下,历史研究在“被学科化”过程中如何强化自身专业性? 诸此种种,皆有助于我们通过《文史哲》这个学术媒介进一步思考共和国的学术转型问题,而这也是本章主旨所在。

第一节　重启古史分期讨论　构建中国历史体系

马克思主义的社会形态理论通常被概括为五种生产方式学说。学界多将五种生产方式说追溯至马克思在《〈政治经济学批判〉序言》中的一段话:“大体说来,亚细亚的,古代的、封建的和现代资产阶级的生产方式可以看作是社会经济形态演进的几个时代。”[3]不过,在这一表述中,亚细亚为地域名词,古代为时间名词,与封建的、现代资产阶级的不在同一逻辑层次。马克思这段话的意思并不十分确定,为后世留下了巨大的阐释引申的空间。

真正以明确、完整的形式提出“五种生产方式说”,并将其定于一尊的是斯大林。他在《辩证唯物主义和历史唯物主义》中指出:“历史上有五种生产关系:原始公社制的、奴隶制的、封建制的、资本主义的、社会主义的。”苏联哲学家罗森塔尔与尤金主编的《简明哲学辞典》,把斯大林所说的五种基本生产关系引申为五种社会经济形态,并认为是人类社会必经的。《联共(布)党史简明教程》将这一认识作为定论,奉为社会历史研究的范型。

五种生产方式学说同样被运用于观察中国社会历史进程:“中华民族的发展(这里说的主要地是汉族的发展),和世界上别的许多民族同样,曾经经过了若干万年的无阶级的原始公社的生活。而从原始公社崩溃,社会生活转入阶级

---

① 李怀印认为,学科化“是把共产党史学家所倡导的革命叙事,转化为标准的历史表述的种种努力,为此必须建立一个正式的诠释框架,采用标准的历史分析和描述方法,制定一套有关该领域重大事件的概念和假设”。学科化之后,“史学从一个反映生动的现实和表达个性的学科,转变为对过去历史的毫无生气、千篇一律的解释”。(参见[美]李怀印:《重构近代中国——中国历史写作中想象与真实》,岁有生、王传奇译,北京:中华书局,2013 年,第 20～22 页)

② [美]李怀印:《重构近代中国——中国历史写作中想象与真实》,第 22 页。

③ 《马克思恩格斯选集》第 2 卷,北京:人民出版社,1995 年,第 33 页。

生活那个时代开始,经过奴隶社会、封建社会,直到现在,已有了大约四千年之久。”“中国封建社会内的商品经济的发展,已经孕育着资本主义的萌芽,如果没有外国资本主义的影响,中国也将缓慢地发展到资本主义社会;外国资本主义的侵入,促进了这种发展。”“自从一八四〇年的鸦片战争以后,中国一步一步地变成了一个半殖民地半封建社会。”现阶段“民主主义革命是社会主义革命的必要准备,社会主义革命是民主主义革命的必然趋势”①。这一权威论断在很长一段时期内成为中国史研究的理论指南。

经典作家和革命领袖的论断毕竟是宏观和高度概括的,不可能对中国历史上众多的历史问题和历史现象做出具体回答。进一步说,五种生产方式学说主要是从欧洲历史发展中抽象出来的,不是建立在中国的历史经验的基础上的,理论原则与历史实际之间存在不小的差距。因此,在运用五种生产方式考察中国历史时,学者们产生很大分歧,反复争论不休。这就引发了古史分期问题大讨论。

中国古代史分期问题,广义上包括原始社会与奴隶社会的分期以及奴隶社会与封建社会的分期两大问题;狭义而言,多指中国封建社会与奴隶社会的分期问题,特别是奴隶社会何时结束、封建社会何时开始的问题。② 古史分期问题发端于20世纪30年代的社会史论战中。1927年大革命失败后,共产国际和国内对中国革命的性质问题展开过争论。马克思主义学者对中国社会结构和历史发展进程进行考察,作出了关于中国社会发展阶段的历史分期的结论。1930年3月,郭沫若在《中国古代社会研究》中最早肯定了中国历史上存在奴隶制阶段,认为西周是奴隶社会。在20世纪30年代,肯定中国存在奴隶社会阶段的还有吕振羽、翦伯赞等,但是在当时,郭沫若关于古史分期的看法并未得到一致的认同。吕振羽首先提出“西周封建论”,这对后来古史分期讨论影响巨大。抗日战争和解放战争时期,中国古史分期问题得到进一步探讨。对殷商的奴隶社会性质问题郭沫若、翦伯赞、范文澜等人达成共识。在“奴隶制”与“封建制”的分界中,西周为封建社会还是奴隶社会的社会性质讨论成为讨论的焦点。翦伯赞、范文澜则持“西周封建论”,并对以郭沫若为首的“西周奴隶社会说”提

① 《毛泽东选集》第2卷,北京:人民出版社,1991年,第622、626、651页。

② 参见田居俭:《中国奴隶社会与封建社会讨论三十年》,《历史研究》编辑部编:《建国以来史学理论问题讨论举要》,济南:齐鲁书社,1983年,第32页。

出商榷与质疑。

中华人民共和国成立之前,中国古史分期问题虽已引起诸多史家的注意,但讨论“政治色彩强烈,个别论著外,不少论战作品学术含量不是很高”,“论战的参加者们大都是在理论和材料准备不足的情况下仓促上阵的”①。因而“算不上真正的学术讨论”②。在史学为现实服务的情景中,为时下社会革命道路寻求历史和现实的双重合法性,因而力证中国社会发展历程与马克思、恩格斯笔下的世界历史进程的一致性,成为“唇枪舌战”背后的目标。

中华人民共和国成立之后,中国古史分期问题方才被置于学术的视域下进行认识。历经马克思主义学习和思想改造运动的学人,运用社会发展史等理论探索中国社会形态问题,在“奴隶社会是人类历史发展必经阶段”成为基本共识之后,学术界重启古史分期讨论。1950 年 3 月,郭沫若于《光明日报》发表《读了〈记殷周殉人之史实〉一文》,认为“殷、周都是奴隶社会”。1952 年,郭沫若发表《奴隶制时代》,明确提出“战国封建说”。郭沫若对于古史分期的论断,旋即引发学界的讨论。在 1950 至 1953 年间,史学界对西周社会性质认识存在“奴隶社会”和“封建社会”两种不同看法,形成以范文澜《中国通史简编》为代表的“西周封建说”和以郭沫若《奴隶制时代》为代表的“战国封建说”两大对立性观点。

古史分期问题讨论大规模展开与“双百”方针(即“百花齐放、百家争鸣”)的推行密切相关。“双百”方针为学术讨论创造了自由空间。1956 年 4 月 28 日,毛泽东在中共中央政治局扩大会议上提出,艺术问题上的“百花齐放”,学术问题上的“百家争鸣”,应成为我国发展科学、繁荣文学艺术的方针。5 月 2 日,毛泽东在最高国务会议上正式宣布“百花齐放、百家争鸣”的方针。5 月 26 日,中央宣传部举行报告会,陆定一作题为《百花齐放,百家争鸣》的讲话,对这一方针作了全面阐述。陆定一说,在文学艺术和科学研究工作中有独立思考和辩论的自由,有创作和批评的自由,有发表自己意见、坚持自己意见和保留自己意见的自由,提倡建立在科学基础上的学术论争。同时,文化艺术和科学工作者要以马克思列宁主义的科学理论作为科学和文化事业的指导。③ “双百”方针在一定

① 张广志:《中国古史分期讨论七十年》(上),《文史知识》2005 年第 10 期。

② 田居俭:《中国奴隶社会与封建社会讨论三十年》,《历史研究》编辑部编:《建国以来史学理论问题讨论举要》,第 33 页。

③ 参见陆定一:《百花齐放,百家争鸣》,《人民日报》1956 年 6 月 13 日。

程度上缓和了紧张的政治氛围,解除了知识分子的精神负担,为思想的活跃、学术的复苏打开了局面。

一、从古史分期的自发探讨到《文史哲》上的“百家争鸣”

与学术界讨论态势亦步亦趋,《文史哲》较早参与并开展了关于古史分期问题的讨论。《文史哲》1951 年第 2 期发表了童书业的《中国封建制的开端及其特征》一文,提出中国封建社会开始于西周的观点。① 童书业所持的“西周封建论”,主要强调两个问题:其一,殷周之际是奴隶制向封建制度的过渡;其二,周代是“早熟的封建社会,是建筑在较低的生产力之上的”。

同样持“西周封建论”的杨向奎在《关于西周的社会性质问题》中对郭沫若的古史分期观点提出批评,认为“《周礼》中的社会绝不是奴隶社会,而是封建社会”,“春秋战国之交的转变实在是领主制与地主制的转变”。② 他在《中国历史分期问题》一文中通过分析《春秋》《左传》《周礼》中所载的阶级成分,认为春秋及战国时代应该是封建主义社会,但“在这封建主义社会中还残存着奴隶制度、村公社制度,也存在着公社自由民”③。杨向奎尤其强调社会历史分期的标准,认为“应当以物质资料直接生产者的地位变迁为主要因素”,并以此将西周至新中国成立期间的封建社会分为四个阶段,进一步完善了他的古史分期观点。④

古史分期问题不仅仅是在历史理论层面对两种社会形态时间上的绝对断限问题,实际上也是史学实践中对古代、对先秦的社会性质的清理。杨宽于《文史哲》1952 年第 1 期发表文章认为,“战国时代的社会为地主制封建社会”⑤。此后,杨宽在《论春秋战国间社会的变革》一文中从生产的发展、商品经济的发展、社会经济制度的转变以及秦国的变革过程系统论述了“战国封建说”。他认为,战国时期由于使用铁器,生产力提高,在分封制土地之外,荒地开垦增多,土地私有权产生。在商品经济发展、货币广泛流通、高利贷横行的前提下,土地可

① 童书业此前并非一直持此“西周封建论”,他在该文开篇交代,“在一年以前,我曾主张过中国封建社会开始于魏晋”,又表示在一年前,他也“主张中国原始社会结束于战国初年”。

② 杨向奎:《关于西周的社会性质问题》,《文史哲》1952 年第 5 期。

③ 杨向奎:《中国历史分期问题》,《文史哲》1953 年第 1 期。

④ 参见杨向奎:《读“马克思、恩格斯论中国”,兼论中国封建社会的历史分期问题》,《文史哲》1953 年第 2 期。

⑤ 杨宽:《战国时代社会性质的讨论》,《文史哲》1952 年第 1 期。

以作为商品买卖了,剥削形式则由劳役地租转变为实物地租形态。从秦国的整个变革过程来看,春秋战国社会的变革也是由领主封建制转变为地主封建制。①

至此,《文史哲》在1951年至1954年间,以童书业、杨向奎的"西周封建论"和杨宽的"战国封建说"为主要对垒观点的古史分期观点已成雏形。学界对于分期讨论的标准的探讨比较狭隘,如杨向奎总结道:"对于中国历史分期的断限虽然说法不同,然而运用的原则还属一致,基本上是解释西周到战国时的主要生产者是奴隶还是农奴的问题。"《文史哲》中探讨也是如此,虽然杨宽注意到了生产力的因素,但并未形成大规模的争辩,讨论内容比较有限。不难理解,山大教师以及全国知识分子对马克思主义尚处于学习阶段,尚且不能将其熟练运用至学术研究中。另一方面,毛泽东早在《中国革命与中国共产党》中提及封建制度"自周秦以来,一直延续了三千年左右",政治领袖观点对古史分期讨论也有很大制约作用,"有些教授不明确学术与政治问题的界限,不敢同持西周封建论的人争鸣"②。从这些方面来看,《文史哲》在此阶段讨论中多有所禁忌。

1954年开始,学界关于古史分期不同观点的代表性著作相继涌现。尚钺主编的《中国历史纲要》以"魏晋封建论"为其代表性观点。李亚农的《中国奴隶制与封建制》阐述了"春秋封建说"。范文澜的《中国通史简编》(修订本)第一编扩大了"西周封建说"的影响。这些学说将古史分期问题的讨论推进至新的发展阶段,"在1955年和1956年上半年掀起了新中国成立以来古史分期讨论的第一次高潮"③。

为推动马克思主义学术论争,《文史哲》有意组织和推动中国历史分期问题的讨论,发表相关讨论文章。1954年第12期中,编委会向校内外学人明确发出征稿意愿。④ 1956年,《文史哲》编者号召历史工作者"要不骄不躁地展开科学研究自由讨论",并表示"今后将继续组织有助于古史分期问题讨论的稿件","以推进中国古史分期的研究"。⑤ 1955年起,《文史哲》陆续刊登了1954年11月12日、27日及1957年1月5日山大历史系举办的三次古史分期讨论的文章。《文史哲》迎来古史分期讨论的高潮。此间学者在《文史哲》中关于古史分

① 参见杨宽:《论春秋战国间社会的变革》,《文史哲》1954年第3期。
② 葛懋春:《回忆早期〈文史哲〉杂志社社长华岗同志》,《文史哲》1981年第4期。
③ 周朝民、庄辉明、李向平编著:《中国史学四十年》,南宁:广西人民出版社,1989年,第20页。
④ 参见《编者的话》,《文史哲》1954年第12期。
⑤ 《文史哲》编者:《开展中国古史分期问题的讨论》,《文史哲》1956年第8期。

期的研究主要集中在以下方面：

第一，关于“魏晋封建论”的探讨。

“魏晋封建说”的崛起，是新中国成立以后古史分期讨论的一个重要特色。[①] 1955 年，《文史哲》发表了“魏晋封建论”的第一篇文章——童书业在讨论会上的《中国古史分期问题的讨论》一文。童书业一改曾在《中国封建制的开端及其特征》[②]一文中所持的“西周封建论”，转而支持“魏晋封建论”。在讨论会上，童书业的观点得到王仲荦、王遨汝等人的赞同，但也遭到不少山大历史系师生的质疑。韩连琪认为童书业“在证据方面，尤其是解决社会性质的生产关系方面”，“缺乏深入的细致的分析和足够的叙述”。卢南乔则认为童书业未“正面地、明确地指出中国封建社会与奴隶社会应依据什么普遍的、特殊的规律来作分期的标准、条件”。郑鹤声也指出童书业没有把古史分期的核心问题——奴隶社会的生产力和生产关系的问题交代清楚。[③] 杨向奎发表了《“中国古史分期问题的讨论”商榷》，不同意童书业提出的“魏晋封建论”，认为童文没有从中国历史实际出发，在方法论与史料运用上存在错误，有许多漏洞和矛盾。[④]《文史哲》编者总结道，解决中国古史分期问题，“要注意到普遍规律，更不能不注意到我们中国的特殊性”。在这场讨论会中，童书业的“魏晋封建论”的看法背后暴露了古史分期问题中的诸多难以自洽之处，因而部分学者也已经注意到马克思主义理论对中国历史的适用性问题。

王仲荦首次系统全面阐述“魏晋封建论”。1956 年，《文史哲》在第 3、4、5 期中连载了王仲荦的《关于中国奴隶社会的瓦解及封建关系的形成问题》。该文成为古史分期“魏晋封建说”的代表作之一。全文从古代中国原始奴隶结构，以及生产力的连续增长与封建主义因素逐渐获得发展等方面来阐述中国奴隶社会的瓦解及封建关系的形成过程。他认为，从殷商一直到东汉是奴隶社会，自汉武帝开始，流民大量出现，奴隶制面临总危机，封建关系急剧发展。到魏晋时期，封建制代替奴隶制而上升到主导的地位，中国进入封建社会。

随后，《文史哲》在第 8 期又发表了何兹全的《关于中国古代社会的几个问

---

① 参见周朝民、庄辉明、李向平编著：《中国史学四十年》，第 27 页。

② 童书业：《中国封建制的开端及其特征》，《文史哲》1951 年第 2 期。

③ 参见萧耦：《中国古史分期问题座谈记录》，《文史哲》1955 年第 1 期。

④ 参见杨向奎：《“中国古史分期问题的讨论”商榷》，《文史哲》1955 年第 1 期。

题》,该文也主张“魏晋封建说”。何兹全表示同意苏联大部分学者关于西周到秦汉这一时期社会性质的认识,“认为西周春秋还是前期古代社会,或家长制早期奴隶制时期,魏晋时期中国才由奴隶社会进入封建社会”,古代社会和封建社会分线的具体年代为“196 年曹操的许下屯田”。

关于“魏晋封建论”,虽然早在 20 世纪 30 年代就有学者持此观点,但正式提出却是 1956 年。据何兹全回忆,“战国封建说”和“西周封建说”两家之说“都能和毛泽东的封建制度‘自周秦以来一直延续了三千年左右’挂起钩来,汉魏之际封建说挂不上钩”。“尚钺写文章支持魏晋封建说,便成了群起而攻之的靶子。我当然也不敢说话了。”①随着 1956 年“百花齐放,百家争鸣”方针的提出,何兹全才写出《关于中国古代社会的几个问题》一文,几经周折拿到《文史哲》发表。② 而《文史哲》敢于刊发“主流”之外的学术观点,得益于“学术第一,不唯上,不跟风的办刊方针”,又“与《文史哲》创刊初期杨向奎等一批学者的学识、胆识密不可分”。③

第二,关于“西周封建论”的进一步争辩。

1956 年,范义田于《文史哲》第 8 期发表《西周社会的性质——封建社会》一文。他从恩格斯、马克思关于家庭公社的论述出发,认为“在殷周之际,家庭公社和农村公社上的小农生产顺利发展起来,使奴隶制的大规模经营不能够出现,从而进入封建社会。从西周到春秋战国,公社上的小农生产有进一步的发达,小块土地的耕作走向更进一步的细分过程,私有土地制度的发展破坏了公社的均田制,转变为小农民的村社”。

高亨的《周代地租制度考》是一篇运用马克思主义社会形态理论展开研究的考证性文章。他从《左传》《国语》《诗经》《论语》等“有关周代可靠的史料”入手考察了周代地租制度,进而考察了周代的封建社会性质。高亨认为“周代的封建生产关系是由劳役地租转变为实物地租体现出来”。同时他也指出,周代的地租制度只是论定周代生产关系的一个重要环节,“对于其他的社会制度,尤其是周代的阶级关系,都必须加以全面的考察,才能论定周代的社会性质”。④

---

① 何兹全:《九十自我学术评述》,《北京师范大学学报(人文社会科学版)》2001 年第 5 期。

② 参见何兹全、宁欣:《古代经济的衍化与中国社会的发展道路——何兹全教授访谈录》,《河北学刊》2008 年第 6 期。

③ 王大建:《王仲荦、何兹全先生与魏晋封建论》,《中华读书报》2012 年 12 月 12 日。

④ 高亨:《周代地租制度考》,《文史哲》1956 年第 10 期。

时希哲从阐述奴隶制和农奴制关联实质的角度阐明西周不是奴隶社会。他认为属于东方奴隶制范畴的殷，对国内人民的掠夺已形成“事实上的农奴制”，周征服殷，实际上产生了“法律上的农奴制”。“由‘殷’实际形成的农奴制到‘周’灭殷后变成法律上的农奴制，虽然生产上的实际没有怎样的改变，但土地所有权的改变……只添此一点便使社会起了质的改变。所以周对殷的征服实成了中国奴隶制与农奴制的分水岭。”①

上述学者虽论述角度不同，但均从生产关系的范畴来判定西周的社会性质为封建社会。陈孟麟不赞同此做法，他从生产方式的发展情况出发，证明西周是奴隶社会的继续发展。在《关于西周社会性质问题——对于主张西周是封建社会学者们的一个答辩》一文中，他具体提出并解答了几个问题：其一，灭殷以前的周族没有封建因素，周灭殷只是野蛮的军事掠夺。其二，在“公田”“私田”及农奴自己的经济问题上，与范文澜的观点进行商榷。他引用斯大林在《联共(布)党史简明教程》中的论述，指出完全占有生产工作者和不完全占有生产工作者才是奴隶经济生产关系和封建经济生产关系的最根本区别点。②

关于西周社会性质的认识，此时期比之50年代初，探讨的内容更加丰富，考虑的问题也更加细致全面。50年代初范文澜、翦伯赞、杨向奎等西周封建论者，主要依据直接生产者身份地位的变化、阶级的划分等。而1956年“百家争鸣”时期学者多从体现生产关系的各个层面入手考察，并将马克思主义与史料考察相结合，关注到殷周之际社会更迭的过程及性质、西周生产力发展水平、西周分封制和宗法制度的性质等更具整合性的问题。

当部分史学家在“奴隶社会是人类历史发展的必经阶段”的前提下争论不休时，有少数史学家尝试跳出“五种社会形态理论”。童书业认为，“古代中国的主要地区(中原)是不会经过奴隶社会阶段的”，“殷代可能是一个从原始社会进入封建社会的过渡阶段”这个说法，从史料上来看可以成立。进一步讲，“不但在中世纪，便是在古代，农奴制也可以从原始部落制度中产生出来”。③

童书业的观点提出时，学术界气氛尚且宽松，并未受到批判和攻击。1957年

---

① 时希哲：《从泛滥古代史中的几个问题阐明西周社会的性质》，《文史哲》1956年第8期。

② 参见陈孟麟：《关于西周社会性质问题——对于主张西周是封建社会学者们的一个答辩》，《文史哲》1956年第2期。

③ 童书业：《与苏联专家乌·安·约瑟夫维奇商榷中国古史分期等问题》，《文史哲》1957年第3期。

8月开始,社会科学界展开反"右"斗争,极"左"思想泛起。"中国没有奴隶社会论"被学术界批判为"攻击马克思主义"的资产阶级反动史学观点。其中遭到批判的代表性学者是雷海宗、李鸿哲。童书业也在《文史哲》发表文章,批判雷海宗的"认为世界上没有一个奴隶社会阶段"的看法,是用资产阶级的"经济史观"来反对马列主义历史科学。① 随后《文史哲》在12月号杂志上发表葛懋春的《批判李鸿哲反对五种生产方式学说的谬论》等文章。

二、《文史哲》关于古史分期讨论的重点

《文史哲》除了以上涉及的古史分期主要观点外,其所呈现的如下讨论重点,反映了学者在将马克思主义理论与中国历史实际相结合过程中产生的矛盾问题。

第一,关于封建社会分期标准的讨论。20世纪50年代初,为推动学术讨论,杨向奎在《文史哲》发表的文章中已多次提到分期标准问题,如《中国历史分期问题》(《文史哲》1953年第1期)、《关于西周的社会性质问题》(《文史哲》1952年第5期)等。他强调封建社会性质的判定要以斯大林对封建社会的定义为依据,"要从土地所有制上,地租制度上,农民身份上来肯定西周的社会性质"②,尤其要重视物质资料生产者的地位变化、生产方式发展中的变化以及阶级划分。实际上,杨向奎强调的是生产关系因素。但是在马克思主义关于社会发展的理论中,生产力和生产关系皆是两个不可偏废的因素。在讨论中,部分学者侧重的因素不同,自然就会得出不同的结论。

为提高马克思主义理论水平,《文史哲》编委会将古史分期标准的讨论推向更深入。1955年,时希哲与吴大琨在《文史哲》上发表文章就中国奴隶社会与封建社会的划分标准问题进行讨论。时希哲不同意吴大琨在《与范文澜同志论划分中国奴隶社会与封建社会的标准问题》③一文中所提到的以生产力为划分不同社会的标准,他赞成范文澜在《中国通史简编》中所提出的区别两个社会形态的标准问题,认为中国由奴隶社会到封建社会,是由于剥削方法的变换,也就是

---

① 参见童书业:《批判雷海宗的"世界史分期与上古中古史中的一些问题"》,《文史哲》1957年第11期。

② 杨向奎:《"中国古史分期问题的讨论"商榷》,《文史哲》1955年第1期。

③ 吴大琨:《与范文澜同志论划分中国奴隶社会与封建社会的标准问题》,《历史研究》1954年第6期。

因生产关系的改变而引起的生产力变化。① 吴大琨在同期发表《再论划分中国奴隶社会与封建社会的标准问题》,为自己观点进行辩护。他认为他们的基本分歧点在"生产力"这一概念,及其在推进社会进展时所发生的作用的不同估计上。吴大琨指出,要从掌握奴隶社会和封建社会的经济特点入手去发现生产关系的特点,但又不能将其完全特殊化。②《文史哲》编者认为时希哲的观点值得商榷,指出研究中国封建社会的形成"必须在西周的各种组织,尤其是军事组织中去研究有没有封建制度萌芽的问题,同时也要注意殷商这时生产力的情况"③。

第二,对于"生产关系一定要适合生产力"原理的探讨。

关于"生产关系一定要适合生产力"的探讨,实际上是对于封建社会分期标准问题的进一步认识。在对于西周社会性质的讨论中,"西周封建论"的反对者认为西周时代没有铁器,青铜器时代的生产力不可能产生封建制的生产关系。而"西周封建论"者则认为区别奴隶社会和封建社会的关键在于剥削方法的转换。由此"西周封建论"的反对者认为这个分期标准忽视了生产力的变动,不符合历史唯物主义。何高济指出,"当我们解释什么封建社会时,我们不单是指出它的生产关系,同时也必须指与它的生产关系相对应的生产力和上层建筑"。他认为童书业与杨向奎的"西周为宗法封建社会"的看法没有考虑到与它相对应的生产力。④ 对于古史分期中这两种截然对立的观点以及何高济的质难,童书业发表《从"生产关系适合生产力的规律"说到西周春秋的宗法封建制度——兼答何高济先生对于中国古史分期问题的讨论》予以回应,他认为论争的焦点在于"生产关系一定要适合生产力性质的规律"上。他指出"西周封建论"的反对者所坚持的"封建的生产关系必须适合发展的铁器的生产力"理论,是中国古史分期问题讨论中的关门主义。为此他认为有必要开展"生产关系适合生产力的规律"的讨论。童书业认为"每种生产关系所适应的生产力,并不是任何地区都是一式一样的",因而"不能单纯根据生产力现象,就断定某时代某国家社会

---

① 参见时希哲:《与吴大琨同志论划分中国奴隶社会与封建社会底标准问题》,《文史哲》1955年第8期。

② 参见吴大琨:《再论划分中国奴隶社会与封建社会的标准问题》,《文史哲》1955年第8期。

③ 《编者的话》,《文史哲》1955年第8期。

④ 参见何高济:《我对于古代史研究中几个问题的看法》,《文史哲》1956年第9期。

的性质”。将生产力与生产关系孤立起来考察，实际是陷入“形而上学方法的泥阱之中”。所以在“考察社会发展的时候，除了考察生产力与生产关系的发展以外，还必须联系考察到其他的条件”。实际上，童书业是要强调在马克思主义理论适用问题上，中国有其特殊性。

吴大琨不赞同童书业此观点，批评童书业是“完全企图在反对教条主义的口号下修正‘生产关系一定要适合生产力性质’”这一马克思主义原理，并指出了童书业文章中的错误。① 在《文史哲》同期中，童书业撰文对吴大琨的批评予以回复。他表明“谈古代的生产力，用‘铜器时代’‘铁器时代’来划分阶段”，是根据苏联尼科尔斯基的《原始社会史》中译本的说法。他承认在封建社会的形成中，生产力发展水平是主要的条件。②

吴大琨将童书业对中国社会特殊性的认识，批评为“对马克思主义进行理论上的修正”，不免透露出学术讨论中的意识形态辐射力。换言之，对马克思主义理论的探讨难以从纯学术的层面进行。而童书业的回复则多着眼于学术层面，并且他受苏联史学界关于古史分期的看法影响较大。两人因理论的来源、概念理解的差异，造成观点上的分歧，讨论变成论证“理论合理性”的互相质难。

第三，关于中国历史特殊性的探讨。

在关于历史特殊性的讨论中，部分史学家其实已经注意到了中国与欧洲社会历史的发展并非完全一致，更具复杂性。这是马克思主义理论在学术研究中运用的进步之处。正如有的学者所指出的：20 世纪 40 年代以后，衡量史学家理论贡献大小的尺度，即在于他在多大规模和多大程度上肯定特殊、强调特殊。③

杨向奎早就关注到中国历史特殊性问题。他强调要注意古代社会各地区发展的不平衡性和古代东方各国发展的不平衡，并指出要“注意古代东方发展的一般情况，但也要顾到中国具体的历史事实，不能教条地搬弄古代东方史的学说”④。何兹全认为“中国古代历史既不是古代东方型的，也不是希腊罗马型

---

① 参见吴大琨：《读弗·尼·尼基甫洛夫同志〈论不同国家从奴隶占有制向封建制过渡的几个共同的规律性〉一文后的体会——兼评童书业先生的对“生产关系一定要适合生产力性质的规律”的认识》，《文史哲》1957 年第 2 期。

② 参见童书业：《答吴大琨先生》，《文史哲》1957 年第 2 期。

③ 参见王学典：《从强调“一般”到侧重特殊——40 年代中后期中国历史学的动向之一》，《史学理论研究》1992 年第 4 期。

④ 杨向奎：《“中国古史分期问题的讨论”商榷》，《文史哲》1955 年第 1 期。

的”,一方面它具有东方专制主义性质,另一方面由于商品货币的发展,它又“不是停滞于原始状态,而是像西方一样,沿着历史规律,由原始社会向奴隶制、封建制发展”。①

童书业、吴大琨等注意到了古代东方、古代中国与欧洲社会发展间的差异性。童书业强调要根据历史事实来具体分析问题。他认为“古代东方”的历史是奴隶制和封建制结合的历史。东方国家的奴隶制是发展得很不充分的,封建制关系和封建社会是早熟的。② 在中国的西周时代,“已经形成了早熟的、不纯粹的、带有很浓重原始色彩的宗法封建社会”③。吴大琨认为中国历史上并不存在所谓发达了的奴隶制阶段,中国在春秋战国时期,直接从早期奴隶制的社会转变为封建社会,形成了“毛泽东同志所指出的所谓专制主义中央集权的封建国家的社会”④。

《文史哲》1957 年第 10 期发表的李鸿哲的《“奴隶社会”是否社会发展必经阶段》一文观点更为激进,对被作为普遍规律的社会发展五阶段说公开提出质疑。李鸿哲指出,首先,“奴隶社会”说于经典著作中无根据,“认为人类社会必须先经过奴隶社会,然后才能进入封建社会的五阶段说,并非马克思的学说”。其次,奴隶社会说在理论上存在多方面困难,含有诸多矛盾和破绽,难以自圆其说。它无法解释封建社会的经济文化发展程度低于奴隶社会的问题,更无法说明奴隶社会产生的必要条件在世界大部分地区并不具备的情况下何以具有普遍性。再次,奴隶社会说不符合历史事实,奴隶制占支配地位的情形只出现于地中海沿岸的少数国家,人类社会都经过一个奴隶社会的阶段,并不是历史发展的规律。最后作者断言:“奴隶社会说在理论上站不住脚,不符合历史事实,违背历史唯物主义;多年来为人所信从,实在是一种教条主义的偏向。”他呼吁国内外史学家不要把奴隶社会说理论当作一个放诸四海皆准的真理。李鸿哲此文在强调历史特殊性方面可以说是走得最远的。

---

① 何兹全:《关于中国古代社会的几个问题》,《文史哲》1956 年第 8 期。

② 参见童书业:《从“生产关系适合生产力的规律”说到西周春秋的宗法封建制度》,《文史哲》1957 年第 1 期。

③ 童书业:《与苏联专家乌·安·约瑟夫维奇商榷中国古史分期等问题》,《文史哲》1957 年第 3 期。

④ 吴大琨:《读弗·尼·尼基甫洛夫同志〈论不同国家从奴隶占有制向封建制过渡的几个共同的规律性〉一文后的体会 兼评童书业先生的对“生产关系一定要适合生产力性质的规律”的认识》,《文史哲》1957 年第 2 期。

《文史哲》发表此文“原意是为了展开讨论和批评”,文章刊出后,有读者来信揭发作者乃苏北师范专科学校的“反动右派分子”。《文史哲》编委会方才指斥该文“立论是有错误的”,是“借着学术讨论的幌子,对马克思主义的一般社会发展规律进行恶意的攻击,具有阴险的政治企图”。[①] 无论如何,不管事先是否知情,《文史哲》在反右斗争进入高潮之际,为推动学术争鸣而刊发此文,显示了巨大的胆识和勇气,可谓难能可贵。

三、《文史哲》引发亚细亚生产方式问题的新一轮讨论

古史分期问题主要讨论奴隶社会与封建社会的分界,而亚细亚生产方式问题进一步向上延伸,是从属于古史分期的一个理论问题。亚细亚生产方式问题主要解答的是古代东方的社会性质问题,既关乎五种生产方式学说的普世性,又涉及中国原始社会、奴隶社会和封建社会的具体形态问题。在新中国成立后关于亚细亚生产方式的讨论中,《文史哲》杂志打响了第一枪。

1951 年童书业在《文史哲》第 4 期发表《论“亚细亚生产方法”》一文。童书业赞同郭沫若的亚细亚生产方式是原始共产社会之说,但认为郭沫若举证不足。他通过对马、恩文献的梳理发现:马、恩关于社会发展的学说,在开始时似乎还没有原始共产制阶段,后来马克思对俄国的土地公有制和农村公社,对亚细亚、特别是印度的共产制进行详密研究之后,在写作《政治经济学批判》时正式提出“亚细亚生产方式”。根据《政治经济学批判》中“亚细亚的”和“古典的”排序,以及马克思 1868 年 3 月 14 日给恩格斯的信中所做的推测——“亚洲的或印度的所有权形式,最初在欧洲到处存在过……”,童书业认为这种“最初在欧洲到处存在过”的亚细亚生产方式不会是东方奴隶制或东方封建制,而只能是原始共产制。后来恩格斯撰写《家庭、私有制和国家的起源》,完成了五种生产方式学说的建构,亚细亚生产方式的概念被放弃了。童书业还指出,亚细亚生产方式和东方社会有不同意义。马克思的《不列颠在印度的统治》一文所叙述的只是东方某些国家的特征,而不是亚细亚生产方式的特征。马克思只是从东方社会中提取其残余的氏族制成分,作为原始共产社会的说明,而专制主义的封建制度,是与作为生产方式之一的“亚细亚生产方法”是两回事。童书业的

① 《编者的话》,《文史哲》1957 年第 11 期。

文章典型地体现出他当时以考据方法研究马列理论的特点。

童书业的文章刊出不久,日知在《文史哲》1952 年第 2 期发表《与童书业先生论亚细亚生产方法问题》的商榷文章。日知指出:第一,马克思的《〈政治经济学批判〉序言》只是简单提及亚细亚生产方式,而在同时代的《资本主义生产以前的各种形式》中则做了详尽说明。综合马、恩的相关文献,可以断定古代东方社会就是亚细亚生产方式。第二,30 年代末期以来苏联史学界已经达成共识,亚细亚生产方式是古代东方国家奴隶制社会的低级阶段,这种古代东方的奴隶制不是与古典奴隶制并列,而是前后相承的。

同期《文史哲》刊登童书业的《答日知先生论亚细亚生产方法问题》一文。童书业坚持己见,认为经典著作中许多相同相近的概念名词的意义并不完全一致。例如,马克思所说的亚洲社会,或指上古的原始共产制和奴隶制,或指中古以后的封建制,不能混为一谈,更不能将其与亚细亚生产方式纠缠在一起。日知指出的亚细亚生产方式的特征,如集体土地所有和农村公社,正是马克思的《〈政治经济学批判〉序言》和《资本论》中所指的"原始共产主义"。《剩余价值学说史》中更确认亚洲的农村公社就是"原始共产主义"或"原始共同体"。童书业还质疑奴隶社会有前后相承的两种生产方法之说。

童书业和日知之间的论争,引起了学术界的关注。王亚南、吴泽等学者加入讨论,但他们倾向于将亚细亚生产方式归入奴隶社会的范畴。杨向奎则支持童书业的观点。杨向奎在《中国历史分期问题》一文中,反对将亚细亚生产方式简单地当作古代东方的奴隶制。亚细亚生产方式不是独立的经济形态,而是一种生产方式或制度,是残留在奴隶社会或封建社会中的原始公社制度。例如,农村公社制度的残余不仅存在于奴隶社会,在封建社会也同样可以保留。古代东方的许多地区还有着奴隶制和封建制共存的现象。马克思、恩格斯通常用"亚洲专制制度"或"古代亚洲社会"来说明"东方的封建主义形式"。列宁也屡次将亚细亚制度理解为农奴制度。可见,亚细亚或古代东方是包括封建关系在内的。①

1957 年,童书业在《文史哲》上发表的两篇文章中,始终强调亚细亚生产方式就是农村公社制。他认为,在恩格斯写定《家庭、私有制和国家的起源》以前,

① 杨向奎:《中国历史分期问题》,《文史哲》1953 年第 1 期。

曾以农村公社为原始公社制的代表,而印度的农村公社就是当时所发现的农村公社制的典型。马克思在《资本主义生产以前的各种形式》中所说的第一种所有制形态,即“亚细亚生产方式”由以产生的社会形态,实质是印度等国的封建制度。这种封建制度是与公社制和奴隶制的残余相结合的。因为亚洲的、特别是印度的封建社会中最特殊之点,就是严重的公社制残余,所以马克思把这种社会的所有制形态(特别着重其公社制方面)列为第一种所有制形态进行阐述。①

《文史哲》上引发的关于亚细亚生产方式的新一轮讨论,对全面深入认识古史分期问题具有重要意义。如果说古史分期问题讨论侧重于将中国历史纳入五种生产方式的一般性框架之中的话,那么亚细亚生产方式问题讨论更倾向于探寻和发掘古代东方特别是中国历史发展的特殊路径。亚细亚生产方式问题尽管长期聚讼纷纭,莫衷一是,但在这一问题的推动下,对五种生产方式学说的解释越来越有弹性,对中国历史的认识愈加全面和深入。20世纪60年代以后,国际学术界兴起了亚细亚生产方式问题讨论的热潮。就此而言,《文史哲》上的讨论可谓开风气之先。

四、《文史哲》与古史分期问题讨论得失

与学术思潮发展同步,《文史哲》的古史分期讨论在1955～1957年一度达到高潮。随着学术界“反右”斗争的扩大化以及1958年的“史学革命”,学术界古史分期讨论逐渐趋于平缓。《文史哲》于1958年第6期不得不贯彻“厚今薄古”的要求,进行整改,政治高压终结了自由争鸣。60年代初期,古史分期问题由全国性的争鸣转向了区域性的辩论。“文化大革命”期间,该问题被列入“禁区”。进入新时期,古史分期问题接续了50年代的讨论。随着思想解放的不断深入,学术界在反思马克思主义史学发展的过程中,从理论根源上重新检讨古史分期问题,黄现璠、张广志等学者重新掀起“中国无奴隶说”的讨论。在摆脱“教条主义”后,不少学者在“五种生产方式”的社会形态学说之外重建中国古史体系。

《文史哲》的中国古史分期讨论,既有“成就”,也有“局限性”。对《文史哲》乃至山东大学而言,其积极性影响有三:其一,作为新中国成立后史学界的第一

① 参见童书业:《从“生产关系适合生产力的规律”说到西周春秋的宗法封建制度》,《文史哲》1957年第1期;《与苏联专家乌·安·约瑟夫维奇商榷中国古史分期等问题》,《文史哲》1957年第3期。

次大规模学术探讨，古史分期问题讨论是新中国学者学习马克思主义理论后运用到学术实践中的一次必要尝试，提高了山大学者的马克思主义理论水平。杨向奎、童书业、王仲荦等“旧学者”积极参与到这场讨论中，他们独到的新见解通过《文史哲》这个平台输送给学术界，与范文澜、郭沫若等权威马克思主义学者形成对话，推动了整个学术界的探讨。其二，《文史哲》借此扩大了在学术界的影响力。单就讨论规模而言，《文史哲》刊登的古史分期文章之多、观点之丰富是同时期其他刊物譬如《历史研究》等所不及的。它“在 1951 年至 1958 年间发表了 50 余篇关于古史分期问题的文章，而成为全国古史分期问题研究的学术重镇”①。它不仅刊登了 1954 年、1957 年山大历史系举办的两次古史分期讨论概况，还于 1957 年 11 月出版了“文史哲丛刊”第二辑《中国古史分期问题论丛》，将具体讨论状况以学术出版的形式推介给学界。其三，“古史分期”问题论战意味着山大历史系的真正崛起。王仲荦的《关于中国奴隶社会的瓦解与封建社会的形成问题》经由《文史哲》系统刊载出来，山大历史系因此成为“魏晋封建说”的大本营，并“由此而一跃成为史学界著名的魏晋隋唐史研究基地之一”。②

那么《文史哲》何以成为 50 年代古史分期问题讨论的主要平台呢？其一，这与华岗在主持《文史哲》时“提倡学术讨论，反对定于一尊”的办刊宗旨息息相关。刘光裕指出，当时“山大校内对西周封建说存在许多不同意见。古史分期能否在山大讨论起来，华岗本人是否乐见不同意见，这一点很重要”③。若把《文史哲》与同时期其他杂志对比，其“开风气之先”的讨论优势更加显著。当时，“各大杂志和报纸的编辑工作未能执行‘百家争鸣’的方针，遇着问题的新的提法便有所顾忌，或主观上有所偏爱而不能尽量使问题展开讨论”，甚至有的报纸杂志在 1957 年前“连一篇非西周封建论的文章还未登载过，而一般的报纸杂志也很少刊载”。④ 其二，山大历史系聚集了一批既掌握马克思主义理论武器，又具备扎实专业素养与广博学术视野的著名学者。经过 50 年代初的政治理论，用马列主义新观点从事科研已成为山大历史系的风气。此外，又有些学者积极展开国际性学术交流，童书业便就“亚细亚生产方式”问题、东方封建制早熟等

① 蒋海升:《政治与学术的互动——20 世纪 50 年代的〈文史哲〉》,《文史哲》2001 年第 4 期。

② 参见徐显明:《〈文史哲〉与山东大学文科建设》,《文史哲》2001 年第 3 期。

③ 刘光裕:《华岗与〈文史哲〉》,《出版史料》2006 年第 4 期。

④ 中国人民大学中国历史教研室编:《中国资本萌芽问题讨论集》(上),北京:生活·读书·新知三联书店,1957 年,“编者的话”。

问题与苏联学者交流。[①]

《文史哲》的讨论乃至50年代整个学术界的古史分期讨论,其局限性也非常明显。在这场讨论中,史学家的目的是利用马克思主义对中国历史社会发展进程作出宏观阐释,重构古史体系,这本来是新中国学术转型时期正常的学术诉求。问题在于它不是基于经验事实的自然逻辑,而是移植、照搬了苏联马克思主义者二次"加工"之后的社会形态理论,目的是论证中国社会发展也经历了斯大林的"五种生产方式"的社会形态更迭。为了证明奴隶社会形态是中国的必经发展阶段,史学工作者便"努力在中国历史上找奴隶,找奴隶社会"[②],甚至是在史籍里"制造奴隶"。不从中国历史实际出发,理论与历史事实严重脱节。将领袖人物的指示、经典马克思主义者的认识视为真理,"以马克思主义的一般原理代替具体问题的具体分析"[③],将其简单化、教条化、公式化。结果是,各派观点针锋相对、激烈争辩,却得不到结论,达不成共识。

诚然,当时学者虽也反思了讨论中理论和史料运用的矛盾问题,但缺少对马克思主义社会形态理论本身的反思。马克思的社会形态学说从发源上来看,是一种"在欧洲出现并服务于欧洲的潜在的历史哲学"[④]。马克思主义作为一种科学的认识世界的方法论,我们接受它、运用它,目的是基于中国内在历史演变轨迹认识社会发展,而不是用它来代替历史研究本身。新时期思想解放之后,史学家已"从对马克思主义学说史的清理过程中,逐渐剔除了'发展'中出于意识形态的需要强加给马克思的教条主义成分,使马克思主义重新还原为一个开放的体系"[⑤]。

第二节　《红楼梦》讨论引发的资本主义萌芽问题论战

资本主义萌芽问题是马克思社会形态理论中牵涉的更深层领域的问题之

---

① 参见童书业:《与苏联专家乌·安·约瑟夫维奇商榷中国古史分期等问题》,《文史哲》1957年第3期。

② 张广志:《中国古史分期七十年》(下),《文史知识》2005年第10期。

③ 黎澍:《中国社会科学三十年》,《历史研究》1979年第11期。

④ [德]塞巴斯蒂安·康拉德:《全球史是什么》,杜宪兵译,北京:中信出版集团,2018年,第142页。

⑤ 王彦辉、薛洪波:《古史体系的建构与重塑——古史分期与社会形态理论研究》,开封:河南大学出版社,2009年,第264页。

一,具体而言,它探讨的内容大体是资本主义生产关系"在中国封建社会中是否已经存在、是怎样在中国历史中酝酿产生的"①以及其发展和影响如何等关乎中国封建社会发展规律的问题。从根本上说,该问题与中国古史分期问题性质相同,它是早期马克思主义学者将马克思主义理论运用阐释于中国历史实践的一次重要尝试。

一、建构"革命叙事":资本主义萌芽问题的缘起

资本主义萌芽问题论战,可以溯源至 20 世纪 30 年代的社会史大论战时期。"国民大革命"失败后,"左""右"派学者寻找中国革命向何处去的过程中,关注到中国社会性质问题。"封建中国论"和"资本主义中国论"是两种主要的社会性质判断。与基于社会性质的政治认识相对应,社会史论战中观点各异,"出现了所谓中国社会的发展完全是由外来原因决定的'外铄论'、中国社会发展极其缓慢的'停滞论'以及中国早已进入'商业资本主义'阶段等说法"②。基于"反帝反封建"的现实革命道路以及"二次革命"的理论构想,马克思主义理论派中的共产党人士,为从"理论事实"中将中国从帝国主义叙事中拯救出来,同时重建"反帝反封建"的革命叙事,选择了马克思主义社会形态理论,试图说明中国的历史发展符合整个人类社会发展规律。这正是资本主义萌芽问题所承担的意识形态使命。

新中国成立前,部分马克思主义史家如邓拓、吕振羽,虽都认为在中国封建社会晚期,也就是在西方帝国主义入侵之前,已经出现了资本主义萌芽。但这种认识是为了回应现实革命问题,具体研究尚不够充分,因而该时期资本主义萌芽问题很难作为一个完全的学术问题来探讨,但是关于该问题的"结论"却被纳入毛泽东的《中国革命和中国共产党》中:"中国封建社会内的商品经济的发展,已经孕育着资本主义的萌芽,如果没有外国资本主义的影响,中国也将缓慢地发展到资本主义社会。"③随着新政权的建立,这段话"成为放之四海而皆准的大真理","此后大批学者所进行的讨论,实际上就是为了论证和诠释这段我们

---

① 张越:《"五朵金花"问题再审视》,《中国史研究》2016 年第 2 期。

② 宋元强:《中国资本主义萌芽研究略述》,肖黎主编:《20 世纪中国史学重大问题论争》,北京:北京师范大学出版社,2007 年,第 107 页。

③ 《毛泽东选集》第 2 卷,北京:人民出版社,1952 年,第 620 页。

几乎人人都耳熟能详的话”。[①]

二、《文史哲》开启资本主义萌芽问题论战

20世纪50年代资本主义萌芽问题的重新探讨是由1954年《红楼梦》大讨论所引发的。这次讨论的爆发并非偶然。《红楼梦》探讨中重要的一点是从“现实主义”的角度研究文学,挖掘其思想内容和社会意义。这就需要“首先从正确地认识《红楼梦》的时代背景着手,从研究《红楼梦》里所反映的清代社会经济制度的特点着手”[②],以考察《红楼梦》所反映的封建社会性质问题。由此便涉及资本主义萌芽问题。此为一。其二,新政权建立后,资本主义萌芽问题成为马克思主义者从历史中寻求政权合法性的切入口。它仍承担着意识形态使命:“这一问题的讨论,不仅有助于我们比较科学地解决中国封建社会解体过程中的社会发展规律,而且有助于我们把中国历史从特殊论、循环论等的唯心主义泥坑中解救出来,并且有力地驳斥帝国主义污蔑我国社会只有外力侵入才有进步与发展的胡说,从而也证明了毛主席所说的‘中国封建社会内的商品经济的发展,已经孕育着资本主义的萌芽,如果没有外国资本主义的影响,中国也将缓慢地发展到资本主义社会’的正确。”[③]

1954年10月10日,李希凡、蓝翎在《光明日报》发表《评〈红楼梦研究〉》。该文本是两人对俞平伯未从现实主义原则探讨《红楼梦》的继续批判,但是在谈到《红楼梦》的成书社会背景时认为,贾宝玉“是当时将要转换着的社会中即将出现的新人的萌芽”,在这句话添加的脚注中,提及乾嘉时代孕育了资本主义萌芽。“这篇文章的发表,揭开了关于资本主义萌芽讨论的序幕。”[④]

快速准确领会到高层对批判《红楼梦》的社会背景的意图并作出回应的是邓拓。1955年1月9日,《人民日报》发表了他的《论〈红楼梦〉的社会背景和历史意义》一文。文章认为18世纪的上半期“是处在封建社会开始分解、从封建经济体系内部生长起来的资本主义经济因素正在萌芽的时期”。以对《红楼梦》

---

① 仲伟民:《资本主义萌芽问题研究的学术史回顾与反思》,《学术界》2003年第4期。

② 吴大琨:《略论〈红楼梦〉的时代背景》,《文史哲》1955年第1期。

③ 中国人民大学中国历史教研室编:《中国资本主义萌芽问题讨论集》,北京:生活·读书·新知三联书店,1957年,“编者的话”。

④ 周朝民、庄辉平、李向平编著:《中国史学四十年》,南宁:广西人民出版社,1989年,第53页。

时代背景讨论为契机，翦伯赞、吴晗、尚钺、黎澍等学者撰文发表对资本主义萌芽问题的看法。资本主义萌芽问题在 50 年代迎来它的讨论热潮。在讨论中，“鸦片战争以前，中国封建社会已经出现了资本主义的萌芽，这一点为所有参加讨论的人所同意”①。在这个共识前提下，“讨论初起时，争论的较多的是关于资本主义萌芽的概念、理论、出现时间等，随后又发展到侧重于资本主义萌芽发展程度、水平及对阶级关系和社会性质的影响等问题的探讨”②，此外也集中探讨了丝织业、棉纺织业、矿冶等手工业部门以及农村中的资本主义萌芽问题。

1951～1957 年，《文史哲》先后发表了 12 篇相关文章，深入考察了资本主义萌芽发展程度、资本主义萌芽的产生时间、资本主义萌芽对阶级结构的影响等具体问题。《文史哲》刊物内部的争鸣，以及《文史哲》与学界讨论的争鸣，在此都作一详细梳理与考察。

其实早在 1954 年学界掀起《红楼梦》时代背景讨论之前，《文史哲》就发表了王仲荦关于资本主义萌芽问题的文章，成为新中国成立后对该问题的拓荒性研究。1951 年，王仲荦于《文史哲》第 2 期发表了《明代苏松嘉湖四府的租额和江南纺织业》一文，较早地对苏州丝织业生产的性质进行了论述，实际上已经涉及手工业部门中的资本主义萌芽问题。按照王仲荦的看法，中国在明末已经出现了雏形手工工场，那么这种资本主义萌芽为何没有发展成资本主义呢？王仲荦在《文史哲》1953 年第 2 期发表了《从茶叶经济发展历史看中国封建社会的一个特征》，继续对资本主义萌芽问题进行探讨。他从茶叶作坊的出现这一特殊角度来论证中国在鸦片战争前为什么不会出现资本主义社会，中国的封建社会为什么延续得比较久。文章认为，高利贷资本、商业资本与封建经济政治体制的强固结合，“阻碍了手工业向工场手工业的发展，阻碍了中国资本主义的生长，后来更由帝国主义的侵略，而保持了封建统治”。

王仲荦早年曾是章太炎及门弟子，后习得马克思主义，兼具理论与考据之学。这篇文章被“誉为研究明清经济史的创新之作，具有很强的方法论意义”③。文中运用了丰富的古代经济史史料，包括《宋会要》《金史・食货志》《宋史・食货志》《明会典》《中西纪事》以及清户部奏折等，通过结合史料考证而得出结论，

---

① 杜真:《关于中国资本主义萌芽问题的讨论》,《历史研究》1956 年第 7 期。

② 周朝民、庄辉平、李向平编著:《中国史学四十年》,第 54 页。

③ 齐涛:《王仲荦先生二三事》,《许昌学院学报》2018 年第 7 期。

这种结论又直指社会现实,即资本主义发展的出路就是要“反帝反封建”。但是需要注意的是,文章中并未出现明显的引用大量马克思主义经典作家言论的现象,也就是说,这是基于史论结合基础上的马克思主义史学研究。这从侧面表明,资本主义萌芽问题的讨论部分缘于学术内发型因素的推动。

然而,对《文史哲》而言,发端于其自身的《红楼梦》大讨论是资本主义萌芽讨论强有力的外部因素。《红楼梦》大讨论开始之后,山东大学分别于1954年11月7日、13日、20日、26日及12月18日,组织了五次关于红楼梦研究的讨论座谈会。其后,《文史哲》将讨论会中的发言稿择要编辑为“红楼梦讨论专辑”,发表在《文史哲》1955年第1期中。讨论会的主题之一是“对于《红楼梦》一书的社会意义及文艺价值的初步探讨”。由此开始,对《红楼梦》时代背景的探讨使《文史哲》参与到学界的资本主义萌芽问题讨论中。

《文史哲》1955年第1期发表了张维华的《〈红楼梦〉写作的历史背景》一文。张维华早年虽有史料考证学的背景,但这篇文章理论分析色彩浓厚,较少引用史料,且用短小精悍的文字具体分析了晚明到清前期的各个方面社会变动的形态状况,提出了当时的一个共识性认识:“封建官僚地主与手工业、商业资本和高利贷结合着”是明清社会经济发展的一个显著特点。他认为,自晚明到清前期,“由于资本主义因素的出现和发展,虽则是很迟缓的,却是逐渐地瓦解着早已发展到成熟阶段的封建主义”,但是“在专制高度的控制之下,新生的资本主义因素,不容易获得充分的发展,因而它的发展是缓慢的”。

同期《文史哲》刊载的吴大琨《略论〈红楼梦〉的时代背景》一文是日后《文史哲》展开争鸣的滥觞。首先,吴大琨在文章开头对《红楼梦》所反映社会的范围外延作了框定,指出李希凡、蓝翎等人“把《红楼梦》里所反映出来的中国封建社会,看成是什么‘濒临崩溃瓦解的前夕’的封建社会,是说得太笼统的”,他认为“《红楼梦》里所反映的社会,就是18世纪中叶的满清统治王朝,而且仅仅是这个时期的满清统治王朝”。

其次,吴大琨在该文中对资本主义萌芽的发展程度作出了较低估计。翦伯赞、许大龄、从翰香也大体持这种观点,但具体论述各异。① 当时学界对资本主义萌芽的看法大体有两种。除了以吴大琨为代表的这种看法外,另一种以尚钺

---

① 参见宋元强:《中国资本主义萌芽研究略述》,肖黎主编:《20世纪中国史学重大问题论争》,第119页。

为代表,对乾嘉时期萌芽发展程度估计比较高。吴大琨在《略论〈红楼梦〉的时代背景》一文中认为,中国封建社会在乾隆时代以及之前就“已经有了大规模的手工制造业了”,但绝大多数都是“官营”,而私人所有的手工制造业“至多只能在某些特殊的地区得到一些发展,在这意义上可以作为‘萌芽’存在,但却决未曾成为‘大树’。所以若说在乾隆朝,中国就已经有了可以动摇整个封建社会经济基础的‘资本主义的萌芽’是不合乎历史事实的”。因此,18 世纪中期之后的清王朝由盛转衰,是由于中国封建社会的固有发展规律在发挥作用。吴大琨继而对“资本主义的萌芽”概念作了马克思原义上的解释,它实际“指的在农奴解放以后的有雇佣工人的生产”,而“有些同志,误把商业资本的发展,就看成了是‘资本主义的萌芽’这是不对的”。因为中国封建社会的商业资本与高利贷资本、土地资本结合在一起,并不会产生欧洲社会那样的独立的资本主义工商业资本。

对资本主义萌芽程度估计不能过高是吴大琨一以贯之的观点,他对尚钺在《中国历史纲要》一书中对资本主义萌芽程度估计过高提出质疑。“中国在外国资本(主义)侵入以前的封建社会内部就已经有了‘资本主义的萌芽’”,但这种“萌芽”发展得很缓慢,以致一直到外国资本主义侵入之前,中国还并未发展成为一个资本主义社会,所以“要到外国资本侵入中国以后,中国才逐渐地生长了‘资本主义因素’”。吴大琨文中隐约透露出的是,对“社会形态”概念的误解是制约正确认识资本主义萌芽程度的关键因素。在此他以毛泽东的论断以及马克思主义经典作家的经典著作为标准,对尚钺一书中所涉及的诸如“资本主义因素的增长”“资本主义因素”“资本主义的萌芽”“市民运动”这几个关键概念进行辨析。他认为尚钺在对明清时期的“资本主义生产的萌芽”过高估计的同时,却未把当时中国的封建专制主要的生产关系对于新生产力的束缚阻碍作用叙述出来。①

1956 年,外国文学青年研究者陈湛若在《文史哲》第 4 期发表《略谈“红楼梦”社会背景——评吴大琨先生的几个论点》,与吴大琨展开争鸣,对其《略论〈红楼梦〉的时代背景》一文提出了批评。陈湛若在文章的开头指出,由《红楼梦》讨论所引起的乾嘉时代社会经济的论争,论争的核心问题是:乾嘉时代是不

① 参见吴大琨:《关于〈中国历史纲要〉明清史部分几个经济问题的意见》,《文史哲》1955 年第 3 期。

是封建社会崩溃的前夕,有没有资本主义的萌芽。对此,他指出吴大琨的两个错误观点并予以批驳:一是否认乾嘉时代有“资本主义因素”,便间接否定乾嘉时代存在资本主义萌芽,这是“望文生义”不正确地引用经典著作。陈湛若认为,乾嘉时代,在某些个别地区已有“没有生产资料而有个人自由的工人与握有生产资料并剥削工人的资本家”稀疏地出现,这就是“资本主义因素”。二是否定乾嘉时代是中国封建社会濒临崩溃的前夕,强调当时只是清王朝“统治力量的最高点”,亦即“由盛转衰”的转折点。陈湛若认为吴大琨没有指出乾嘉时代“由盛转衰”与整个中国封建社会发展的具体联系,无视中国封建社会内部的发展与具体的解体过程,这是没有意识到其中的政治意义,没有领会毛泽东关于资本主义萌芽的论述。陈湛若指出,在经济较发展地区例如东南沿海各省,在乾嘉时代(或者更早些),社会经济已经发生了重大变化,这些变化都足以说明中国封建社会已面临“山雨欲来风满楼”的前夕。

针对陈湛若的商榷与批评,吴大琨在同期《文史哲》中发表《关于“略论红楼梦的社会背景”及其他》作出回应。① 在文章中吴大琨首先从政治经济学的角度,对资本主义萌芽问题的内涵与外延作了厘清。一是中国封建社会末期的商品生产问题。他认为不能随便把“货币经济”及“商品经济”的发展看成是“资本主义”的发展。要区分封建社会的商品生产与资本主义的商品生产。二是中国社会的“资本原始积累”问题。它是开始于外国资本侵入之前,还是开始于外国资本侵入之后。对于陈湛若指出的第一个错误,吴大琨指出自己关于“资本主义生产的萌芽”和“资本主义因素”这两个概念的理论和运用,依据的是毛泽东关于资产阶级和无产阶级的论述。由此吴大琨将封建社会后期所出现的一些“工场手工业”等称作“资本主义生产的萌芽”,而“资本主义因素”所指向的是“资产阶级”与“无产阶级”这两个阶级。对于第二个错误,吴大琨认为陈湛若是离开了《红楼梦》原书来讨论中国封建社会整个发展历程,属于“推论”过当。吴大琨指出,陈湛若未充分说明一些决定性、关键性的问题。由于离开了当时中国具体经济条件而研究中国封建社会末期商品生产发展问题,把封建社会的商品生产与资本主义的商品生产混为一谈,夸大了资本主义萌芽力量。

1956 年,吴大琨在《文史哲》第 11 期又发表《“关于‘略谈红楼梦的社会背

---

① 参见吴大琨:《关于“略论红楼梦的社会背景”及其他》,《文史哲》1956 年第 4 期。

景'及其它"一文的补充》,对其关于资本主义萌芽问题研究的最新意见进行说明。他进一步指出,学界对于资本主义萌芽程度估计高低不同的原因是,对中国封建社会特殊性认识的不同。即认为明中叶或清初后中国社会中就已经充分发展了"资本主义萌芽"的同志,是因为"他们是把中国的封建社会确实看作是与欧洲的封建社会完全一样的封建社会的"。吴大琨指出,中国和西欧封建社会虽有其共性,但中国的特殊性因素正是中国封建社会内部不能较早出现"资本主义萌芽",或虽出现了"资本主义萌芽"也不能得到很快发展的理由。此外,吴大琨引申出对毛泽东关于资本主义萌芽问题叙述的两点值得注意的看法:一是中国如果没有外国资本主义的侵入,中国的资本主义的发展,一定还要很"缓慢";二是在发展的方式上,中国一定不会走英国式的典型道路。

1957 年,《文史哲》发表了 4 篇资本主义萌芽问题相关的文章,其内容涉及资本主义萌芽的产生时间、手工业中的资本主义萌芽发展程度以及资本主义萌芽对阶级结构的影响等问题。

在第 2、3 期中,《文史哲》分上、下篇连载了华山的《从茶叶经济看宋代社会》。华山在该文中对宋代的茶叶生产和产业贸易情况进行了细密的考证,提出"宋代资本主义萌芽说",并分析了资本主义萌芽发展缓慢的原因。史宏达的《明代丝织生产力初探》一文虽从手工业入手讨论资本主义萌芽问题,但是却不同于以往的探讨。这篇文章"着重探讨明代丝织生产力"。通过翔实的考证,他认为"明代丝织生产力有了很大发展,而且达到了相当高的水平。它对社会的影响是带有两重性的:如果要与资本家经营相结合,可以促使丝织工场手工业的出现和发展;若与小商品经济相结合,它就会维护小生产者的存在"①。

李华的《试论清代前期的市民斗争》考察了资本主义萌芽对阶级结构的影响。当时多数学者如侯外庐、傅衣凌、尚钺等认为阶级关系随着资本主义生产关系的萌芽也发生了变化,明清时期出现了市民阶级和市民运动;少数研究者如吴大琨等认为明清两代并未出现新兴的市民阶级及市民运动。② 李华曾是山大历史系的学生,1953 年毕业后又转去中国人民大学学习,师从尚钺。1956 年毕业后在人大历史教研室任教,专治经济史。与其师尚钺对资本主义萌芽程度的估计观点类似,在这篇文章中,他认为,"清代前期资本主义萌芽已经达到相

① 史宏达:《明代丝织生产力初探》,《文史哲》1957 年第 8 期。

② 参见宋元强:《中国资本主义萌芽研究略述》,肖黎主编:《20 世纪中国史学重大问题论争》,第 119 页。

当的水平”,“它在一定程度上、一定范围内对封建社会起着解体的作用”。在阶级变化以及清代前期市民斗争的分析中,不难发现他深受毛泽东论断的影响,他指出“清代前期资本主义萌芽的进一步发展,所引起的阶级变化之一”,就是新兴市民阶级的形成,它是“现代资本主义社会两个基本阶级——无产阶级和资产阶级的近祖”。在进一步考察了清前期市民斗争的过程、性质、特点、作用及意义之后,他认为这一时期新兴市民阶级,“至少在当时,还远不能负担起推翻旧的生产关系,建立新的生产关系的任务来”,“它不过仅仅是现代无产阶级和资产阶级的萌芽,而且也只能是如此”。

三、《文史哲》关于资本主义萌芽问题讨论的特点

以上为对《文史哲》上关于资本主义萌芽问题讨论的大体回顾。讨论内容大体反映了学术界讨论主要趋向,其中也不乏争鸣与新见。具体来讲,具有以下特点:

其一,《文史哲》在资本主义萌芽问题讨论中坚持理论争鸣的办刊宗旨,这以吴大琨和陈湛若两人的几回合商榷文章为代表。但学术与政治间的张力往往使得讨论“不对等”。陈湛若作为当时的“后生”,或因接受了新中国成立后系统的马克思主义理论教育,更易从政治角度出发看待问题,关注毛泽东对资本主义问题的论述,强调问题的意识形态属性。而吴大琨青年时期就开始接受马克思主义,走上革命道路。1952 年起又担任山大马列部的主任、历史系教授,并参与《文史哲》编辑工作。作为新中国成立后的中年马克思主义史家,他深谙马克思主义政治经济学,又运用马列主义理论来研究史学问题。吴大琨多从政治经济学的专业角度来考察资本主义萌芽问题,根据马列主义经典著作中的叙述来对资本主义萌芽相关概念作出辨析,学术色彩更浓厚一些。而且他提出中国封建社会的特殊性因素对资本主义萌芽的影响,注意到了马克思主义理论运用与中国社会实际相结合问题。也就是说,二人并非完全是从一个层面来讨论问题,势必也就得不到统一结论。通过这一具体讨论,史学界的争鸣情况也可见一斑了。

其二,《文史哲》在资本主义萌芽问题讨论中表现出强烈的“地域性”色彩,这种特性又塑造了它天然的“学术性”特质。我们可以将《历史研究》相关问题讨论拿来与其作一对比。从资本主义萌芽问题文章基本情况来看,《文史哲》刊

发相关文章的时间跨度为1951～1957年,共12篇文章。《历史研究》刊发相关文章的时间跨度为1955～1963年,共17篇文章。囿于"反右"斗争扩大化的政治因素,《文史哲》1959年停刊。相关学术讨论自1958年开始被迫终止。因此从数量上而言,《文史哲》逊于《历史研究》。但是必须注意的是,《文史哲》在创刊的第2期便发表了王仲荦的文章。这正是因为《文史哲》以学术立刊,较早在资本主义萌芽问题上关注到了其新中国成立前后学术发展的延续性。此外,因《文史哲》是校内同人刊物,作者多是山大本校老师,与稿源较面向全国的《历史研究》相比,"地域性"更强。因《红楼梦》大讨论发端于《文史哲》这一契机,吴大琨、张维华等多从探讨《红楼梦》的时代社会背景出发去讨论资本主义萌芽问题,这才"成就"了吴大琨与陈湛若两人的争鸣。而就《历史研究》而言,以尚钺发表的《明清社会经济形态的研究》①"序言"和《中国资本主义生产因素的萌芽及其增长》②为发端,黎澍、刘大年先后发表文章与其商榷,实际已不是简单的学术争鸣了。尚钺在文章中涉及了明清以来中国社会性质有无变化、如何定性的问题,表面是对"中国近代应起于何时"的探讨,实则触碰了资本主义萌芽问题讨论中的"红线"。黎澍批评这种将"古代历史现代化"的结果就是"要改变最初为马克思所指出而后来为毛泽东同志所论争过的关于中国社会经济的基本结构是小农业和家庭手工业的结合的看法,以及中国马克思主义者根据这个看法而产生的认为中国封建社会具有长期性的理解","这不只是一个简单的学术问题,而是涉及中国共产党过去对于中国社会性质和革命性质的认识是否正确的原则问题"。③ 通过对尚钺观点的批判,可以看出《历史研究》高举了意识形态这面旗帜。也正因此,与《文史哲》相比,《历史研究》在此问题的讨论中更鲜明地体现了思想界的主流动向,学术色彩弱于政治导向。

其三,《文史哲》虽力求自身学术性讨论建设,但又受整个学术政治化趋势的牵制,实际是在"学术"与"政治"间夹缝中艰难游走。1956年,学界关于资本主义萌芽问题的讨论一度达到高潮,而陈湛若与吴大琨在《文史哲》中的激烈争鸣也正是在这一年。以1957年为界,史学界整体学术讨论趋势在1957年"反右"斗争扩大化尤其是1958年"史学革命"之后,走向"以论代史"的政治批判。

① 中国人民大学中国历史教研室编:《明清社会经济形态的研究》,上海:上海人民出版社,1957年。
② 尚钺:《中国资本主义生产因素的萌芽及其增长》,《历史研究》1955年第3期。
③ 黎澍:《中国的近代始于何时》,《历史研究》1959年第3期。

到60年代中期,关于资本主义萌芽的讨论逐渐消寂。一个明显的例子就是,《中国资本主义萌芽问题讨论续编》(1960)中的部分论文与《中国资本主义萌芽问题讨论集》(1957)相比,其编排方式与行文风格有显著不同,前者"几乎每篇文章一开头就以引经典作家的话,毛主席的话,马克思的话,列宁的话,斯大林的话,然后才展开论述,论述都在为经典作家的话作注疏"①。而《文史哲》却并非与史学界整个学术政治化走向完全一致。仅就在1957年这一年,《文史哲》刊发的资本主义萌芽问题相关的文章仍多以实证为主,比如华山的《从茶叶经济看宋代社会》、史宏达的《明代丝织生产力初探》。从1958年开始至60年代,《文史哲》中途一度停刊,复刊至"文化大革命"前也再未发表资本主义萌芽相关问题的文章。随着"反右"斗争的扩大化,《文史哲》不得不发表多篇批判论文,配合政治运动。为贯彻"厚今薄古"的要求,《文史哲》从1958年第6期开始整改,加强编辑力量,明确编辑方针,改定稿约。② 山大历史系部分青年教师举行了讨论会,批判《文史哲》"厚古薄今"的倾向,要改变这种"脱离实际的资本主义办刊物思想和'为学术而学术'的资产阶级学术思想",就要多刊载近代社会的文章,以及与目前形势有紧密联系的文章。③ 显然,资本主义萌芽问题的讨论已与此后《文史哲》的选稿方针不符,探讨不得不因"外力"因素终止。直到新时期思想解放后,学界重拾资本主义萌芽的讨论,《文史哲》方才在1981年第5期中发表了吴承明的《关于中国资本主义萌芽的几个问题》一文,参与到学界讨论中。

以《文史哲》为窗口,我们大体了解了50年代资本主义萌芽问题的发展脉络。"文化大革命"时期,资本主义萌芽问题的讨论被迫终止。新时期的思想解放中,"在史学界重点批判封建专制主义及讨论中国封建社会长期延续原因的过程中,资本主义萌芽问题再次受到人们的关注"④。这一时期的讨论在接续50年代研究的基础上,回归到纯粹的学术轨道上来。在摆脱与《红楼梦》时代背景的机械性联系后,学人将其作为一个单独的学术问题来继续探讨,"不再纠缠于概念的争论和局限于经典的论争,而是开拓了新的研究领域,更多地开始进

---

① 徐泓:《"中国资本主义萌芽"研究范式与明清经济史研究》,《中国经济史研究》2018年第1期。

② 参见郭震旦编:《〈文史哲〉于中国人文学术编年》,北京:商务印书馆,2011年,第97页。

③ 参见赵华富:《谈谈〈文史哲〉"厚古薄今"的倾向》,《文史哲》1958年第6期。

④ 仲伟民:《资本主义萌芽问题研究的学术史回顾与反思》,《学术界》2003年第4期。

行实证研究”①,相关学者有吴承明、傅衣凌等。90 年代以来,对该问题的研究转变为反思,比如李伯重将其定性为“情结论”②,黄宗智认为“资本主义萌芽论”反映了中国学术界的规范认识危机③,以及因何兆武将封建社会长期停滞问题定义为“假问题”而引起对资本主义萌芽问题的重新认识等④。近年来,学界仍不乏对资本主义萌芽问题及与其相关的明清经济史进行回顾性探讨,如徐泓、马勇等。亦不乏对资本主义萌芽问题讨论中的关键人物尚钺、傅衣凌等所做的相关专题研究。可以说,资本主义萌芽问题是自 20 世纪 30 年代以来绵延至今的世纪性问题。它所折射出的历史意义,或可与它自身所投射的超历史的、现实层面的经济意义不相上下。

第三节　开拓中国农民战争史研究

农战史研究贯穿 20 世纪后半期的整个史学发展过程。它发展最为辉煌的时期是“文化大革命”前十七年史学时期。这一时期农民战争史研究大体分为两个阶段:第一个阶段为 1949～1957 年,这一阶段是农民战争史学科的创始阶段。一方面,史学工作者将学习到的马克思主义理论运用到史学实践中,聚焦于具体研究,扭转农民战争在传统中的负面形象;另一方面,学界开展大规模的农战史文献史料的系统整理活动。据学者统计,截至 1957 年,学界“先后发表了 650 余篇研究农民战争的文章,出版了 70 余种资料集、论文集和通俗读物”⑤。第二个阶段为 1958 年到“文化大革命”时期,这一阶段为农民战争史作用、性质、农民政权等重大理论问题的探讨阶段,这些问题是研究者在“阶级斗争观点和中国历史上农民战争的实际相结合”过程中遇到的基本理论问题。⑥ 至 1966 年,“史学工作者约共发表了二千三百篇文章,出版了数十种专史、论著、资料集

---

① 仲伟民:《资本主义萌芽问题研究的学术史回顾与反思》,《学术界》2003 年第 4 期。

② 参见李伯重:《“资本主义萌芽情结”》,《读书》1996 年第 8 期。

③ 参见黄宗智:《中国研究的规范认识危机——社会经济史的悖论现象》,《史学理论研究》1993 年第 1 期。原载英文版《近现代中国》(*Modern China*)第 17 卷第 3 期,1991 年 7 月。

④ 参见何兆武:《历史研究中的一个假问题——从所谓中国封建社会长期停滞论说起》,《百科知识》1989 年第 5 期。

⑤ 周朝民、庄辉明、李向平编著:《中国史学四十年》,南宁:广西人民出版社,1989 年,第 37 页。

⑥ 参见王学典:《二十世纪后半期中国史学主潮》,济南:山东大学出版社,2000 年,第 307 页。

和小册子。各地历史学会、科学研究机构、高等院校举行了许多学术讨论会"①。农民战争史研究作为一门"显学",成为"十七年史学时期"的"五朵金花"研究中绽放得最绚丽的一朵。

一、《文史哲》与赵俪生的农战史拓荒研究

从1951年创刊至"文化大革命"爆发前夕,《文史哲》共发表文章近50篇,从历代农民战争的史实梳理、具体研究到相关理论探讨,均有所涉及。王仲荦、赵俪生、卢振华、华山等山大教授皆在《文史哲》上发表文章。《文史哲》重点参与了1949～1957年农民战争史研究的第一阶段——创始阶段。在这一阶段,其发表的农战史研究的文章比同时期的《历史教学》《新史学通讯》《历史研究》都要多。对整个史学界而言,其功在农民战争史研究的"开拓"上。

在《文史哲》的农民战争史研究中,对农战史专题研究"致力最早、用心最勤、堪称拓荒者的"②当属赵俪生。赵俪生得以与农民战争史结缘是主客观两方面因素缠结的结果。"农民战争史"在新中国成立伊始完全是一门崭新的学科,"当时除了专门研究太平天国史的罗尔纲、谢兴尧、荣孟源等老一辈专家外,还没有这方面的专业工作者"③。为尽快落实意识形态理论的诠释,官方直接介入学术研究,"下达命令、组织专业人员研究和教学","在学校中开设相关课程"。④山东大学为进行课程改革,于1953年开设"中国农民战争史"课程。此为其一。其二,赵俪生接受这项"组织任务",他自己表明是一半"被动",一半"主动"。⑤赵先生"主动"的工作勇气,与他执着的马克思主义信仰密切相关。加之早年的革命实践经历,"对社会底层的人民的人文关怀和家国情仇"促使其"运用阶级

---

① 陈梧桐:《农民战争研究的种种争论》,《历史研究》编辑部编:《新中国成立以来史学理论问题讨论举要》,济南:齐鲁书社,1983年,第204页。

② 徐显明:《〈文史哲〉与山东大学文科建设——〈文史哲〉创刊50周年献辞》,《文史哲》2001年第3期。

③ 孙祚民:《新中国成立三十年来中国农民战争史研究的回顾与展望》,《山东师院学报》1979年第5期。

④ 黄敏兰:《中国农战史专题的形成与发展——在领袖、政权及史学家的三重作用下》,《齐鲁学刊》2006年第4期。

⑤ 参见王学典、蒋海升:《从"战士"到"学者"——访老辈史学家赵俪生先生》,《山东社会科学》2006年第3期。

方法研究历史”。①

从1953年开始,《文史哲》陆续刊出赵俪生与夫人高昭一在授课过程中搜集资料所作的农战史研究文章。1954年,上海新知识出版社将两人的文章集结成《中国农民战争史论文集》一书出版。这是“新中国第一部农民战争史的个人研究专著,建构了该学科的基本框架和体系”②。包括“附篇”在内,该论文集共收录了13篇文章,其中有9篇已发表在《文史哲》上。1955～1956年,《文史哲》又发表了赵俪生的6篇文章。自1957年始至“文化大革命”前,《文史哲》再未发表过赵俪生的文章。据赵俪生回忆,当时毛泽东对农民战争史的两个最高指示不能违反:一个是“哪里有妥协让步?只有反攻倒算”,另一个是“只有这种农民的阶级斗争,农民的起义和农民的战争,才是历史发展的真正动力”。这两个指示“拿到农民战争史研究中来,造成了许多矛盾和不协调”③。他不得不放弃农民战争史研究,后来转向土地制度史研究。

从《文史哲》上的研究来看,包括赵俪生在内的大部分学者,首先是对自秦汉以来中国古代历次农民战争具体史实的系统性梳理,这大体以毛泽东在《中国革命和中国共产党》中涉及的农民起义范围为重点研究对象。在史料收集工作之外,农战史的拓荒阶段并不排斥理论性研究。1953年,高昭一发表了《试论中国农民战争的特点》一文,这篇文章提出了此后农战史讨论中涉及的几乎所有理论问题,它从专制政治上层建筑与人民的相互关系角度出发来认识旧中国阶级社会历史的特点,运用“历史主义”的分析方法,充分估量了农民起义的丰富性与复杂性。赵俪生后来在回忆自己学术发展历程时,将其农民战争史研究归纳为“四个专题”:其一,农民的身份,即不同时代农民身份的差异;其二,起义和国家机器的关系;其三,农民起义和民族关系间的关系;其四,宗教在起义中的作用。这四个专题问题研究在《文史哲》中文章中均有所体现。更为重要的是,由这些专题而涉及的诸如农民政权、农民战争作用等理论问题成为日后被史学界所热烈探讨的问题。

---

① 李华瑞:《我心目中的赵俪生先生——写在赵俪生先生一百周年冥诞之季》,《文史哲》2019年第1期。

② 汪受宽:《一位终生服膺真理和理想的学者》,《博览群书》2002年第10期。

③ 参见王学典、蒋海升:《从“战士”到“学者”——访老辈史学家赵俪生先生》,《山东社会科学》2006年第3期。

从农民的身份入手研究农民战争,是赵俪生的独特之处。他"从史料里看农民在历史演变不同阶段中的不同身份",将历史上的农民分为五种互相区别的身份,分别是原始农民或公社农民、佃农、自由小农、中古带有隶属性的农民以及近古以来复杂化了的农民。[①] 这种不同时期农民封建隶属性强弱的身份差异,与农民战争中"起义规模的大小,战斗力的强弱,绵延地区的广狭,持续时间的长短,其领导集团内部凝聚力的强弱,以及它与外在力量的联系"[②]密切相关。"农民战争,由于农民身份方面的差异和变化,而形成了各自的特点。"[③]集中表现这方面研究的,是1956年发表在《文史哲》第11期的《靖康、建炎间若干农民武装力量性质的分析》。该文分析了不同起义集团中农民成分及其聚合力的不同,并"受到日本广岛大学寺地遵先生的好评"[④]。在《秦汉三次农民大起义的比较》[⑤]中,高昭一从参加起义者所属的阶级成分来比较秦汉的三次农民大起义。农民阶级在社会地位方面的变化,不仅是高昭一认识中国上古时期的社会性质的线索,更是农战史研究的基础。

农民起义和国家机器间的关系,是赵俪生农民战争史研究的重点。他将起义和国家机器视为"两个相互对立、互相冲击的力量",并分析了这两方"各有什么优越条件和不利条件,这两种条件又怎么样在消长"[⑥],也即"国家机器的运作是如何造成农民起义的爆发以及农民起义的爆发对国家机器起到了怎样的影响"[⑦]。关于此问题的系统论述是高昭一的《试论中国农民战争的特点》[⑧]一文。文章认为,以分散的小生产者作为阶级基础而建立的政治上层建筑是专制主义。专制主义政权具有镇压和经营的机能。在相对稳定时,对社会生产发挥积极作用。在社会动荡时的镇压会影响社会生产和人民生活,引发农民起义,即所谓"官逼民反",这时农民革命的对象是专制主义皇朝。如何看待农民起义对国家机器的反作用实际上涉及的是如何认识农民战争作用、农民政权性质以及

① 参见赵俪生:《关于两门专史研究的回忆》,《赵俪生文集》第一卷,兰州:兰州大学出版社,2002年,第96页。

② 赵俪生:《关于两门专史研究的回忆》,《赵俪生文集》第一卷,第97页。

③ 赵俪生:《赵俪生学术自传》,《赵俪生史学论著自选集》,济南:山东大学出版社,2009年,第400页。

④ 王桂琴:《赵俪生先生的治学历程与学术成就》,《文史哲》2003年第5期。

⑤ 高昭一:《秦汉三次农民大起义的比较》,《文史哲》1954年第1期。

⑥ 赵俪生:《赵俪生学术自传》,《赵俪生史学论著自选集》,第400页。

⑦ 白佳玉:《赵俪生的农民战争史研究》,河南大学2020年硕士学位论文。

⑧ 高昭一:《试论中国农民战争的特点》,《文史哲》1953年第4期。

农民战争性质的问题。在该文中,高昭一在援引了毛泽东在《中国革命与中国共产党》中关于农民战争的意义论述后,提出了“让步政策”的看法。在《秦汉三次农民大起义的比较》一文中,高昭一从“新政权的出处”问题上比较秦汉三次农民大起义的作用,结论仍是指向“让步政策”。如文章认为,陈胜、吴广起义后建立的刘邦集团新政权,以及绿林、赤眉起义后建立的刘秀新政权,都是“由参与起义中的一个方面(虽然不是而且不可能是最革命的一个),在起义历程中成长转化而来的”,“由于新统治阶级惧怕人民的威力,在新的政权措施上不得不对农民做出某些程度的让步,因而也就多少提高了社会的生产力”。①

在评价农民战争的作用时,任何封建社会发展时期爆发的农民战争发挥的作用是否都是相同的?对此,在《论有关隋末农民大起义的几个问题》②一文中,赵俪生最先提出并分析了“农民战争与统一战争的关系问题”。文章指出,“每当农民战争转化为统一战争的情况出现时,农民战争对社会发展所起的促进作用(如毛主席一再指出过的)将表现得更大,而且更为显著。反之,则其作用就往往容易消散,或表现得比较晦暗与曲折了”。必须认识到,国家在战争之后的统一,“不能够由农民阶级和农民起义本身来实现和完成”,因农民阶级在“落后和消极方面的限制”,其斗争“只能在打击统治者这一点上,来实现对社会发展的推进作用;而不能在实现和完成国家统治的这一点或其他诸点上,来实现社会发展的推进作用”。赵俪生实际指出了农民阶级的落后性及农民战争在统一战争中作用的有限性。同时他反对极其狭隘的“阶级观点”,而承认统一国家对社会发展的积极推动作用。

承认统一战争对于历史发展的积极作用,是否意味着对农民战争动力作用的弱化呢?在《通过五代十国到宋代的历史过程认识唐末农民大起义之更深远的社会意义》一文中,赵俪生进一步深化了“让步政策论”,并运用它来分析唐末农民大起义的作用。他将农民大起义放到整个中国封建社会的发展历程中去考察,并认为,“由于旧时代农民阶级的种种局限性的影响,我国封建社会历史时期的一切农民革命永远得不到彻底的胜利,只能成为改朝换代的工具,只能

① 高昭一:《秦汉三次农民大起义的比较》,《文史哲》1954年第1期。
② 赵俪生、高昭一:《论有关隋末农民大起义的几个问题》,《文史哲》1954年第6期。

通过对其统治者的打击和统治者的某些让步,来体现封建社会本身向前让步”①。

赵俪生的“让步政策论”,根本目的是论证毛泽东的“农民战争动力论”,但它在“农民战争到底如何推动历史发展”这个问题上加了一个“缓冲带”,强调农民战争的历史作用要通过统治阶级的让步而体现出来,肯定了统治阶级的历史贡献。新中国成立以来,翦伯赞、孙祚民对“让步政策论”均有阐发。后来人在总结“让步政策论”时,赵俪生的相关观点往往被忽视。必须承认,赵俪生在《文史哲》相关文章中对农民战争动力作用问题的阐述,不是从经典领袖理论抽象出的意义,而是从具体事实抽象出的理论,它仍具有开拓性的意义。

除了农民战争作用,赵俪生还“最早判定农民政权依然是封建政权”②。1953 年,他在《论有关隋末农民大起义的几个问题》中指出:“由出身农民的分子自己所建立起义政权和国家”,“就其根本性质说,也仍是传袭了封建的政权”。③在论述中,赵俪生也涉及农民的阶级属性及农民战争的思想武器问题。他所持的是“农民是皇权主义者”看法,农民是以封建理论、封建的纲纪展开斗争,没有自己独立的指导思想。在《李自成地方政权所遭地主武装的破坏——“明末农民大起义”专题研究之一》④一文中,赵俪生认为农民既不反对国家制度,又不能建立起自己的政治统治。诸此研究观点,与孙祚民在《新建设》1955 年第 8 期发表的《关于“农民政权”问题》中关于农民政权性质与农民战争性质问题的探讨,具有前后连续性。如果说孙祚民的这篇文章“是历史主义学派开始出现的标志”⑤的话,那么赵俪生在《文史哲》上的农战史研究则是历史主义学派产生的思想摇篮。

日后秦晖评价道,20 世纪 50 年代“由赵先生的著述形成的中国农民战争史研究范式,直到 20 世纪 80 年代仍主导该领域”⑥。1957 年,随着“反右”斗争扩

---

① 赵俪生:《通过五代十国到宋代的历史过程认识唐末农民大起义之更深远的社会意义》,《文史哲》1956 年第 5 期。

② 王学典:《二十世纪后半期中国史学主潮》,第 275 页。

③ 赵俪生、高昭一:《论有关隋末农民大起义的几个问题》,《文史哲》1954 年第 6 期。

④ 赵俪生:《李自成地方政权所遭地主武装的破坏——“明末农民大起义”专题研究之一》,《文史哲》1955 年第 11 期。

⑤ 王学典:《二十世纪后半期中国史学主潮》,第 278 页。

⑥ 秦晖:《而今诸神皆粪土,犹有深山问道人——赵俪生先生的思想与学问》,《文史哲》2011 年第 5 期。

大化，离开山东大学的赵俪生后来被补划为“右派”，不再从事农民战争史研究。以“反右斗争”为由，《文史哲》刊发了两篇批判赵俪生的文章，批判其农民战争史研究的“目的是歪曲和污蔑农民阶级，贬低农民起义的意义”①，“把中国农民战争史的研究，引向资产阶级唯心主义的歧路上”②。以赵俪生为代表的农战史的具体研究阶段结束了。

二、从太平天国问题研究到“历史主义”论战

1958年开始，农战史研究进入重大理论问题探讨阶段。“以全国性的评价曹操为契机，史学界围绕农民阶级的属性、农民战争的思想武器、农民战争的性质、农民所建政权的性质、农民战争的历史作用等重大理论问题，展开了空前热烈的讨论与争鸣。”③在此期间，《文史哲》关于农战史研究文章数量明显减少，且以史实考证为主，主要涉及太平天国性质、农村政权、工商政策及相关人物评价等问题的研究。譬如：郦纯的《略论太平天国的田赋制度》④以及《太平天国对于商业的态度和后期太平军人经商是否公营的问题》⑤对太平天国的田赋、商业进行考察。王天奖的《太平天国的郡县地方政权》对太平天国的郡县两级地方政权加以专门的论述。⑥ 孟岘、陈学文、顾琴芬对石达开的人物评价相关问题发表看法。⑦ 1957～1963年，《文史哲》并未关注学界探讨的农战史重大理论问题，却刊发了太平天国史研究文章。究其原因，大概有二：其一，《文史哲》被“厚古薄今”等政治运动裹挟，且历经1959年停刊、1961年复刊，恐不能继续坚持纯学术路向、追踪学界前沿理论问题。其二，山东大学校内教师人员的变动，以及《文史哲》复刊后的编委会与编辑群体的变动，使得《文史哲》难以延续此前的学术研究。

1958年后农战史重大理论问题探讨的实质是“历史主义”与“阶级观点”的

---

① 王新野、宋锡民：《批判赵俪生在农民战争问题上的谬论之一——对农民起义的歪曲和污蔑》，《文史哲》1958年第12期。

② 王兴亚：《资产阶级右派分子赵俪生研究中国农民战争史的反动本质》，《文史哲》1958年第12期。

③ 屈宁：《十七年史学期间农战史研究争鸣》，《中国社会科学报》2018年7月10日。

④ 郦纯：《略论太平天国的田赋制度》，《文史哲》1957年第5期。

⑤ 郦纯：《太平天国对于商业的态度和后期太平军人经商是否公营的问题》，《文史哲》1962年第6期。

⑥ 王天奖：《太平天国的郡县地方政权》，《文史哲》1958年第5期。

⑦ 参见孟岘：《石达开安庆易制真相》，《文史哲》1962年第3期；陈学文：《石达开远征出走与投降问题》；顾琴芬：《近年来学术界关于石达开评价的综述》，《文史哲》1963年第3期。

较量。其实在新中国成立初期至1958年的农民战争史研究中,以历史主义派的历史主义农民战争观占据主流地位,它压制住了当时以"片面反封建"为要旨的流行阶级观点。"工人阶级立场寓于历史主义之中,历史主义本身就是工人阶级立场"是50年代前期的史学界的共识性原则。[①] 这种"历史主义"的要求和体现是,在肯定农民及农民战争动力作用的时候,也承认帝王将相和封建统治的合理的历史地位与作用。但1958年"史学革命"后,"歌颂和推崇农民,把农民视为社会主义乃至共产主义的载体或物质承担者"的极"左"政治思潮喷涌而出。[②] 强调为阶级斗争服务的"厚今薄古"运动导致研究中"见地主就骂,见封建就反"。被推向极端的"片面反封建"的"阶级观点"开始了对此前历史主义的农民战争观的批判。具体批判对象的矛头率先指向的是孙祚民及其《中国农民战争问题探索》一书。《文史哲》在1958年第11期发表了陈昌远的《孙祚民〈中国农民战争问题探索〉一书中的几个问题》一文。陈昌远就书中涉及的"中国农民战争在历史上的作用""农民战争的'破坏性'""农民战争采取流动作战方式的原因"三个方面进行批判。文章以马列主义和毛泽东关于农民战争的理论为依据,用语比较克制,尚具有学术探讨色彩。

1963年,学界展开"历史主义"与"阶级观点"的正面论战。论战以林甘泉和宁可的交锋[③]为开端,二人及其他学者围绕"什么马克思主义历史主义,及其与阶级观点的关系"等问题展开争论。林甘泉认为单独提出历史主义,"模糊了马克思主义历史科学的党性原则",并认为历史主义与阶级观点是"完全一致的,统一的"。宁可认为马克思主义历史主义作为一种研究历史的原则,有其独立存在的价值。在这种背景下,《文史哲》及时关注到了这场论战。在1963年第5期中,《文史哲》转载了宁可的《论历史主义和阶级观点》一文。《文史哲》发表的沈嘉荣的《论历史主义和阶级观点的若干问题》一文也批评了将历史主义和阶级观点对立起来的观点,该文指出:"马克思主义的阶级观点是运用历史唯物主义原理考察阶级社会历史的基本指导线索。""马克思主义的阶级观点本身有着按时间、地点、环境具体考察问题的特点,不必再从外部加上这个'历史主义'

---

① 参见王学典:《二十世纪后半期中国史学主潮》,第48页。

② 参见王学典:《1958当代史学方向转换的一大枢纽》,《20世纪中国史学评论》,济南:山东人民出版社,2002年,第196页。

③ 参见林甘泉:《历史主义与阶级观点》,《新建设》1963年第3期;宁可:《论历史主义和阶级观点》,《历史研究》1963年第4期。

去结合、去平衡、去统一,去充当辅助行动的拐棍。”[①]郑欣强调“在历史研究中坚持马克思列宁主义的阶级分析方法”,他对刘节在《怎样研究历史才能为当前政治服务》[②]一文中的观点展开讨论。[③]

在这场论战中,“历史主义提倡者”和“阶级斗争观点突出论者”都旨在捍卫他们所认识的马克思主义,他们都承认“阶级观点是唯物史观的核心”,并将“阶级观点”看作“阶级斗争观点”,也承认“人类文明史便是阶级斗争的发展”。[④] 前者批评的是“片面反封建”的、被农民阶级立场所替代的、缺乏任何历史主义精神的阶级观点,他们要求对封建社会的历史给予全面的研究。后者则将这种批评视为对马克思主义阶级观点的批评,并否定了历史研究中必须遵循的历史主义原则的独立性。虽然“阶级斗争观点突出论”者的讨论在学术理论的范围内进行,但却被关锋、林聿时、戚本禹等作了“更加充分而极端的发展,视历史主义与阶级(斗争)观点‘融为一体’”[⑤],为极“左”政治服务,历史主义彻底失去独立价值。

受极“左”政治思潮的影响,《文史哲》也发表了“带有‘左’倾思想、乱打棍子的文章”,使得“一些配合政治运动驱赶浪头的文章、活学活用的文章(有的是从报刊上抄录的),充斥刊物篇幅”。[⑥] 1964 年,《文史哲》发表数篇批判孙祚民、蔡美彪等关于历史主义农民战争观点的文章。庞朴一文批评了蔡、孙两人在各自文章中提出的“两种革命”的论点,认为蔡、孙二人不从阶级着眼来区分革命的类型,而以是否“导致社会交替”作为分类的依据,把革命强行区分为“社会革命”和“革命”。这“不符合马克思主义的常识”。[⑦] 如果说这篇文章还带有学术色彩的话,那么此后的几篇文章则变成了政治批判的翻版。《文史哲》在 1964 年第 6 期中,发表了鲁史兵的《对孙祚民同志在中国农民战争问题上的错误观点必须彻底批判》(此文原载《大众日报》1964 年 12 月 5 日)、王阁森的《究竟是历史唯物论,还是历史唯心论——评孙祚民同志在中国农民战争问题上的若干

---

① 沈嘉荣:《论历史主义和阶级观点的若干问题》,《文史哲》1964 年第 4 期。

② 刘节:《怎样研究历史才能为当前政治服务》,《学术研究》1963 年第 2 期。

③ 参见郑欣:《坚持在历史研究中运用阶级分析的方法》,《文史哲》1963 年第 4 期。

④ 蒋大椿:《重看历史主义与阶级观点论战》,《安徽史学》1997 年第 1 期。

⑤ 蒋大椿:《重看历史主义与阶级观点论战》,《安徽史学》1997 年第 1 期。

⑥ 吴富恒:《努力把〈文史哲〉办好》,《文史哲》1981 年第 4 期。

⑦ 参见庞朴:《试论农民战争的革命性质——评蔡美彪、孙祚民同志的“两种革命论”》,《文史哲》1964 年第 5 期。

观点》、孔阶平的《所谓反对美化农民，实际是丑化农民——与孙祚民同志商榷》三篇文章。这些文章中的批判大都出于同样的话语模式。在“农民起义是阶级斗争的最高表现形式”这个基调下，“历史主义”的批判者们强调站在什么立场是评价封建社会的农民阶级是决定其观点错误与否的关键。他们批判道，孙祚民等人正是站在了地主资产阶级立场上。但事实是，他们这里强调的“无产阶级立场”已经被置换成“农民小生产者立场”。这已不是学术讨论，而是政治斗争。对孙祚民农民战争史观点的批判，实质上是“历史主义”与“阶级观点”又一次较量。此后，历史学完全成为极“左”政治的俘虏。

三、《文史哲》关于农战史研究的意义

通过回顾《文史哲》在 20 世纪五六十年代关于中国农民战争史研究的历程，可以发现：1957 年之前，《文史哲》对中国农民战争史研究具有开拓之功，这与赵俪生筚路蓝缕的学术努力密不可分。1958 年之后，被政治运动裹挟的《文史哲》历经停刊、复刊，这期间未能跟上史学界对农战史研究理论问题的探讨，最后“由于过分强调阶级斗争和突出政治，使《文史哲》逐渐失去学术刊物的性质”①。五六十年代《文史哲》开展的农战史研究的意义仍值得总结。

第一，由赵俪生开拓的农战史专题研究推动了农民战争史学科的建立，为日后重大理论问题探讨奠定了基础。这使得《文史哲》成为促进新中国学术转型的关键性学术刊物。巴勒克拉夫曾认为，“新中国历史研究由于强调了中国农民的革命性以及他们在促进社会变革上的推动作用，从而‘从根本上改变了中国历史的语言’，建立了评估和重现中国过去历史的标准”②。农战史研究的重要学术遗产是相关资料的系统挖掘、收集与整理，这为后来人研究中国古代底层社会提供了丰富的史料基础。若将农战史研究置于世界学术演变史中，“这种对下层社会的关注契合了梁启超在世纪初提倡研究民众史的号召，与国际学术界尤其是法国年鉴学派、英国‘社会史学派’对下层的关注和所倡导的‘写从下往上看的历史’的学术主张殊途同归，有其不容否定的学术价值”③。

---

① 吴富恒:《努力把〈文史哲〉办好》,《文史哲》1981 年第 4 期。

② [英]杰弗里·巴勒克拉夫:《当代史学主要趋势》,杨豫译,北京:北京大学出版社,2006 年,第 177 页。

③ 王学典:《五朵金花:意识形态中的学术论战》,《文史知识》2002 年第 1 期。

第二,五六十年代《文史哲》关于农战史研究的历程,又映射出共和国学术转型中诸多复杂性因素。首先是意识形态因素。农民战争史学科的产生及大规模理论性问题的论战,实质是“革命意识形态”①背景下的产物,它在很大程度上是为了论证毛泽东关于农民战争动力作用的理论,为中国革命提供历史合法性。农战史研究“基本承袭了战争时期指导思想的内容,即过于强调阶级斗争哲学”,“片面地理解人民群众是历史创造者的原理。对农民战争的评价,缺乏具体分析,把农民阶级的觉悟估计过高”②,将农民的历史地位和作用无限制地拔高和美化,而不能正视和承认农民阶级自身的落后性,也不能客观评价封建王朝与统治阶级的历史作用。其次是唯物史观的运用问题。在十七年史学中,“阶级观点是唯物史观的核心”,“人类文明史是阶级斗争发展史”,“劳动人民是历史的创造者”等诸如此类片面的、庸俗的“流行唯物史观”一度成为农民战争史研究的指导思想,以致“片面地理解马克思主义关于阶级和阶级斗争的学说,把无产阶级和资产阶级、农民和地主,奴隶和奴隶主之间的矛盾和斗争绝对化”③,马克思主义进一步滑向教条化、简单化及公式化。

新时期思想解放以来,随着对“历史发展动力问题”和“历史创造者问题”的讨论,社会科学工作者开始重新审视唯物史观本身。农战史评价也随之趋于平实和客观。农民战争史研究由回顾反思到朝着更加多元化的发展。不少学者试图改变农民和地主两大阶级冲突的研究路径,转换研究思路④,并提倡将“研究中国农民战争问题转变为研究中国农民问题”⑤。平衡学术与现实间的关系,揭示社会发展的客观规律,才应是农民战争史研究的出发点和发展方向。

---

① 王学典:《意识形态与历史:近50年来农战史研究之探讨》,《史学月刊》2005年第7期。

② 苏双碧:《中国农民战争史》,周朝民、庄辉明、李向平编著:《中国史学四十年》,南宁:广西人民出版社,1989年,第373页。

③ 黎澍:《中国社会科学三十年》,《历史研究》1979年第11期。

④ 相关研究如臧知非:《制度设计与农民历史命运——农民战争史研究视角问题琐议》,《史学月刊》2005年第7期;李振宏:《社会危机应对视域下的农民战争史研究》,《社会科学文摘》2016年第1期。

⑤ 刘芬:《中国农民战争史研究会第十二届学术讨论会综述》,《东方论坛》2008年第6期。

第二章 《红楼梦》事件与胡适学术思想批判

在民国学术界，胡适是首屈一指的领袖人物。胡适作为“现代中国文化学术领域的大师和自由主义思想的主要代言人，相当长一段时间，在文化、教育、科学方面发挥了重要领导作用，在社会政治方面也有其特殊的影响力”①。在1949年以前，胡适就已是马克思主义学者的主要论争对手。郭沫若的《中国古代社会研究》挑战的对象就是胡适。新中国成立后要建立新的学术范式，树立新的思想权威，必须肃清胡适的影响。一场轰轰烈烈的胡适大批判运动在所难免。《文史哲》在这场批判运动中充当了一个引人注目的角色。

第一节 前奏：胡适实验主义批判

1919年4月，胡适在《新青年》杂志发表《实验主义》一文，意味着胡适在中国系统介绍美国实验主义哲学的开始。而在杜威来华讲学期间，胡适为其讲演担任口译。此后在北大开设“杜威著作选读”，“毫不掩饰地多次公开宣布自己是‘实验主义的信徒’”②。胡适对杜威实验主义哲学接受的特点是“忽视实验主义的本体论、认识论，侧重强调实验主义的方法论”③。因而胡适所传播的实验主义的方法正是以解决问题为中心，这些问题既涵盖社会问题，也包括学术问题。实验主义的两个根本观念是“科学实验室的态度”和“历史的态度”。所谓“科学实验室的态度”，便是将西方研究自然科学的方法演绎推广开来，尤为强

---

① 欧阳哲生：《序：孤寂的狮子》，《容忍比自由更重要：胡适与他的论敌》（上），北京：时事出版社，1999年，第1页。

② 欧阳哲生：《中国现代哲学史上的胡适》，《学术界》2006年第1期。

③ 洪认清：《中国史学思想会通·近代史学思想后卷》，福州：福建人民出版社，2018年，第115页。

调在“尊重事实,尊重证据”的同时,进行“大胆的假设,小心的求证”,此即“科学的方法”。“历史的态度”,就是用历史的眼光客观地看待一切制度和学说,考察其所发生的原因以及产生的客观效果,还历史以本来面目。

因胡适的实验主义思想的多维特性,其影响领域颇多。就学术领域而言,胡适将实验主义的方法论与中国传统考据学相结合,形成一套具有范式意义的“科学方法”,尤为对以顾颉刚为代表的“古史辨”运动影响巨大。而另一方面,杜威思想受“格林一派自由主义影响甚深,也提倡公领域的干预和控制”,因而“从哲学角度关注社会问题乃成为杜威实用主义哲学的一大特色”。[①] 这种将实用主义工具化的思想正是胡适将其引入国内后所强调的,于政治领域而言便是主张学习美国渐进式的改良或改革。

反观同时期,马克思主义作为一套完整的“改造世界”的理论体系,政治上被革命者所运用,并与中国革命实践相结合,同时它也是部分学者用来考察中国历史与社会发展进程的历史观。无论是政治立场还是学术理念方面,马克思主义与实验主义之间都存在着不可消解的对抗。早在新文化运动时期,以李大钊为代表的马克思主义学者与以胡适为代表的实验主义学者之间就“问题与主义”展开一系列论战。及至新中国成立前,马克思主义学者一直未停止对非马克思主义思想的批评,其中又以胡适的实验主义为最。而新中国成立后,马克思主义随着新民主主义革命的胜利跃居意识形态主流地位。为与新民主主义社会向社会主义社会过渡时期的政治、经济领域的革命性改造相适应,思想文化领域传播马克思主义的同时,肃清旧意识形态成为首要任务。而胡适作为一个“资产阶级反动”的旧社会人物,以其为代表的实验主义思想也顺理成章地成为旧意识形态的思想符号。

“1949 年后,所有的知识分子都被称为‘接受革命’或者‘参加革命’”,“而且大家从不讳言‘思想改造’”,“与此同时还有学习”,“学习与改造是一而二、二而一的”。[②] 在此背景之下,《文史哲》甫一创刊,便积极介入新政权意识形态的破与立的过程,“成为在学术界推动观念转变和话语转换的排头兵”[③]。《文史哲》

① 罗志田:《杜威对胡适的影响》,《四川师范大学学报(社会科学版)》2002 年第 6 期。

② 谢泳:《思想改造运动的起源及对中国知识分子的影响》,《思想利器与当代中国研究的史料问题》,北京:新星出版社,2013 年,第 249 页。

③ 蒋海升:《政治与学术的互动——20 世纪 50 年代的〈文史哲〉》,《文史哲》2001 年第 4 期。

在创刊号社论中指出,《实践论》是"克服教条主义和经验主义的有力武器","是马列主义及中国哲学思想的巨大发展",是学习和工作的最好指南,"是我们开辟学术研究的正确方向和最高准则"。[①] 用马列主义毛泽东思想指导学术研究,以改进思想方法和工作方法为手段,达到"改造客观世界与改造主观世界的伟大目标",这不仅是《文史哲》的立刊准则,也是《文史哲》所代表的学术界的意识形态宣教。具体而言,《文史哲》通过刊登政治理论学习与思想改造文章相结合的举措,传播马克思主义的同时清理旧意识形态,以贯彻新意识形态。

《文史哲》除进行政治理论与马克思主义经典原著的学习之外,参与新中国意识形态建构的重要环节还有全国范围内掀起的思想改造运动。

山东大学的思想改造运动与华岗的组织领导密不可分,它始于 1951 年 11 月17 日华岗所作的动员报告《目前形势、思想改造和学制改革》,至 1952 年 1 月转入"三反运动","三反运动"作为一场实际行动,与思想改造相互糅合,实际上是思想改造的一部分。"三反运动"结束后,转入全面的思想分析和批判。华岗于 1952 年 5 月 1 日作了《本校三反运动总结与全面转入思想改造的意义和方针》,该篇文章刊登在《文史哲》1952 年第 4 期上,该期还刊登了华岗的《思想改造中的根本问题》一文,至 1952 年 7 月 3 日全校思想改造运动总结大会上华岗所作《山东大学思想改造运动总结和今后努力方向》,思想改造作为一场运动结束,历时 7 个多月。而以上标志着山东大学的思想改造运动起承结束的重要性报告文章,《文史哲》1952 年第 1 期、第 2 期、第 4 期、第 5 期均予以刊载。因而可以说,透过《文史哲》不仅可以寻到山大思想改造运动的大致脉络,也可以进一步透视诸如胡适的实验主义的旧意识形态如何通过"自我批评"与"批评"的方式被逐渐驱逐的。

华岗在《文史哲》所发表的动员报告和文章中不仅强调了思想改造的原因及现实意义,更直接点明了高校教师的自我改造批判的具体目标及要求。在"目前教育中国的教育阵地上",仍存在"资产阶级和小资产阶级的教育思想",这种思想一方面表现为"书本和实际生活的脱节",另一方面表现为表面上标榜"为学术而学术"和"纯技术主义"而实际上是散播资产阶级的反动观点,这种思想的消极因素就在于"得过且过和反对根本改革的改良主义"。[②] 要想彻底实现

---

① 《〈实践论〉——思想方法的最高准则》,《文史哲》1951 年第 1 期。

② 参见华岗:《清算教育工作者中的资产阶级思想》,《文史哲》1952 年第 2 期。

民主改革,在文化教育方面,就要清算教育工作者中的资产阶级思想,“肃清一切封建的、买办的、法西斯主义的思想意识,建立新民主主义的文化教育”。就山东大学的思想改造而言,其具体工作要求是与新学制改革联系在一起的,这就要求原有教育工作者必须重新实行自我教育和自我改造,“清除存在大学教师里面的坏习惯和坏思想,如个人主义、本位主义、宗派主义和保守主义等”,建立爱国主义和集体主义思想,“肃清帝国主义和封建主义的反动思想,批判资产阶级和小资产阶级的错误思想,确立革命的和全心全意为人民服务的新人生观,以便彻底改革旧教育”。[①] 也就是说,思想改造的目的就是“让知识分子放弃原有的非马列主义思想,去学习马列主义和毛泽东思想,并以这样的立场、方法、观点去解决各种工作中的实际问题”[②]。

在思想改造运动期间,山东大学师生发表了大量自我批评的文章。除了刊登在当时山大有重要影响的舆论阵地山大校刊《新山大》之外,《文史哲》也刊登了数篇文章。在1952年第3期,《文史哲》发表了《山东大学教师对于资产阶级教育思想的自我检讨》,此文即为《新山大》所发表的文章中摘录的一部分,这篇文章刊登了山大各院系教师甚至是系主任的自我检讨。在1952年第4期,《文史哲》集中发表了8篇山大师生“思想改造”的文章,标志着当时思想改造运动达到高潮。[③] 就“自我批评”内容而言,自我检讨者多就家庭出身、教育背景、教学工作等与旧社会相关的方面来剖析自己思想,并将其与华岗在报告文件中提出的思想改造要求“对号入座”,即批判自己的封建的、买办的及法西斯主义的思想。

值得注意的是,有师生已经将自己的学术思想与思想改造联系起来。赵俪生检讨了自己的考据学学术基础及学术作品中的旧思想倾向:“在进入历史学范围时,我走的是正统派的考据学道路,钻冷门,以‘一部年谱起家’,爬进了那时的所谓‘史学界’。”“在自己的文艺著作中,充满着浓厚的小资产阶级的不健

① 华岗:《目前形势、思想改造和学制改革——一九五一年十一月十七日在本校政治讲座上的报告》,《文史哲》1952年第1期。

② 谢泳:《思想改造运动的起源及对中国知识分子的影响》,《思想利器与当代中国研究的史料问题》,第238页。

③ 相关文章包括:高兰:《改造思想,改进工作》;黄嘉德:《彻底清除我反动的买办思想》;张维华:《清除我的封建、买办思想》;赵俪生:《我的初步检讨》;陈云章:《我要脱胎换骨地改造自己》;李希凡:《批判我的教条主义脱离实际的文艺学习》;吕家香:《我在文艺学习中走了弯路》;杨汉昭:《清算官僚资产阶级家庭给我的毒害》。

康的思想与风格”,“在自己的史学论文中,充满着浓厚的教条主义与形而上学的主观片面性”,但却背上了“学术的包袱”和“进步包袱”,于是“我的个人英雄主义便愈来愈严重了”。

胡适实验主义思想及方法在史学界影响是巨大的。进行学术思想的检讨,则必然会牵扯到受胡适思想影响的学人。在思想改造运动开展之际,1951 年秋,北京大学及上海《大公报》先后举办了“胡适思想问题”以及“胡适思想批判”的座谈会,其间与胡适有关系的顾颉刚在自我检讨的同时公开批判了胡适。然而不久,顾颉刚和以其为首的“古史辨派”思想则同样受到了来自其弟子同时也是原“古史辨派”健将的批判。这两篇批判“古史辨派”的文章即刊登于《文史哲》1952 年第 6 期,分别是童书业的《“古史辨派”的阶级本质》以及杨向奎的《“古史辨派”的学术思想批判》。

童书业本将自己的学术思想批判分为三部分:一是疑古的史学,乃其《“古史辨派”的阶级本质》一文;二是地理经济史观与“三合史观”,见于其《学习党史后的自我检讨》,该文刊于 1951 年 8 月 21 日及 9 月 1 日《新山大》中;三是行为主义的变态心理学,该学术思想批判则见于《文史哲》1953 年第 6 期的《“行为主义”批判》。① 其中最具代表性和影响的正是童书业对顾颉刚及“古史辨派”学术思想的批判一文。这篇文章的“出笼确实是当时运动气氛所迫”,但童书业“在那样的氛围中清理古史辨派学术思想却发自内心的真诚”。② 在文章开头,童书业交代了批判的缘起:过去只对自己的“反动思想和错误思想”进行批判,未曾对其所属的疑古学派作整个检讨。然而就其与“古史辨派的关系而言,这批判是不能回避的”,同时,童书业认为“自己是疑古派的一员,批古史辨派也是批自己”。③ 在文中,童书业从“疑古派史学”的思想基础和阶级属性出发进行批判。“所谓‘疑古派史学’是美国实验主义传到中国后的产物,它的首创者是五四时代资产阶级的代言人、当前的战犯胡适。”“顾颉刚所谓的‘西洋的史学方法’,实际上即指实验主义的史学方法”,而实验主义与马列主义的辩证法在本质上有区别,童书业批判道:“用实验主义的方法是永远建设不起真古史来的。”他还对顾颉刚的观点进行了剖析,认为顾颉刚所说的一系列不反对人们运用唯物史观

① 童书业:《学习〈论马克思主义在语言学中的问题〉,批判〈经济史观〉》,《文史哲》1952 年第 5 期。

② 童教英:《童书业传》,北京:中国大百科全书出版社,2017 年,第 217 页。

③ 童教英:《童书业传》,第 215 页。

的话,“其实都只是抗拒唯物史观的一种手段”,反对唯物史观的“方法不必一致;或者尽情诋毁,或者托词抗拒,或者截取变质;而这三种方法我们这批人之中就都用过的”。童书业将疑古派史学定位在五四运动这一在“民主”和“科学”的口号下展开的反封建的文化运动中“后起的一环”,本质上是资产阶级的史学。虽然“‘疑古’精神在某些时候是勇敢的,是打击了些封建偶像和‘圣经贤传’的”,可是用的实验主义方法是不科学的。“疑古派史学的真实企图,最初是右面抵抗封建阶级,而左面抵抗无产阶级”,到后来,“这派的史学家多数与封建阶级妥协,只坚决抗拒无产阶级了,这表现在‘疑古’的精神降落,考据精神的加强,同时只诋毁或不睬唯物史观”。童书业最后表明批判立场:“当前的思想改造运动,是要肃清封建思想和改造资产阶级意识,疑古派的史学思想是资产阶级阶级斗争的工具,正是应改造的对象之一。”①

杨向奎从“古史辨派”的学术思想渊源、古史学说及主要方法等方面对顾颉刚及古史辨派展开更猛烈的批判。“顾颉刚教授的疑古精神,是接受了‘公羊学派’的法宝,这同时也说明着顾颉刚教授的思想还是在半封建半殖民地时代的开明地主阶级的思想”,所以“他接受了公羊派的学说而有推翻古史的计划,接受了买办资产阶级的实验主义的方法而有古史演变的主张,又接受了清代的考据学派的方法而对古经古书发生怀疑”,这三派学术思想的混合运用造成了顾颉刚的疑古运动。顾颉刚“是一个彻头彻尾的唯心论者,他是说观念在支配着历史,在支配着历史传说,在支配着社会的变化”。同时顾颉刚“站在今文学派的立场来攻击古文,丝毫不明白产生今古文学的社会条件”,甚至于将古史学玄学化。杨向奎激烈批判道:“层累地造成的古史说,有没有学术上的价值呢?肯定地,没有”,而《五德终始说下的政治和历史》一文,“同样没有而且也不能解决任何问题”。

思想改造和学术批判本是两码事,但通过《文史哲》也可以发现,有不少学者已经将对旧学术思想的批判与政治学习及思想改造联系起来。“有人认为以批判的精神对待旧学术,也是能否真正进行思想改造的重要标志。有人认为,应当把学习马列主义、毛泽东思想作为批判旧学术的前提。”②旧学术被批判的原因就在于它的资产阶级唯心论属性与本质,这与新政权以劳动群众为本位、

① 童书业:《“古史辨派”的阶级本质》,《文史哲》1952年第6期。

② 于风政:《改造》,郑州:河南人民出版社,2001年,第103页。

阶级斗争为历史发展动力的思想是格格不入的。“通过政治上的‘分清敌我’,将思想与学术政治化,将学术问题化约为思想立场,将思想取向化约为政治态度。”[①]但是此时期的学术批判除了《文史哲》中对“古史辨派”的批判比较突出外,并未有其他更深入的针对性批判,这也正是后期开展胡适思想大批判的必要性所在。

第二节　《红楼梦》大讨论的来龙去脉

“红学”是伴随着《红楼梦》的诞生而产生的。自晚清以来,它作为一门显学一直备受学界关注。“五四”之前对《红楼梦》的批点研究以“索隐派”为最,因其产生于“封建社会”的背景属性,又被称为“旧红学”。1921 年,胡适发表《〈红楼梦〉考证》,“由于胡适的提倡,《红楼梦》的考证工作已和中国近代学术的主流——从乾嘉、乾嘉考据学到‘五四’以后的国故整理一一汇合了”[②]。他将实验主义尤其是考证方法与《红楼梦》研究相结合,开创了“新红学”,其核心观点为“自传说”,即认为《红楼梦》是“曹雪芹的自叙传”,具体研究方法是运用历史考证的方法把《红楼梦》展现的内容与曹家一一对应,研究内容主要包括曹雪芹生平及家世、《红楼梦》版本的考证等。俞平伯便受胡适《红楼梦》研究的影响,于 1923 年出版奠定他红学地位的《红楼梦辨》。他的主要观点与胡适相似,此外,在辨伪存真的考据工作中,他证明前八十回为曹雪芹所作,后四十回为高鹗所续,与胡适一同成为“新红学派”的创始人。当时俞平伯并非马克思主义者和革命者,他研究《红楼梦》是出于个人学术兴趣和爱好。

一、两个“小人物”引发的《红楼梦》事件

新中国成立后,俞平伯继续从事《红楼梦》研究工作,并迎来学术研究的第二个黄金时期。1952 年,俞平伯将《红楼梦辨》修订为《红楼梦研究》并出版。此时其学术观点已与 20 年代的研究有所不同,他改变《红楼梦》是作者的“自叙传”的看法。或受新中国成立初期思想改造意识形态政治环境的影响,俞平伯

---

① 许纪霖:《读书人的面子》,《东方早报·上海书评》2013 年 6 月 30 日。

② 余英时:《近代红学的发展与红学革命——一个学术史的分析》,《中国思想传统的现代诠释》,南京:江苏人民出版社,2003 年,第 238 页。

努力使自己思想跟上时代，在研究中自觉运用马列主义的观点和方法，并学习运用带有时代色彩的话语，发表了如《红楼梦简说》《红楼梦的思想性与艺术性》等文章，同时在学术惯性的作用下，他仍沿用考据老路子治学，因而“这些文章却并不怎么引起人们注意”①。1954年3月，俞平伯在《新建设》杂志发表《红楼梦简论》，简明扼要地总结了自己对《红楼梦》研究的心得。

而山东大学毕业生李希凡和蓝翎对此产生不同看法，遂合写了《关于〈红楼梦简论〉及其他》一文。文中运用马克思主义理论对俞平伯的《红楼梦简论》展开剖析，对文中一些的研究思想、观点予以批评否定。此文于1954年发表在《文史哲》第9期中。同年9月，李、蓝两人又写了《评〈红楼梦研究〉》一文，并发表在《光明日报》的“文学遗产”栏目内，继续阐释他们观点，陆续向“新红学”权威的观点公然发出挑战。正是借此机会，“《文史哲》对俞平伯的批判在20世纪中国学术史上打响了用唯物史观来研究《红楼梦》的第一枪，成为一场全面清算旧学术的导火线”②。

李希凡、蓝翎在《关于〈红楼梦简论〉及其他》一文中“破立结合”，一方面指出了俞平伯关于《红楼梦》研究的观点和方法所存在的问题及唯心主义倾向，另一方面也间接地提出了关于《红楼梦》研究的建设性意见。其一，批判了俞平伯未能从现实主义创作的角度“探讨《红楼梦》鲜明的反封建的倾向，而迷惑于作品的个别章节和作者对某些问题的态度”，他们认为应“从作者所表现的艺术形象的整体及其反映现实的真实性的程度”方面来正确评价《红楼梦》的现实意义，也即“只有从现实主义创作的角度上来探讨古典作品的倾向性才能得出正确的结论”。其二，就具体学术观点而言，俞平伯是“以反现实主义的唯心主义的观点分析和批评了《红楼梦》”。他所提出的“怨而不怒”说，“离开了现实主义的批评原则，离开了明确的阶级观点”，力图贬低《红楼梦》反封建的现实意义及倾向性；“色空”说将人物形象作唯心主义的理解，便也否认了《红楼梦》一部作者忠于现实生活描写的现实主义作品；“钗黛合一”说“调和了其中尖锐的矛盾，抹杀了每个形象所体现的社会内容，否定了二者本质上的界限和差别，使反面典型与正面典型合而为一”，从文学形象内含的意义而言，“暴露出俞平伯对现

① 苗怀明：《青史凭谁定是非　从学术史角度对1954年批判俞平伯运动的重新考察》，《明清小说研究》2004年第1期。

② 蒋海升：《政治与学术的互动——20世纪50年代的〈文史哲〉》，《文史哲》2001年第4期。

实主义人物创造问题的混乱见解”。其三,俞平伯关于《红楼梦》的传统性的论述也表现出唯心主义观点,他将《红楼梦》与传统文学作品进行简单比附,“单纯地以考证其中某些情节、文字和古典作品的相似或受其影响来论断其传统性”,不加具体分析,否定了《红楼梦》的独创性。李、蓝两人指出,一部现实主义作品“更根本地是它源于现实,而绝不是源于某一作品”,“现实才是源,传统只是流”,“最根本的是文学艺术的美学态度问题,即它与现实生活的关系。只有从这些方面去探讨《红楼梦》的传统性,才能真正接触到问题的本质”。总之,“从《红楼梦研究》到《红楼梦简论》,俞平伯研究《红楼梦》的观点和方法基本上仍旧没有脱离旧红学家们的窠臼,并且与新考证学派在某种程度上保持着密切的联系”,“把考证方法运用到艺术形象的分析上来了”,并用考证方法“代替了文艺批评的原则,其结果就是在形式主义的泥潭中愈陷愈深”。

不难看出,李希凡、蓝翎两人虽是以学术批评的方式来探讨俞平伯的红学研究,但囿于所见红学资料有限,他们对红学研究却并不精深。同时又在批评中简单套用理论,掺杂了诸多意识形态色彩浓厚的政治话语。就红学自身发展而言,新中国成立初期红学发展如余英时所指出的,自传说受到三个不同的挑战,其中第二个挑战来自“封建社会阶级斗争论”。[①] 他们理应批判的是考证派红学自身,但是不仅“在红学的考证上,李、蓝二人基本没有涉及”,而且“实际上又以新红学的考证成果为立论基础”。[②] 他们批判的焦点问题在于俞平伯否认《红楼梦》的现实意义,因而他们只是将马克思主义的一般理论移植到已有的红学成果中,甚至是有些粗糙的。然而“对俞平伯的批评所要显示的是,两名青年批判者所代表的党训练的学生们的思想战斗精神,对于中国共产党来说,其价值比俞平伯所代表的学术和学院的训练成果要大”[③]。李、蓝两人这篇文章正是借政治的东风,率先以新话语形式与批判的红学研究出现在《文史哲》中。

在此,有两个疑问需要进一步探讨:李、蓝两人的《关于〈红楼梦简论〉及其他》一文在《文史哲》上是如何率先发表的?为何是《文史哲》而非其他报刊打响

---

① 参见余英时:《近代红学的发展与红学革命——一个学术史的分析》,《中国思想传统的现代诠释》,第 242 页。

② 苗怀明:《青史凭谁定是非 从学术史角度对 1954 年批判俞平伯运动的重新考察》,《明清小说研究》2004 年第 1 期。

③ [美]麦克法夸尔、费正清编:《剑桥中华人民共和国史 1949～1965 年》,谢亮生等译,北京:中国社会科学出版社,1990 年,第 250 页。

了《红楼梦》讨论的第一枪?

实际上,《关于〈红楼梦简论〉及其他》这篇文章的发表过程不无曲折。据李希凡本人回忆,1954年春,与蓝翎合作完成此文后,写了一封信询问《文艺报》通讯组可否批评俞平伯,但未正式投稿,结果是并未得到回音。稿件几经周折后又投寄给《文史哲》。《文史哲》编辑葛懋春是李希凡的学兄,在接到稿件后,又将稿件连带初审意见交给杂志编委会。《文史哲》常务编委杨向奎审稿后又将其转给山东大学校长兼《文史哲》杂志社的社长华岗,得到华岗的支持,最终华岗决定采用,所以这才有了1954年9月1日在《文史哲》上所发表的文章。在此,对于当时事件缘起的情况,近年来学界有些争论。2011年9月21日,王学典在《中华读书报》上发表《“红楼梦研究”大批判缘起揭秘——两个“小人物”致函〈文艺报〉的事实是否存在?》一文提出了两个质疑的问题:一是李希凡、蓝翎二人“究竟给没给《文艺报》写过那封‘被置之不理’的信”?二是“《关于〈红楼梦简论〉及其他》一文究竟是《文史哲》编辑部的约稿还是作者‘不得已’的投稿”?该年4月11日,李希凡又在该报发表《李希凡驳〈“红楼梦研究”大批判缘起揭秘〉》一文进行回应。至此,红楼梦事件的谜团虽未最终揭开,但已经距离真相不远了。

王学典的文章指出:在毛泽东关于《红楼梦》研究的信1967年5月27日在《人民日报》公开披露之前的材料中,看不到任何那封被“置之不理”的信的存在痕迹,包括李、蓝在文章中屡次提及那封“探询”信,都是在毛泽东的信披露之后。李希凡、蓝翎驳俞平伯的文章是《文史哲》主动约稿的可能性极大。这是因为《文史哲》杂志需要批评俞平伯的稿子。当时,批判胡适、确立马克思主义在学术界的地位是主流意识形态的迫切任务,由革命家、政治家华岗掌舵的《文史哲》自然对上层的这一意图心领神会。“古史辨”和“红楼梦辨”是使胡适“爆得大名”的两大学术主干。批倒“古史辨”和“红楼梦辨”,就等于摘掉了胡适学术的心脏。这自然就成为善于引领学术潮流的《文史哲》批判的矛头所向。1952年第2期,《文史哲》发表童书业的《“古史辨派”的阶级本质》及杨向奎的《“古史辨派”的学术思想批判》,首先对胡适的学生顾颉刚及古史辨派进行了猛烈挞伐。两个月后的第3期,又发表陆侃如的《纪念五四,批判胡适》,严厉地批判胡适“甘心做帝国主义和蒋匪帮的走狗”。打倒“古史辨”之后,物色推倒胡适学术大厦的另一个支柱——“红楼梦辨”的人选,自然就被提上日程。而俞平伯是胡适“红楼梦辨”的代表,批俞平伯,就等于把胡适推上了审判台。李希凡、蓝翎的文章只是不自觉地充当了一场影响深远的学术批判的工具而已。从当时的情势看,批判胡适已箭在弦上,即使《文史哲》不发表《关于〈红楼梦简论〉及其他》,胡适批判也一定会以另外的方式展开,一定会有其他“小人物”来担任李、蓝的角色。[①]

《关于〈红楼梦简论〉及其他》这篇文章最终传阅到长期阅读《文史哲》杂志的毛泽东手中,他看到此文后,十分赞赏,并对该文详加批注,并建议《人民日报》予以转载。而由于《人民日报》领导层的意见不统一,认为这是“小人物的文章”,“党报不是自由辩论的场所”等,《人民日报》社最后决定不刊登。[②] 后来在江青、胡乔木、邓拓、林默涵等主管宣传工作的高层领导的指示下,《文艺报》于当年第 18 期转载了该文。当时《文艺报》主编为冯雪峰,他认为这篇文章有些地方还粗糙,便亲自写了编者按,指出“作者的意见显然还有不够周密和不够全面的地方,但他们这样地去认识《红楼梦》,在基本上是正确的”。毛泽东在对《文艺报》转载《关于〈红楼梦简论〉及其他》一文所加编者按的批注中说:“不应当承认俞平伯的观点是正确的。不是更深刻周密的问题,而是批判错误思想的问题。”[③]毛泽东从李、蓝文章里看出了文艺界存在的问题,也从《人民日报》《文艺报》对李、蓝文章的态度中觉察出文艺界领导某些思想倾向性的问题。[④] 而这些问题的根源便是文艺界未真正树立起马克思主义指导思想的地位,仍存在资产阶级唯心主义思想倾向。1954 年 10 月 16 日,毛泽东向中共中央政治局的同志和其他同志发出《关于〈红楼梦〉研究问题的信》,并将李、蓝的文章附在文后,这封信的文稿排印本于 1967 年 5 月 27 日公开发表,后被收入《毛泽东著作选编》中。信中说:

> 这是三十多年以来向所谓红楼梦研究权威作家的错误观点的第一次认真的开火。……看样子,这个反对在古典文学领域毒害青年三十余年的胡适派资产阶级唯心论的斗争,也许可以开展起来了。事情是两个“小人

---

① 参见王学典:《“红楼梦研究”大批判缘起揭秘——两个“小人物”致函〈文艺报〉的事实是否存在?》,《中华读书报》2011 年 9 月 21 日。

② 参见林木:《五十年代中期批判俞平伯始末》,《南京党史》1996 年第 3 期。

③ 《对〈文艺报〉转载〈关于〈红楼梦简论〉及其他〉一文所加编者按的批注》,《新中国成立以来毛泽东文稿》第四册,北京:中央文献出版社,1990 年,第 570 页。

④ 参见林木:《五十年代中期批判俞平伯始末》,《南京党史》1996 年第 3 期。

物"做起来的，而"大人物"往往不注意，并往往加以阻拦，他们同资产阶级作家在唯心论方面讲统一战线，甘心作资产阶级的俘虏……这是值得我们注意的。

毛泽东的这封信在对李、蓝文章进行高度评价的同时，更将对俞平伯的批判从学术层面的讨论直接发展为一场在整个文化领域内由高层领导层组织参与的政治运动。这场批判最终演化为一场阶级斗争而非单纯的学术争论。

1954 年 10 月 23 日，《人民日报》发表钟洛的署名文章《应该重视对〈红楼梦〉研究中的错误观点的批判》，称赞李、蓝二人的文章"是三十多年来向古典文学研究工作中胡适派的资产阶级立场、观点、方法进行反击的第一枪，可贵的一枪"①，阐明开展红楼梦研究批判运动的目的和意义。10 月 24 日，中国作家协会古典文学部举行《红楼梦》研究问题的讨论会，提出对《红楼梦》研究中的资产阶级唯心论进行批判，运用马克思主义的观点与方法对《红楼梦》的思想性和艺术性作出全面分析、评价。11 月 8 日，郭沫若在《文化学界应开展反对资产阶级思想的斗争》中指出，关于俞平伯《红楼梦》评论的讨论，"应该看作是马克思列宁主义思想与资产阶级唯心论思想的斗争"，同时表示要将这场思想斗争从古典文学领域拓展到文化学术界的各大领域。至此，在领袖人物及高层领导的介入与影响下，国内掀起了《红楼梦》大讨论的热潮，"《红楼梦》研究"成为了整个学术界的中心话题。② 除了大量刊登批判文章外，从 1954 年 10 月 24 日起，全国各地还陆续召开了各种层次的《红楼梦》研究问题座谈会。据不完全统计，这类座谈会至少开了 110 多次。哪里有批判，俞平伯就会被"邀请"到哪里去。1955 年 1 月，经周扬审阅后，俞平伯的自我检讨《坚决与反动的胡适思想划清界限——关于有关个人〈红楼梦〉研究的初步检讨》定稿，这篇文章后来发表于《文艺报》1955 年的第 5 期中。在检讨中，俞平伯说："近四个月来，各方面通过对《红楼梦》研究的批判，热烈地展开了反资产阶级唯心论的斗争。我认为这是必要的、及时的"，"这是社会主义思想体系对非社会主义思想体系的斗争"。他检讨道：进行《红楼梦》所谓的"研究"工作，"主要的错误在于沿用了资产阶级唯心论的思想方法"，"在学术思想上并没有跟胡适划清界限"，并且"不曾积极地发

① 钟洛：《应该重视对〈红楼梦〉研究中的错误观点的批判》，《人民日报》1954 年 10 月 23 日。

② 参见郭震旦编撰：《〈文史哲〉与中国人文学术编年(1951～2011)》，北京：商务印书馆，2011 年，第 47 页。

掘《红楼梦》内涵丰富的反封建的意义”。至此,以俞平伯的公开检讨为标志,这场新中国成立初期对《红楼梦》研究的批判前后持续了两个月后暂时结束。同时,随着1955年初,中央发表《关于在干部和知识分子中组织宣传唯物主义思想批判资产阶级唯心主义思想的演讲工作的通知》,思想领域里又展开了关于胡适思想以及胡风一派文艺思想的批判。

从批判俞平伯及《红楼梦》的发起来看,似乎具有偶然性。但若纵观整个发展遽变的过程来看,这场批判运动其实是不可避免的。自胡适离开大陆后,对胡适思想的批判从思想改造运动开始,未曾中止过。而“新红学”威望颇高的俞平伯只不过是胡适思想在古典文学领域乃至文艺界的一个典型代表。批判俞平伯成为进一步批判胡适资产阶级唯心主义思想的一个靶子。学术层面与政治领域之间的界限在此逐渐模糊。现在反观运动的缘起,既然这场批判运动不可避免,那为何是《文史哲》而非其他刊物打响了《红楼梦》讨论的第一枪?若仔细分析,这里有几方面因素是需要纳入考量范围内的。

其一,《关于〈红楼梦简论〉及其他》一文的发表是新中国巩固新意识形态过程中不可缺少的一步,而这又是与《文史哲》对时代思想动态的敏感把握息息相关。俞平伯作为“胡适派”重要的一员,他和他的《红楼梦》研究必然要经过一场彻底改造才能跟上时代要求。早在1951年1月,白盾便写了《〈红楼梦〉是“哀而不怒”的吗?》来批判俞平伯的红学观点,只不过被《文艺报》退稿。也就是说,“即使李希凡、蓝翎不写批评俞平伯的文章,其他人也照样会写”①。关键在于新中国成立之初思想改造后,思想界虽又进行了武训批判活动,但收效甚微。毛泽东在关于红楼梦的信中直接指出“被人称为爱国主义影片而实际是卖国主义影片的《清宫秘史》,在全国放映之后,至今没有被批判。《武训传》虽然批判了,却至今没有引出教训”②。学术文化界的资产阶级唯心思想仍需要彻底清除。对于此篇文章的刊登,编者指出:“这种对于问题展开讨论的精神是好的,况且《红楼梦》这部古典现实主义的作品,因为内容丰富,引起人们的误解也最多,澄清其中某些问题的看法,对于读者会有帮助。”③可见,《文史哲》杂志正是将《红

① 孙玉明:《〈红楼梦〉研究批判运动发生的偶然与必然》(上),《新文学史料》2012年第4期。

② 《关于〈红楼梦〉研究问题的信》,《新中国成立以来毛泽东文稿》第四册,北京:中央文献出版社,1990年,第575页。

③ 《编者的话》,《文史哲》1954年第9期。

楼梦》作为古典文学领域展开讨论批判“胡适实验主义”等资产阶级唯心思想的突破口。

其二,这篇文章是《文史哲》办刊方针与传统的必然产物。它之所以能在这里找到发表的园地,“固然与所谓‘清算资产阶级学术’这个当时特定语境有关,更与《文史哲》的办刊理念有关”①。《文史哲》一向本着“扶植小人物”“百家争鸣”的办刊理念,“通过刊载应用新观点、新见解的研究文章,提高自己的理论水平与学术水平,推进学校文科的教学与科研”②,杂志自创刊号始,每期都力求坚持与倡导学术讨论。这篇文章的发表同时也“和华岗同志领导下的《文史哲》,比较重视批判胡适实用主义哲学,比较重视刊登不知名的年轻人的文章是有关系的”③。另外,《文史哲》根植于山大繁盛的古典文学研究基础,汇聚了一批著名的文学大家,给李、蓝两人上古典文学课,讲解《红楼梦》的教授,正是当年与俞平伯同时驰名“五四”文坛的女作家冯沅君,因而新中国成立后山东大学关注于古典文学变革的研究与新观点的探讨是必然的。

其三,李希凡、蓝翎虽是刚开始研究中国古典文学的青年,是“小人物”,但他们的专业素养和政治氛围熏陶却使这篇文章的写作成为可能。他们在山大上学期间,一方面受新中国成立初期的政治学习及思想改造教育的影响,较少传统包袱,从而自觉运用马列主义开展学术研究;另一方面,如韩毓海在《“人心似水,民动为烟”——1954,〈红楼梦〉讨论再回首》中所言,因山东大学偏离北京这样的“文化中心”,这就给师生提供了一套新的文化秩序。在这种前提下,李、蓝二人“可以少拜、起码是少拜胡适这个大把头”,没有什么“文化负担”。④ 而“中国古典文学的研究、讲授与训练,历来是山东大学的强项,对明清几部小说的探讨与评论,自然也在其中”,他们在校期间又受了古典文学专业的学习训练,这篇文章正是“两个青年学生受时代的感召用新的研究观念和新的研究方法所写的一篇探索之作”。⑤

---

① 徐显明:《〈文史哲〉与山东大学文科建设——〈文史哲〉创刊50周年献辞》,《文史哲》2001年第3期。

② 《编者的话》,《文史哲》1951年第1期。

③ 葛懋春:《回忆早期〈文史哲〉杂志社社长华岗同志》,《文史哲》1981年第4期。

④ 韩毓海:《“人心似水,民动为烟”——1954,〈红楼梦〉讨论再回首》,《21世纪经济报道》2006年11月27日。

⑤ 徐显明:《〈文史哲〉与山东大学文科建设——〈文史哲〉创刊50周年献辞》,《文史哲》2001年第3期。

二、《文史哲》与《红楼梦》批判运动

《文史哲》在打响运用唯物史观研究《红楼梦》的第一枪之后，又积极投入到这场学术批判及《红楼梦》研究中去。山东大学分别于1954年11月7日、13日、20日、26日及12月18日间，组织了五次关于红楼梦研究的讨论座谈会，这几次讨论会主要围绕三方面要求展开：一是批判资产阶级唯心论研究古典文学的态度和方法；二是对于《红楼梦》一书的社会意义及文艺价值的初步探讨；三是提高有关古典文学的教学及研究水平。① 为配合《红楼梦》研究批判运动，《文史哲》刊登了座谈会发言，并选择其中17篇具有代表性的文章编辑为"《红楼梦》研究讨论专辑"，刊登在1955年第1期中。具体批判内容如下：

华岗在11月7日的红楼梦讨论会上的发言中指出，这次《红楼梦》讨论的目的，是在各方面清除资产阶级反动立场、观点和方法，对红楼梦本身作出正确的评价。他进一步说，胡适和俞平伯借"考证""研究"的名义，用资产阶级反动思想歪曲了《红楼梦》。具体表现为"为艺术而艺术"、从多方面掩饰或调和阶级社会中客观存在着的各种矛盾，最终表现为走向神秘主义和不可知论的反动道路上去。② 在讨论中，部分学者从阶级立场批判的角度集中对胡适和俞平伯的观点和方法展开批判。陆侃如认为胡适的资产阶级思想对古典文学研究有两个方面的毒害：一是为研究而研究、为考据而考据的提倡；二是歪曲古典杰作的积极意义，抹杀了作品的政治内容与斗争作用。③ 童书业提出对历史与古典文艺进行考据时要有阶级立场，胡适和俞平伯的考据是为反动实验主义服务的，他们的研究只是停留在皮毛阶段，把考据代替文艺批评，而没有认识到思想本质。④ 高兰认为，俞平伯主要的错误，是以封建士大夫阶级和资产阶级的主观唯心论和反动的实验主义思想、观点、方法，抹杀了《红楼梦》这一伟大的现实主义作品的社会内容、社会作用，把《红楼梦》降低到自然主义艺术作品的地步，顽强地宣扬了反马克思列宁主义的文艺观点。⑤ 冯沅君指出，俞平伯"研究红楼梦，

---

① 参见《编者的话》，《文史哲》1955年第1期。

② 参见华岗：《怎样在古典文学研究领域清除资产阶级反动思想——在一九五四年十一月七日本校红楼梦讨论会上的发言摘要》，《文史哲》1955年第1期。

③ 参见陆侃如：《胡适反动思想给予古典文学研究的毒害》，《文史哲》1955年第1期。

④ 参见童书业：《论考据方法在研究古典文学上的作用和限度》，《文史哲》1955年第1期。

⑤ 参见高兰：《批判俞平伯主观主义的考证方法》，《文史哲》1955年第1期。

抹杀了事物间的矛盾，也抹杀了事物间的联系。他的研究方法是胡适所传播的反动实验主义的方法，完全是唯心主义的错误方法”①。许文雨、关德栋、琦书畊、吴富恒则从古典文学文艺理论的角度，认为俞平伯没有分清“艺术的真实”和“历史的真实”；他用考据方法得出《红楼梦》是记录客观现实作品的结论，歪曲了《红楼梦》的现实主义特性；在研究中采取自然主义观点方法，割裂了《红楼梦》的艺术形象和社会概括的完整性，这种思想根源受是受了反动的买办资产阶级知识分子胡适的资产阶级唯心论思想影响。② 此外，肯定《红楼梦》一书的社会意义，即认为它是一部伟大的现实主义作品是学者的共识，并对其人民性做了阐发。孙昌熙认为要对《红楼梦》客观评价，他既肯定了《红楼梦》作为伟大的现实主义作品的这种优良特性，又指出应站在无产阶级立场上以马克思主义的观点去作分析研究，批判古典作品中的毒素和挖掘其民主精粹。③ 冯沅君称“《红楼梦》是一部思想性与艺术性高度结合的现实主义杰作”④。潘颖舒从分析《红楼梦》的时代背景及其中间所反映的有关清代社会经济制度的特点出发，认为这部作品的人民性，就在于作者采取了现实主义的写作方法。⑤

值得一提的是，张维华、吴大琨分析了《红楼梦》写作的时代背景，张维华认为《红楼梦》反映了晚明到清前期，资本主义萌芽因素出现，封建主义逐渐被瓦解，封建社会走向没落的景象。⑥ 吴大琨则持相反观点，吴大琨透过《红楼梦》里所反映的清代社会经济制度的特点，认为《红楼梦》的人民性就在于作者采取了现实主义的写作方法，对 18 世纪中叶满洲贵族地主的家庭社会作了典型描写，也反映出那个时代的清朝统治者正在由盛转衰的过程，这是由于中国封建社会的固有发展规律在发生作用，而非由于产生“资本主义萌芽”。⑦ 陆树仑认为李

---

① 冯沅君:《试论〈红楼梦〉的人物塑造——以刘姥姥为例——在〈红楼梦〉第三次讨论会上的发言》,《文史哲》1955 年第 1 期。

② 相关论文参见:许文雨:《从历史的真实和艺术的真实的区别来看过去研究红楼梦的错误》,《文史哲》1955 年第 1 期;关德栋:《关于艺术的所谓真实感和细节描写》,《文史哲》1955 年第 1 期;琦书畊:《红楼梦的历史真实与艺术真实兼谈考据》,《文史哲》1955 年第 1 期;吴富恒:《论现实主义与自然主义的区别——批判俞平伯研究红楼梦的错误观点和方法》,《文史哲》1955 年第 1 期。

③ 参见孙昌熙:《从考证谈到红楼梦的评价问题》,《文史哲》1955 年第 1 期。

④ 冯沅君:《试论〈红楼梦〉的人物塑造——以刘姥姥为例——在〈红楼梦〉第三次讨论会上的发言》,《文史哲》1955 年第 1 期。

⑤ 参见潘颖舒:《略谈“红楼梦”的人民性》,《文史哲》1955 年第 1 期。

⑥ 参见张维华:《〈红楼梦〉写作的历史背景》,《文史哲》1955 年第 1 期。

⑦ 参见吴大琨:《略论〈红楼梦〉的时代背景》,《文史哲》1955 年第 1 期。

希凡、蓝翎将宝黛的艺术形象看作是"概括了广大群众愤怒反抗情绪"的形象这个观点是值得商榷的,这是将封建统治阶级内部的封建思想的维护者与反抗者的矛盾,转为剥削阶级与被剥削阶级的矛盾,忽视了剥削阶级与被剥削阶级间的矛盾,这是错误的。他强调"宝黛的反贾政的斗争,决不能同农民与地主的斗争混为一谈",只有这样才能正确认识《红楼梦》的人民性。[①] 梁希彦从文学遗产的高度出发,指出要以历史唯物论及马克思主义文艺理论为武器,去其糟粕,取其精华,把祖先优良的斗争传统突出地显示出来,建设社会主义现实主义的新文学。[②]

此后,《文史哲》又陆续发表殷孟伦、杨向奎、映白和孙慎之等人的文章,对曹雪芹的语言艺术思想、《红楼梦》的人物语言、性质及科学研究中的胡适一派的反动实验主义的研究方法,作出分析与批判。[③] 对于这五次关于《红楼梦》研究的讨论会,《文史哲》编者肯定了其意义,"同时一般也确认了《红楼梦》是一部古典现实主义的伟大作品,否定了把它当作自然主义是唯心论的解释"[④]。总体而言,在讨论中,学者虽然首先从思想批判的角度划清阶级立场,但是在分析《红楼梦》中,都还是在学术探讨范围内。而对于思想界而言,则更注重俞平伯批判所带来的政治影响。但吊诡之处在于,作为新政权的积极拥护者,俞平伯在政治上是个"好人",这也是恰是为何毛泽东在指示中要求对"俞平伯这一类知识分子"要采取"团结态度"的关键所在。归根结底,对俞平伯和《红楼梦》的批判最终要"归结为阶级斗争而不是学术问题"。因而在学术政治化这个大前提之下,意识形态下的革命话语占据主流地位,《文史哲》势必也不会有纯粹的脱离政治的讨论。关于这场批判,胡绳后来在《在庆贺俞平伯先生从事学术活动六十五周年大会上的讲话》中肯定了俞平伯的学术贡献,并明确为这场批判"翻案",认为《红楼梦》研究问题是学术领域的问题,"1954 年下半年因《红楼梦》研究而对他进行政治性的围攻,是不正确的",这种做法不符合"双百方针"的指

---

① 参见陆树仑:《谈谈贾宝玉和林黛玉的形象》,《文史哲》1955 年第 1 期。

② 参见梁希彦:《我们应该怎样对待文化遗产》,《文史哲》1955 年第 1 期。

③ 参见殷孟伦:《略谈红楼梦作者曹雪芹语言艺术的认识》,《文史哲》1955 年第 2 期;袁世硕:《怎样对待〈红楼梦〉》,《文史哲》1955 年第 3 期;映白、孙慎之:《关于红楼梦所表现的矛盾的性质问题》,《文史哲》1955 年第 4 期;殷孟伦:《略谈红楼梦的人物语言》,《文史哲》1955 年第 4 期。

④ 《编者的话》,《文史哲》1955 年第 1 期。

示。[①] 我们现在以后来者眼光来“倒放”历史，这场批判无疑是令学术走上了过度政治化的歧路。

由《文史哲》刊发的“小人物”的文章而引发的关于《红楼梦》的学术大讨论，正是新中国成立后运用马克思主义观点来研究《红楼梦》的开端。《文史哲》在参与讨论的过程中，也担负了学术与政治的双重使命。于红学发展而言，无论是“索引派”还是“新红学”范式，均忽略了《红楼梦》首先作为一部文学作品，一部小说的前提。因而这场讨论实际上将红学研究从“考据”、历史层面还原为“文学”研究中去，这正是余英时所言的新“典范”带来的红学的革命。同时，马克思主义唯物史观的运用，“使《红楼梦》研究成为继 20 世纪 20 年代胡适、俞平伯为代表的考证派建立的‘新红学’，实现了‘红学’史上的第二次飞跃”[②]。如果将眼光置于整个 20 世纪中国学术而言，这实际上又是对民国考据学传统的一次具有决定性意义的反拨，它意味着对胡适所代表的旧“文化秩序”的彻底否定，从而开启了从民国学术向共和国学术转型的进程。对政治领域而言，后来由于领袖指示等政治因素的介入，红学讨论演变为一场意识色彩浓重的政治性批判。胡适及胡适派的学术思想开始被批判，这也表明新意识形态在学术领域的清算正式开始。

第三节　全国性胡适思想批判运动的展开

一、胡适思想批判的兴起

“《红楼梦》事件”引发了学术界的资产阶级唯心思想大批判。其实从这场运动的发动到铺开，它批判的最终目标是胡适思想，而俞平伯不过是胡适学术思想在古典文学领域内的恰好可以被“拿”来批判的一个典型而已。也就是说，“红楼梦”研究的讨论“应该看作是马克思列宁主义思想与资产阶级唯心论思想

---

① 参见胡绳：《在庆贺俞平伯先生从事学术活动六十五周年大会上的讲话》，中国社会科学院文学研究所编：《俞平伯先生从事文学活动六十周年纪念文集》，成都：巴蜀书社，1992 年，第 3 页。

② 周广璜、王静：《〈文史哲〉与中国古典小说研究》，《中华读书报》2015 年 3 月 4 日。

的斗争”[①],因而对于胡适思想的全国性大批判势必不可避免。

“1949年下半年开始,在北京大学等高等学校内,已开始了对胡适的实验主义等旧的治学方法的批判,但这时所注重的只是方法上的反思。”[②]1951年11月,第一次“胡适思想批判运动”开始,它是以“京津高等教师学习改造运动”的面目出现的,“同时配合北大、清华两校(后加上燕京大学)的院系调整,稍后又有‘北京文艺界整风学习运动’推波助澜,呼应配合”[③],又与知识分子的思想改造运动相糅合。根据胡明《胡适传论》的记叙,我们大致可知悉这次“批胡运动”的具体发展情况。在运动初期,没有中央明确的高压性文件政策,而胡适和胡适思想多是高校知识分子作为“教育工作者”在自我改造中所批判、提及的一部分,并无明确的针对性。如钱端升于11月6日在《光明日报》发表《为改造自己更好地服务祖国而学习》,文章批评道,北大长期的自由散漫未能得到纠正,责任主要应由蔡元培和胡适来负,认为“我们除了宣布胡适的思想为敌人的思想外,还应该好好地批判蔡元培的思想和这思想所遗留在我们中间的影响”。此后《人民日报》又发表了北大、清华等教师的思想改造文章。1951年11月12日起北京大学文法两院开始讨论对胡适的看法,罗向培、向达等十几位老教授在进行政治立场表态后,胡适在旧学术界的反动性得到公认。同时明确应扩大批判范围,“不应该单纯地批判胡适个人,而应该在北大和受过胡适影响的人身上搜寻胡适的影子”[④]。可见,在这里,批判的核心任务已经发生转向了——批判胡适思想。随即“京津高等教师学习改造运动”进入第二阶段,即“研究文件,批判帝国主义、封建主义反动思想,划清敌我”,这一阶段任务是“控诉胡适”“批判胡适”,“批判运动”迅速波及京津沪各高校。[⑤] 1951年12月2日,上海《大公报》召开了“胡适思想批判座谈会”,沈尹默、顾颉刚等学者在会上发言。后来这些发言刊登在报纸上。如顾颉刚的《从我自己看胡适——我和胡适的学问关系》就发表在1951年12月16日的《大公报》上。顾颉刚表示与胡适公开

---

① 郭沫若:《中国科学院郭沫若院长关于文化学术界应开展反对资产阶级错误思想的斗争对光明日报记者的谈话》,《胡适思想批判(论文汇编)》第一辑,北京:生活·读书·新知三联书店,1955年,第3页。

② 孙玉明:《红学1954》,北京:人民文学出版社,2011年,第285页。

③ 胡明:《胡适传论》(下),北京:人民文学出版社,1996年,第968页。

④ 胡明:《胡适传论》(下),第970页。

⑤ 参见胡明:《胡适传论》(下),第970页。

决绝,“胡适是政治上的敌人,也是思想上的敌人”。然而 1952 年 1 月 4 日,中共中央发出开展“三反”斗争的指示,由于全国范围内“三反”运动的兴起,这场学习改造运动在完成第二阶段任务后,于 1952 年 1 月 21 日不得不暂停,第一次胡适批判也因此结束。

全国性的大规模的“胡适思想批判运动”,始于 1954 年 11 月,导火线则是 10 月份的“《红楼梦》事件”。在 1954 年 10 月 16 日毛泽东的《关于〈红楼梦〉研究问题的信》中,实际上就已经明确了对胡适思想的批判,他称李、蓝二人的文章是“反对在古典文学领域毒害青年三十余年的胡适派资产阶级唯心论的斗争”①。这封信引起陆定一的高度重视,他体会到毛泽东在信中所要传达的批判胡适的内核,并“和中宣部有关领导多次议论了如何贯彻执行毛泽东的指示”②。10 月27 日,陆定一给毛泽东和中共中央写了《关于展开〈红楼梦〉研究问题的批判》的报告,其中总结道,中国作家协会古典文学部举行《红楼梦》研究问题讨论会“认为消除胡适派资产阶级唯心主义观点在古典文学研究界的影响,是一场严重斗争”③。同时,报告提出详细的批判胡适的设想,认为这次讨论应该发展到其他部门去,从哲学、历史学、教育学、语言学等方面彻底批判胡适的资产阶级唯心论的影响。这其实已经超出了毛泽东要在“古典文学领域”内批判胡适的意图。报告指出,“目前就应该动员各方面着手组织人力研究胡适派思想在各方面的表现”,“可以准备用一两年时间来对胡适派思想从根本上彻底清算”。④ 正如谢泳分析,此次对胡适思想批判为“观念来源于毛泽东,但执行和实施批判的详细计划是由中共理论家来完成的”,“陆定一、周扬和郭沫若是胡适思想批判的导演”。⑤

1954 年 11 月 7 日,《人民日报》发表了王若水的《肃清胡适的反动哲学遗毒》,这是第二阶段最早发表的批判胡适的文章。据王若水回忆,这是《人民日报》总编辑邓拓转达毛泽东指示而分配给他的任务,即“现在要把对俞平伯的批

---

① 《关于〈红楼梦〉研究问题的信》,《新中国成立以来毛泽东文稿》第四册,第 575 页。

② 陈清泉、宋广渭:《陆定一传》,北京:中共党史出版社,1999 年,第 388 页。

③ 《对陆定一关于展开〈红楼梦〉研究问题的批判的报告的批语》,《新中国成立以来毛泽东文稿》第四册,北京:中央文献出版社,1990 年,第 587 页,见注释部分。

④ 陈清泉、宋广渭:《陆定一传》,第 391 页。

⑤ 谢泳:《胡适思想批判运动的起源》,《当代学人精品:谢泳卷》,广州:广东人民出版社,2017 年,第 126 页。

判转变为对胡适思想的批判"[①]。王若水接受任务后,连夜突击完成。王文开篇便火药味浓重:"前哨的第一枪既然已经响出,战斗的火力,就不能不对准资产阶级唯心论的头子胡适。"这句话也成为一句当时一时流行的批判用语。文章重点清算了胡适的实验主义,以及以实验主义为基础的资产阶级唯心论的观点、方法对古典文学领域的影响。文章最后一语道破思想文化界的现状:"在今天,胡适的政治思想已随着旧中国的死亡而彻底破产了。但他的'学术思想',他的实验主义哲学,却还影响着学术界。他的幽灵还附在俞平伯和其他一部分文化界人士的身上。认清胡适思想的反动性,清除他的影响,是文化界当前的任务。"[②]

官方也继续加强胡适批判的动员。1954 年 11 月 8 日,郭沫若发表对《光明日报》的讲话。他进一步强调:"胡适的资产阶级唯心论学术观点在中国学术界是根深蒂固的,在不少的一部分高等知识分子当中还有着很大的潜势力",所要还要继续打到这个学术界的"孔子"。[③] 12 月 1 日,周扬向毛泽东提交了关于批判胡适问题的组织计划的报告,将运动的重点转向以批判胡适思想为主。12 月 2 日,中国科学院院部与中国作家协会主席团举行联席会议,成立了以郭沫若为首的胡适思想批判委员会,同时,决定从哲学思想、政治思想、历史观点、《中国哲学史》、文学思想、《中国文学史》、历史学与古典文学研究等九个方面,有计划、有组织地召开若干讨论会对胡适思想展开批判。会议同时决定将讨论会的论文送请各报刊发表。12 月 8 日,中国文联主席团和中国作协主席团举行闭幕会。在会上,郭沫若、周扬、茅盾分别发表讲话进行批判动员。郭沫若在《三点建议》中强调要坚决展开对资产阶级唯心论的思想斗争,展开学术自由讨论,并且扶植新生力量。同时他肯定了王若水对胡适实验主义反动性和唯心论本质的揭露,并下了"胡适根本不懂得科学"的论断。[④] 周扬在《我们必须战斗》中也强调"全面地、彻底地揭露和批判胡适派资产阶级的唯心论,就是当前马克思主义者十分重要的战斗的任务",也就是说,这个批判运动的目的是"使马克思列

---

① 谢泳:《胡适思想批判运动的起源》,《当代学人精品:谢泳卷》,第 129 页。

② 王若水:《清除胡适的反动哲学遗毒——兼评俞平伯研究红楼梦的错误观点和方法》,《人民日报》1954 年 11 月 5 日。

③ 郭沫若:《中国科学院郭沫若院长关于文化学术界应开展反对资产阶级错误思想的斗争对光明日报记者的谈话》,《胡适思想批判(论文汇编)》第一辑,第 5 页。

④ 参见郭沫若:《三点建议》,《胡适思想批判(论文汇编)》第一辑,第 10 页。

宁主义在中国学术界树立真正领导的地位”,因而它“也是一个马克思主义思想建设的运动”。① 茅盾则作了《良好的开端》的总结讲话,他强调并赞同郭沫若的讲话观点,最后他号召:“讨论会虽然暂时结束,反对资产阶级思想斗争,批判胡适的反动哲学思想、政治思想、历史观点、文学思想等等,却正待开展;让我们大家步伐一致地走进这场严重的思想斗争,并且在斗争中锻炼出‘新我’来!”②

随后,对胡适的大规模批判全面展开。从1954年12月至1955年3月,中国科学院和中国作家协会共联合举办了21次批判胡适的讨论会,全国各地包括科学院、文联和作协系统有组织有计划地开展了对胡适的批判,全省、市级以上报纸和学术刊物发表了几百篇批判文章。其中不少高校也组织了批判讨论会。1955年3月1日,中共中央发出《关于宣传唯物主义思想批判资产阶级唯心主义思想的指示》,提出必须在知识分子中和广大人民中宣传辩证唯物主义和历史唯物主义、批判资产阶级唯心主义思想的运动。5月,中共中央批转了中宣部《关于胡适思想批判运动的情况和今后工作的报告》,对这场运动作初步的总结。集中性的批判持续到1955年10月。这次批判的总结性成果,便是北京三联书店陆续出版的《胡适思想批判》(论文汇编),共8辑,近200万字。它共收录了173篇文章,涉及164位作者,主要是发表在《人民日报》《光明日报》《学习》及其他重要报刊上的文章。③ 可见批判运动规模之大,涉事人员参与程度之深。

二、作为山东大学胡适思想批判主阵地的《文史哲》

欧阳健在研究文章中有言:20世纪50年代的批胡,北大不是“主力军”,无论数量质量都不及“偏离北京这样的‘文化中心’,得以置身于一套与‘胡适派’完全不同的文化秩序”的山东大学。④ 此言一语道出山东大学在胡适批判运动中的特殊地位。这种参与构建新意识形态的积极性与华岗主政山东大学密切

---

① 周扬:《我们必须战斗》,张炯主编:《中国新文艺大系——1949～1966(理论·史料集)》,北京:中国文联出版公司,1994年,第289页。

② 茅盾:《良好的开端》,本社辑:《批判〈红楼梦〉研究中的资产阶级思想》,郑州:河南人民出版社,1955年,第18页。

③ 参见董立功:《〈胡适思想批判〉作者群体考察》,《江淮文史》2013年第5期。

④ 欧阳健:《历史背景与事实细节的还原——北大学人“胡适思想批判”一瞥》,《辽东学院学报(社会科学版)》2019年第1期。

相关。新中国成立初期,华岗鼓励引导文科教师运用马克思主义批判唯心史观,比如“鼓励陆侃如、冯沅君两教授在解放初期思想改造运动中批判胡适实用主义对他们的影响”。“远在1955年全国开展批判胡适实用主义观点之前的1952年,《文史哲》就陆续发表了陆侃如《纪念五四,批判胡适》、童书业《古史辨派的阶级本质》等文章,从1952年到1954年的12期刊物中涉及批判胡适实用主义的文章有六篇之多。”①其中值得一提的是童书业的《批判胡适“实验主义”学术思想》一文,它是童书业学习辩证唯物论札记之二。这篇文章“于1954年2月13日改定,这离12月2日中国科学院、中国作协举行联席会议批判胡适思想,决定成立‘胡适思想批判讨论工作委员会’还有十个月”②。童书业在文章开篇便指出,我们必须认识到胡适的“考据学”只是他的反动工具。童书业说他自己也是“实验主义”的实践者,批判胡适,对其思想也会起到改造作用。在正文中,童书业批判内容其实已经涉及后来批判胡适中所要涉及的主要方面,他首先批判了胡适的“实验主义”哲学和他的政治理论的反动本质,继而重点批判了胡适的文学理论和“考据”的历史学。他认为胡适的“考据”文字只是“实验主义”思想方法的几个实例,他企图通过这些实例,把“实验主义”的毒素种到青年的头脑中去,变成抵抗马克思、列宁主义的“防身的本领”。胡适的“考据”论文引导人脱离现实,专钻牛角尖,以减少知识分子对于政治所起的“危险作用”。这类“考据”因为他的方法错误也往往得不出正确的结论。③ 可见,从政治立场的批判到治学方法的否定,童书业是出于真诚的学习而得出的结论,他已经自觉地将思想改造与批判胡适的实验主义相结合起来。

与此前山东大学文科教师自觉结合学术思想批判来学习马克思主义不同,1955年山东大学是有计划有组织地批判胡适。《文史哲》1955年第2期中,便发表了《山东大学全面开展对胡适派资产阶级唯心论思想的批判》一文。该文透露了关于批判胡适的具体计划情况。文章主要内容如下:

> ……这一思想斗争④正逐步深入,并转向对胡适派资产阶级唯心论观点的全面批判。在山东大学科学研究委员会的组织领导下,马列主义教研

---

① 葛懋春:《回忆早期〈文史哲〉杂志社社长华岗同志》,《文史哲》1981年第4期。

② 欧阳健:《1955年〈文史哲〉“胡适思想批判”正论》,《粤海风》2017年第4期。

③ 参见童书业:《批判胡适的“实验主义”的学术思想》,《文史哲》1954年第5期。

④ 思想斗争即关于“红楼梦”研究的批判。

室和中文、外文、历史三系的许多教研组和教师，正积极准备写作这方面的论文，准备在今年三月份校庆科学讨论会上提出报告。

马列主义教研室和历史系的有关教师，已联合开会研究了这一问题，大家都表示要进一步集中力量投入这一斗争。现已大体确定了论文中心：马列主义教研室蒋捷夫和历史系童书业等先生撰写《有关胡适派哲学思想批判》、历史系孙思白和马列主义教研室朱作云等先生撰写《胡适三十年来政治主张的批判》、马列主义教研室吴大琨先生撰写《批判胡适改良主义的经济思想》、历史系赵俪生等先生撰写《批判胡适唯心论史学方法》、历史系徐绪典先生撰写《第三次国内战争时期胡适的亲美面目》、历史系路遥先生撰写《批判胡适派资产阶级唯心论史学观》……文学史教研组的先生们也大体确定了题目：陆侃如先生的题目是《批判胡适的〈白话文学史〉》、冯沅君先生的《批判胡适的〈西游记考证〉》，另外，萧涤非、黄孝纾、高亨、许文雨、赵省之等先生，分别批判胡适对杜诗、词、考证方法、唐诗、汉散文与汉赋的错误观点。外语系梁希彦先生准备进行关于《红楼梦》思想性、艺术性的研究。

从这一计划可以发现以下几个问题：其一，这场批判运动是由校科学研究委员会组织的，起码从表面上来看，与教师是否出于自发性批判并无绝对关联。其实早在该批判计划制定之前，陆侃如在《文史哲》1955 年 1 期中便发表了《胡适反动思想给予古典文学研究的毒害》一文。但是，自发性与自觉性是两码事，学校统一组织下的批判并非意味着教师的批判会流于纯粹性的“形式主义”，当然这需要结合批判内容具体分析。其二，批判者主要集中于马列主义教研室，以及中文、外文、历史三系，从根本上说，这是由胡适学术思想内容范畴所决定的。胡适学术思想虽然庞杂，但不外乎文史哲等这几大方面。但是批判者范围却并未涉及自然科学领域院系教师，在此也可窥见它与新中国成立之初学人结合思想改造“批胡”的不同之处。

山东大学的胡适资产阶级唯心论思想的批判确是按照计划来进行。“从 3 月15 日起，山大文科结合校庆陆续开了 9 次大型及小型的报告会、讨论会。”①这些报告文章经修改，作为批判的成果性文章主要发表在 1955 年的《文史哲》

① 《编者的话》,《文史哲》1955 年第 5 期。

上。经笔者统计,《文史哲》先后共发表了17篇关于胡适批判的文章。其中第5期集中刊登了5篇论文,对胡适进行猛烈批判。就17篇批判文章来看,批判内容主要包括胡适派的政治思想、哲学思想、文学观点、史学方法及考据方法等几个方面。

胡适的政治思想是批判中避不开的内容,胡适在政治思想上的反动往往与学术思想上的反动相连接。郑鹤声从"胡适如何被美帝国主义牵着鼻子走""胡适走向反动道路的主导思想""胡适政治上的反动主张"三个方面具体批判,诸如"胡适根本反对革命","根本否认帝国主义和封建势力的存在",其政治主张的主要目的"是在反对中国传播马克思列宁主义"。所以"必须根本扫除以胡适为代表的那套污蔑祖国和崇拜美国的'幽灵',彻底扫除胡适所遗留的毒害,划清工人阶级和资产阶级的思想界限"。① 孙思白、赵凌等联名发表的《清算胡适的反动政治思想》一文,用长达15页的篇幅系统批判胡适的政治思想的反动性,并且用极尽"贬义"色彩的语词,给胡适定性。②

在哲学思想方面,汪毅以胡适的《中国哲学史大纲》为中心,揭露了胡适派资产阶级哲学史观点和方法,以及它所造成的危害。他认为胡适的所谓"研究"是浅薄和空疏的,继而主要分析了"胡适是怎样假借以寻求哲学思想发生的原因为名,用种种手法,从罗列社会现象到强调各人才性,从强调个人才性到强调思想、方法的绝对性来散步一系列的唯心主义的历史观点。他又怎样从这一系列的观点出发,达到他否定中国哲学中唯物论传统的目的,把中国哲学史歪曲为自然主义发生、发展的历史;从而使它成为传播帝国主义的哲学——实用主义的工具,使它成为美帝国主义'征服中国民族的心'而服务"。同时,他又批判了冯友兰因受胡适哲学思想影响的《中国哲学史大纲》,批评其"进一步推广了实用主义观点、方法在中国哲学史研究上的应用"。虽然冯友兰在过去工作中"为反动统治者服务",但是新中国成立后冯友兰"重新改造自己",争取做"为人民研究的哲学工作者"。③ 葛懋春和庞朴在论文中指出,胡适在贩卖实用主义哲学的时候,是挂着达尔文进化论的招牌,事实上胡适宣传的只是反动的庸俗进

---

① 郑鹤声:《胡适四十年来反动政治思想的批判》,《文史哲》1955年第5期。

② 参见孙思白、赵凌、徐绪典、朱作云、刘中华、朱玉湘、耿直:《清算胡适的反动政治思想》,《文史哲》1955年第6期。

③ 汪毅:《论胡适派反动的资产阶级哲学史观点和方法》,《文史哲》1955年第4期。

化论,进而分三个层面批判了胡适的“实用主义庸俗进化论的科学外衣,揭露它的反革命本质”:一是胡适用“祖孙方法”来倒果为因,混淆本质与非本质联系,以达到他转移中国人民革命视线、混淆中国人民反帝反封建斗争的目的;二是否认质变,反对革命,认为发展只是量的增减,主张“比较平和”的改良;三是抹杀矛盾斗争的发展动力说。最后指出胡适哲学思想的实质:“胡适高唱‘进化论’的‘科学方法’,原是利用科学进化论之名,来反对马克思主义的。”①

关于对胡适文学观点思想方面的批判,《文史哲》关注较多,且主要集中于对胡适研究方法的批判。为配合《红楼梦》批判运动,《文史哲》早在1955年第1期就刊发了陆侃如的《胡适反动思想给予古典文学研究的毒害》一文。他批判胡适遗留给古典文学研究的毒害,主要有两方面:一是“为研究而研究,为考据而考据的提倡”;二是“歪曲古典杰作的积极意义,抹杀了作品的政治内容与斗争作用”。冯沅君则断言:“在文学思想上,胡适是浅薄的形式主义者。”他的小说考证“正是摧残我们的珍贵文学遗产的供状”。接着批判了胡适在《〈西游记〉考证》中三个重要的错误,并且“对《西游记》的现实性与人民性作了初步的分析,来拆穿胡适的鬼话”,揭露“大胆假设、小心求证”的考据方法的反科学性。②刁云展、周来祥对胡适考证方法在文学上的应用进行批判,文章对“考证”的适用范围给予界定,认为考证只能用在版本、情节的真伪等材料辨别上,而不能把考证运用到作品的内容上去。而《水浒传》作为中国古典现实主义最伟大的作品之一,必须用马克思主义的艺术观来对待它。③ 萧涤非批判说,在“白话文学史”中的杜甫成为胡适宣传买办资产阶级反动的文学观点的傀儡,这正是实验主义在文学领域内的运用。他提出了胡适三种反动的观点并加以详细批判:“超阶级超政治的观点”“趣味主义的观点”和“形式主义的观点”。④ 黄公渚批判了胡适词选中错误观点,因其形式主义和主观主义的唯心论,“看不到文学真正的起源,看不到文学整个面貌和作品的具体内容,从而阉割词的一定程度的现实精神,贬低了词在文学史上的特定地位和价值”⑤。马国藩批判胡适的“文法的研究方法”是用“科学”伪装起来的反科学的实验主义的“研究法”,文章分别

---

① 葛懋春、庞朴:《批判胡适的庸俗进化论》,《文史哲》1955年第5期。

② 冯沅君:《批判胡适的西游记考证》,《文史哲》1955年第7期。

③ 参见刁云展、周来祥:《从胡适的“水浒传考证”到何心的“水浒研究”》,《文史哲》1955年第9期。

④ 萧涤非:《批判胡适对杜甫诗的反动观点》,《文史哲》1955年第9期。

⑤ 黄公渚:《批判胡适词选中错误观点》,《文史哲》1955年第11期。

就胡适所谓的“归纳的研究法”“比较的研究法”“历史的研究法”来揭露所谓的“文法的研究法”的实质,批判胡适的反动语言学观点。最后号召加强对马克思主义语言学理论的学习。①

对胡适史学方面的批判是《文史哲》中批判的重头内容。路遥对胡适派的历史观予以批判,“从实用主义的世界观、庸俗进化论、实用主义的认识论、方法论等方面去揭露其历史观的主观唯心论的本质及其特点:并指出其历史观的反动性”②。童书业对胡适的批判是比较早和自觉的,且主要聚焦于对胡适史学方法层面。全国性胡适思想批判运动开始之后,他的第一篇批判文章是1955年2月3日发表在《光明日报》上的《批判胡适的实验主义“考据学”》。而他在《文史哲》上的第一篇批胡论文是《从中国开始用铁的时代问题评胡适派的史学方法》。他在文章开篇中表明不赞同杨宽主张“西周时代已经应用铁器”,因而“西周已进入封建社会”的关于中国古史分期的看法,但是赞同“西周已经用铁的说法”。从纯学术分歧立论,经过辩证细致的分析,他提出了在关于中国开始用铁的时代问题上存在的“思想方法论的问题”。他认为“过去旧考据家们受了胡适‘小心求证’的毒素,往往是把硬考据看得比科学规律重要得多的”,这种思想方法实际上是“形式逻辑的”。胡适的实验主义“考据学”就是这样一种形而上学的“考据学”。在文章最后,童书业用真挚恳切的口吻进行了自我批判:“只有通过这种具体的例子,才能证明马克思列宁主义的思想方法是正确的,才能批判胡适的实验主义的思想方法和旧考据学的错误。同时这也是对自己思想方法上的改造,因为我个人就是中胡适的毒最深的人!”③

《批判胡适的实验主义“史学”方法》一文是童书业批判胡适的重头文章。如果说此前他的《从中国开始用铁的时代问题评胡适派的史学方法》一文带有浓厚的学理色彩的话,那么此文则思想批判色彩强烈。同样是对胡适史学方法的批判,但这篇文章火药味猛烈。开篇中他指出了批判原因和批判方法,并点明批判的目的——“充分说明胡适的‘考据’方法的反科学性”。文中写道:

> 胡适的所谓“史学”,主要是他的“考据学”。他的“考据学”,毒害中国史学界三十余年,流毒至今未熄。现在一般人对于胡适的哲学思想,政治

① 参见马国藩:《批判胡适的“文法的研究法”》,《文史哲》1955年第12期。
② 路遥:《批判胡适派资产阶级唯心论历史观》,《文史哲》1955年第5期。
③ 童书业:《从中国开始用铁的时代问题评胡适派的史学方法》,《文史哲》1955年第2期。

言论，甚至文学理论，差不多已经完全丧失信仰。唯有对于他的史学，尤其是对于他的史学中的“考据学”，却认为还多少有些成绩。而对于他所提出的“考据”方法，更是多少有点留恋；这还是被他的“科学”词句所迷惑。实际上胡适的“考据”方法是极端不科学的！空论不能使人信服，且让我们提出些具体的实例来作证明。只有通过这些具体的实例，才能充分说明胡适的“考据”方法的反科学性。——同时，也可以说明他的全部“史学”的反科学性。①

通过这段话，可以发现有两个层面的意思：其一，所谓批判胡适的实验主义“史学”方法正是批判其“考据”方法。实际上，童书业并未完全否定考据，但他认为“真正的考据，是史学的准备工作；而胡适的‘考据’，则是藏在学术的烟幕后面的政治理论”。很明显，童书业批判的是胡适“考据学”背后的政治企图。其二，如何批判呢？那就需要彻底推翻胡适“史学”的根基。胡适因“五四”时期回国提倡“科学”而“爆得大名”，而童书业批判的恰是胡适“史学”的反科学性。这种反科学性又体现在哪里呢，那便是“胡适拿‘证据’做武器，来打击马克思、列宁主义，并且引导人怀疑科学规律，丢弃科学规律来讲历史，甚至使人自觉地或不自觉地来伪造历史”。

具体而言，童书业认为，胡适的实验主义“考据”方法，“就是根据少数的事例，便‘大胆的假设’，建立了‘假设’之后，只‘寻求证据’来证实，而不修正和推翻；这样就形成一种主观唯心论的‘考据’方法”。继而批判道，“顾颉刚先生最早所用的‘讨论古史’的‘见解’和‘方法’，就是胡适的见解和方法”。这种方法认为“任何历史事实都可以用‘神话’两个字一笔抹杀，他们就用这种方法抹杀了全部的中国原始社会史”。之后童书业列举《井田辨》《读楚辞》《说儒》的具体实例来说明胡适的“考据”方法的反科学性。最后断言，旧史学家们除了自己“阶级意识作祟”之外，“主要就是胡适派的唯‘证据’论的‘史学方法’在作祟。只有彻底批判了这种反动的史学方法，才能为中国的史学开辟出新的大道”。

实际上，童书业先后发表的几篇文章，从根本上而言都是对胡适派思想方法论的批判。思想方法论本身作为一种学术理论工作，否定了它也就否定了学术成果形成甚至存在的合理性。赵俪生、高亨也对胡适的考据学、校勘学等方

① 童书业：《批判胡适的实验主义“史学”方法》，《文史哲》1955年第5期。

法给予了有力的抨击。赵俪生的《批判胡适反动的考据方法和校勘方法》一文批判语气强烈,用词犀利,他斥责"胡适的学问是浅薄的,胡适治学问的方法是错误的"。胡适"经常有意识地把这种错误的方法论伪装起来,夸大地向学界宣传",对整个学界造成毒害。然后赵俪生"把胡适的学问底子翻出来",列举并批判了胡适在水经注考据学方法论和"校勘学"方法论的内幕。胡适的考据学方法所强调的,"是要把历史科学的研究,只压缩到最低级和最琐碎的境地,不准许人们从感性基地上做出任何的上升和概括","企图拿琐碎证据来偷换基本论据","用实验主义的唯心论来反对马克思列宁主义这一客观真理的指导和影响"。在校勘学方面,在版本、目录、文字、音韵等方面,会出现错误的可能性。而胡适的反动性就在于直接抛弃了不断推求新知识的推理方法,"杜绝和堵塞任何新思想新知识之可能发生的契机",所以胡适反对马克思主义,"竟恶毒到连人们借以接受马克思列宁主义的机缘——初级的逻辑方法也在他的杜绝之列了"。① 高亨的批判立场明确:一是"说明胡适的考据方法本身彻头彻尾地反科学性",二是"划清工人阶级与资产阶级在考据方法上的思想界限"。胡适的"考据方法是违反科学法则的,是具有魔术意味的。他的冠冕堂皇的口号,不过是狗肉摊上挂羊头,砒霜丸上抹糖衣而已"。对于胡适的考据方法,高亨总结为二十四字的批判:"主观假设,片面求证,只会大胆,没有小心,玩弄事实,玩弄证据。"他又列举了胡适在《中国哲学史大纲》等几个具体研究实例来证明胡适考据方法的反科学性。②

三、《文史哲》在全国性胡适思想批判中的特点与地位

前文论述了山东大学胡适思想批判运动的发展情况,以及作为这场批判运动的主要呈现者——《文史哲》关于胡适思想批判的具体内容。那么《文史哲》在胡适思想批判中呈现出什么特点?如何评价或者认识《文史哲》在全国性胡适思想批判中的地位?

第一,从形式上而言,《文史哲》在胡适批判过程中,持续时间长,具有连贯性。批判规模大,前后共有 17 篇文章涉及。无论是从数量还是质量上而言,甚

① 赵俪生:《批判胡适反动的考据方法和校勘方法》,《文史哲》1955 年第 5 期。

② 参见高亨:《批判胡适的考据方法》,《文史哲》1955 年第 5 期。

至都胜于当时被冠以"批胡主力军"的北大。[①] 人员上则动员了文史哲领域内诸多教师，覆盖面广。譬如有担任《文史哲》副社长的陆侃如、吴富恒，胡适的朋友冯沅君，胡适的再传弟子童书业；另外还有新中国成立后成长起来的青年马克思主义学术工作者葛懋春等。因山大教师作为批判主体的广泛性参与，《文史哲》虽是校方组织者，却不影响批判的主体性发挥。谢泳指出："写文章在两篇以上的学者，就不完全是被迫。外地学者，也是主动多于被迫，因为这次批判胡适的思想，好像没有要特别扩大的意思，也没有人人过关的要求。"[②]譬如童书业在《文史哲》上连续多次发表文章，批判胡适的史学方法，这从侧面也表明这次批判主要针对的是胡适的学术思想，相关学者确实是从主观上、内心深处认识到了其反动性，而非"形式主义"的为应付批判任务而行批判之名。

第二，从内容上而言，《文史哲》中多数批判文章有理有据。虽批判语词犀利，但确实在摆事实，讲道理。现仅以高亨的《批判胡适的考据方法》一文为例，他在文章最后总结道：

> 合乎科学的考据方法，其全部过程是运用马克思列宁主义唯物辩证法的全部过程，处处掌握着唯物辩证的观点，因而它是客观的假设，全面的求证，既然追求肯定假设的正面证据，而也寻求否定假设的反面证据，因而能够得到正确的结论。胡适的考据方法与此相反，其全部过程是运用一套唯心论的全部过程，他的假设是以主观想象成见为源泉，他的求证是为主观成见而服务，他所谓"大胆的假设，小心的求证"本质是"主观的假设，片面的求证"。只去寻求肯定假设的反面证据，而不要甚至歪曲抹杀否定假设的反面证据，假设十分大胆，求证并不小心，而且玩弄事实，玩弄证据，因而常常得到错误的结论。他说"周易有三百八十四条爻辞和爻象传"，他说"诗经中谷有蓷末章是在周代长期战争影响下，悲伤离别的诗歌"，他说"韩非子仅有十分之一二可靠"，他说"红楼梦是曹雪芹的自叙传"，固然都足以证明胡适的考据方法乃至思想方法的彻头彻尾的反科学性，即是他的其他考据文章，如"诸子之学不出于王官论"，"读楚辞""井田辨"等等，都是一个

---

① 参见欧阳健：《历史背景与事实细节的还原——北大学人"胡适思想批判"一瞥》，《辽东学院学报(社会科学版)》2019 年第 1 期。

② 谢泳：《胡适思想批判与〈胡适思想批判参考资料〉》，《开放时代》2006 年第 6 期。

模型所制出的甚至含有毒素的劣货。这种考据方法,充分说明资产阶级唯心论的反动本质,充分说明帝国主义"学者"所提倡的实验主义哲学的反动本质。这和胡适的反动政治立场,帝国主义买办身份分不开的。

高亨首先提出了"合乎科学的考据方法"应该呈现出何种状态,可见他熟稔马克思列宁主义,这些批判认识正是他将马克思列宁主义的学习付诸实践的结果。这与郭沫若在《三点建议》中提倡的在自由讨论中进行"建设性的批评"相契合。而他接连列举几个实例来批判,"有周到的研究,有确凿的证据,有坚实的内容,有正当的道理",也实为"言之有物"。[①] 这种批判显然是以理服人的。联系 1955 年 5 月中共中央宣传部在《关于胡适思想批判运动的情况和今后的报告》中所提出的批判中关于批判方法上的缺点,如许多作者"不善于揭露胡适思想内部的自我矛盾混乱","有的文章论证不多,说理不够,结论武断"等[②],更可见《文史哲》批判的优胜之处。

建立在有理有据的基础上,所产生的另一个显著特点便是批判者善于给胡适的学术研究下定论。胡适的研究多被认为是"浅薄和空疏"的,"学问是浅薄的"。[③] 这种评价的底气和勇气又多源于《文史哲》批判作者自身雄厚的专业功底以及对于马克思列宁主义理论的学习和掌握。拿左翼学者赵俪生而言,他在《批判胡适反动的考据方法和校勘方法》中指斥"胡适的学问是浅薄的,胡适治学问的方法是错误的",这里"说胡适学问'浅'正如说梁启超学问'不专'一样,这类文化保守派、学院派专门家和左翼学者的偏见在学界出现,也并非自 1949 年以后。以赵俪生之恃才傲物,这样的见解,自不完全是为了迎合批判之需"。[④] 只不过,部分学者将学术分歧表现在了批判活动中。

第三,《文史哲》作为地方学人批判的集大成者,与官方批判之间呈现出亦步亦趋之势。郭沫若作为党的意识形态在学术界的重要领导者以及胡适思想批判运动的组织者和计划者,他在《三点建议》以及《中国科学院郭沫若院长关于文化学术界应开展反对资产阶级错误思想的斗争对光明日报记者的谈话》中

① 郭沫若:《三点建议》,《胡适思想批判(论文汇编)》第一辑,第 15～16 页。

② 于风政:《改造——1949～1957 年的中国知识分子》,郑州:河南人民出版社,2001 年,第 323 页。

③ 参见汪毅:《论胡适派反动的资产阶级哲学史观点和方法》,《文史哲》1955 年第 4 期;赵俪生:《批判胡适反动的考据方法和校勘方法》,《文史哲》1955 年第 5 期。

④ 尤小立:《对"胡适思想批判"运动的两种忏悔》,《南方都市报》2011 年 6 月 3 日。

都提到批判胡适的治学方法——“大胆假设和小心求证”，并且直接批判“胡适根本不懂得科学”。之所以批判其治学方法，是因为批判者认为“反动的观点和反动的方法是彼此相连的”，胡适正是借助这些方法传播反动的观点，同时又将自己的“研究方法”打扮起来，披上“最新”和“科学”的外衣。① 而从《文史哲》所刊文章中来看，学者的批判也多集中于这些方面，甚至批判用语都大同小异。换句话说，郭沫若的批判给大家提供了一个效仿的蓝本。学者的批判，虽确实是在举例子、摆事实、讲道理，但其实他们讲的仍旧是郭沫若已经在发言中提到的东西，他们进行的批判更像是一种“命题作文”的发挥。也就是说，胡适思想批判的官方组织先是提供了一种全新的话语模式，在这种话语模式基础上，学者或是自觉或是不自觉地运用它来进行批判，实际上无形中参与到50年代的学术转型中去了。

今天我们若要再审视这场胡适思想批判运动对《文史哲》的意义，必然还要回到《文史哲》以及这场批判运动本身。这场运动从本质而言是一场政治运动，深层次指向的是无产阶级和资产阶级之间的思想斗争，但确是以学术批判为工具，并且是“学术界首次运用马克思主义对学术研究领域传统的研究方法和学术思想进行根本性批判”②，其根本目的是确立马克思主义意识形态在学术领域内的领导地位。于学术而言，它的确在一定程度上增进了新旧学人对于马克思主义理论工具的掌握，促进了新旧学术的转型。但带来的问题是，学术批判和政治批判杂糅在一起。联系当时过渡时期国内外复杂的思想斗争形式，学术问题政治化势必不可避免，在批判过程中出现简单化、教条化的弊端。胡适是政治上的战犯，那么其学术思想和学术成就也要被打入地狱，被全盘否定。而从官方到地方学者，运用马克思主义的武器，都将胡适的非马克思主义思想，一并视为“反科学”的，这明显是用后来居主流位置的意识形态来否定此前曾存在的“多元化”的史学方法中的一个取向，可想见此处政治与学术之间张力的吊诡之处。

整个胡适思想批判运动，“从写批判文章作者所在地域看，主要是在北京的

① 参见马国藩：《批判胡适的“文法的研究法”》，《文史哲》1955年第12期。

② 李方祥：《现代学术批判对马克思主义中国化的双重影响——以20世纪50年代胡适思想批判为个案》，《当代中国史研究》2007年第6期。

学者,外省学者以山东最多”[1]。这里的“山东”,山东大学正是其中的主力军,而《文史哲》正是批判“成果”的汇聚之地。的确,以前文分析可知,《文史哲》相关批判文章从数量和质量上都超过了当时“理论上”的批判运动中心——北京大学。也就是说,《文史哲》是今天论及胡适思想批判运动时不得不提的一段插曲。改革开放后,学术界对胡适及胡适思想批判运动的“拨乱反正”,《文史哲》的这段参与“批判”运动的历史,也变成更具暧昧色彩的“灰色地带”。胡适思想批判运动给《文史哲》带来了辉煌,大大提升了在学术界的知名度,却也将其卷入学术政治化的漩涡之中,这是批判运动的“迷人”之处,也是时代的“无奈”所在。

① 谢泳:《胡适思想批判与〈胡适思想批判参考资料〉》,《开放时代》2006年第6期。

第三章 新话语、新视野下的中国文学史改造

五四新文化运动带来了文学革命，民国时期文学研究由此显现出其独有特点。一方面，思想启蒙与民族救亡的时代特色，使文学表现出一种“自我启蒙”精神。另一方面，民国文学发展呈现出一种自由多元的格局。因政治倾向、创作方法、审美风格等维度的差异，产生了多样的文学流派与文学社团。大革命到来后，文学上分为“左”“右”两个方向，“国民党所倡导的民族主义文学和共产党所领导的左翼文学，另有自由主义者或附骥、游离前述两派寻求自己文学生存土壤”①。在民国时期众多的文学流派中，由左翼革命文学发展而来的解放区革命文学，借助新民主主义革命胜利的政治力量，最终吞没其他文学潮流，成为共和国的唯一文学形态——社会主义革命文学。几乎与马列主义毛泽东思想成为新中国的意识形态相同步，毛泽东的文艺思想成为新中国文学的指导思想。为全面贯彻毛泽东文艺思想，对“五四”后“新文学”的重新阐释和“改造”成为新中国革命文学发展的必要一环。新文学的“改造”工作要求知识分子将资产阶级启蒙中形成的个人立场转变到“为工农兵和人民大众”的立场，树立社会主义革命世界观，注重普及与提高，突出文学的阶级性质，强调运用阶级分析方法进行创作及研究。

新中国成立后十七年文学有其显著特点：其一是文学的“一体化”。此时期的文学“不仅与时代、社会保持同构对应的关系，而且也被纳入到‘政治—经济—文化’一体化体制中，当作社会主义事业的有机组成部分”②。文学创作者由民国时期的自由创作者成为有组织被管理的体制内人员，并遵循共同的文学

---

① 汤溢泽：《民国文学史特点研究》，汤溢泽、廖广莉主编：《民国文学史研究》，长春：吉林大学出版社，2011年，第29页。

② 吴秀明：《关于“十七年文学”整体评价的思考》，《学术月刊》2007年第6期。

规范,创作反映革命精神与时代特征的人民的大众的文艺作品。将文学史限制在新民主主义革命的框架内,文学叙事采用体现国家意志的革命话语。其二,现实主义始终是十七年文学的主潮。但在社会主义文学与“左”倾思潮的博弈中,现实主义为与社会现实斗争相同步,不得不产生一定程度上的变异。

在共和国文学的塑造中,几乎没有一个刊物可以置身事外。《文史哲》主动发掘现实主义,重构中国文学话语理论体系,在共和国的文学转型中发挥了推动作用。《文史哲》是当代文学史缔造的参与者,更是记录者。它开展“杜甫研究”“鲁迅研究”等专题研究,展现出共和国文学独有的学术政治化特点。

第一节　发掘中国文学的主流——现实主义

现实主义文学思潮是19世纪欧洲资本主义制度下的产物,它强调人的主体意识与个性解放,强调批判功能。现实主义文学具有真实性(客观性)、典型性和历史性三大特征。[①] 中国现实主义文艺理论体系的建立,始于五四新文化运动时期。在文学革命中,陈独秀等人在强烈的社会政治变革诉求下引介西方现实主义文艺理论,尤其认同现实主义的批判功能和启蒙功能。这使得批判现实主义与马克思主义现实主义两者未得到明确区分。但两者在五四新文化运动的指引下,给“中国现代文学提示了启蒙主义的方向”[②]。

1933年11月,周扬在《关于“社会主义现实主义与革命浪漫主义”——“唯物辩证法的创作方法”之否定》中,第一次将苏联的社会主义现实主义理论引入国内。[③] 苏联的社会主义现实主义理论在中国的引入和传播,将文学与革命政治进一步结合,对我国日后文坛产生很大影响。1942年,延安文艺整风时期,毛泽东在《在延安文艺座谈会上的讲话》中系统阐释了文艺从属于政治的无产阶级革命现实主义文艺理论思想,确立了文艺创作的立场和方向,即中国文艺必须朝着“工农兵方向”和“文艺大众化”的创作原则发展。毛泽东提出的革命现实主义文艺思想与苏联的社会主义现实主义在本质上是一脉相承的,其核心是

---

① 参见张新木、叶琳、王守仁:《战后世界进程与外国文学进程研究》第1卷《战后现实主义文学研究》,南京:译林出版社,2019年,第34页。

② 陈晓明:《中国当代文学主潮》,北京:北京大学出版社,2013年,第25页。

③ 参见张宏:《论现实主义创作在中国的历史嬗变与当下意义》,《文学评论》2010年第2期。

文艺要为政治服务。1949 年 7 月,中华全国文学艺术工作者代表大会在北京召开,大会将毛泽东的《在延安文艺座谈会上的讲话》确定为新中国文艺发展的总方针。

新中国成立后,随着国家意识形态的统一化,毛泽东文艺思想通过与政治权力话语的结合,取得文艺理论界的唯一合法地位,成为贯穿"十七年"文学的根本指导思想。为了配合构建马克思主义政治意识形态的新要求,文艺界亟需重建现实主义文艺理论体系。民国时期曾为自由身份的文艺作家被统一纳入马克思主义文艺理论的领导下之后,他们首先需要学习毛泽东文艺理论,通过文艺创作践行、传播新意识形态。同时,文艺界也展开对以胡适为代表的资产阶级自由主义文艺理论的批判。1951 年后,文艺界开始对电影《武训传》开展文学批判运动,紧接着在思想改造运动中开展文艺整风运动,将无产阶级意识形态贯彻到新中国的文艺创作中去。

一、《文史哲》与社会主义文艺理论体系的建构

在这种时代背景下,山东大学通过思想改造运动,参与到建构社会主义文艺理论体系的过程中。思想改造期间,《文史哲》就发表了山东大学师生的文章,讨论了对毛泽东文艺思想及社会主义文艺理论的学习体会。中文系教授吕荧在《关于工人文艺》一文中认为,工人是"人类社会的建设者和文化的创造者"。工人创作的作品真实地把生活内容思想内容化为艺术的形象,"写出了工人阶级新生活内容、新思想情感和新品质的一个侧面"。他强调工人阶级创作的文学是真正的平民文学、人民文学。① 刘泮溪在《漫谈控诉文学》中指出控诉是反抗反动统治阶级的残酷剥削和压迫的重要手段。由此他肯定了现实主义作家利用在带有控诉性的革命文学中配合阶级斗争,对反动派本质的暴露。② 黄药眠就文学中的人民性问题及其共同特征提出意见。他认为"文学的人民性是历史的范畴"。此外,他将社会主义现实文学"历史化"以求其现实存在的合法性,他认为社会主义现实主义文学作为古典文学的继承和发展,必须站稳马列主义立场,深入参与斗争,向人民学习。③

① 参见吕荧:《关于工人文艺》,《文史哲》1951 年第 3 期。

② 参见刘泮溪:《漫谈控诉文学》,《文史哲》1951 年第 4 期。

③ 黄药眠:《论文学中的人民性》,《文史哲》1953 年第 6 期。

《文史哲》除了发表毛泽东文艺思想的学习文章外,也开展资产阶级文艺思想的彻底清算。当时作为学生的李希凡通过冈察洛夫在《奥勃洛摩夫》塑造的农奴主和资本家两个典型人物,去分析当时俄国新兴资产阶级本身的真实情况。他指出,冈察洛夫对于这两个人物创造的成功与失败,正说明了"阶级立场和观点的决定作用,'思想'比'艺术'更强,也说明了现实主义创作方法的正确和主观主义创作方法的虚伪"①。臧云远则指明革命文艺发展中存在的问题及文艺整风的必要性。他指出部分文艺作品中带有资产阶级和小资产阶级文艺思想,"不是站在工人阶级及其主导思想上看问题,处理问题",这实际违背了毛主席的文艺思想、文艺路线和文艺方向。从具体表现来看,在文艺创作上,"单纯地追求着技巧,而不能贯彻新现实主义的创作方法",变成空洞的形式主义。另一方面,"自然主义的写作倾向",不能起到教育人民的作用。在艺术借鉴上,未能批判地吸收古典的艺术经验和苏联的先进经验,而代之以全盘吸收。所以文艺整风是适时和英明的,文艺工作者要站稳工人阶级立场,与非无产阶级的文艺思想划清界限。高校教师要"有系统地清理自己的教学思想",用马列主义的思想武器彻底地批判旧有的资产阶级思想体系。②

1952年,适逢毛泽东的《在延安文艺座谈会上的讲话》发表10周年。华岗在参加青岛文艺界组织的纪念大会上发表讲话,该讲话内容后来刊发在《文史哲》上。华岗作为宣传理论家兼山大校长,代表了一种官方的态度,从整体层面对《在延安文艺座谈会上的讲话》10周年以来中国文艺发展状况进行分析。首先对文艺发展的规定性方向作了明确的总结,即一切文艺作品皆来源于人民生活,作者加工后要使文艺作品更有组织性和集中性,更典型,更理想,从而写出典型环境中的典型性格。其次,华岗指出了文艺整风中存在的问题,一部分文艺工作者拒绝贯彻工农兵文艺方针,"以资产阶级和小资产阶级的宇宙观来指导文艺运动"。那华岗强调文艺工作者必须否定自己原有的小资产阶级立场,认真学习马克思列宁主义和毛泽东思想,积极为工农兵服务,这才能写出对人民有益的作品。③ 借此纪念大会的机会,孙昌熙、刘泮溪也发表对于毛泽东《在

---

① 李希凡:《典型人物的创造——从〈奥勃洛摩夫〉里的"斯托里兹"谈起》,《文史哲》1951年第4期。

② 参见臧云远:《整顿文艺战线 改进文艺教学》,《文史哲》1952年第2期。

③ 参见华岗:《贯彻毛泽东文艺方针的根本关键——在青岛市文艺界纪念毛主席〈在延安文艺座谈会上的讲话〉发表十周年大会上的讲话》,《文史哲》1952年第5期。

延安文艺座谈会上的讲话》的学习体会。他们同样批评了文艺界思想混乱的现象,即脱离政治,脱离群众,宣传各种非无产阶级的错误思想,呈现公式化和概念化的倾向。"为了贯彻毛主席的文艺方向,开拓新现实主义创作方法的道路",他们进而具体阐明了文艺创作者的工作方向:革命文艺工作者要深入到工农兵群众中去,"运用马列主义的立场观点方法,认识并掌握实际生活斗争的发展规律,获得主题,直到创造出艺术作品"。同时,为了反映矛盾和斗争是现实生活的本质,要塑造"典型环境中的典型性格"。孙、刘二人又以丁玲的《太阳照在桑干河上》为例,具体论述了新现实主义创作方法在文艺上的运用。①

透过《文史哲》所发表的几篇文章,可以看出在思想改造阶段,文艺界对于毛泽东文艺理论的学习热情十分高涨。学人们都在尝试以现实主义文艺理论引导无产阶级政权下的文艺创作,而新文艺理论方法践行的关键,正在于批判资产阶级等旧的文艺思想,确立工人阶级立场。

二、《文史哲》对社会主义现实主义的讨论与运用

1953 年 9 月,第二次文代会在京召开,周扬和茅盾分别作了题为《为创造更多的优秀的文艺作品而奋斗》《新的现实和新的任务》的报告。在这次会议上,社会主义现实主义创作方法被官方确立为中国文学艺术创作批评的最高原则。② 这也表明,中国文艺界接受了苏联的社会主义现实主义创作方针。

与整个文艺界对社会主义现实主义的讨论同步,《文史哲》于 1954 年集中刊载了数篇探讨社会主义现实主义的文章。一方面,部分学者分析了中国社会主义现实主义的发展源流与传统。陆侃如在《什么是中国文学史的主流?》中提出社会主义现实主义是五四运动以来的文学主流。他认为现实主义精神同样存在于中国古典文学传统中,因而任何时期的有意义的作品都是现实主义的作品,"所以整个文学史的主流必然地是现实主义"③。潘颖舒肯定并考察了瞿秋白在中国社会主义现实主义文学发展中的先驱地位。④ 另一方面,有学者对苏联的社会主义现实主义、相关作家及苏联文艺发展经验作了介绍。徐维垣对苏

---

① 参见孙昌熙、刘泮溪:《学习〈矛盾论〉——对新现实主义创作方法的体会》,《文史哲》1952 年第 5 期。

② 参见李扬:《中国当代文学思潮史》,上海:上海社会科学院出版社,2005 年,第 5 页。

③ 陆侃如:《什么是中国文学史的主流?》,《文史哲》1954 年第 1 期。

④ 参见潘颖舒:《中国马克思主义文艺批评的奠基者——瞿秋白》,《文史哲》1954 年第 6 期。

联的社会主义现实主义作了初步介绍,肯定了高尔基在社会主义现实主义文学发展中的奠基地位。[①] 黄嘉德、曾宪溥介绍了俄国作家契科夫的主要创作思想。[②] 黄嘉德指出苏联文化继承了全人类最优秀的文化遗产,并呼吁国内文艺界要学习苏联先进经验,“有计划有步骤地接受外国古典文学遗产,介绍现代进步文学,并以马克思列宁主义的观点方法进行有系统的研究”[③]。

《文史哲》对社会主义现实主义的讨论,提高了人们对于社会主义现实主义的理论思想认识。除了相关理论探讨外,学者又将社会主义现实主义运用到文学史研究中。从1954年第7期起,陆侃如、冯沅君在《文史哲》连载18期《中国文学史稿》,推翻抗战前所写《中国文学史简编》中的文学观点,以社会主义现实主义的“进步”的观点和方法重写中国文学史。这部文学史将文学遗产的发展历史及人物作品,加以简要的评论,重在凸显中国古代文学的人民性和现实性。二人在文章“引言”中交代了文学史的主要任务:“总结我们祖先在文学领域内的劳动成就,寻求文学发展的规律,寻求文学生活和社会生活与阶级斗争联系的规律,给重要作家与重要作品以适当的估价。”[④]

《中国文学史稿》的发表,引发了读者的讨论。《文史哲》于1956年第9期、第10期刊载了《中国文学史稿》讨论会发言稿,讨论者包括高亨、刘泮熙、殷孟伦、袁世硕等。部分学者肯定了《中国文学史稿》的成就和优点,即运用新观点和新方法来分析文学遗产,以挖掘“现实主义是中国文学史上的主流”。同时也指出了书中所存在的“公式化、简单化的缺点和偏向”。此外,余冠英在《人民日报》发表文章,对《中国文学史稿》提出了商榷意见,指出其缺点是有“庸俗社会学的倾向”,“缺乏具体分析”,“忽视文学的特点”。[⑤]

与旧文学史就文学论文学的书写模式不同,这部中国文学史稿特别注重挖掘文学与社会现实的联系,乃至将文学与当时的社会生活对应起来,完全将文学视为现实生活的镜像。它不但在分期上借用社会史的框架,在叙述史实的时候也将文学作品当作社会史材料。作者在总述某些阶段的文学概况时分为“历史的背景”与“文学的鸟瞰”两节,但在后一节里有些叙述仍然是前一节的补充

---

① 参见徐维垣:《社会主义现实主义文学的奠基者——高尔基》,《文史哲》1954年第6期。
② 参见黄嘉德、曾宪溥:《契科夫的思想和创作》,《文史哲》1954年第7期。
③ 黄嘉德:《世界文学在苏联》(上、下),《文史哲》1954年第10、11期。
④ 冯沅君、陆侃如:《中国文学史稿》(一),《文史哲》1954年第7期。
⑤ 余冠英:《读“中国文学史稿”》,《人民日报》1956年6月6日。

说明或举例。例如第十五章的"文学的鸟瞰"重点考察文学中反映出的手工业如何扩大生产,工业市镇如何扩大繁荣,或是商人的活动等等,却轻视了这一时期文学本身的成就和特征。此书在介绍作品时也首先是当作社会史料来对待,其次才是看作艺术品,有时甚至无视其艺术性。对于话本《汪信之一死救全家》,一再强调主人公"兼营工业与手工业"。对于话本《金玉奴棒打薄情郎》,特别指出它反映了"团头制度"。在施润泽、蒋兴哥、杨八老、转运汉、徐老仆的故事中,焦点在于它们对手工业与商业盛况的反映。对于许多作品,只关注它们反映了什么社会历史内容,而不涉及文学创作的技巧手法等文学自身的元素。这部文学史不少地方单纯用经济生产的发展来解释文学发展的原因,例如在论及"风诗和南诗"时,将其产生的根源完全归结于"经济的发展、繁荣地区的扩大",对于东周时期"散文之所以突飞猛进",也认为"主要是因为东迁以后生产力的提高和经济繁荣地区的扩大,从而比较普遍地增进了人们对于文化的要求"。这种将文学史还原为社会史的做法,一方面开辟了文学史研究的新路径,另一方面又失之简单机械,文学与社会的互动被化约为单向的反映。

本书将现实主义作为衡量文学作品价值高下的主要标准。越是"直接取材于当时社会的现实生活",作品的意义越大。本书"引言"和"结语"中两度开列中国古代伟大作家的名单,在诗人中有白居易而无李白,在戏曲作家中有李玉而无王实甫。白居易之所以能进入古代伟大作家的行列,是因为他的《秦中吟》和《新乐府》的"主题思想非常明确,主要是批判社会上、政治上种种不合理的现象,特别对于统治阶级的罪行予以无情的揭发"。李白虽是"盛唐以前最伟大的诗人",虽然"他的浪漫主义基本上是积极的,是与现实主义相结合的",虽然他的作品中也表现了"爱祖国、爱人民的高贵品质",但他终究是"一个浪漫主义的诗人",不曾明确地广泛地揭露当时政治上的黑暗面,所以就被排除在古代伟大作家之外。李玉的伟大,在于他的作品"有些是直接取材于当时社会的现实生活,政治倾向性比较鲜明,斗争性比较强烈",他的《清忠谱》"在写周顺昌与魏忠贤的斗争中……表现着群众抵抗人民公敌的战斗热情"。而王实甫的《西厢记》虽然"使他获得其他剧作家所难得的荣誉",虽然"它的成就首先建立在它的强烈的思想性上",但其意义局限于"反对父母包办的婚姻,反对借金钱或势力强迫成功的婚姻,反对扼杀青年男女真挚的爱"。李白的现实主义是不彻底的,《西厢记》的社会意义不如《清忠谱》重大。现实主义几乎成为判断文学作品价值的唯一标准。

这部文学史体现出鲜明的阶级观点,特别关注文学作品中对阶级斗争的反映。书中指出,《聊斋志异》是"借狐鬼来谴责统治阶级";《西游记》中孙悟空的性格是属于劳动人民的,猪八戒的性格是属于寄生阶级的。《三国演义》中的桃园结义故事之所以为广大群众所乐道,只是因为刘备是以织屦贩席为业的,张飞是卖肉的,关羽是推车子的,都是出身下层群众。① 这就有将阶级分析方法泛化之嫌了。

尽管存在这样那样的不足,作为解放后用新观点、新方法书写的第一部系统的中国文学史,《中国文学史稿》不仅为新中国成立后中国文学史研究开辟了新的范式,而且为学习运用认识社会主义现实主义理论提供了范例。

三、"两结合"论的提出与《文史哲》的积极响应

随着现实社会中大跃进运动的开展,文学艺术事业也需要作更大的跃进。这就要求创作的文艺作品"是最真实的,同时又是具有最高理想的文艺"②。由此社会主义现实主义这一理论面临挑战。1958 年 3 月,毛泽东在成都会议上指出诗歌的"形式是民族的,内容应该是现实主义和浪漫主义对立的统一"。1960 年7 月第三次文代会上,郭沫若在开幕词中明确提出:"我们应该掌握毛主席提出的革命现实主义和革命浪漫主义的相结合的艺术方法。"随后周扬的《我国社会主义文学道路》与茅盾的《反映社会主义跃进的时代,推动社会主义时代的跃进!》两文对"大跃进"以来"两结合"的宣传讨论、实践总结和创作方法作了权威阐述。由此"革命现实主义和革命浪漫主义相结合"的艺术方法正式被确定为全国文艺工作者的创作原则,这一带有"左"倾的文艺理论被推行开来。

"两结合"在文学中的具体运用首先体现在新民歌的学习及创作中。新民歌作为一种"群众文艺创作"活动,其显著特点是反映"劳动人民在大跃进中的共产主义气概"③。1958 年 4 月 14 日,《人民日报》发表《大规模收集全国民歌》的社论,积极鼓励创作者们"向群众自己创造的诗歌学习"。同年,即有学者在《文史哲》上发表文章,对新民歌及人民群众在文艺创作中的作用等相关问题展

① 参见余冠英:《读〈中国文学史稿〉》,《人民日报》1956 年 6 月 6 日。
② 《争取文学艺术的更大跃进》,《人民日报》1958 年 9 月 30 日。
③ 《争取文学艺术的更大跃进》,《人民日报》1958 年 9 月 30 日。

开讨论。刘泮溪首先肯定了新民歌的地位,继而强调了新民歌的优点,并表明学习态度。他指出,新民歌具有社会主义的内容、革命的现实主义和革命的浪漫主义结合的方法的两个主要特点。文艺工作者要向劳动人民学习,参加劳动,与劳动人民打成一片,这样才能真正从为社会主义文化建设服务的原则出发,创作出为工农兵服务、劳动人民喜闻乐见的作品。① 袁世硕强调了劳动人民在文学创作中的伟大创造力量,认为代表劳动人民的民间文学是中国古代文学的正统,同时他批判了封建社会以封建统治阶级文学为正统的文学史观。他进而举例中国的早期神话是"中国文学中的现实主义与积极浪漫主义相结合的优秀传统的发端",中国古代诗歌"归功于历代人民群众不断的集体性创造",古代杰出的诗人都是受"民歌的现实主义和积极浪漫主义的精神"影响成长起来的。② 与此同时,《文史哲》又在第 8 期、第 9 期连载了一批赞扬"大跃进"运动的民歌③,以促进文艺工作者向群众创作的诗歌学习,体现文艺创作中的"两结合"论。

1959 年,庐山会议掀起的反右斗争,使得"左"倾思想更加极端化。文艺界不但没有反思"两结合"创作方法中的失误,反而变本加厉,更加突出浪漫主义在文学中的地位。《文史哲》于 1961 年复刊后,在第 1 期中便对中国文学中的浪漫主义进行探讨。冯沅君对古典戏剧中的浪漫主义作了初步探究。她认为古典戏剧的浪漫主义创作方法的形成与发展和民间文学有很大关联。④ 李希凡就小说中革命英雄的传奇情节和形象创造作了分析。他认为《林海雪原》《野火春风斗古城》《烈火金刚》和《敌后武工队》这四部小说题材内容虽不尽相同,却具有共同的传奇色彩,革命英雄主义精神构成了它们共同的基调。李希凡认为传奇性情节构造必须服从于整体艺术形象的创造,必须紧密融合英雄形象、性格的创造。⑤

"两结合"论在创作原则上强调:"忠于现实生活同时又比现实生活更高,不

---

① 参见刘泮溪:《向大跃进中的新民歌学习》,《文史哲》1958 年第 8 期。

② 参见袁世硕:《必须承认民间文学是中国古代文学的正统》,《文史哲》1958 年第 10 期。

③ 如:《文史哲》1958 年第 8 期的《干劲》《山歌满山跑》《鼓起劲儿》《干完再喝不算迟》《总路线》《汗珠换得谷满仓》《小扁担》《河水能挑干》;《文史哲》1958 年第 9 期的《水库谣》《红号外》《两个巨人一握手》。

④ 参见冯沅君:《古典戏剧中浪漫主义初探》,《文史哲》1961 年第 1 期。

⑤ 参见李希凡:《漫谈革命英雄传奇的情节和形象的创造》,《文史哲》1961 年第 1 期。

是教人民停留在今天的现实中,而是鼓舞人民去创造更新更美的未来的现实。"[①]但是从《文史哲》以上所提相关文章来看,无论是对于新民歌的学习,还是对于浪漫主义的探讨,相关学者多流于"响应性"的学习与倡导,也即强调文艺工作者与群众相结合,向劳动人民学习,开展文艺普及和提高工作。除此之外,这些学者并未对"两结合"的创作方法是否具有操作层面的可行性作出客观性学术分析,更没有产生实质性的作品。事实上,"两结合"论是以现实主义对客体的强调来消解浪漫主义张扬的主体,以浪漫主义的想象掩盖现实主义的真实性,过分强调"革命的浪漫主义",而忽视"革命的现实主义",从而衍化为一种为政治服务的创作手法。[②] 因其内涵上缺乏具体的规定性与明确的针对性,缺乏有迹可循的文学范式,使得文艺工作者不能准确把握这一创作原则的核心内涵,难以真正落实到创作实践中。

四、"典型"问题的讨论与《文史哲》走向政治化

自 20 世纪 50 年代开始,文艺界在对现实主义理论进行讨论的同时,也对"典型"问题展开论争。"典型"概念因牵涉到文艺创作,尤其是人物创作问题,成为现实主义文艺理论的核心命题。50 年代中期,当时流行的"典型"问题看法是"典型是共性和个性的统一"。"典型性完全等于阶级性,典型的共性就是阶级性,典型的个性就是阶级性的具体表现或者仅仅是一些个人的爱好、脾气、习惯之类。"在这种理论下,流行的是一种"简单化""公式化"的创造典型人物的创作方法,即"从许多不同的阶级、阶层或职业的人物身上,抽出他们的阶级、阶层或职业的共性,然后再加一些个人的特征"。[③] 为了"适应国内提高文学创作和文学评论水平的要求",以及受"当时苏联文艺界展开关于典型问题的讨论的影响"[④],中国文艺界开展对典型问题的讨论。

《文史哲》在 1956 年刊登了张文勋的《关于文学艺术的特征问题——对巴人同志的"文学论稿"的几点意见》、杨嘉仁的《略谈典型化》两篇文章,这两篇文

① 《争取文学艺术的更大跃进》,《人民日报》1958 年 9 月 30 日。

② 参见王文胜:《在与思:"十七年文学"现实主义思潮新论》,南京:南京师范大学出版社,2005 年,第 88 页。

③ 参见何其芳:《〈艺术的春天〉序》,易明善编:《何其芳研究专集》,成都:四川文艺出版社,1986 年,第 307、323 页。

④ 栾昌大:《典型问题论争三十年》,《吉林大学社会科学学报》1980 年第 2 期。

章涉及的是文学创作问题,都批评了巴人在《文学论稿》中提出的典型创造过程公式的错误。张文勋从批评巴人艺术创作中“先从具体到抽象,然后又从抽象到具体”的这个“简单图式”出发,指出从巴人的这个创作过程实际是“把典型化和个性化截然分开,形而上学地看一般与个别的关系”。“这样地理解典型的创造是不正确的”,它对创作实践有害,使得创作概念化。① 杨嘉仁认为,“现实主义作家全部积极地而且卓有成效地力求从理性上充分理解生活、明确主题思想”,只是“他们所能达到的,是各不相同的正确程度”。“他们的典型化方法,特别是形象思维与逻辑思维在典型化过程中的关系,非常多样”,“如果任取其一,立为全体现实主义作家典型化的公式,一定是主观片面,不合实际的”。杨嘉仁继而指出巴人的“典型的概括”是“片面和错误的公式”。他不仅“忽视了典型化方法与过程的多样化”,“夸大了逻辑思维在典型化中的地位”,而且“没有看出并强调理性认识前后的体验生活与表现生活的统一性”,其理论成为“公式化、概念化作品的助产士”。②

1956 年,《文史哲》关于典型问题的讨论,是一部分文艺工作者在批评当时文艺创作中“公式化”“概念化”现象而牵涉到的,并未针对“典型”概念本身有过多探讨。1962 年 8 月,在中国作协召开的“农村题材短篇小说座谈会”上,邵荃麟针对文艺界对于“两结合”的错误理解与滥用,提出“写中间人物”和“现实主义深化”的文艺观点。其“写中间人物”的主张提倡人物描写的多样化,而非仅限于描写英雄人物。这实际上是在“典型性思维方式层面上提出问题”③。部分文艺创作者对此发表商榷文章,从而掀起了文艺界对于典型问题的再次争鸣。在这段时期,《文史哲》发表了 11 篇文章,再次参与到典型问题的讨论中来。

在这次讨论中,有学者思想较为解放,从如何提高文学创作水平的实际出发,深入探讨到典型的本质,如典型的共性与个性的关系、典型的普遍性与阶级性的关系问题等。另有部分专家学者,如何其芳、蔡仪等,“敢于开顶风船,实事求是地讲出自己的意见”④。蔡仪在《文学艺术中的典型人物问题》一文中指出:

---

① 张文勋:《关于文学艺术的特征问题——对巴人同志的“文学论稿”的几点意见》,《文史哲》1956 年第 8 期。

② 杨嘉仁:《略谈典型化》,《文史哲》1956 年第 10 期。

③ 崔志远:《现实主义的当代中国命运》,北京:人民文学出版社,2005 年,第 293～294 页。

④ 栾昌大:《典型问题论争三十年》,《吉林大学社会科学学报》1980 年第 2 期。

"典型人物的普遍性并不全等于阶级性。"[①]实际上,以蔡仪为代表的这部分文艺工作者,批评的是当时流行的典型理论,即"典型是共性(普遍性)与个性(特殊性)的统一"的公式对文艺创作所造成的公式化、概念化等不利影响。他们"力求摆脱典型是共性个性的统一,典型是阶级的代表,反映阶级本质是典形塑造的关键这些框框"[②],转而从现实实际出发进行文艺创作。

蔡仪的观点招致了另外一部分学者的批评。狄其骢在《文史哲》发表的《对文学典型的思考——兼与蔡仪同志商榷》一文,对蔡仪的"共性不等于阶级性"观点提出反驳。狄其骢认为,"与典型人物阶级性相对的一切特征,虽则具有非本质的形式的普遍性,即超阶级的普遍性,但也只能是个别性",所以"人以及典型人物的普遍性,就是它的本质,就是阶级性"。[③] 姚承宪虽然没有直接批评蔡仪,但他也在《文史哲》发表文章讨论典型的共性问题,捍卫流行的典型观点。[④]与蔡仪直接以一种立场鲜明的态度批评流行典型观点不同的是,应汉光虽也认识到了流行典型观点的不足之处,但是却又表现得自相矛盾。他在《文史哲》发表的《谈性格的类型——典型共性中的初级本质》一文中对狄其骢提出反对意见。文章试图证明从个性到阶级性之间存在着一个中间环节,即性格类型,它"是一种以阶级性为核心、以一定的社会关系为内容的初级的社会本质的体现"[⑤]。而在文章发表后,应汉光又给《文史哲》来信表示,"文章发表时经过删节,很容易引起误解",需要进行说明。在这里,他声明不承认存在超越阶级之上的"共性"。[⑥] 也就是说,应汉光仍然在表面上肯定"典型的普遍性就是阶级性",这令其观点"貌似旧说,神似新说"。究其矛盾缘由,或如栾大昌日后分析的,虽"清楚地看到传统的说法过于简单化",但又考虑到新说"可能被判定为修正主义",还是"传统说法确是比较稳妥、保险"。[⑦]

狄其骢、应汉光的文章在《文史哲》发表后,他们的观点以及蔡仪的关于典型共性问题的看法迅速招致其他学者的商榷乃至批评。文锋坚持认为"典型的

---

① 蔡仪:《文学艺术中的典型人物问题》,《文学评论》1962 年第 6 期。

② 栾昌大:《典型问题论争三十年》,《吉林大学社会科学学报》1980 年第 2 期。

③ 狄其骢:《对文学典型的思考——兼于蔡仪同志商榷》,《文史哲》1963 年第 3 期。

④ 参见姚承宪:《关于典型的共性问题》,《文史哲》1963 年第 1 期。

⑤ 应汉光:《谈性格的类型——典型共性中的初级本质》,《文史哲》1963 年第 5 期。

⑥ 《作者来信》,《文史哲》1963 年第 6 期。

⑦ 栾昌大:《典型问题论争三十年》,《吉林大学社会科学学报》1980 年第 2 期。

普遍性就是阶级性”。对于蔡仪在提出的“典型的普遍性可以小于阶级性”，以及应汉光提出的“典型的普遍性是‘性格类型’”的观点，文锋表示均不赞同。此外，文锋批评道，狄其骢对蔡仪“普遍性不是阶级性”论点的批判也是不彻底的，狄其骢“只是抽象地承认了普遍性是阶级性，而在许多具体问题上又否定了这一观点”，其基本思想与蔡仪观点没有本质不同。① 此后，《文史哲》陆续刊载批评应汉光的文章，其中有学者也连带批评了蔡仪、何其芳的“共性不等于阶级性”的观点。孟伟哉②、怡然与默然③均一方面反对应汉光的“典型共性大于阶级性”的观点，强调“典型的普遍性就是阶级性”；另一方面对应汉光提出的“性格类型”一说提出批评。郭志今、马白专门就应汉光的“类型性格”说提出商榷意见，他们认为“所谓‘类型性格’云云，不过是超历史、超阶级的抽象，与阶级观点直接相违背”④。谷熊也反对蔡仪和何其芳的“共性不等于阶级性”的论点。⑤在此期间，应汉光又撰文回应了孟伟哉等人的商榷，他反复强调“类型性格”“类型性格大于阶级而不超阶级”。⑥ 紧接着，文锋再次撰文驳斥应汉光的“性格类型”说，认为其本质是“不同意典型的共性是阶级性”，歪曲了马克思主义辩证法的基本原理。⑦

通过《文史哲》关于典型问题的讨论可以发现，这些“蔡仪、应汉光观点”的“反对者们”竭力引经据典去证明传统的流行典型观点的真理性。凡是与“典型的普遍性(共性)是阶级性”不同的新观点一概视为异端。他们坚守的已经不是真正的马克思主义现实主义文艺理论了，而是一种僵化的、扭曲的、完全以阶级斗争观点为纲的公式。力图反映现实生活与社会矛盾确实是社会主义现实主义理论的目的，但却不能完全以阶级斗争观点为纲。然而随着现实社会中阶级斗争的激化，极“左”政治思想的泛滥，“典型化成了文艺工具论的借口和支撑”，

---

① 文锋：《也谈文学中的典型问题》，《文史哲》1963年第6期。

② 孟伟哉：《典型“共性”的本质及其它》，《文史哲》1964年第2期。

③ 怡然、默然：《用阶级分析的方法研究艺术典型——与蔡仪、应汉光同志商榷》，《文史哲》1964年第4期。

④ 郭志今、马白：《评“性格类型”说——与应汉光同志商榷》，《文史哲》1965年第4期。

⑤ 谷熊：《论典型的共性与阶级性的关系——兼评蔡仪何其芳同志关于典型问题的论点》，《文史哲》1965年第2期。

⑥ 应汉光：《再谈类型性格是典型共性中的“初级本质”》，《文史哲》1964年第4期。

⑦ 文锋：《再谈文学中的典型问题——驳应汉光同志的“性格类型”说》，《文史哲》1964年第5期。

“典型越来越被抽空了艺术真实的精神内核,成了意识形态的文学面孔”。[①]

第二节　凸现中国文学史的人民性——杜甫研究

杜甫研究自宋代开始,有“千家注杜”之说,后经近千年发展,已然成为一门经久不衰的“显学”。历代研究者各取所需,将自己关心的命题注入到此研究中,以杜诗诠释自己所处时代之风貌。[②] 20 世纪杜甫研究深受新旧文化、东西文化交互碰撞及数次政治思潮的影响,经历了肯定、否定、再肯定的过程。[③]《文史哲》紧随时代步伐,积极参与到杜甫研究之中。

一、从“诗圣”到“平民诗人”:民国杜甫研究

20 世纪初,西方文化思想传入中国,“科学”“民主”等现代概念启蒙人心,为杜甫研究开辟出新境界。1922 年,梁启超在诗学研究会演讲《情圣杜甫》,抛去传统道德标准第一的“诗圣”提法,以“真善美”的新标准评价杜诗,首倡“情圣”之说。梁启超称杜甫为“半写实派”,认为“工部写情,往往愈拶愈紧,愈转愈深”。[④] 1929 年,胡适在《白话文学史》中将杜甫列为专章,用社会学眼光,着眼于时势变迁与文学潮流的关系研究杜甫及其诗作。胡适认为杜甫作为这个时代最伟大代表,开启了中国文学史上一个最光华灿烂的时期。胡著认为“问题诗”是杜甫的创体,杜甫在乱离中,“发为歌诗:观察愈细密,艺术愈真实,见解愈深沉,意境愈平实忠厚”,开后世社会问题诗的风气。[⑤] 苏雪林的《唐诗概论》称杜甫为“写实主义大师”,认为杜甫诗不但是“诗史”,而且真实地表现伟大人格与诙谐趣味。[⑥] 闻一多则在《杜甫》及《少陵先生年谱会笺》中,依托旧学,以新观点、新方法开拓杜诗新诗境。他对杜甫如此评价:“两汉时期文人有良心而没有

---

① 杜晓杰:《“典型”的典型命运》,《宁波大学学报(人文科学版)》2015 年第 1 期。

② 参见陈文华主编:《杜甫与唐宋诗学》,台北:里仁书局,2003 年,前言。

③ 参见刘明华、田波澜:《百年歌自苦,“万代”有知音——纪念杜甫诞辰 1300 周年的对话》,张忠钢主编:《杜甫研究论集——中国杜甫研究会第六届年会论文集》,西安:西安出版社,第 19 页。

④ 梁启超:《情圣杜甫》,《晨报副刊》,1922 年 5 月 28 日、29 日,《杜甫研究论文集》第 1 辑,北京:中华书局,1962 年,第 1～13 页。

⑤ 胡适:《白话文学史》,北京:中国和平出版社,2014 年,第 247、263 页。

⑥ 参见苏雪林:《唐诗概论》,北京:商务印书馆,1934 年,第 91 页。

文学,魏晋六朝时期则有文学而没有良心,盛唐时期则文学与良心二者兼备,杜甫便是代表,他的伟大也在这里。”①

20世纪三四十年代,中国处于民族灾难最深重之际,杜诗中的忧国忧民思想和民族意识正契合抗战救国主旋律,杜诗所反映的时局动荡与流离生活与当时人们的身心感受产生共鸣。② 学术界常作有关于杜甫的讲演,出版关于杜甫的书籍,杂志上发表关于杜甫民族观、战争观、民生观和爱国思想的文章,以此激发人们的爱国激情和抗战士气。冯至的《杜甫与我们的时代》写道,抗战以来,人们尝到战争痛苦,这时再读杜诗,字字真实,“写征役之苦,‘三吏’‘三别’是最被人称道的;写赋敛之繁,《枯稷》《客从南溟来》《遗遇》诸诗是最为沉痛,‘生还今日事,间道暂时人’,是流亡者的心境”。杜甫不但是唐代人民的喉舌,亦是现代人民的喉舌。③ 刘大杰的《中国文学发展史》成书于抗战期间,刘书认为杜甫是“全民众全社会的代言人”。④ 1944年,翦伯赞在《杜甫研究》中以阶级分析法研究杜甫,认为杜甫真实地反映时代,“为贫苦大众,为变局的时代而哭叫。他揭露社会的黑暗,控诉权贵的罪恶,谴责贪污剥削”,“是人民的歌手”。⑤ 除此之外,这一时期杜甫研究在文献版本的整理、研究方面也取得较大成就。以洪业的《杜诗引得序》与程千帆的《杜诗伪书考》为标志,前者系统全面地考辨了杜集成书、注释、评点的发展过程及诸本源流关系,后者对历代杜集注本伪书的形成、流布、弊端作了详细考证、说明,二者代表了当时杜集文献整理考辨的水平。⑥

综观20世纪前半期的杜甫研究,新观点、新方法涌现,成果颇为丰硕。据不完全统计,与杜甫研究有关的文章有160多篇⑦,形成了一个研究高峰期。这一时期的主要研究特点是旧学、新学并存,传统与现代兼融,以社会学为主流的

---

① 郑临川述:《闻一多先生说唐诗(下)——纪念一多师诞生八十周年》,《社会科学辑刊》1979年第5期。

② 参见彭燕:《杜甫研究一百年》,《杜甫研究学刊》2015年第3期。

③ 参见冯至:《杜甫与我们的时代》,《萌芽》第1卷第1期,1946年7月,《杜甫研究论文集》第1辑,北京:中华书局,1962年,第176页。

④ 参见吴中胜:《抗战时期的“杜甫热”》,《光明日报》2015年11月30日。

⑤ 翦伯赞:《杜甫研究》,《群众》第9卷第21期,1944年11月,《杜甫研究论文集》第1辑,北京:中华书局,1962年,第149页。

⑥ 参见彭燕:《杜甫研究一百年》,《杜甫研究学刊》2015年第3期。

⑦ 参见彭燕:《杜甫研究一百年》,《杜甫研究学刊》2015年第3期。

新方法引领杜甫研究潮流,传统的考据、文献整理工作继续有条不紊地开展,并取得阶段性成就。马克思主义理论方法也在杜甫研究中得以初步运用。梁启超、胡适、闻一多、冯至等一批"既有深厚传统国学基础,又受海外知识熏陶的学人,着力在打通中西,融贯古今中开拓杜甫研究的新视野、新方法、新境界"①。他们力求在前人研究的基础上,从现代视角重新定义杜甫其人其诗,以现代观念和方法研究杜甫,在不同层面挖掘杜甫及诗作的"写实主义"和"平民性",突破固有的"诗圣"形象,赋以"平民诗人"的身份,开启了杜甫平民化的写实潮流。

二、现实主义的凸显:新中国成立初期杜甫研究

新中国成立伊始,马列主义文论和毛泽东文艺思想成为全国文化领域的指导思想和创作原则。受苏联文艺理论的影响,现实主义创作方法被照搬到中国的文学研究中,"现实主义与人民性成了评价古典作家作品的两把尺子"②。学界以现实主义和人民性为新标准,围绕杜甫的人民性、阶级性、现实性和政治性等问题展开探讨和分析③,力图以马克思主义观点建立新杜学,杜甫研究由此迎来一个新的发展时期。

以萧涤非为代表的杜甫研究是山东大学的特长之一。抗战时期,颠沛流离的困顿生活与国破家亡的痛苦令萧涤非产生研究杜甫的念头,1947 年,萧涤非在山东大学开设杜诗课程,成为其杜甫研究的开端。④ 新中国成立后,萧涤非积极学习马列主义文艺理论和毛泽东文艺思想,并将之运用到杜甫研究中。1952 年,萧涤非在《文史哲》第 5 期发表《学习人民语言的诗人——杜甫》,文章认为杰出的诗人都学习人民的语言,承继人民语言的艺术性和优越性,杜甫作为最伟大的诗人,在这方面的表现和成就便是一个旁证。萧涤非从体裁、手法和词汇三方面说明杜甫学习人民的语言的实际情况,认为杜甫善于虚心学习民歌,有效使用民歌的体裁,成功利用民歌的烘托表现手法和通俗词汇,就此造就了杜诗的生动性与素朴性特质。该文是新中国成立后第一篇运用马克思主义观点对杜甫进行分析评价的文章,对于当时的杜甫研究起到了推动作用。

---

① 张忠纲、赵睿才:《20 世纪杜甫研究述评》,《文史哲》2001 年第 2 期。

② 张忠纲、赵睿才:《20 世纪杜甫研究述评》,《文史哲》2001 年第 2 期。

③ 参见彭燕:《杜甫研究一百年》,《杜甫研究学刊》2015 年第 3 期。

④ 参见萧涤非著,萧光乾选编:《萧涤非文选》,济南:山东大学出版社,2006 年,第 2 页。

1955年,萧涤非在《文史哲》第4～7期连载《杜甫研究》。《杜甫研究》原是萧涤非在山东大学开设“杜甫研究”课程期间撰写的讲稿,分为杜甫的时代、生活、思想、作品和影响五部分。首先,文章认为社会的巨大变动对杜甫成为一个杰出的现实主义诗人有着决定性作用,“很大的程度上提高了他对现实的认识,加深了他对统治者和侵略者的仇恨从而增强了对祖国对人民的热爱,使他的诗篇具有高度的现实主义精神和无比的鲜明而丰富的人民性”。而艰难困苦的生活是杜甫人道主义和现实主义精神的根源,亦即他的创作根源。① 其次,人道主义、热爱祖国、热爱人民、热爱劳动和“无贵”“无福”等进步思想,“以及由此形成的高尚人格,武装了杜甫,使杜甫能够同情人民疾苦,反映人民生活,敢于向丑恶的残酷的现实宣战,敢于斥责剥削者和侵略者,从而使得他的作品具有无比的鲜明的人民性和爱国精神,具有高度的政治性和现实性”。② 再次,萧涤非指出杜甫创作方法的总特征是现实主义,他的作品具有高度的人民性和艺术性,人民性的核心思想是热爱祖国、热爱人民,具有广阔性、深刻性、真挚性等三个特征。③ 最后,文章认为杜甫是一个全面发展的集大成的诗人,其创作具有高度的思想性和多样的艺术性。杜甫在思想内容和艺术创作两方面对后世影响巨大,尤其他的现实主义、人道主义和爱国主义具有重要历史意义。④

《杜甫研究》是萧涤非运用马列主义、毛泽东思想的立场、观点和方法研究杜甫及其诗歌的一部著作。它代表了新中国成立初期杜甫研究的最高成就,被公认为“新中国成立三十年来杜甫研究界的代表著作”,在学界产生了广泛影响,也奠定了萧涤非在杜甫研究领域的权威地位。同时,萧涤非为配合当时的胡适批判运动,于同年《文史哲》第9期发表《批判胡适对杜甫诗的反动观点》,虽然该文针对胡适在杜甫研究中所持的超阶级超政治、趣味主义和形式主义等观点展开批判,但也在一定程度上从侧面阐释了杜甫的现实主义、人道主义和爱国主义,间接促进了马克思主义观点在杜甫研究中的运用。此外,陆侃如、冯沅君亦在《中国文学史稿》(九)中亦对杜甫作了专节介绍,认为杜甫是唐代最伟大的诗人,其伟大主要表现在社会矛盾爆发,人民陷入水深火热时,杜甫受现实

① 萧涤非:《杜甫研究》(一),《文史哲》1955年第4期。
② 萧涤非:《杜甫研究》(二),《文史哲》1955年第5期。
③ 参见萧涤非:《杜甫研究》(三),《文史哲》1955年第6期。
④ 参见萧涤非:《杜甫研究》(四),《文史哲》1955年第7期。

启发,逐渐向人民靠拢,从而写出了“三吏”“三别”这样思想性与艺术性高度结合的作品。①

1958年,“大跃进”背景下产生的“革命的现实主义和革命的浪漫主义相结合”的“两结合”创作方法直接影响到杜甫研究。在极“左”思潮的影响下,杜甫及其诗歌被赋予浪漫主义和政治性的解释,而现实主义的艺术特征和学术价值却被忽视。杜甫研究逐渐脱离了文学研究的正常轨道,唯阶级论的研究方法使之陷入教条化、政治化的僵硬局面。② 60年代初,极“左”思潮有所收敛,杜甫研究不再局限于政治性的解读,其文学特征与艺术特色再次得到关注。1961年,杜甫被世界和平理事会确定为世界文化名人,1962年又适逢杜甫诞辰1250周年,全国各地都举办活动纪念杜甫。郭沫若在纪念杜甫诞生1250周年大会上发表开幕词《诗歌史中的双子星座》,称赞杜甫为“伟大的诗人”“爱国诗人”,“和人民打成一片”,认为李白和杜甫的结合,也就是浪漫主义和现实主义的结合。冯至也作了《纪念伟大诗人杜甫》的主题报告,对杜甫在中国文学史上的地位给予了高度评价。世界名人与纪念诞辰的效应叠加,掀起了杜甫研究的一个小高潮。学界纷纷撰写纪念文章,对杜甫及诗歌展开讨论。仅1962年,“国内报刊就发表了有关纪念杜甫的各类文章三百余篇”③。其涉及杜甫的生平、思想、信仰、交游、创作态度、诗歌主张以及杜诗的内容、风格、艺术、意境语言等各个方面,从不同的方面和角度对杜甫及其诗歌作了深入而全面的研究和评价。④ 学界由此也得出共识,认为杜甫是一位“人民诗人”,其思想虽源于儒家,但对儒家学说既有批判又有发扬,并遵循着现实主义创作原则进行创作,把现实主义推向了一个更高的阶段。⑤

在此大背景下,《文史哲》也发表了两篇纪念杜甫的专题文章。萧涤非本着对诗人“细论文”的精神,就杜甫《羌村》第二首中的“娇儿不离膝,畏我复却去”这两句的两种不同解释与吴小如、傅庚生展开商榷,围绕诗中的“少欢趣”“畏”

① 参见陆侃如、冯沅君:《中国文学史稿》(九),《文史哲》1955年第3期。
② 参见彭燕:《杜甫研究一百年》,《杜甫研究学刊》2015年第3期。
③ 祁和晖、濮禾章:《新中国成立以来杜甫研究情况述略》,《杜甫研究学刊》1988年第1期。
④ 参见郑庆笃:《杜甫研究论文综述(1950～1976年)》,《文史哲》1987年第1期。
⑤ 参见王辉斌:《杜甫研究新探》,合肥:黄山书社,2011年,第299页。

“却”“上一下四”“忆昔好追凉,故绕池边树”的理解问题与句法问题进行学理分析。① 该文虽为纪念文章,实则是一篇翔实、严谨、辩证的学术论文,对当时杜甫研究的文献整理、训诂考证起到了一定的推动作用。詹瑛则透过杜甫中年时期创作的诗篇,对杜甫中年思想的发展过程展开分析,提出杜甫的中年思想发展过程经历了曲折道路——政治理想的破灭、仕途的蹭蹬、生活的穷困屈辱,这使他的思想感情接近人民,而安史之乱所产生的民族矛盾、阶级矛盾进一步提高了杜甫的认识。②

1963 年,山东大学就历史文化思想遗产批判继承问题进行讨论,学者们在《文史哲》著文表达自己对于文化思想遗产的理解与阐释,讨论内容亦涉及杜甫的思想及其诗歌。王水照就杜诗的艺术创作特色进行讨论。文章首先对于冯文炳在杜诗中的典型问题提出异议,认为杜甫受创作环境、创作意图、诗歌体裁和手法特点制约,不能真正创作出典型环境的典型性格。其次反对吴调公的“审美特性”美学观,认为“杜诗的‘蓬勃的生气’是由诗人从时代土壤中发展起来的性格、思想、理想所‘规定’的”③。维章针对萧涤非《杜甫研究》中一些观点提出质疑和商榷,文章认为萧涤非在研究中有意无意地过度美化、抬高杜甫,混淆精华与糟粕的界限。杜甫受所处的时代特点和阶级地位的制约与影响,其整体思想未突破儒家思想的局限,这决定了杜甫不可能否定封建制度。而萧涤非只是过分强调“生活”的作用,没有正确进行马列主义的阶级分析,不能正确揭示问题本质,因而得出一些不妥当的结论。所以他指出,萧涤非在杜甫研究中应当“正确地运用历史唯物主义、阶级观点、阶级分析方法,力求做到客观、全面、历史的研究和分析,批判地继承和发展遗产”④。

1966～1971 年,学界未发表一篇关于杜甫的文章。1971 年,郭沫若的《李白与杜甫》一书出版,以扬李抑杜的观点打破沉寂,称杜甫是一个“完全站在统治阶级、地主阶级一边”的封建卫道士。⑤ 1974 年,在“评法批儒”运动浪潮下,杜甫被视作尊儒的封建诗人受到批判,杜甫研究沦为“儒法斗争”的牺牲品。受

① 参见萧涤非:《一个小问题 纪念大诗人——再谈杜诗“娇儿不离膝,畏我复却去”》,《文史哲》1962 年第 3 期。

② 参见詹瑛:《从杜甫诗文中看他中年的思想发展过程》,《文史哲》1962 年第 6 期。

③ 王水照:《关于杜甫诗歌艺术特色的一些评论》,《文史哲》1964 年第 3 期。

④ 维章:《如何正确评价杜诗——读〈杜甫研究〉的一点体会》,《文史哲》1964 年第 5 期。

⑤ 郭沫若:《李白与杜甫》,北京:人民文学出版社,1971 年,第 124 页。

当时政治环境影响,《文史哲》从 1973 年再次复刊至"文化大革命"结束,所发表文章也未曾涉及杜甫研究。整体而言,"文化大革命"时期杜甫研究陷入停滞中断,为数不多的文章也是带有强烈的政治批判色彩,内容和结论荒诞、幼稚,学术彻底沦为政治的附庸,完全丧失了学术独立性。①

综观新中国成立至"文化大革命"时期的杜甫研究,在主流意识形态话语的引导下,学界运用马克思主义理论解析杜甫及其诗歌,对其予以社会学的阐释。从总的基调来看,主要从阶级视角来谈杜甫②,"以人民性、爱国性、阶级性、政治性以及现实主义为时代特征的杜甫研究表现得尤为突出"③。50 年代前期,马克思主义的新观点、新方法为杜甫研究开创了一个新局面,杜诗的现实性得到挖掘,杜甫也被冠以"人民诗人"的称号。但由于对马克思主义的理解和掌握并不够彻底,不少文章生搬硬套一些苏联文艺理论的概念和名词术语,全然不顾我国古典文学的自身特点和规律,杜甫研究出现了一些简单化、庸俗化的倾向。④ 随着 50 年代后期至 60 年代极"左"政治思潮的发展,杜甫研究中的浪漫主义压过了现实主义,甚至被置于唯阶级论的研究视角下,陷入形而上学庸俗社会学的泥潭。

从闻一多对杜诗的"无师自通",到以萧涤非为代表的一批学者"追随惜苦辛",山东大学的杜甫研究在一代代学人的承继创新中不断寻求突破发展。综观《文史哲》50 年代的杜甫研究,其发表的文章数量仅 10 余篇,相较于整个学界的 600 多篇而言,占比较低。但其贡献却并不小,马克思主义理论观点充分地运用于杜甫研究中,取得的成果颇具开拓性。虽然受到政治运动的影响,但文章的政治意识色彩并不浓重。究其原因,一则或因山东大学本作为杜甫研究的重镇,高水平学者为文章的专业性提供了保障;二则在杜甫研究中,《文史哲》自身立足学术创刊的宗旨和原则,有着对学术性的坚守执着。新中国成立后前 30 年的杜甫研究历经风雨,在曲折中前进,以现实主义为主导的杜甫研究有成就也有失误,终究难逃学术政治化命运。随着"文化大革命"结束后思想解放的

① 参见何梅琴主编:《中国古代文学二十讲》,西安:陕西人民出版社,2008 年,第 229 页。

② 参见刘明华、田波澜:《百年歌自苦,"万代"有知音——纪念杜甫诞辰 1300 周年的对话》,张忠钢主编:《杜甫研究论集——中国杜甫研究会第六届年会论文集》,西安:西安出版社,2013 年,第 21 页。

③ 潘殊闲、张志烈:《杜甫研究百年回顾与展望》,《西华大学学报(哲学社会科学版)》2019 年第 1 期。

④ 参见郑庆笃:《杜甫研究论文综述(1950～1976 年)》,《文史哲》1987 年第 1 期。

到来,整个学术领域内研究方法、研究观念发生急剧转变,80年代以后的杜甫研究方迎来真正的春天。①

第三节　文学与思想并重:别开生面的鲁迅研究

鲁迅,作为20世纪历史发展中一个典型的文化符号,它所蕴藏的思想资源总是能满足不同的个人、群体与时代的诉求,鲁迅研究随之产生并不断增殖。20世纪的鲁迅研究大致可分为四个时期:新中国成立前、新中国十七年时期、"文化大革命"十年动乱时期和新时期。

一、新中国成立前的鲁迅研究

多数学者认为鲁迅研究的奠基期是1919年五四新文化运动开始后至1927年间。随着鲁迅小说的发表,鲁迅的创作开始引起学界的重视,并主要围绕"鲁迅生活、思想、小说、杂文及其在中国文学史上的地位等等"展开评论②。此时期的研究虽是初步的,"缺乏系统系和理论性,多数是读后感式的",但初步确立了鲁迅创作在文学史上的地位。③

鲁迅研究的初步展开时期是1927～1936年鲁迅逝世前。1933年瞿秋白发表《〈鲁迅杂感选集〉序言》,第一次运用历史唯物主义的观点"深刻分析了鲁迅的思想发展过程,并对鲁迅的革命道路第一次作出了由进化论到阶级论的基本正确的概括","将鲁迅的思想发展分成前后既有联系又有质的区别的两个阶段"。④ 他对鲁迅前后思想转变的论述成为此后研究者反复引用的经典性结论。这篇文章"标志着中国马克思主义鲁迅研究学派的开始出现"⑤。总之,在此时期,鲁迅研究进一步深入,并开启了从文学和思想两个方面研究的新路向。

1936～1949年是鲁迅研究的深入发展时期。鲁迅逝世后,"党中央、毛泽东

---

① 关于20世纪杜甫研究的历程与概况,可参阅赵睿才:《百年杜甫研究之平议与反思》,北京:人民出版社,2014年。

② 刘泰隆:《鲁迅研究七十年》(上),《广西师范大学学报(哲学社会科学版)》1989年第2期。

③ 陈金淦:《鲁迅研究六十年的一个轮廓》,《鲁迅研究的历史与现状》,南京:江苏教育出版社,1986年,第4页。

④ 易竹贤:《六十年来鲁迅研究工作评介》,《江汉论坛》1981年第3期。

⑤ 陈金淦:《鲁迅研究六十年的一个轮廓》,《鲁迅研究的历史与现状》,第5页。

和中央其他领导同志对鲁迅的高度评价,确立了鲁迅的崇高地位”[①]。1937 年 10 月 19 日,毛泽东在《论鲁迅》演说中,从政治家的视角评价道,鲁迅是“民族解放的急先锋”“党外的布尔什维克”“新中国的圣人”。[②] 随后在 1940 年出版的《新民主主义论》中,毛泽东高度评价了鲁迅在中国新民主主义文化革命中的“旗手”作用,并用三个“家”和七个“最”的语词对鲁迅的地位作出高度概括性论断。毛泽东要凸显的是具有共产主义文化思想的鲁迅,他的价值在于反帝反封建,鲁迅的方向代表的是新民主主义文化的方向。毛泽东在《新民主主义论》中的经典性论断成为后来研究者与非研究者“认识、理解和学习、研究鲁迅的一个最为完整、科学的纲领”[③],指导并推动了鲁迅研究工作。学界相继展开鲁迅研究的基本建设工作。在这一时期,研究队伍从国统区扩大到解放区,研究者结合现实斗争,自觉用马克思主义的立场、观点、方法来研究鲁迅,鲁迅研究的思想和文学两大方向进一步拓展。

新中国成立前的鲁迅研究在平稳发展中不断深化,虽然中共领袖人物对鲁迅作了肯定性评价,但在一个政治与文化尚未得到完全整合的社会里,上层的讲话、文件的指示性精神并未对所有层域的人构成压倒性的、甚至强制性的思想统合。整体来看,关于鲁迅的评价仍是多元化的,或可从中国革命发展的角度出发运用马克思主义理论予以赞扬,或可从对社会生活的感受出发对其作品进行评论甚至批评。但是这种局面随着新中国的成立而彻底改变了。

二、《文史哲》与新中国成立后的鲁迅研究

新政权的建立,意味着以毛泽东思想为指导的中国革命的历史性正确,也意味着将要开展的社会主义革命的合法性。在所有的思想文化资源都要为思想统一服务的时候,鲁迅这个“新中国的圣人”,在现代中国文化思想上已具备崇高的地位和广泛的影响力,自然继续“被”特写在新时代旗帜上。其实,新中国成立前毛泽东“发现”并“选择”鲁迅,就是“为了‘统一思想’而施行的政治策

① 陈金淦:《鲁迅研究六十年的一个轮廓》,《鲁迅研究的历史与现状》,第 6 页。
② 毛泽东:《论鲁迅》,《毛泽东文艺论集》,北京:中央文献出版社,2002 年,第 9 页。
③ 陈金淦:《中国无产阶级认识和评价鲁迅的发展过程》,《鲁迅研究的历史与现状》,第 31 页。

略”。[①] 但是新中国成立后，鲁迅的“思想遗产并不完全符合新时代意识形态的要求”[②]，这不仅在于鲁迅主张创作自由的启蒙主义文艺思想，与毛泽东文艺思想中所强调的“文学为政治服务”“站在工农兵立场上”走大众化道路的新时代文学要求格格不入，还在于鲁迅自始至终致力于批判国民性的启蒙道路已经不合新时代要求了。这就需要对鲁迅思想遗产进行选择，“再造”鲁迅形象。

在“改造”鲁迅的同时，国家直接介入到了纪念与研究鲁迅的宣传工作中，一方面通过设立纪念馆、出版相关著作等方式，用“实物”的形式将鲁迅精神固化。另一方面，将学习鲁迅融入进意识形态的理论学习中。《人民日报》多次结合现实政治需要在鲁迅逝世纪念日刊发社论。从社论中充满“战斗口号”色彩的指令式文字来看，对鲁迅的学习侧重于其思想遗产。由此，鲁迅研究进入了新中国成立后“十七年”中的大规模展开时期。

1.山东大学鲁迅研究的开拓者和奠基者——华岗

《文史哲》从1951年创刊号至1963年间，共发表了30余篇鲁迅研究的相关文章，成为新中国成立后鲁迅研究的一个重要平台。《文史哲》的鲁迅研究能有如此丰硕的研究成果，与华岗密不可分。可以说，华岗是“山东大学鲁迅研究的开创者和奠基者”[③]。1949年10月19日，在青岛市各界纪念鲁迅先生逝世13周年大会上，华岗作了题为《我们应该从鲁迅思想中学习什么》的讲话。1950年4月，华岗担任《文史哲》杂志社社长后，在对鲁迅思想遗产进行宣传学习之外，又进行鲁迅研究。华岗尤为重视鲁迅研究的原因，除了服务于当时新中国课程改革与中国现代文学课程建设外，另有一重要因素是，学习鲁迅顺应了知识分子思想改造的需要。研究鲁迅成为贯彻新意识形态中的重要部分。

从1951年到1952年间，华岗在《文史哲》连续发表了5篇研究鲁迅的论文，分别是《鲁迅思想的逻辑发展》《鲁迅论中国历史》《鲁迅论科学》《鲁迅论文艺》《鲁迅论妇女问题》。1953年，这5篇论文结集为《鲁迅思想逻辑发展》一书，由新文艺出版社出版。这本书“是全国解放后较早运用辩证唯物主义全面系统

---

① 田刚:《毛泽东与鲁迅:“文艺与政治的歧途”》,《文史哲》2012年第2期。

② 李新宇:《1949:进入新时代的鲁迅——“鲁迅与当代中国”研究之一》,《齐鲁学刊》2007年第3期。

③ 解洪祥:《山东大学的鲁迅研究》,郑春、孔令顺编选:《山东大学文学与新闻传播学院校庆110周年纪念文集》,第312页。

地阐述鲁迅思想的专著”,当时与“平心的《人民文豪鲁迅》等,成为较早的一批鲁迅研究有分量有开创意义的学术专著”。① 该书分为两部分内容:一部分是总论,即《鲁迅思想的逻辑发展》;另一部分是分论,即对鲁迅思想的历史观点、科学观点、文艺观点以及鲁迅对于妇女问题的意见这几个主要方面分别进行分析。总论和分论间互有联系,构成华岗鲁迅思想研究的有机统一体。

此处重点分析华岗对鲁迅思想发展过程的研究。关于鲁迅思想发展的过程,当时大部分学者所接受的是瞿秋白在《〈鲁迅杂感选集〉序言》中的论断,但是研究界也存在不同认识。为此,华岗撰写了《鲁迅思想的逻辑发展》一文。华岗首先强调要用一种历史主义的态度去评判鲁迅。然后他分析了鲁迅思想产生的社会基础和历史背景,并以新民主主义革命中的重大革命事件为主线,论述了鲁迅进行文化革命的战斗历程。接着华岗阐释了鲁迅思想发展本身的逻辑性质,这是本文论述的主要内容。华岗对鲁迅前期思想中的进化论,虽也采用了瞿秋白在《鲁迅杂感集序言》中的论断,但是有他独到的见解:其一,“鲁迅的进化论宇宙观和他的战斗现实主义相结合,就作了他后来发展到无产阶级宇宙观的桥梁”。其二,华岗指出鲁迅的进化论基于社会现实中,有“发展观点”,“承认人类具有能动的作用”。华岗阐明了鲁迅进化论的特点后,接着分析鲁迅怎么样由进化论跃向阶级论:“与其说是受了学说诱导,不如说是出发于深刻的现实观察和实践体认。”另一个引起质的变化的因素是马克思主义理论的学习。由此华岗认为,“由阶级论跃向阶级论,由批判的现实主义跃进到无产阶级现实主义,由小资产阶级革命作家发展成为无产阶级解放事业的伟大战士和中国文化革命的主将,这就是鲁迅思想发展路程中的生动逻辑”。最后华岗得出结论:“鲁迅思想具有极其深厚的社会实践基础,同时又含有他自己的韧性奋斗及自我教育和自我改造的过程,所以鲁迅思想是合乎逻辑的辩证发展。”②

华岗在鲁迅研究中,在充分运用马克思主义方法的基础上,多次引证毛泽东在《新民主主义论》等中对鲁迅的评价,将鲁迅的整个革命历程与思想发展结合起来考察。华岗对于鲁迅思想发展的研究,尤其是对鲁迅前期思想进化论思想中发展观点的肯定,具有重要的学术影响。华岗为《文史哲》在创刊初期的鲁迅研究奠定了基础,它反映了“山东大学鲁迅研究历史发展的第一个阶段”,“也

---

① 高旭东:《华岗与鲁迅研究》,青岛市政协编:《华岗纪念文集》,第131页。

② 华岗:《鲁迅思想的逻辑发展》,《文史哲》1951年第1期。

是最早和最充分地形成和显示了山东大学鲁迅研究的鲜明的特色和传统”，即“重整体把握，重理论深度”①，尤以鲁迅思想研究为重点。

2.系统研究鲁迅的专著——《鲁迅研究》

华岗在自己身体力行研究鲁迅之外，还组织中文系教师从事鲁迅研究，山东大学的鲁迅研究随之发展到第二阶段。在这一时期，更加注重对鲁迅文学贡献的研究。“1952 年，华岗校长提出在山大中文系开设‘鲁迅研究’课，并成立了一个备课小组，在华岗校长的具体指导下，由中文系教师刘泮溪、孙昌熙、韩长经三人组成。”②华岗指导他们“以马列主义观点方法，尤其以毛泽东同志研究鲁迅的方法以及对鲁迅的崇高评价作为准则，在充分肯定鲁迅的革命贡献的同时”，探索鲁迅文艺思想的形成和发展，“用科学的比较方法，研究鲁迅小说、杂文、散文等创作特色以及鲁迅在中国现代文学史上的地位和贡献。还将鲁迅在批判继承优良传统和借鉴外国的辉煌成就以及鲁迅从实践中总结出来的研治古代作家作品的理论贡献等等都作为课程内容”。③ 1953 年，“鲁迅研究”专题课正式开课，华岗亲临讲坛讲授了一部分，“这是全国高等学校中首创的‘鲁迅研究’课程”④。在讲授课程的过程中，刘、孙、韩三人将教学与科研统一起来，把讲稿当作研究论文来写。“为了求正于海内鲁迅研究专家”⑤，以及“看学术界反应如何”⑥，讲稿经由华岗亲自修改后，陆续发表在 1953～1954 年的《文史哲》上，共 8 篇文章，后结集成册为《鲁迅研究》，1957 年由作家出版社出版。这是解放后系统研究鲁迅较早的专著之一。“较之《鲁迅思想的逻辑发展》，这本后出的《鲁迅研究》就显得更全面系统，带有‘鲁迅学’的性质。”⑦它“在海内外都产生了巨大影响，不仅引起国内现代文学研究领域和鲁迅研究领域的重视，而且一

---

① 解洪祥:《山东大学的鲁迅研究》，郑春、孔令顺编选:《山东大学文学与新闻传播学院校庆 110 周年纪念文集》，第 312 页。

② 高旭东:《华岗与鲁迅研究》，青岛市政协编:《华岗纪念文集》，第 135 页。

③ 孙昌熙:《孙昌熙自述》，高得增、丁东编:《世纪学人自述》第 5 卷，北京:北京十月文艺出版社，2000 年，第 43 页。

④ 高旭东:《华岗与鲁迅研究》，青岛市政协编:《华岗纪念文集》，第 135 页。

⑤ 孙昌熙:《孙昌熙自述》，高得增、丁东编:《世纪学人自述》第 5 卷，第 43 页。

⑥ 郭同文:《华岗与山大中文系的“鲁迅研究”》，郑春、孔令顺编选:《山东大学文学与新闻传播学院校庆 110 周年纪念文集》，第 371 页。

⑦ 高旭东:《华岗与鲁迅研究》，青岛市政协编:《华岗纪念文集》，第 135 页。

些高校以此书为教材相继开设'鲁迅研究'。香港博文书局将《鲁迅研究》翻印行销,前苏联、捷克鲁迅研究专家对此书也给予了高度评价,使他们都成为我国当代鲁迅研究的著名专家"①。

刘泮溪、孙昌熙和韩长经三人在华岗的指导下,以"鲁迅研究"课程为中心,形成了对鲁迅生平、思想和创作等各方面的系统考察,但是也难免具有时代的局限。在他们的研究中,我们仍可窥见一些问题,这些问题或可代表当时思想界在鲁迅研究上的普遍问题。

第一,将对鲁迅作品的研究与新中国成立初期的思想改造联系起来。人们沿着瞿秋白、毛泽东以及华岗分析鲁迅思想发展历程的道路发现,鲁迅前后期由个人主义到集体主义、由进化论到阶级论的思想变化本身就意味着他已经完成了思想改造。而学习鲁迅,了解鲁迅思想发展的过程,就是要学习鲁迅思想的发展"通过了怎样苦痛的自我批判的过程"以及他怎样放下前期思想这个包袱。② 因为从"敢于用新的思想来征服自己的旧的思想"方面来说,"鲁迅可以做一切在自我改造的过程中的知识分子的模范"。③ 鲁迅自我改造的精神不仅体现在他个人的思想发展中,而且他的作品本身就包含了思想改造所需要的战斗精神。比如孙昌熙在分析鲁迅小说的新意义时认为,鲁迅小说作品所鞭挞的封建旧思想、劣根性"在今天无疑地仍然是残留着的","继续思想改造,剔除恶劣性格,在今天还是必须大张旗鼓来进行的。因而我们特别应该继承和发扬鲁迅的这种战斗精神"。④

第二,毛泽东对鲁迅的评价及方法,成为鲁迅研究的典范与准绳,它既是考察鲁迅文艺思想的前提,也是结论。韩长经在分析鲁迅走向社会主义现实主义的条件时,就谈道:"后期的鲁迅(约 1927 年以后),是完全以一个非党的布尔什维克的姿态,真正代表着无产阶级文艺向一切反动文化斗争到底的。这在毛主席给鲁迅的崇高、光荣的评价里面,我们可以看得很清楚。"很明显,这里对鲁迅"非党的布尔什维克的姿态"正是毛泽东在《论鲁迅》中所作的"党外的布尔什维克"的评价。与此类似的还有孙昌熙在《鲁迅小说的特色》中的分析,他认为鲁

① 高旭东:《华岗与鲁迅研究》,青岛市政协编:《华岗纪念文集》,第 135 页。
② 参见茅盾:《学习鲁迅与自我改造》,《人民日报》1949 年 10 月 19 日。
③ 胡绳:《我们要向鲁迅学习什么?》,《人民日报》1951 年 10 月 20 日。
④ 孙昌熙:《鲁迅小说的特色》,《文史哲》1953 年第 6 期。

迅小说中“对封建农村阶级对立的关系,剥削与被剥削的关系”的艺术表现,其创作目的和创作方法正符合毛泽东的《在延安文艺座谈会上的讲话》中对“革命的文艺”的创作方向。他分析道:“为什么鲁迅能表现得这样深刻而尖锐呢?就是因为他能站稳人民革命的立场,热爱人民。”[①]这又契合了毛泽东对革命文艺工作者所提出的,为将“革命工作”和“人民群众”相结合而提出的“立场问题”的要求,也就是应该“站在无产阶级和人民大众的立场”上。[②] 还需要提及的是,毛泽东对鲁迅的评价,也是决定鲁迅专题研究方向的关键。在孙昌熙的《鲁迅整理中国文学遗产的成绩》、刘泮溪的《鲁迅介绍世界文艺的战绩》等文章中,都涉及鲁迅与文学遗产的问题,而如何继承文学遗产是毛泽东在《在延安文艺座谈会上的讲话》中明确指示过的。

三、“左”倾思潮影响下《文史哲》对鲁迅的解读

在华岗的主持下,山大的鲁迅研究取得了巨大成就,这些成就都通过《文史哲》这个平台体现出来。但是随着1955年“反胡风”、1957年“反右派”、1960年以后“反修正主义”等政治运动的开展,一批鲁迅研究专家及成果相继遭到批判,鲁迅研究受到了极“左”思潮的干扰。这在《文史哲》的鲁迅研究中体现得尤为明显。

1955年,华岗因“胡风反革命集团”案牵连被冤枉入狱,他的《鲁迅思想的逻辑发展》自然免不了遭到厄运。1956年,刘泮溪、孙昌熙、韩长经三人合著发表《批判华岗的“鲁迅思想的逻辑发展”》一文,认为华岗在这本书里,“除了夸大鲁迅、巧妙地歪曲鲁迅来散布资产阶级思想毒素之外,还严重地危害了党的统治战线政策”。华岗否定鲁迅思想发展的规律性,把鲁迅的主观精神放在决定一切的地位,“而对于阶级斗争的影响,党与马克思主义的教育,则轻描淡写”。文章否定了华岗对鲁迅关于文艺、文学遗产方面的研究。[③] 1957年,在“反右派斗争”中,冯雪峰的政治和学术思想也一并受到批判。1958年,韩长经发表《批判冯雪峰的关于鲁迅与俄罗斯苏维埃文学的谬论》,认为“冯雪峰的文艺思想和胡风的文艺思想基本上是一致的”,“他们的思想都是反马克思主义的”。[④]

---

① 孙昌熙:《鲁迅小说的特色》,《文史哲》1953年第6期。

② 毛泽东:《在延安文艺座谈会上的讲话》,中共中央文献研究生编:《毛泽东文艺论集》,北京:中央文献出版社,2002年,第49页。

③ 刘泮溪、孙昌熙、韩长经:《批判华岗的“鲁迅的逻辑发展”》,《文史哲》1956年第4期。

④ 韩长经:《批判冯雪峰的关于鲁迅与俄罗斯苏维埃文学的谬论》,《文史哲》1958年第4期。

上述对鲁迅研究的批判用语大同小异,都不理会研究者到底正确与否,反而"上纲上线"。这实质上是对鲁迅及鲁迅思想地位的再一次确认。鲁迅即使再"伟大",他的见解也不能当作"我们党当前实践的指南针",在新中国,"指导我们思想的是马克思主义",任何个人奋斗都不能代替社会主义革命。[①] 对鲁迅作品的研究,凡是"没有强调政治斗争对文学发展的决定性作用"的,就是对鲁迅的歪曲。因为鲁迅在文化革命上的贡献,不可能超过党和人民,因此按自己的主观标准和需要"把鲁迅描写成一个脱离人民,高不可攀,甚至站在党之上的头上带有光环的圣象",就是对鲁迅作品的错误的评价。[②] 这里对"夸大"鲁迅的批判,与80年代对鲁迅研究的反思完全是两码事。50年代的鲁迅研究,存在的"客观真实"是,革命发展对鲁迅创作的影响、政治斗争对文学的决定性作用。这是研究中必须要突出的东西,假如离开了这些问题去谈鲁迅,那就被视为凭"主观愿望"对鲁迅夸大、歪曲了。

对整个研究界而言,50年代中期以后,鲁迅逐渐被"异化"为现实社会政治斗争的实用工具,鲁迅研究出现了教条主义和庸俗社会学的错误倾向。"思想研究方面,在强调思想发展阶段性的同时,忽视了一贯性,夸大了进化论和改造国民性的局限性,对鲁迅前期思想不同程度地有所贬低。作品研究方面,出现猜谜式的'索隐'法,生搬硬套革命领袖的政治结论,把人物形象的阶级分析简单化、庸俗化,把鲁迅作品研究为政治服务理解为政策图解,混淆了政治革命与思想革命、主观意图与客观效果、现实意义与历史意义的局限。"[③]此外,诸如人道主义、改造国民性等成为鲁迅研究的"禁区"。

与此相呼应,50年代末期和60年代前期,《文史哲》中鲁迅研究的简单化趋势愈发显著。为配合现实中的阶级斗争,鲁迅后期与资产阶级文艺思想斗争的经验被突出。刘质灵的《鲁迅和资产阶级文艺思想斗争的现实意义》[④]、刘泮溪与韩长经的《鲁迅思想中的阶级和阶级斗争观点》[⑤]正是这种"左"倾思潮在学术上的反映。鲁迅"研究"在很大程度上变成了鲁迅"评价"。这种"评价"又往往

---

① 刘泮溪、孙昌熙、韩长经:《批判华岗的"鲁迅的逻辑发展"》,《文史哲》1956年第4期。

② 刘泮溪、孙昌熙、韩长经:《批判〈鲁迅研究〉中的资产阶级学术思想——〈鲁迅研究〉初步自我批判》,《文史哲》1958年第12期。

③ 陈金淦:《鲁迅研究六十年的一个轮廓》,《鲁迅研究的历史与现状》,第11～12页。

④ 刘质灵:《鲁迅和资产阶级文艺思想斗争的现实意义》,《文史哲》1958年第9期。

⑤ 刘泮溪、韩长经:《鲁迅思想中的阶级和阶级斗争观点》,《文史哲》1963年第5期。

脱离鲁迅作品本身,完全以毛泽东对鲁迅的评价为纲。孙昌熙指出,毛泽东"研究鲁迅运用科学的标准、态度和方法的结果","给我们开辟了研究鲁迅的广阔道路,树立了典范","主席研究鲁迅的方法,同时也是研究一切英雄人物的方法"。① 但是必须指出,在鲁迅研究逐渐陷入教条化和形而上学的泥淖时,《文史哲》依旧力图保持鲁迅研究的学术性,进一步扩大鲁迅研究范围,并向纵深发展。如朱彤就鲁迅在日留学时期的思想,刘泮溪、陈鸣树就鲁迅文艺思想,胡冰就鲁迅日记的艺术价值等方面进行了探讨。

50年代《文史哲》上的鲁迅研究,与整个学术界的研究同步,体现了新中国社会主义建设时期的时代特色。将鲁迅置于新民主主义革命的框架下,突出鲁迅反帝反封建的政治意义,强调鲁迅从"旧民主主义中的彻底的民主主义者"到"新民主主义革命中的共产主义者"转变的意义。将政治标准放在首位,鲁迅首先应该是个革命家、战斗者,然后才能为文学家、作家,鲁迅的文学代表了社会主义文学的发展方向。沿着"革命性"方向出发,学界虽然提出了一些新的见解,但是并未从文学本身出发展开正常的讨论和争鸣。甚至"'鲁迅学'成为一种单纯的'学鲁迅'的政治运动","只能表达对最高权威关于鲁迅思想性格的评价的体会"。② 但是在这种以毛泽东评价为核心的体系下,鲁迅研究的确也取得了巨大的成绩。而《文史哲》上的鲁迅研究,主要反映了山东大学学者的系统研究成果,并且在华岗的开拓与领导下,形成了文学与思想并重的研究特色。随着极"左"思潮的蔓延,鲁迅研究中的教条主义、实用主义和庸俗社会学倾向不断恶化,到十年动乱时期发展到了登峰造极的地步,直到新时期思想解放后,鲁迅研究才重新步入科学的轨道。

---

① 孙昌熙:《学习毛泽东怎样评价鲁迅》,《文史哲》1961年第2期。

② 张福贵:《从"学鲁迅"到"鲁迅学":鲁迅研究的思想意义与学术理性》,《远离鲁迅让我们变得平庸》,合肥:安徽大学出版社,2013年,第217页。

结语　从《文史哲》透视共和国学术的早期发展

新中国成立初期《文史哲》杂志上展开的人文学术研究和讨论，可以说是此一时期民国学术向共和国学术过渡转型的一个缩影。总体而言，共和国学术是对民国学术的一种全面反拨和改造，不但颠覆了民国学术的主流价值观念和理论，而且严厉批判了其具体研究的技术方法。共和国学术是一个全新的学术范式和学术形态，使研究者置身于全然不同的学术世界，开辟了一个新的“学术天地”。将共和国学术取代民国学术视为学术史上的一场革命，毫不为过。这一学术革命与社会政治经济上的革命构成一个连环。1949 年后，政权交替虽已完成，但革命并未终结，而是向社会、文化层面继续延伸，向全国全民蔓延，最终走向空前绝后的“灵魂深处闹革命”。学术成为构筑革命大厦的一块基石。处在这一时代语境下的学术，革命化、政治化倾向难以避免。

概括言之，早期共和国学术呈现如下特点：

第一，学术研究与政治运动的结合过于紧密。

在 20 世纪五六十年代的中国，政治运动成为“改变世界”的一种有力手段。据官方公布的统计，从 1949 年到 1976 年，仅全国性的政治运动就有 70 多次，年均超过 2.5 次，而地方性的运动要超过这个数字 10 倍。[①] 新中国几乎是在接二连三、各种各样、大大小小的政治运动中走过了前 30 年的风雨历程。

举国上下、方方面面都洋溢着一种“改变世界”的“革命”热情，一种建设新社会、创造新生活的使命感与责任感。中国共产党人取得了新民主主义的胜利，客观世界已经完成一种翻天覆地的改造。然而，旧意识形态因素依然存在。胡适实验主义思想仍驻留在一大部分知识分子群体的头脑中。为与新意识形

① 参见[美]理查德·马德：《毛泽东时代的中国群众动员》，萧延中主编：《外国学者评毛泽东》第 4 卷《“传说”的传说》，北京：中国工人出版社，1997 年，第 101 页。

态相适应,主观世界必然要进行一番自我教育与自我改造,这是从旧社会走来的人所必经的一次“自我革命”。否则,就会沦为新社会的“落后者”、人民的“敌人”。顾颉刚就清醒地认识到:“特我辈自旧社会来,不能无旧社会之习气,非施改革则步伐不齐,是以不惜用严厉之手段以为教育。”①共和国学术需要的是完全以马克思主义为指导思想的新知识分子。

知识分子在历次政治运动中,经历了从政治上接受新政权,到思想上接受新的国家意识形态,再到学术上接受马列主义方法指导的灵魂再造过程。1954 年,批判俞平伯《红楼梦》运动发展为全国性胡适思想大批判,意味着新意识形态话语已占领学术领域高地。社会科学领域彻底清算了以胡适实验主义为中心的民国考据学传统。至 1957 年“反右派斗争”,已经尝试运用马克思主义方法的旧学人,终以“反马克思主义”的罪名被划为“右派”,旧学术被彻底击溃。由此,政治运动成为学术转型的主要推手,学术研究也处于政治力量的强力控制之下。

第二,阶级话语的流行及泛化。

毛泽东在 1949 年 8 月 14 日《丢掉幻想,准备斗争》中说:“一些阶级胜利了,一些阶级消灭了。这就是历史,这就是几千年的文明史。拿这个观点解释历史的就叫做历史的唯物主义,站在这个观点的反面的是历史的唯心主义。”②阶级斗争观点由此凸显,成为历史唯物主义的核心。新中国成立前后,“中国共产党发起了对包括社会发展史理论在内的马列主义理论的学习运动,以历史事实来证明中国革命的胜利符合中国适合发展规律和历史潮流”③。通过社会发展史、经典作家著作及毛泽东理论著作的学习,知识分子接受了辩证唯物论和历史唯物论的若干基本观点,其中除劳动观点、群众观点外,关键的还有阶级观点,即“人类文明史是阶级斗争的发展”,“阶级斗争是阶级社会历史发展的动力”,“人民群众是历史的创造者”等观念。

阶级观点要求学者站在无产阶级立场上,运用阶级分析法解释历史现象,发现历史规律,以达到科学性和革命性的统一。这无疑是对民国历史观念的一

① 陈峰:《顾颉刚:跟随马克思主义者的足迹前进》,《光明日报》2021 年 3 月 15 日。

② 《毛泽东选集》第 4 卷,北京:人民出版社,1991 年,第 1491 页。

③ 王寿林:《新政权的思想塑造:新中国成立前后的学习社会发展史运动》,《中共党史研究》2009 年第 10 期。

次革命。阶级观点成为人文学术领域用来论述中国革命道路合法性的有力工具,直接塑造了"革命化叙事"。共和国学术由此呈现出一种特定的学术研究取向。在史学领域,劳动人民生产的历史和阶级斗争的历史成为核心研究内容。文艺创作中则以为工农兵服务为宗旨,"民族的、阶级的斗争与劳动生产"成为文艺作品中压倒一切的主题。"五朵金花"的专题研究,尤其是农民战争史研究以及社会主义现实文学的创作及研究强化了学人对阶级观点的认识与运用。这在一定程度上推动了早期共和国学术的发展,为日后马克思主义社会科学研究的进一步发展奠定了基础。

但随着现实中"阶级斗争"的急转直上,阶级观点在学术研究中出现简单化、绝对化、公式化的倾向。"历史学只能讲阶级斗争,不能讲阶级社会是不同阶级的对立统一;只能讲农民战争对历史的推动作用,不能讲封建统治阶级也往往采取调节矛盾的措施。""文学批评只能强调作品的政治性,不能强调作品的艺术性;只能讲典型的阶级性,不能讲典型的个性……只许写理想,不许写真实。"①这实际是把被剥削阶级和剥削阶级之间的矛盾和斗争绝对化。在学术因实用主义目的而被过度"工具化"时,始终有一批学人坚守学术求真之旨。然而,无论是"历史主义"对"阶级观点"的反驳,还是文学创作中重归现实主义的努力,最终仍被淹没于强大的阶级斗争叙事中。

第三,学术一元化局面的确立。

思想文化的变迁,受制于政治生态。民国时期分裂的政治格局与多元化的政治取向,催生了自由多元的学术格局。儒学意识形态被摧毁,中西文化交汇,欧洲实证主义、美国实验主义、马克思主义等外来思想理论的传播,形塑了多样的学术样态与研究群体。知识分子可以选择遁离社会现实,以"求真"为上,追求"为学术而学术"的"无用之用";亦可以"致用"为先,或为启蒙开智,或救民族于危亡。总之,学术在"左""右"两派政治力量间有着广阔的驰骋空间。

新中国成立以后,马克思主义学者由边缘走向中心,在科研机构、高校机关及学术期刊等占据支配地位,掌握和控制了学术建制的主导权。从指导思想、研究方法,到学术机构、学科建制等方方面面都实现了一元化。在一元化体制下,与新民主主义革命以及社会主义建设相关的专题研究确得到了最大

① 黎澍:《中国社会科学三十年》,《历史研究》1979 年第 11 期。

限度的发展。

共和国学术与政治运动的密切结合,阶级观点的盛行,学术一元化局面的出现,这昭示了共和国学术的泛政治化特点。必须要说明的是,这种学术模式并非自始至终覆盖了学术的方方面面,在新中国成立后的前几年里,民国学术的影子仍若隐若现。譬如,郑鹤声发表在《文史哲》创刊号的《天王洪秀全状貌考》仍未摆脱考据方法,完全是旧传统的延续。再如,陈垣虽然在会议及报纸文章中“强调唯物史观的正确及其对历史研究的指导意义,但他本人的学术探讨,从主题到方法都与早年的治学理路大体一致”,他的学术研究与当时史学界“五朵金花”等热点问题也无关。① 此类旧学术的残余,随着政治运动愈演愈烈而不断被驱逐清洗,至“文化大革命”时期消失殆尽。

共和国学术的积极意义不容低估,它对民国学术的批判反思有其巨大合理性。民国学术尽管成就辉煌,但其内在缺陷也不容掩饰。第一,民国学术主张“为真理而真理”的求真理念,崇尚“无用之用”,固然是学术独立自由的应有之义,但走到极端即切断了与现实生活的联系,特别是在民族危亡的紧急关头,难以应对“书生何以报国”的诘问。第二,在学术与政治的关系上,民国学术采取对政治敬而远之、漠不关心的态度,而忽视了现实政治也可能为学术研究提供问题意识,从而推进学术的发展。当然,前提是学术要保持相对独立,单纯地将学术与政治隔离的做法并非上策。第三,在中西关系问题上,民国学术的主流取向是西化。片面西化造成了民族传统的危机。应当有新的方案来平衡和矫正西化造成的偏颇,“马克思主义中国化”即是有价值的探索之一。第四,民国学术具有科学实证倾向,考据之学大行其道,以致形成“非考据不足以言学术”的风气。民国时期最高人文学术研究机构中央研究院历史语言研究所即是典型代表。民国学术诸大师多以考据见长,对理论研究不屑一顾。但学问之道应是考据与义理并重,不宜有所偏废。第五,在宏观研究与微观研究的关系的问题上,民国学术也处置失当。专题研究、微观研究固然是学术发展的基础和起点,但宏观研究也不能忽视。能否处理学术上、理论上的大问题是衡量学术水准的一个尺度。将宏观研究等同于主观臆造、空洞无物是不恰当的。所以,共和国学术对民国学术的批评并非完全是无的放矢,相反,在某种程度上击中了

---

① 乔治忠、钟学艳:《坚守求真理念　致力于新中国史学整体建设——陈垣 1949 年之后的史学建树》,《学习与探索》2011 年第 2 期。

其要害。

由上可见,共和国学术取代民国学术成为主流是有其学理依据的。可惜的是,共和国学术不是在继承民国学术的基础上推陈出新、更上一层,而是以批判否定民国学术为前提的。它缺乏一种理性客观的态度,而逐渐被一种燃烧的激情所左右,最终导致学术研究沦为政治运动的附庸。“文化大革命”十年使成长中的共和国学术遭遇了一场空前的危机甚至是劫难。“文化大革命”结束后随着社会的转向,共和国学术也绝处逢生,开始反思过往的失误,逐渐回归健康的轨道。随着国门的渐次打开,外来的冲击为思想学术的变革提供了新的挑战和机遇,共和国学术的第二次转型又要开启了。

在共和国学术酝酿着一场规模更大、影响更为深远的变革之际,与时代共脉动、勇立学术潮头的老牌刊物《文史哲》也厉兵秣马,整装待发,准备以更有力的步伐,开辟新的局面,谱写新的篇章。

中编

枯木逢春：《文史哲》与中国古典学术的复兴

引言　《文史哲》"古典学术风格"的形成

中华人民共和国的成立，为思想界和学术界带来了改天换日的巨大变化。马克思主义理论成为指导思想，无论汉学、宋学，还是乾嘉学派、民国学术，这些古典学术的旧有范式统统被打破，而马克思主义理论视野下新古典学术的建设，也绝非一朝一夕所能实现。于是，在新旧交接的一段时期内，古典学术研究不可避免地陷入落寞沉寂之中。在这样的背景下，1951 年《文史哲》杂志创刊，可以说是为新中国古典学术研究开辟了第一块实验田。此后的 70 年中，虽然办刊思路上也曾有过极其短暂的起伏，但总的来说，古典学风格是《文史哲》一以贯之的特点，是新中国的古典学术研究成就了《文史哲》杂志，同时，《文史哲》杂志也见证、参与、推动了新中国 70 年古典学术研究的发展。龙协涛先生曾说："研究中国社会的政治改革和发展史，不能不研究中国的思想文化史；研究中国的思想文化史，不能不研究中国的学术期刊史；研究中国的学术期刊史，不能不研究《文史哲》的创办与发展的历史。"①

回顾 70 年人文学术研究，《文史哲》杂志主编王学典先生将其归纳为三次范式大转型：一是 1949 年之后从民国学术到共和国学术的丕变，在这一时期，马克思主义确立了作为指导思想的地位，唯物史观深刻影响了人文与社会科学的研究范式；二是 1978 年之后，伴随改革开放的时代步伐，人文社会科学经历了从"以阶级论为纲"到"以现代化为纲"的范式变迁；三是近年来人文社会科学从"以西方化为纲"向"以中国化为纲"的方向性转变。② 三次范式变迁，从研究视野到研究方式，深刻影响乃至塑型了新中国的古典学术研究。《文史哲》以其对主流学术的敏锐观察和主动参与，使其具备了为 70 年学术气候变迁提供标

---

① 龙协涛：《我看〈文史哲〉的成功和品牌》，《文史哲》2011 年第 6 期。

② 参见王学典：《学术上的巨大转型：人文社会科学 40 年回顾》，《中华读书报》2019 年 1 月 2 日。

本的资格。

纵览《文史哲》杂志创刊以来所载论文,新中国古典学术研究在三次范式转型中所留下的脚印历历在目,鲜明地体现了第一次转型中唯物史观和马克思主义社会发展理论与新中国古典学术研究的结合、第二次转型中反传统思潮在古典学术中留下的印迹以及第三次转型中对儒学价值的重估。对于三次转型所大致区分的古典人文学术之三阶段,不能简单看作后一个对前一个的完全排斥与否定,毋宁说是后来之学术总是或隐或显地继承了前有学术的问题意识以及部分研究成果。正是前一阶段对于后一阶段的学术研究有着或明或暗的影响——有时甚至构成底色,因此,回顾和总结古典学术三阶段的特点,对于理解今天学术命题、研究方法之所以如此选择,就显得尤其重要,以学术史为鉴,映照出今日思想学术的来时之路,方能更明晰地看到未来。

《文史哲》与第一次学术转型相因应的典型古典学术案例是“五朵金花”的讨论,关于这方面,本书上编已有陈峰先生深入的专门剖析;与第三次学术转型所因应的古典学术研究动态,则主要体现于近十多年来《文史哲》杂志“重估儒学价值”“世界文明对话”等栏目,以及“儒学与自由主义对话”等系列高端论坛讨论中,关于这方面,本书下编也有邹晓东先生全面的概括和阐发。因此,本编只重点分析和介绍第一次转型时期《文史哲》杂志新古典学术风格形成的相关条件和表现以及第二次转型时期《文史哲》对于重大学术思想问题的讨论,至于第三次学术转型时期以儒学为代表的古典学术研究,则不再介绍。

现代意义上的古典学术研究,在初始阶段居于中心位置的问题意识,可以归纳为“如何认识传统”“如何认识我们的历史”,这一问题意识落实到学术现实中,其典型代表便是五四时期由胡适倡议的“整理国故”运动,而以顾颉刚为代表的古史辨派则是这一运动中最受人瞩目、最有影响力的学术派别,同时也代表了民国时期古典学术研究的主流方向。新中国成立之后的1949～1958年近10年间,虽然以古史辨派为主力的考订派失势退出中心,但只要“如何认识传统”“如何认识我们的历史”的问题仍然存在,古典学术研究便不会消失。新时期不仅在史学研究方面,史观派全面占据了整个史坛,在人文学科其他领域,马克思主义也已确立了其作为指导思想的地位,唯物史观深刻影响了全部人文研究,古典学术研究也因此而发生巨变。

学术期刊是人文学术研究的重要载体和交流平台,往往对学术研究有着举足轻重的引导作用。学术期刊对于学术的引导作用,在民国时期体现得最为明显。如《国学季刊》《燕京学报》《清华学报》《中央研究院历史语言研究所集刊》《食货》《禹贡》等学术期刊都对民国学术潮流发生过重大影响,《古史辨》连续编撰七辑,实际上也与学术期刊性质相近。与新中国学术期刊往往以学科及专业领域确立办刊主旨和划分刊物内容不同,某一特定的民国学术期刊,往往有自己具体且鲜明的学术主张或学术旨趣,因此,一份民国学术期刊的名称,往往成为一个学派的名称,如食货派、古史辨派等。正是学术期刊对于学术研究的这种引导作用,使民国学术史的叙述中,总是或多或少地隐藏着一条民国学术期刊史的暗线。

对于新中国人文学术古典学术研究来说,《文史哲》的创刊可以视为一个具有标志性意义的事件。20 世纪 50 年代,以古史辨派为主力的考订派已失势并退出中心①,旧有的古典学术研究似乎到了奄奄一息,甚至一度山穷水尽的境地。处在这一民国学术向共和国学术转换的历史时刻,《文史哲》杂志的创刊者们敏锐地觉察到新时期学术所将要发生的翻天覆地的变化,他们要为新时期学术打造一块研究园地,而延续民国时期的方式,以学术期刊作为新时期学术研究的载体和交流平台,是在当时条件下最有可能作出的选择。1951 年《文史哲》杂志创刊,以马克思主义为指导,理论与考据相结合的新古典学术就此诞生。

20 世纪 50 年代,山东大学由华岗校长确立的"文史见长"的办校特色,为《文史哲》的创办提供了一个有着浓郁古典学术氛围的办刊环境。在当时的山东大学,汇聚了一批文史名家,而这批文史名家正是《文史哲》杂志得以创刊的基础。人员构成方面,从担任主编的杨向奎,到担任编辑的陆侃如、冯沅君、高亨、萧涤非、杨向奎、童书业、王仲荦、张维华、黄云眉、郑鹤声、赵俪生等先生,无一不是古典研究赫赫有名的学术大家,并且创刊之初杂志所延揽的著名学者也大都以古典学研究为专长,如吕振羽、顾颉刚、周谷城、杨宽、罗尔纲、黄药眠、陈登原、杨超、陈子展、齐思和、严北溟、周汝昌、程千帆、日知(林志纯)、阴法鲁、任继愈、季羡林、何兹全、孙作云等自不必说,即如翻译《资本论》的著名经济学家王亚南先生——我国经济史学研究的开拓者,以《中国地主经济封建制度论纲》《中国官僚政治研究》等专著名世,其重要的学术建树之一也是在于对中国古代

① 参见王学典:《近五十年的中国历史学》,《历史研究》2004 年第 1 期。

社会经济形态的分析。

在以马克思主义改造古典学术的具体举措方面，山东大学除了创办《文史哲》杂志这一实验田之外，还设计了别具特色的文史两系的学科建设。文史两系的学科规划，不仅为山东大学赢得了“文史见长”的学校风貌，还对《文史哲》新古典学术风格的形成有着直接的甚至决定性的影响和推动。

1952 年，院系调整后的山东大学已成为以文、理为主的综合性大学。是年 11 月，华岗校长会同童第周、陆侃如两位副校长提出：要把山大办成有自己重点、有自己个性的学校，要打造自己的特色。他们一致认为中文、历史两系师资阵容齐整，水平较高，教学和科研都已打开局面，并取得了重大成绩，可以作为学校倾斜的重点。那么，具体如何发展中文与历史两个学科？这便与《文史哲》杂志的发展密切联系到了一起。

在中文专业方面，山东大学主要是抓中国古代文学史的建设，而从 1954 年 7 月起，《文史哲》杂志先用 18 期连载的方式将陆侃如、冯沅君改写的《中国文学史简编》推向学术界。论者认为，“这是解放后用新观点、新方法完成的第一部系统的文学史”，“山东大学文学史研究的重镇地位由此确立”。萧涤非的《杜甫研究》(上卷)出版前，也于 1955 年起在《文史哲》上连载，山大杜诗研究的声誉由此一举奠定。①

在历史方面，“五朵金花”的讨论以及《文史哲》杂志早期刊发的系列论文，与当时山东大学历史系的学科建设关系密切。山东大学历史系的学科建设，是通过中国史专门化的思路进行的。当时对于“专门化”，有着不同的理解。赵俪生先生回忆说：北大以断代史作专门，如所谓的“宋史专门化”；山大则采用现在流行的规范的“专门史”的方法，开出“中国土地制度史”“中国手工业商业发展史”和“中国农民战争史”三种专门化课程，由此带动了历史系的学科建设。这些学科的提出和设置，在当时都是破天荒的、没有先例的。② 这种独具特色的专门化课程的开设，反映在科研方面，是推动了山东大学的史学研究，并使之呈现自己的特色，而由此体现在《文史哲》杂志的办刊上，则是《文史哲》杂志所刊出的系列相关文章，如王仲荦《春秋战国之际的村公社与休耕制度》(1954 年第

① 华岗校长对于《文史哲》杂志创刊的贡献与影响，参见王学典：《良史的命运》，北京：生活・读书・新知三联书店，2013 年，第 128～134 页。

② 参见王学典：《良史的命运》，第 131 页。

4 期)、《北魏初期社会性质与拓跋宏的均田、迁都、改革》(1955 年第 10 期),韩连琪《汉代的田租口赋和徭役》(1956 年第 7 期)等“中国土地制度史”的系列文章,童叔业《西周春秋时代的手工业与商业》(1958 年第 1 期)、《战国秦汉时代的手工业与商业》(1958 年第 2 期)、《魏晋南北朝时代的手工业与商业》(1958 年第 5、6 期)等“中国手工业商业发展史”的系列文章,高昭一《试论中国农民战争的特点》(1953 年第 4 期)、《秦汉三次农民大起义的比较》(1954 年第 1 期),赵俪生、高昭一《论有关隋末农民大起义的几个问题》(1954 年第 6 期)等“中国农民战争史”的系列文章。这些系列文章,在为新中国人文学术中相关领域的研究奠定基础的同时,也打造了《文史哲》杂志的古典学术风格。

就总体发稿情况来看,古典学术相关论文一直是《文史哲》杂志所刊发论文的重中之重,这种古典学术风格在 20 世纪 50 年代中后期,因受特殊政治环境与意识形态观念的影响,也曾遭遇到极大的挫折。如 1958 年《文史哲》杂志第 6 期刊出《谈谈“文史哲”“厚古薄今”的倾向》一文,即对《文史哲》杂志的古典学倾向进行了严厉的批判。这篇措辞犀利的批判文章,署名为“山大历史系部分青年教师讨论,赵华富执笔”,显然代表的并非当时个别学者所持的意见,而是大多数人在尚无明确学术专业意识状态下的选择。这除了与“政治挂帅”的时代背景有关,同时也反映了当时人文学科意识比较稀薄,处于自发阶段,尚未有自觉意识的状态。“术业有专攻”的学术专业分科既不被认可,人文学术杂志要想形成自己的学术风格,便难上加难了。

不过,在今天看来,这篇以批判为目的的文章,却恰好为《文史哲》杂志创刊阶段的古典学术风格提供了有力的佐证。首先,在刊稿数量上,该文对杂志创刊之后七年间所刊发的论文进行了详细的概括和统计:

> 《文史哲》近几年所刊载的文章,绝大多数都是古代史、古典文学、古代哲学史的文章;近代和现代史、近代和现代文学、近代和现代哲学史的文章非常少。例如:1956 年共载文学方面的文章 36 篇,其中古典文学的文章占 23 篇;史学方面的文章 40 篇,其中古代史的文章占 36 篇;哲学方面的文章 10 篇,其中古代哲学史的文章占 4 篇。1957 年共载文学方面的文章 61 篇,其中古典文学的文章占 54 篇;史学方面的文章 52 篇,其中古代史的文章占 36 篇;哲学方面的文章 18 篇,其中古代哲学史的文章占 8 篇。这一倾向在最近出版的“文史哲丛刊”中表现得更为突出。“丛刊”的第一辑“中国古

代哲学论丛”,第二辑“中国古史分期问题论丛”,第三辑“司马迁与史记”。

文中的数字统计,虽然是以批判为目的,却恰好可以说明《文史哲》杂志创刊阶段的浓郁的古典学风格。

其次,杂志的古典学风格,必然与杂志的编辑理念和选稿标准息息相关,但随着创办人的相继辞世,本有可能因未留下相关回忆性文字而失去上述关联的确凿证据,但前文所引的这篇批判文章,却给出了填补空白的明确记载。它指出,《文史哲》杂志“以古代史、古典文学和古代哲学史为主的选稿标准”,透露出《文史哲》杂志编辑理念中鲜明的古典学术旨趣:

> 据说《文史哲》过去选稿是以古典文学、古代史和古代哲学史为主;古代史中又特别着重于中国古代史分期问题。虽然我们未看到有明文规定,但从个别编委的谈话中,对此表述得是很明确的;《文史哲》上所发表的文章也是有力的证明。这里显然可以看出是“厚古薄今”,脱离实际的方针在起着作用。……故而对研究和讨论近代和现代的文章的态度是:尽可能少登或者不登。因为刊登一篇研究近代和现代的文章,必然就要少登一篇研究古代的文章,这和《文史哲》的“厚古薄今”的方针是抵触的。①

当然,以今天的学术眼光看,重点刊发古典学术论文,并不一定就是“厚古薄今”,人文学术研究中的今古之别并非由研究对象所决定,而是由研究中所持观念决定——即使研究古典学术,也可以怀抱现代问题意识——因此以古典学术研究文章并不足以作为“厚古薄今”的证据,这一批评实际上是对“厚古薄今”认识不清的结果,但却从另一个角度,留存下当时杂志发文情况的史料。

前文已述,自创刊人到早期的作者队伍,《文史哲》杂志鲜明地体现出浓郁的古典学术风格,而这个有着豪华阵容的古典学术阵营的领导者、《文史哲》杂志创办的倡议者,则是著名的马克思主义理论家华岗校长,这一格局,昭示着杂志的古典学术风格绝非民国古典学术的延续,而是古典学术在新中国的新生。新生的古典学术研究,是以马克思主义为指导,以文、史、哲现代学术分科为其外在形式的新中国的现代古典学术研究。

新古典学术研究的新特点与新风貌,首先体现在对文、史、哲三科的基本的

① 赵华富:《谈谈“文史哲”“厚古薄今”的倾向》,《文史哲》1958年第6期。

学科意识,或者说,新中国的古典学术研究,在诞生之初给予自己的是一个现代学术的学科专业定位,这便迥异于古史辨派在诞生之初以"层累说"的问题意识及学术观念来自我定位。《文史哲》1951 年 5 月 1 日创刊号《编者的话》中说:"本刊是山东大学历史语文研究所和文学院的一些同人们组织出版的,我们的宗旨是刊登新文史哲的学习和研究文字。"——"文史哲"杂志之得名,也正由于此。

此"新文史哲",其"新"在何处?这便关系到新中国古典学术研究的本质性特征,即在马克思主义理论指导下中国古典学术的新生。刘光裕先生曾撰文回忆杂志创刊初期的办刊主旨:

> 《文史哲》具有"自治"性质,办刊方针及其他事物由杂志社同人自己研究决定。当年商定的办刊宗旨是,通过刊载应用新观点、新见解的研究文章,提高自己的理论水平与学术水平,推进学校文科的教学与科研。

可见"新文史哲",其"新"在于新理论、新观点指导下的古典学术新见解,而这一新理论、新观点,在新中国成立之初,只能是马克思主义的理论与方法。1952 年进入《文史哲》杂志、任杂志第一位专职编辑的葛懋春先生[①],曾有文章回忆华岗校长通过《文史哲》的工作,对于山东大学文科教师进行马克思主义教育的往事:

> 解放初期,文科教师在革命胜利高潮中迫切要求学习马列主义,联系实际专业,改造学术观点,提高教学和科研水平。华岗同志通过《文史哲》的工作,鼓励他们运用马克思主义批判唯心史观,联系自己学术思想,重新研究中国古代文化遗产。例如,他鼓励陆侃如、冯沅君两教授在解放初期思想改造运动中批判胡适实用主义对他们的影响;到了 1954 年,又把他们两位合作的《中国文学史稿》连续发表在《文史哲》上,这对引导老一辈知识分子学习马列主义,做好批判、继承文化遗产工作,无疑起了积极推动作用。[②]

由上可见,华岗校长创办《文史哲》的主旨非常明确,那就是将其作为一个学习

① 参见刘光裕:《华岗与〈文史哲〉》,《出版史料》2006 年第 4 期。

② 葛懋春:《回忆早期〈文史哲〉杂志社社长华岗同志》,《文史哲》1981 年第 4 期。

马克思主义的园地，一块“用马克思主义批判唯心史观，联系自己学术思想，重新研究中国古代文化遗产”的实验田。

由旧时代跨入新社会的人文学者，是带着饱满的热情，主动学习马克思主义，改造旧思想的，因此华岗校长的这一办刊宗旨得到了杂志创办者们的积极拥护和响应。这一点在杂志创办的具体事务中，得到了鲜明的体现，刘光裕先生曾撰文回忆杂志创刊初期的情况：

> 《文史哲》具有“自治”性质，办刊方针及其他事物由杂志社同人自己研究决定。当年商定的办刊宗旨是，通过刊载应用新观点、新见解的研究文章，提高自己的理论水平与学术水平，推进学校文科的教学与科研。办刊经费主要靠同人自筹；参加办刊的教师都拿了钱，其中以华岗个人支持经费较多。学校也曾从科研经费中给点资助，但数量不多。编辑部的后勤工作，由历史系与历史语文研究所的两个工友兼做。编委会中没有一个专职人员，主编杨向奎是兼任，具体做编辑工作的编委成员也都是兼任。早期编委如童书业、王仲荦、赵俪生、殷焕先、卢振华、孙思白、孙昌熙、刘泮溪等，后来都是著名学者，当时还很年轻，他们大多跑过印刷厂，做过校对，从组稿审稿，到校对印刷，到刊物发行，这些工作都是教师兼做的，没有报酬。①

创刊之初的经费由同人自筹，业务运转靠同人的义务劳动，正是杂志创办人对于新时代、新理论、新观点及新生活的饱满热情，为这些行动提供了强大的内在动力支撑。

以马克思主义理论作为指导思想，对于旧中国的古典学术进行全面改造，是人文学术在新中国成立之后很长一个阶段内的主要任务，经由马克思主义理论塑型的中国古典学术，成为70年来古典人文学术研究的主潮，这是我们在观察和总结当代学术史时，必须要注意的学术史事实。

在马克思主义的指导下，传统文史之学的各个领域，都呈现出新的面貌，这一点在《文史哲》杂志早期所刊发的文章中得到了较为集中的体现。即使是如文字学专业这种似乎是纯考据的古典学术，其在新中国成立后的推进，也多有受惠于马克思主义尤其是社会发展理论之处，如周谷城先生《庶为奴说》(载《文

---

① 刘光裕：《华岗与〈文史哲〉》，《出版史料》2006年第4期。

史哲》1955 年第 5 期)一文,即是其中的代表。“庶”字,旧注多解释作“众多”之义,而周先生则通过分析金文字形,得出“庶字的基本意义为杂屋,为灶披间,为烧饭或住佣人的地方”的结论,并进一步指出:“由此我们该可相信庶的意思是卑贱,是渺小,是旁出;庶民在古代几乎是奴隶的专称。”虽然字形分析、训诂释例是这篇精彩的文字学考据论文所采用的主要研究方法,但隐于深层的,却是马克思主义理论,尤其是社会发展史观。

当然,也有不是很成功的案例,如高亨先生《〈诗经〉引论》(载《文史哲》1957 年第 5 期)中,从“《诗》三百篇的阶级性与思想性”出发,对《陈风·月出》所作的解读,认为这首诗反映的是“领主杀害农民的一个事实”。对于《月出》的这一解读,在今天已很少为人们所接受,但这种尝试,不仅在当时引起了较为广泛的争论,并且在很长一段时间中,对于《诗经》研究有着较大的影响。如果放下《月出》这一篇的解释不谈,只看高亨先生所示范的研究方法,即将《诗》三百篇看作是“当时社会的产物”,对《诗经》作者群进行阶级区分,一方面,这实际上是高先生为《诗经》研究寻求在新时代的可能性的一种努力,而更不可忽视的另一个方面是,从研究方法上来说,高亨先生在对《诗经》为代表的文学作品的分析中引入了对经济、政治、社会制度等因素的观照,并注重作者本人的身份、经历与经验,这种基于唯物史观与马克思主义社会发展理论的分析方法直到今天,也依然是人们研读文学作品不可缺少的途径。

改革开放之后,人文学术研究的复苏,伴随着从“以阶级论为纲”到“以现代化为纲”的第二次学术转型,在古典学界催生了诸多重大问题的讨论,这一时期对传统文化的态度,大致经历了一个从批判多、肯定少地反思到理性地考察,从理性地考察到同情地理解的过程。如 1984 年第 1 期《文史哲》杂志所组织的“文化史研究笔谈”,开启了“文化热”之肇端,“文化热”的主流便是在反传统语境下对于传统文化进行批判;而 1985 年,《文史哲》杂志于第 3、4 期推出了两组共 20 篇以魏晋玄学研究为主题的笔谈,两组笔谈涉及魏晋玄学的概念、范围、特征、体系、理论思维方法,玄学的发展及分期,对玄学的评价与研究方法,相关重要的个案研究等内容,这是改革开放以来,学术期刊界以魏晋玄学研究为题的第一组如此大规模的笔谈,标志着改革开放之后魏晋玄学研究已经全面展开,而此时魏晋玄学研究所努力的方向,则是对古典思想文化进行理性的考察与审视;至 1998 年第 3 期《文史哲》杂志邀请张岱年、季羡林、蔡尚思、郭齐勇、张立文、李申等著名专家学者就“儒学是否宗教”展开讨论,引发学术界对于儒学与宗教的关注,与20世纪80年代“文化热”的反传统倾向不同,90年代末期关于“儒学是否宗教”大讨论,则是在对儒学具有同情的理解的基础上就相关问题的认识力图有所推进,可以说,“儒学是否宗教”大讨论,是对儒学研究新阶段的开启。

在新旧世纪之交,《文史哲》杂志对于自己的办刊风格也曾有过短暂的迷茫状态,试图走向人文与社会科学各学科无所不包的“大而全”的综合性道路,但很快这一思路得到了调整。近十余年来,《文史哲》杂志的古典学风格逐渐由原来的自发状态而表现为某种自觉意识。2006年创办“疑古与释古”栏目,2013年创设“重估儒学价值”栏目,2020年发起的“公私德之辨”的讨论,其选题实际上都是古典学术研究相关论题,在学界产生了重大影响,而《文史哲》杂志的古典学术风格也由此走向成熟。

第一章 《文史哲》与中华古典思想研究的转向与拓展

20世纪50年代是中国人文学术研究的重大转折时期。这一转折可以引用郭沫若先生对于新中国历史学的总结来说明，其中关系学术研究理念及方法论的最重要的一项，就是由唯心史观转向唯物史观。① 王学典先生则自学术派别的角度，对这一重大学术转向进行了具体的史的概括："新旧中国历史学之间的差异，现在看来，实质上就是唯物史观派与史料考订派之间的那种由来已久的差异。"②唯物史观不只为史学研究带来了巨大的改变，也为文学、哲学研究带来了全新的视角，而中国古代思想史、哲学史等研究更是由此转向而生发了新的论题，拓展了新的领域，展现出新的面貌。

诸子与儒学是中国古典学术的骨干，诸子研究与儒学研究则成为中国古典思想最能体现中华古典思想研究转向的两个代表性领域，而《文史哲》杂志对两大学术领域的转向和拓展都有突出的贡献。诸子研究中，老子、庄子、墨子、韩非子诸家，都因唯物史观的引入而获得了重要的推进；而在那个"反传统时代"，《文史哲》杂志对于儒学研究的重视，更是难能可贵。尽管当时普遍使用的阶级分析法，出现了教条、刻板等弊端，但唯物史观注重经济发展、社会背景，以及思想家本人的生活经验、社会地位等因素对于某种思想、学说所产生的重要影响，这一重要思路，直到今天也仍不过时，并且，这批唯物史观转向中产生的诸子研究及儒学研究的若干成果，在今天已成为相关学术研究公认的前提和出发点。

改革开放之后，人文学术研究的复苏伴随着从"以阶级论为纲"到"以现代

① 参见郭沫若：《中国史学会成立大会上的发言（摘要）》，《光明日报》1951年7月29日。

② 参见王学典：《近五十年的中国历史学》，《历史研究》2004年第1期。

化为纲”的第二次学术转型①，魏晋玄学研究则是这第二次转型的代表研究领域。《文史哲》于1985年第3、4期推出了两组共20篇以魏晋玄学研究为主题的笔谈，这是学术期刊界以魏晋玄学研究为题的第一组如此大规模的讨论，成为魏晋玄学研究的开拓之举，标志着魏晋玄学研究的全面展开，并为此后研究垫定了基础。

自创刊伊始即重视古典学研究的《文史哲》杂志，在中华古典思想研究的转向与拓展方面有很多突出贡献，限于篇幅，本章选取诸子研究、儒学研究及魏晋玄学研究三个方面加以展现。

第一节　诸子研究的新开展

子学是中国古典学术的重要组成部分，子学研究的相关文章，一直是以古典学术为长的《文史哲》杂志的发稿重点。广义上说，对于古典学术四部分类体系中子部所进行的研究，都可称作“子学研究”。具体来说，子学既包括了对先秦诸子百家的研究，也包括对秦汉以下子书的探讨。中华人民共和国成立以来，这两方面的学术研究都有重大进展，取得了丰富的成果，而《文史哲》杂志则在这一过程中起到了引领、参与和推动的作用，为子学研究尤其是先秦诸子研究作出了重要贡献。

先秦诸子作为古典学术的源头，虽然在今天已是古典学术研究的重中之重，但在中华人民共和国成立之初，除了因对历史人物的重新评价而引起了学界对孔子研究的注意之外，先秦其他诸子研究并未立即成为人们关注的对象。直到1955年4月，《文史哲》刊出任继愈《韩非的社会政治思想的几个问题》一文，这是新中国最早进行韩非研究的论文之一。在这篇文章中，任先生不可避免地使用了阶级分析法对韩非的社会政治思想进行了剖析，文中说：

> 本文所提出的这四个问题，都是为了阐明韩非如何从社会关系、从考核名实、从历史发展以及从世界的总规律(道)各方面根据当时新兴地主阶级的要求，而对于一切具有保守或“改良”倾向的先秦各学派展开思想斗争

① 参见王学典：《学术上的巨大转型：人文社会科学40年回顾》，《中华读书报》2019年1月2日。

的。韩非的"法治"观点实质上就是新兴地主阶级的社会政治思想发展的标志。

在改革开放之后，采用阶级分析法进行人文学术研究的人越来越少，但阶级分析法重视历史发展、社会时代背景，以及不同人群的社会诉求等因素对学术思想的影响，这一特点仍为当代学术所继承。

在被过滤掉一些富有 20 世纪 50 年代时代特点的语词之后，任先生对于韩非的分析，实际上深深影响着直到今天人们对于韩非法家思想的基础认知。如任先生指出，韩非揭示了君与民，君与臣，家庭中父母与子女，人君与其周围的大臣、后妃、兄弟、显贵、左右近习，普通人与普通人之间，都存在着利害对立的矛盾，"先秦诸子中，很少哲学家明确提出人君与人民的关系是建立在利害对立的矛盾上的"；在思想方法上，韩非惯用逻辑的矛盾法则，但他只能停留在概念分析的阶段，没有能够看见矛盾的事物中间的内在的联系；在认识事物、判断是非方面，韩非主张参验的方法，认为不能根据主观的意图，而应以客观事实作为标准；在历史观方面，韩非主张天子不由天授、经济生活决定道德，有重视历史的发展、重视法治等特点。此外，任先生还分析了老子"道"与韩非之"道"在本质上的差异。这些内容实际上都被后来的韩非研究所吸纳。实际上，固然深受 20 世纪 50 年代意识形态影响的一些研究方法，今天已少有学者采用，但是我们不可忽视透过这些研究方法所得出的研究成果，已成为通识，对于我们今天认识古代思想所造成的一些重要，然而有时又是习焉不察的影响。

对于墨学研究的推动，是《文史哲》杂志为古典学发展所作的又一贡献。《兰州大学学报》在 1957 年初创刊时，是人文与自然科学论文皆有的大综合期刊，也许是与这个大综合的特点有关系，其创刊号(4 月 2 日出版)刊出了方孝博《墨经中的时空概念和光学理论》一文，这是笔者目前所查到的，新中国成立之后，也可能是百年现代学术史中，期刊中所发表的最早的对墨学中某一方面科学认识进行现代语境下系统阐释的论文，可惜的是《兰州大学学报》并没有对墨学继续措意。方孝博先生论文刊出后四个月，1957 年 8 月《文史哲》杂志当年第 8 期刊出了另一篇墨学论文，即钟肇鹏《谈谈"非攻"》一文。钟先生分析了墨家"非攻"思想及其对中国古代哲学，尤其是对孟子、《吕氏春秋》所发生的影响，突出了坚决反对侵略战争的儒、墨两家，作为先秦显学，对中国后世有极大影响，突出了"中华民族从古以来就是热爱和平的民族"。

《谈谈“非攻”》的篇幅较短，只就墨家思想中的一个方面立论，而《文史哲》1958年第3期刊出杨向奎《墨子的思想与墨者集团》一文，则是对墨学进行全景式扫描的一篇鸿文，也是期刊论文中新中国墨学研究的奠基之作。全文分为“墨子的身世”“墨子的宗教思想”“政治思想”“墨子的认识方法和逻辑思想”以及“墨者集团”五部分。在“墨子的身世”部分，强调了墨者“参加劳动，他们是‘贱人’，这和儒家所谓‘小人’的地位相近”。“墨家实在是一个不脱离劳动生产的集团，他们提倡没有人不参加劳动的社会。”“墨子的宗教思想”部分，主要针对郭沫若与吕振羽两位先生的观点进行了辨析和反驳。郭沫若先生《十批判书》中提出墨子的所谓天志，即“天老爷”的意思，天老爷的存在是地上王的投影，大奴隶主作为地上的统治者，把持着无上的王权，为巩固王奴，除了要用有形的赏罚以支配人的肉体之外，还要造出无形的赏罚来支配人的精神。吕振羽先生在《中国政治思想史》第五篇第一章则认为墨子“天志”实际是以自己的意志托述为“天”的意志来说明，这样他便无异握有“天”的意志的权能，品定人类的生活是否合乎天意，在这里墨翟从其生活实践上，获得对农民阶极意识之特征的认识，因而不能不借宗教运动去推动其政治运动，他便以一个宗教领袖的姿态而出现。杨向奎先生则认为，“两位先生的话还是各有所见，但没有能够全面地考虑问题”。针对郭沫若先生的意见，杨先生提出，“墨子没有把当时的社会退回到西周的愿望，他要求安定，希望没有战争，这样既有利于人，也就合乎天意，天意是没有彼此分别的，‘兼爱’是天的意志，而许多痛苦是由‘交别’而来，这样墨子的‘天’并不是完全站在贵族的立场向人民开刀，向人民开刀的贵族反过来要遭受上帝的惩罚”。针对吕振羽先生的意见，杨先生认为，“那么是不是墨子有意组织一个宗教集团，借宗教的力量以推动农民起义，这又是估计过高了”。杨先生又总结说：墨子的“宗教信仰中有上帝鬼神，这些上帝鬼神的性质和商周的传统信仰有许多相同的地方，同是有意志有人格的存在，但它们并不完全为统治阶级服务，它们是社会上的仪法，可以作为衡量是非的尺度……在这种尺度之下是没有阶级区别的，王公大人以及万民百姓全是他衡量的对象，有利于人们的行为是善，否则是恶。一个并不完全为统治阶级服务的宗教信仰，虽然并不到组织农民起义的程度，就很难简单地给他一种历史上的评价”。

在“政治思想”部分，杨向奎先生着重比较了儒、墨两家的异同，提出墨子的

“尚同”学说与其“尚贤”主张不可分开。孔子虽然“也说‘举贤才’的话”,“曾经称赞他的门弟子仲弓道:‘雍也可使南面’”,但“在紧要关头,他还是主张:‘君子学道则爱人,小人学道则易使也’”,因此“孔子不是一个主张打破阶级限制,而选贤的人”;而墨子“在阶级社会已经巩固后,而提倡选举是叛逆的主张,然而墨子始终这样主张着,他虽然追述历史,其实是他的理想,他的政治学说”。儒家讲究“义利之辨”,而墨子的政治主张可以说以利为中心内容,他在政治上追求的目标是对于天下国家有利,把义和利结合在一起,正如《经上》所说:“义,利也。”

在“墨子的认识方法和逻辑思想”一节中,杨向奎先生指出:“墨子是一个注重实践的人,他认为一切言论必须有实践的价值,否则是‘荡口’。”在这一部分中,杨先生重点分析了墨家的“三表法”,认为“三表法是从历史上从当时社会上实际通行的事例归纳出来的,这里从实践中得来的知识、言论和认识不能脱离开人民的生活,生活是判断是非的标准,也是道德标准”。尤其带给人启发的是,杨先生提到了“三表法”与“非命”学说的关联:

> 墨子的三表法是和他的“非命”学说同时提出来的,在当时的社会上泛滥着“命定”的言论,墨子就以三表法作为武器来批判他们,如果你承认有“命”,那么“于何本之”? 在历史上并没有“命定”的事实。……在历史上既然无据,那就是无所本。

在“墨者集团”一节,杨向奎先生反驳了唐钺先生“宋钘不属于墨者”的结论,并在分析先秦最重要的学术史名篇《庄子·天下》的篇章结构及相关论述时,将墨辩与惠施、公孙龙归为同一类进行分析:

> 《天下》篇的作者实在述说了“墨”“道”两家,通过彭蒙等三人而把这两派的思想接连起来。……墨辩和惠施、公孙龙之徒是“偏为万物,说说而不休”的人……当大家觉醒了的时代,对于什么也发生兴趣,对于什么也有问题,他们要问,而有问必有答,无论这答复的对与不对,这里面全有开展人类知识领域的功用……我们完全肯定墨辩,也肯定惠施、公孙龙的治学精神,他们提出了许多值得研究的问题,也遭遇到科学史一直到一千多年以后才能够解决的问题,看黄缭对他们的发问是:天地所以不坠不陷,风雨雷霆之故! 懂得科学史的人,全知道这是多么有智慧的发问,这是人类思想

史上的奇葩,他们不相信上帝鬼神的力量,才来作这种问故。

杨先生在对墨辩学说进行分析之后,从科学精神与宗教色彩的未能相容的角度分析墨学衰微的可能原因,并指出:

> 末了我要着重地重复一次,名辩思想是社会发展水平的反映,本身是和宗教牴触的,墨子本人虽然有浓厚的宗教色彩,墨辩是与之不相容的。这样他的后学势必分作两个流别,有宗教色彩的趋向于政治,长于辩学的专攻学术。没有一个能够完整地传授墨学,也许是墨学后来衰微的一个原因!

《文史哲》杂志1959年1月停刊。1961年8月《文史哲》复刊号及10月的第2期,分上、下两部分,刊出了赵纪彬《墨子对孔门逻辑思想的批判继续和发展》的长文。1964年4月15日,第2期《文史哲》杂志刊出晓华《〈墨经〉中的时间与空间观念》。这些文章都是现代学术史中,对墨子科学价值的先期探索,因此具有学术史意义,同时,这些文章本身的学术价值,直到今天也仍未过时。

1962年《文史哲》第2期刊出了任继愈的《墨子生卒年简考》,对于墨学研究也具有重要意义。墨子的生年关系到他的卒年,而他的卒年定在哪里,关系到把墨子分到春秋时期还是战国时期的问题,墨子处于春秋还是战国,关系到对于墨子思想的评价,至少在20世纪60年代是如此:“由于春秋战国时期阶级矛盾的情况不同,对墨子学说的实际作用、进步性的估计也有关系”,“故不可不辨”。[①] 汉代学者认为墨子在孔子后,此“孔子后”只是说“略后于孔子”,实际上汉人一般认为墨子应在春秋时,似不在战国。清代毕沅等人以为墨子是战国时人,周末犹存,孙诒让则考证墨子生于周定王初年,卒于安王之季(二十四年,前378),这一说法几成此后学界定论;“后来一些学者都是在孙诒让的说法的基础上作了一些小的修正或补充”;任先生举了近代学者如梁启超、张荫麟,现代学者如范文澜、吕振羽、侯外庐、翦伯赞等对近现代学术具有重大影响的数位大家[②],任先生通过寻找与墨子生平相关的“几个固定可靠的‘界标’”(即几件有确定日期而又确实和墨子有实际关系的重大事件),再“动手安排材料的排比”的方法,考证墨子生卒年当在公元前480～公元前420年,从而纠正了清代以来认

① 任继愈:《墨子生卒年简考》,《文史哲》1962年第2期。
② 参见任继愈:《墨子生卒年简考》,《文史哲》1962年第2期。

为墨子为战国时人的普遍观点,为墨子思想的定位,作出了具有标志性意义的贡献。

20 世纪 90 年代,《文史哲》接续新中国成立十七年中对于墨学的提倡和关注,再次引发了学界对于墨学的重视。1991 年第 3 期《文史哲》刊出了周乾溁《墨家何以名墨》一文,是当时墨学研究的新成果。1991 年 6 月,山东大学与山东滕州市联合主办的全国首届墨子学术研讨会暨墨子学会成立大会在滕州召开,借此会议之际,是年第 5 期《文史哲》杂志头条刊出了墨学研究系列文章,包括苗枫林《给墨子以应有的学术地位》、陈之安《关于墨子的两个问题》、蔡尚思《墨子的历史地位与当代价值》、张岱年《论墨子的救世精神与"摹物论言"之学》、杨向奎《谈谈〈墨经〉的研究》等五篇重要论文。此后,《文史哲》杂志持续推动着墨学的研究,发表了陈炎《杨向奎教授谈墨学研究》(1994 年第 6 期)、姜宝昌《〈墨经〉与语言学》(1998 年第 5 期)、李继耐和张希宇《论墨子的军事防御思想》(2000 年第 3 期)、周立升《论墨家的价值衡定与选择》(2000 年第 4 期)、徐华《从"无父无君,是禽兽也"看儒、墨、杨之异》(2001 年第 4 期)、郑杰文《墨学研究方法的近代化历程》(2001 年第 6 期)、郑杰文《墨家的传〈诗〉版本与〈诗〉学观念——兼论战国〈诗〉学系统》(2006 年第 1 期)、高华平《"三墨"学说与楚国墨学》(2013 年第 5 期)、戴卡琳《墨家"十论"是否代表墨翟的思想?——早期子书中的"十论"标语》(《文史哲》2014 年第 5 期)、高华平《墨家对先秦诸子的学术批评》(2020 年第 5 期)、崔华滨和贝淡宁《墨子和孟子的战争伦理思想比较》(2021 年第 1 期)等诸多墨学专论,从各个方向对墨学作出了新的探索与阐释。

墨学研究只是《文史哲》杂志为现代子学研究所作贡献的一个例证,从包括儒、墨、道、法、阴阳、兵家、农家在内的先秦诸子百家,到秦汉以下子书,相关研究始终都是《文史哲》所关注的重点,限于篇幅,在此不再一一列举。

第二节　"反传统时代"的孔子研究

中华人民共和国的成立,为思想界和学术界带来了改天换日的大变化,一切旧有的东西,都需要在昂扬向上的新时代面前被重新考量与评价。原来已有千年定论的历史人物或著作现在要被重新评价,而儒学是中国古代思想学术的主干,孔子则是儒学最重要的代表人物,更要被重新认识和定位。与对某位特定的历史人物的翻案或重新认识不同,对孔子的评价更具有全局性,它关系到对儒学乃至整个中国古代思想文化的评价,这是决定中国古代思想史如何定调、如何书写的无可回避的大问题。《文史哲》杂志1961年、1962年相继发表了多篇相关系列文章,从而形成新中国成立以来孔子与儒学研究的第一个高潮。尽管孔子与儒学研究的这种繁荣景象,最终因政治气候的变化戛然终止或说陡然转向,但这短暂的繁荣期仍出现了不少有价值的学术文章,为今天留下了重要启示。

20世纪60年代初期呈现于《文史哲》等杂志的"孔子研究热",并非突然而至,而是有一个十余年的酝酿过程。1951年春天,对于电影《武训传》的讨论和批判,实际上标志着新时代对于古代人物、著作以及思想进行重新评价的正式开始,首先触发的便是部分学者对孔子评价问题的关注。

嵇文甫这一年发表的《封建人物九等论——从武训传讨论所引起的历史人物评价问题》(《新史学通讯》第5期)中,已提到孔子"虽为封建人物而在当时历史条件下具有一定进步性",稍后他又于《新史学通讯》第6期发表《孔子思想的进步性及其限度》一文,作了进一步的阐述。据《孔子思想的进步性及其限度》的"编后记"称,此文的刊发,是为了将《武训传》的讨论"推广到历史人物问题上去"①;两年之后的1953年,嵇文甫延续对于孔子评价的思考,于《历史教学》发表《关于孔子的历史评价问题》。嵇文在当时引起了众多关注,有赞同的,也有人提出反对意见,于是1954年,嵇文甫又于《历史教学》发表《关于孔子历史评价问题的几点解答》一文进行了回应。

《武训传》由一家民营公司来拍摄和上映,是一个偶然事件,但以《武训传》的大获好评为契机,对所触发的历史人物进行重新评价的思想动态,却有着某种历史的必然性。或者说,没有《武训传》,也会有其他事件作为这一学术大潮的引子。寓价值判断于历史人物的评价,由历史叙述来承载思想观念,这一有着数千年历史的传统思维,一直在深层支配着人们的思考、思想及文化建设。在新时代,以唯物史观与辩证法为内核的新思想体系,需要被贯彻到历史评价中,随着历史观念、思维方式所发生的重大变化,以新标准对历史人物、历史事件进行重新评价,建构新的历史哲学,成为当时学术界必然要面临的时代任务。

---

① 《孔子思想的进步性及其限度》"编后记",《新史学通讯》1951年第6期。

新时代对于孔子重新评价的要求，推动了新中国成立后十七年的孔子研究。这一时期的文章也好，讨论也罢，大多若隐若现、或明或暗地围绕着如何评价孔子这样一个问题，具体来说，那就是孔子的思想，是代表劳动人民，还是剥削阶级？是唯心的，还是唯物的？是进步的，还是保守的或者反动的？它是哪一社会的上层建筑？……这一问题在今天的学人看起来，也许显得“陈旧”，但我们不能忽略的是，对于孔子及儒学的“定性”问题，是始终存在于新中国成立后十七年儒学研究背后的问题意识与思想背景，这一问题意识在今天或许已失去当时的意义，但当时的研究成果，依然对今天人们的思想认识乃至学术研究有着重要的、往往又可能是习焉不察的影响。

“定性”研究并不是简单的标签化，当然其极端片面的发展也可能会导向“标签化”，从而扼杀学术研究，但对 20 世纪 50 年代与 60 年代前半期的儒学研究来说，马克思主义的唯物史观和社会发展理论，更多地是为之注入了新的活力。如果说嵇文甫的三篇关于孔子评价的短文，还是作为其重新评价历史人物的一个例证，那么冯友兰、黄子通、马采执笔的《孔子思想研究》(《新建设》1954 年 4 月号)、杨向奎《孔子的思想及其学派》(《文史哲》1957 年第 5 期)、金景芳《论孔子思想》(《东北人民大学人文科学学报》1957 年第 4 期)三篇长文，则是对于孔子思想进行全面论述的大篇章，提出了新中国成立后十七年人文学术中关于孔子思想研究的主要命题，孔子思想研究由此开始全面展开。

对孔子进行阶级分析，是十七年间孔子思想研究的前提。冯友兰等人认为孔子的立场“是从领主阶级初步分化出来的地主阶级底立场”①，这一阶级立场的特点是:“一方面它不能忘记它已失的特权；一方面它也不能想象……‘贵贱无序，何以为国?’在封建剥削阶级与广大人民底矛盾中，地主阶级尽可能保留领主阶级统治人民的一套方法，尽可能不使它破坏。”②杨向奎则从孔子的身世分析孔子所属的阶级，认为孔子“是一个没落的贵族，也是一个属于‘士’的阶层的人”，“‘士’的原义本指自由农民”，“春秋中叶以后的士，包括脱离生产的自由人，没落的贵族等等”。

冯友兰先生与杨向奎先生对孔子阶级定位的不同，决定了他们二人对孔子

---

①　参见冯友兰:《孔子思想研究》,《三松堂全集》卷十三，郑州:河南人民出版社，2001 年，第 40～41 页。

②　参见冯友兰:《孔子思想研究》,《三松堂全集》卷十三，第 40～41 页。

思想评价的不同。冯先生突出了在春秋时期的时代背景中,孔子思想中落后与进步的两面性,而这种两面性由孔子思想中的“礼”“仁”结构来体现:“一方面要继续压迫剥削劳动人民。孔子反对‘刑书’,拥护‘礼’,就是这一方面的斗争底在思想上的反映。另一方面,要向封建领主争取政权。孔子赞成‘举贤’,提倡‘仁’,就是这一方面的斗争底在思想上的反映。”①冯先生认为,孔子思想,以“仁”与“礼”作为思想体系的两大支柱,他的“礼”与“正名”的主张,是对旧制度的拥护,而“仁”及“忠恕之道”对独立人格的承认,则是他进步的一面。②

杨向奎先生将孔子定位为“士”,相对模糊了春秋时代的阶级斗争背景,他没有突出孔子思想中的两面性及“礼”“仁”结构,而是以孔子的天道观和道德学说奠基,进而分析孔子的政治思想与教育思想,再由其教育与学术成就,扩展及孔门学派。虽然表面上来看,杨先生的分析,可以分作孔子的宇宙论、伦理道德思想、政治学说、教育与学术几个并列的版块,但这几个版块实际上构成一个相互关联的整体。比如,杨先生指出了孔子天道观与道德学说之间的联系,认为孔子在天道观方面,接受了宗周封建贵族的正统观念,承认有人格有意志的上帝,同时又发展了宗周“‘天’不可信而有敬德的思想”,“提出了‘仁’的问题”。

与冯先生相似,杨先生对孔子的政治思想也是既提出了批评,又指出了其进步性,但二人不同的是,杨先生对孔子政治思想的批评和赞同,不是建立在阶级立场的分析上,而是以是否符合社会历史发展的规律为标准进行判断。他认为,“孔子处在一个宗法封建社会的动荡时代”,而“孔子不了解这是宗法封建社会内在矛盾发展的必然结果,他希望这渐次崩溃的社会秩序能够稳定下来,最好是恢复到西周时的样子,他对于西周的社会制度,不但寄予无限的同情,而且认为那是唯一的合理的制度”,因此,尽管孔子的主张有助于“减少对于农民的剥削,使他们能够生活,以便安定社会,巩固当时的阶级秩序;这基本上还是宗周主张‘德治’的进一步发展”,但终究“孔子的政治主张没有能够实现,社会并没有依着他的志愿发展,于是他感到失望,认为在这方面没有前途了,他慨叹着说:‘凤鸟不至,河不出图,吾已矣夫!’”③

---

① 参见冯友兰:《孔子思想研究》,《三松堂全集》卷十三,第57页。

② 相关分析参见高秀昌《从冯友兰论孔子看中国哲学史研究方法论问题》(《江淮论坛》2015年第3期),又可参见高康《冯友兰的孔子研究评述》(《中州学刊》1992年第6期)、聂云《冯友兰的孔子研究述评》(西北大学2011年硕士学位论文)等研究成果。

③ 杨向奎:《孔子的思想及其学派》,《文史哲》1957年第5期。

杨先生在阐述了孔子的政治思想不合于春秋时代的历史发展规律因而无法实现之后,用全文接近一半的篇幅,突出了孔子在教育与学术上的贡献。杨先生首先指出,在自身的学识方面,“孔子是一个学识渊博的人”,他作为“没落的贵族,能够接近人民群众,自然多知道一些人间事”,况且“同时他是一个非常好学的人”;在教学上,“他注重启发,注重思考,尤其是在教的问题上,这是一个原则,不能使学者没有思考的余地”。

其后,杨先生重点回应了赵纪彬的观点。赵先生在《古代儒家哲学批判》一文中,据《论语·季氏》“子曰:生而知之者,上也;学而知之者,次也;困而学之,又其次也;困而不学,民斯为下矣”,及《论语·阳货》“子曰:性相近也,习相远也;唯上智与下愚,不移”两条记载,指出这三十四字“实足以代表孔门对于认识主体及认识起源问题最完整的看法”,“这是把‘人’‘民’阶级差别绝对化的结果,‘生而知之’当然属于‘人’的阶级,就是‘学而知之’和‘困而学之’,也是‘人’的阶级内部事,这种人的天性是相近的,但因所‘习’不同,而可以相远;教育对他们来说是有效的”。

杨先生赞同赵先生的这一观点,并举《论语·子路》篇中所载“樊迟学稼”一事而申论之曰:“‘民’没有学的资格,因为孔门的教育内容也是属于‘人’的,这里面没有‘民’的份儿。”“孔门四科本来没有农圃,樊迟当然是问非其人。我们归纳孔门所学,不外‘诗’,‘礼’,‘俎豆之事’,‘道’,‘文武之道’,‘文’和‘古’等事。这全是属于封建贵族的学问。”但紧随其后,杨先生又指出孔门教育的进步性,这一进步性主要体现在“有教无类”方面。他说:

> 那末,孔子的教学活动是否毫无进步意义?并不如此。虽然孔子顽固地主张上智与下愚不移,但他在招收门徒的时候,还是说:“自行束脩以上,吾未尝无诲焉!”(《论语·述而》)“有教无类!”(《论语·卫灵公》)这样就使没有受教可能的人也有受教的机会了。“有教无类”的说法,无疑是一种进步的主张,他没有严格阶级和阶层的限制,交学费的全可以读书。这也曾引起一些人的惊讶,《荀子·法行》篇记载南郭惠子问于子贡说:“夫子之门何其杂也?”……这些“杂”的门人包括有哪些人呢?可考的如:颜子居陋巷,死时有棺无椁。曾子从事种瓜,其母亲织。闵子骞着芦衣,为其父推车。仲弓父为贱人。子路食藜藿,负米。有子为卒。原思居穷阎,敝衣冠。樊迟请学农圃,公冶长在缧绁。这些虽然未免有传闻失实的地方,总可以

看出一些实际情况。

重视实践是孔门教学的另一个特点,杨先生认为“孔子在教学上是一个主张实践的人”,当然他也指出了孔门在实践教育中的局限性:“一个能进行道德实践的人,不学也就是学,这种精神是好的,可惜受着阶级的限制,他们之所谓行也多半是贵族的行,他们学的目的也是用以‘干禄’！孔门弟子多为贵族家臣或邑大夫,也是这种教育的结果。”

对孔子的阶级定位,一定程度上影响了对于孔子思想价值的判断。将孔子的阶级身份定位为“士”,相较于定位为“地主阶级”,更有利于从正面阐发孔子及儒学的思想价值。与杨向奎对孔子的阶级定位一致,金景芳先生认为,“孔子出身是当时统治阶极最下层的士”,但金先生对孔子的评价更高,更突出了孔子作为人的一面:“总之:孔子是经验丰富、博学多能、乐观积极、坚持学习、不断进步的人。这些,实是孔子具有基本正确的世界观的重要条件。”[①]这不仅仅是对孔子进行了正面的评价,简直就是对孔子的热情礼赞了。不仅如此,在对孔子思想中“天命”“中庸”“仁”“正名”等系列概念进行分析之后,金先生说:“我们可以断言:孔子的世界观和方法论基本上是正确的,基本上是辩证唯物主义者;他的道德观点以‘仁’,即人道主义为基础、核心,实际已冲破阶级的藩篱,从全人类出发来考虑问题,这个精神是伟大的。”至于孔子思想的保守性,杨先生将原因归于孔子的身份及对历史的认识,而金先生则完全归结为孔子对历史的认识,他说:“只是他的政治态度是保守主义者,他没有意识到社会正在发生大的变革、周代社会制度必须根本改造。”[②]

在强调孔子正面价值时,杨向奎先生突出了孔子在教育与学术上的贡献,而金景芳先生则突出了孔子在文献整理与文化传承方面的功绩:“孔子在政治上虽然是保守主义者,有他的落后一面,但他也是伟大的哲学家、史学家、教育家和人道主义的首倡者,他在历史文化遗产的继承、整理和传播上有卓越的贡献、巨大的功绩。孔子删定六经,实际是给中国古代文化做了一次总结——全面的、光辉的总结。孔子是中国古代文化的象征,儒家经典是中国古代文化遗产中最主要、最宝贵部分。否定孔子,蔑弃儒家经典,无异斩断中国文明传统,

① 金景芳:《论孔子思想》,《东北人民大学人文科学学报》1957年第4期。

② 金景芳:《论孔子思想》,《东北人民大学人文科学学报》1957年第4期。

任何统治者,除非在极特殊的情况下,没有愿做这样蠢事。何况孔子思想是阶级社会的产物,在某种程度上,可以继续为阶级社会服务!”①基于对孔子政治思想、文化观念的分析,金先生还指出,当时普遍赞同的“‘孔子和儒家学说是封建理论’的结论,是不全面的,不正确的”②。

对于孔子思想,杨、金二位先生的评价更高,相对来说受阶级观分析的影响也更少一些,这两篇论文的刊出,应与1957年“百花齐放、百家争鸣”的思想方针有着密切关系,此一期间学界和思想文化界空气活跃,学者各抒己见,出现了相对宽松、自由的学术气氛。但总之,冯、杨、金三位先生的三篇文章的实质,都是在对孔子思想作进步和落后的区分后,在有限的思想空间内,尽可能地阐发孔子以及儒家的正面价值。滤掉那些有着鲜明时代烙印的话语,可以见到20世纪80年代之后儒学思想的一些基本命题,如礼与仁、“忠恕之道”、天命观以及孔子的教育思想、文化贡献等,在20世纪50年代的这几篇文章中已然奠基。

1961年2月,童书业先生于《文史哲》杂志刊发《论孔子政治思想的进步面》一文,作为对他在1960年所刊出的《孔子思想研究》一文的补充。在1960年刊出的文章中,童先生认为孔子“在政治上,保守面很大”,而1961年所刊出的文章,则作为对前文的补充,又提出了不同的看法,由孔子“张公室,抑私门”等政治实践,重点阐发了孔子政治思想中“举贤才”“节用而爱人”等积极的一面。童先生认为,看一个人的政治倾向,“最好是从他的政治实践下手”,“如果实践效果是进步的,那末政治倾向就应当是进步的”。对于孔子的阶级定位,童先生也认可孔子为“士”阶层,而“士阶层”在春秋时期,“代表新兴的中间阶层”。童先生认为:“孔子在理论外表上虽明白主张恢复西周的旧制度,但他的政治实践和某些政治主张发展下去,会走上新路。孔子的革新倾向固然不见得完全自觉,但有些地方似乎是自觉的,他的主张确带有‘托古改制’的成分。”③在此篇文章中,童先生还将孔子“举贤才”的政治思想与其“有教无类”的教育思想关联起来,这一联系,对于今天的儒学思想史研究,仍有启发意义。

1961年3月,《文史哲》杂志于一期之中,刊出三篇儒学研究的论文,包括车载《孔子论仁》、钟肇鹏《略论孔子思想的阶级性》、李景春《孔子对中国古代文化

① 金景芳:《论孔子思想》,《东北人民大学人文科学学报》1957年第4期。
② 金景芳:《论孔子思想》,《东北人民大学人文科学学报》1957年第4期。
③ 童书业:《论孔子政治思想的进步面》,《文史哲》1961年第2期。

的整理、传授和发展》。三篇论文从不同角度对孔子的思想和文化贡献作出了大胆的肯定。其中,李景春《孔子对中国古代文化的整理、传授和发展》一文,阐述了孔子整理《六经》的贡献,并指出孔子"既作了整理,又进行了传授和发展",这种发展中"意义较大影响较深的有两个,一个是大一统的思想,另一个是民为贵的思想",文章注意到了孔子整理《春秋》,"有利于中国作为一个长期统一的国家的事业,有利于激发中国人热爱中国的爱国心。这种爱国心是作为一个优秀传统长期留传下来的",此篇论文虽不长,但在当时也颇有新意。

车载《孔子论仁》分析了颜渊、子路、仲弓、子张、子贡、樊迟等孔门弟子问仁时孔子不同的答复,在推原历史情境的基础上,阐述了孔子的仁学思想体系。此文既有历史情境的细致分析,又有孔子思想体系的宏观建构,堪称孔子仁学研究的经典论文。今天如果要更准确、更全面地认识孔子的仁学思想,此文也依然是一篇不可多得的重要参考文献。

钟肇鹏《略论孔子思想的阶级性》,对"孔子代表奴隶主思想"的观点进行了反驳,认为孔子代表新兴地主阶级,以"从周""托古"的形式来倡导"维新",并将孔子思想与周礼进行了比较,认为"周礼主'亲亲',孔子提出'爱人'(仁民)","周礼举亲故,孔子举贤才","周礼'礼不下庶人',孔子主张礼下庶人","周礼以刑政治民,孔子主张德礼为治","周礼教育施于贵族,孔子主张教育及于平民",对孔子政治思想中积极的面向进行了肯定。值得一提的是,1962 年 4 月,钟先生在《文史哲》上又发表《从周代的奴隶法谈到孔子思想的阶级性》一文,从孔子对"杀殉"、晋铸刑鼎的批评,对孔子"托古"进行"维新"的政治思想作了进一步的阐发。

自 1962 年第 1 期开始,《文史哲》杂志集中刊出了一批孔子与儒学研究论文。这批论文主要是山东历史学会于 1962 年 11 月 6 日至 12 日举办的第二次孔子讨论会的参会论文。这次讨论会的召开,是"鉴于开展孔子学术研究的重要意义以及配合纪念孔子逝世 2440 周年",截至 1962 年 9 月 10 日,会议组收到 68 篇论文,其中包括金兆梓、嵇文甫、赵纪彬、杨荣国、冯友兰、吴泽、于省吾、徐中舒、金景芳、束世澂、刘节、朱谦之、蔡尚思、严北溟、车载、李景春、高亨、王仲荦、童书业、高赞非等诸位名家的文章。①

① 参见《山东省历史学会积极筹备第二次孔子讨论会》,《文史哲》1962 年第 5 期。

《文史哲》杂志刊发了这批参会论文中的 17 篇,包括:李毅夫《孔子的时代、阶级和政治思想的进步性》(1962 年第 1 期);晁松亭《对于关锋、林聿时二同志〈再论孔子〉的商榷》(1962 年第 2 期);高赞非《孔子思想的核心——仁》、林琳《关于孔子思想的几个问题——与杨荣国先生商榷》、李景春《孔子与〈六经〉的关系》、王仲荦《对孔子评价的一点意见》、安作璋《略谈孔子与季氏》、王先进《孔子是新兴地主阶级的代表》、庞朴《也得注意点训诂工作》、卢南乔《〈论语〉中的仁和人》、者山《希望古汉语学家起来参加孔子问题的讨论》、朱活《孔子是我国古代的伟大教育家》、李天佑《试谈孔子的军旅之学》(1962 年第 5 期);高亨、董治安《孔子与〈周易〉》,卢南乔《论孔子与教育》(1962 年第 6 期);吕振羽《孔子学术讨论中的几个问题》,关锋、林聿时《关于孔子思想讨论中的阶级分析的几个问题》(1963 年第 1 期)。

17 篇论文所关注的问题之一,是对孔子"仁"的理解。庞朴、者山都以"仁"为例,呼吁要重视对古典文献的训诂,也正是研讨会乃至当时学界对于"仁"这一问题高度关注的反映。其中,尤可注意的是高赞非先生的《孔子思想的核心——仁》。该文分三个层次揭示"仁"的意义:"'仁'的思想一般的意义是'爱人',是封建的人道主义。""'仁'的思想的特殊的意义,乃是一种忘我的、无私的、积极奋发的精神,是孔子所指的最高的道德标准。""'仁'的更本质的意义,乃在于它又是孔子世界观的重要组成部分,是他一切思想的出发点与归宿点。"高先生同时还指出"仁"的精神在中国古代历史中的价值和意义:"把'仁'的思想全部内容联系起来看,无疑这是我国历史上一种伟大的思想。它的人道主义精神,它的忘我的、无私的积极奋发的表现,它的自强不息的现实态度,以及由此而产生的爱护人民的主张,可以说都是孔子思想中最精华的部分。""'仁'的思想在中国可以说是久经考验的思想,它的斗争精神和现实态度,在中国社会可以说是深入人心的。我国历史上避免了像欧洲封建社会有一个为宗教所统治的漫长的黑暗时期,这里面虽然有许多客观因素,而且主要的是政治和经济的因素,但孔子思想特别是'仁'的思想,使我国人民得以免除迷信的障蔽,不能不说是内在的原因之一。"如果结合高先生 1937 年冬组织队伍英勇抗日,其父母与胞弟在日本侵略军占领其家乡郯城马头镇时,宁死不受辱而投水自尽的个人经历,再来读此文,则其中所蕴含的思想力量,更具有了一份深入人心的铿锵质感。

据骆承烈《集体跪孔事件——1962 年孔子讨论会被诬“大黑会”》一文中的回忆，这次讨论会开会的当天晚上，关锋、林聿时从北京赶来，第二天上午即命令大会主持人改变议程，关锋、林聿时等人以极“左”姿态对与会专家进行了批评，认为“在阶级社会里，是不同阶级的根本利益的理论表现，超阶级的思想体系和思想家是没有的。孔子的哲学、政治、伦理学说不能当作超阶级的、永恒的，无批判地加以继承，把孔子现代化”。“那些试图‘古为今用’，把孔子思想作现代解释的，都是‘含沙射影’‘右派言论’‘借古人之口攻击社会主义’。”骆先生描述当时的情形：“两根棍子一打，全场强烈震动。我坐在一旁看见有的学者吓得面如土色，有的不同意他们的说法，一笑置之，有的为这种批判忿忿不平。但会上谁也没有再发言反驳的机会，大量学者在后悔不该来参加此会的情绪下悻悻然离去。”①

在这种情形下，1962 年第 6 期《文史哲》杂志依然刊登了高亨、董治安二先生的《孔子与〈周易〉》、卢南乔先生的《论孔子与教育》两篇论文，但可惜的是，此次会议关于“仁”等的儒学思想及精神的讨论文章，再无刊出。据骆先生的回忆文章，可知刘节在此次会议上，也有关于“仁”的论文，祝瑞开则有诠释孔子“岁寒，然后知松柏之后凋也”的《伟大的松柏精神》一文，二文在讨论会期间就受到了严厉的批评。

1962 年 11 月份的这次孔子学术讨论会，虽是以孔子为核心，“围绕着孔子所代表的阶级、孔子的中心思想、孔子的世界观和方法论、孔子在历史上的地位和作用等问题，进行了深入的讨论”②，但最终讨论的核心问题，实际上还是落到了对待孔子和研究孔子的方法论问题上去，并进而延伸至“如何批判地继承历史文化遗产”这一关涉古今的大问题上去。1963 年第 1 期的《文史哲》杂志刊出了吕振羽《孔子学术讨论中的几个问题》，关锋、林聿时《关于孔子思想讨论中的阶级分析的几个问题》二文，这是关于此次讨论会所刊发的最后两篇文章，考虑到此次讨论会最终所触碰到的核心问题，可以看到，这两篇文章的刊出，也有为此次讨论会作总结的意味。

虽然此次研论会的论文及与会专家的讨论，其内容未能刊出，但此次讨论会上已刊出的论文，以及《文史哲》及《新建设》《学术月刊》等不多的几家杂志在

---

① 骆承烈：《集体跪孔事件——1962 年孔子讨论会被诬“大黑会”》，《世纪》2007 年第 3 期。

② 《孔子学术讨论会在济南举行》，《文史哲》1962 年第 6 期。

1951～1966 年十余年间所刊出的孔子及儒学研究的相关论文,仍为新中国儒学研究谱写了序曲与开篇,并且这一序曲,在今天看来,仍不能不承认其眼界之开阔、研究之厚重。对于现代新儒学的发展脉络,研究已相当充分,但对新世纪中国大陆的“当代新儒学”[①],目前研究主要集中于对其理论的比较与评述,少有对脉络进行探索,即使有追溯,也往往把与此相关的当代学术史与思想史的开端系于 20 世纪 70 年代末或 80 年代初,对于 50 年代至 70 年代的学术则因其浓重的政治色彩而予以忽略。这种“拦腰斩断”的处理方式有其合理性,但如果将叙事的线索上溯得再远一些,远至 50 年代,则当代儒学就具有了某种可溯源的史的连续性,这或许对理解新世纪的“儒学复兴”与儒学研究更有帮助。新中国成立后十七年间,在重阶级成分划分的氛围下,当时的学者仍然努力对儒学的正面价值进行了挖掘。尤其值得注意的是此一阶段对于儒家思想中“仁”的重视,如果翻阅一下这十七年间的儒学论文,就可以知道 1978 年庞朴《孔子思想的再评价》之后,大陆学界对儒家“外礼内仁”结构的渐次阐发,并非从天而降,实可于十七年学术中寻其基础。可以说,改革开放之后的大陆儒学研究,实际上是以对新中国成立后十七年间儒学研究的接续与推进为起始的。

此外,无论哲学化还是史学化路径,十七年间中国大陆的儒学研究,基本都是由阶级分析入手,再以唯物主义和唯心主义为标准,对儒学思想作进步还是落后的区分。此种研究范式,使这一期的儒学研究天然地与政治更为接近,或者其关注旨趣本身就指向政治儒学,而离心性儒学更远,将心性部分视为唯心主义,且当作糟粕而加以批判与排斥。在研究旨趣上与当时“港台新儒家”的这一区别,与新世纪以来,“大陆新儒家”普遍关注政治儒学,而“港台新儒家”则更加重视心性儒学曾一度形成对照,恐怕不能说完全没有前后承续,尤其是学术传承方面的关联。

---

①　此处采用徐庆文对于“现代新儒学”与“当代新儒学”的区分,以“现代新儒学”特指“20 世纪中国儒学的某个群体,尤其是指的熊一牟系列的儒家哲学学派”,而“当代新儒学”则指“新世纪以来,在中国大陆兴起的儒学复兴运动中”所出现的“与现代新儒学迥然不同”的被称为“新世纪大陆新儒家”的儒学群体。参见徐庆文:《应当严格区分“当代新儒学”与“现代新儒学”——评〈新世纪大陆新儒家研究〉》,《社会科学研究》2013 年第 2 期。

第三节 魏晋玄学的价值重估与深入研究

作为两汉经学之后中国古代思想史的一个重要发展阶段，自晋之后，魏晋玄学因被认为是“清谈误国”，故1000余年中所得到的评价主要是负面的，所谓“范宁诸人目王、何为桀纣，而近人顾亭林又以王、何、嵇、阮为罪人，致一时之舆论，均以两晋六朝之学风为非”[①]。明末清初，玄学的地位虽略有提升[②]，但直至梁启超，依然认为魏晋时期“实中国数千年学术思想最衰落之时”[③]。

至1907年刘师培撰《论古今学风变迁与政俗之关系》，1910年章太炎撰《五朝学》，对魏晋玄学的正面价值予以肯定，魏晋玄学的学术地位始有了确立的基础。[④] 1927年，冯友兰发表《郭象的哲学》，采用西方哲学概念解读、构筑郭象的玄学体系，是对玄学研究的推进。在1938年至1947年10年间，汤用彤完成了他关于魏晋玄学研究的9篇论文，于1957年由人民出版社结集出版，题名《魏晋玄学论稿》。“这些论文对魏晋玄学的思想渊源、学术方法、哲学性质、发展阶段以及历史影响等进行了专门研究，形成了较为全面系统的学理体系，尤其是他首创从哲学本体论的角度将魏晋玄学作为一个整体加以系统的研究，从而对整个20世纪魏晋玄学研究的基本方向和规模，产生了决定性的影响。”[⑤]魏晋玄学研究的现代学术形态，在汤用彤、冯友兰等学者的共同努力之下建立起来。[⑥]

中华人民共和国成立以后，对于玄学研究具有重大影响的是侯外庐与人合著的五卷本《中国思想通史》中的“魏晋南北朝思想”部分。这一部分由侯先生主笔，初稿写成于1949年。这部分内容运用马克思主义的观点和方法对魏晋玄学进行研究，注重哲学、思想问题同社会政治、经济背景的联系，“在其初期亦产生了别开生面的效果”，“深化了人们对问题的认识”，但由于这一时期的研

---

① 李孝迁：《魏晋玄学及其学术地位的确立——刘师培论魏晋玄学》，《江海学刊》2002年第2期。

② 参见刘全波、朱丽祯：《魏晋玄学历史地位问题研究综述》，《华夏文化论坛》第十七辑，第47～53页。

③ 梁启超：《论中国学术思想变迁之大势》，《饮冰室合集》第一册，中华书局1994年版

④ 参见李孝迁：《魏晋玄学及其学术地位的确立——刘师培论魏晋玄学》，《江海学刊》2002年第2期。

⑤ 汤一介、胡仲平：《西方学术背景下的魏晋玄学研究》，《中国哲学史》2004年第1期。

⑥ 自晋至今对于魏晋玄学历史地位的评价，参见刘全波、朱丽祯：《魏晋玄学历史地位问题研究综述》，《华夏文化论坛》第十七辑，第47～53页。

究,“表现出一种对三四十年代其他学者的研究持强烈排斥和否定的态度”,“由于这种研究对几乎所有于魏晋玄学的文化、哲学价值持肯定态度的学者皆持否定的态度,因此它对魏晋玄学的直接否定也是必然的”。[①] 在这种否定态度之下,魏晋玄学研究陷入停滞状态。

1979年许抗生于《哲学研究》第12期发表《略论魏晋玄学》一文,率先将玄学研究的问题意识回复[②]到汤用彤:“玄学究竟是怎样的一种哲学思潮呢?我还是同意汤用彤先生所讲玄学是研究世界的根本、本质,或世界存在的依据等本体论问题,并以本末、有无为其辩论中心这一见解的。这一见解,比较能揭示出玄学的本质特征。”1980年,李泽厚发表《魏晋风度》一文对魏晋玄学进行了高度评价,认为其“思辨哲学在所达到的纯粹性和深度上”“是空前的”[③],从美学角度为魏晋玄学研究开辟了新空间。1983年,汤一介出版《郭象与魏晋玄学》一书,成为改革开放之后哲学领域中魏晋玄学研究的奠基之作。

20世纪80年代初期,除了李泽厚从美学角度对魏晋玄学进行了热情的肯定,总的来说,学界对于魏晋玄学的态度,还处于一个刚刚解放思想同时又保留着一点小心翼翼的“试水”阶段。在汤先生《郭象与魏晋玄学》出版后,金春峰发表题为《重视哲学史方法论的研究——读〈郭象与魏晋玄学〉》的书评,就该书的内容、研究方法以及所取得的成绩等作了概括和基本的肯定,但金先生仍较为谨慎地提出:“关于魏晋时期哲学思想的发展,学术界有诸多不同的看法,汤一介同志的看法是一种新的探索,是否恰好反映了玄学发展的历史实际,还有待讨论和深入研究。但作为一家之言,他所作的尝试,是完全符合马克思主义哲学史的要求的,应该说是成功的。”[④]

在这样的氛围中,1985年《文史哲》杂志于第3、4期推出了两组共20篇以“魏晋玄学研究”为主题的笔谈。关于这组笔谈的缘起与宗旨,《文史哲》1984年第3期刊出的《魏晋玄学笔谈(一)》开篇有相关的说明:“1984年11月,中国社会科学院世界宗教研究所、哲学研究所、历史研究所暨北京大学在北京联合召

---

① 汤一介、胡仲平:《西方学术背景下的魏晋玄学研究》,《中国哲学史》2004年第1期。

② 汤一介、胡仲平《西方学术背景下的魏晋玄学研究》(《中国哲学史》2004年第1期)评价此文说:“这是自觉地回复到汤用彤三四十年代的观点。”

③ 参见李泽厚:《魏晋风度》,《中国哲学》编委会编:《中国哲学》第2辑,北京:生活·读书·新知三联书店,1980年,第101～119页。

④ 金春峰:《重视哲学史方法论的研究——读〈郭象与魏晋玄学〉》,《哲学研究》1984年第9期。

开魏晋玄学讨论会。会上对玄学的研究提出了一些新问题、新见解。本刊为了把这一讨论引向深入,在与会代表的支持下,组织了这次笔谈。"这次笔谈以前一年在北京召开的魏晋玄学讨论会为契机,作者名单包括了张岱年、任继愈、孔繁、牟世金、方立天、余敦康、金春峰、牟钟鉴、王葆玹、周立升、辛冠洁、王明、郑欣、许抗生、李申、王晓毅、胡绍军、王国轩等众多知名学者,涉及魏晋玄学的概念、范围、特征、体系、理论思维方法,玄学的发展及分期,对玄学的评价与研究方法,相关重要的个案研究等内容。正如笔谈的编者所指出的,在当时这组"笔谈涉及的这些内容,有的尚需深入研究,有的在学术界尚存在分歧",而组织笔谈的目的,则是"我们把它刊登出来,以期引起讨论"。并且,当时的《文史哲》杂志显然认识到魏晋玄学研究的重要性,因此又提出:"本刊愿为进行这方面的讨论提供条件。"

这是改革开放以来学术期刊界以"魏晋玄学研究"为题的第一组如此大规模的笔谈,可以称得上是开拓之举。这组论文的刊出,标志着改革开放之后魏晋玄学研究已经全面展开,也为此后的相关研究奠定了重要基础。

对魏晋玄学的研究与对魏晋玄学的评价之间,存在着一个两难的困境,那就是从逻辑与学理上来说,评价需要以深入研究为基础,但从学术实践上来说,是否要研究,以及如何展开研究,则又需要以对研究对象的估量和评价为前提。《文史哲》1985 年第 3 期的《魏晋玄学笔谈(二)》,首篇即张岱年先生的《魏晋玄学的评价问题》,这或许不能说完全是偶然的巧合,至少这种安排,体现了现代学术实践理路下魏晋玄学研究首要的问题意识。

《魏晋玄学的评价问题》是张岱年先生在 1984 年 11 月的学术讨论会上的发言。张先生在文中即指出,"魏晋玄学在中国哲学史上确实有重要地位","是先秦哲学中本体论的进一步发展","从东汉末到魏晋,可以说有一次思想解放,在一定程度上从汉代的烦琐的经学中解放出来","魏晋玄学,以何晏、王弼、嵇康、阮籍、向秀、郭象为代表的思想,作为立国之道,作为治国安邦的学说,却是不行的,没有实效的"。

余敦康《玄学的基本品格》一文则联系魏晋南北朝的时代背景,对魏晋玄学的基本品格进行了积极的定位。余先生评价玄学说:"玄学是紧紧地追随着历史的进程,企图从哲学的高度来把握时代的脉搏,表现时代的精神。"玄学"把中华民族的认识史推向一个新的发展高度,在理论形态和思维方法上引起了深刻的变革，给后世积累了值得认真总结的精神财富”。

王国轩《玄学的历史地位和意义》总结了玄学相较于汉代学术被称为“新学”的“新”之处，包括“由崇尚经学转向崇尚《老》《庄》；由谶纬神学和烦琐的章句之学转向清谈义理；由宇宙生成论为主要哲学问题转向以宇宙本体论为主要问题的哲学探讨；从逻辑发展上看，从以单一范畴为主转向成对范畴为主（但并不排斥单一范畴）；由师承家法、上传下授的讲经形式转向不论年辈、平等会友，诘理求胜的论辩形式；由老师大儒占据学术主席转向‘浮华少年’们的肆意驰骋；由经学的一统转向诸子学的复兴”。在对魏晋玄学与两汉学术比较的基础上，对魏晋玄学作出思想史、学术史意义的重估，认为“玄学的产生是社会思潮从章句经学和谶纬神学的束缚中的一次解放，也是从师承家法中的一个解放”；“玄学建立了比较精致的理论体系，从思维水平上说，达到了一个新的高度”；“玄学提出、完善和发展了许多哲学范畴，如本末、有无、体用、动静、形神、言意、一多、音声、才性等”，“这些都为宋明理学所承继”，“因此，玄学决不是‘复古’，而是在旧的思想资料中，孕育、产生出的一种新的哲学思潮，应给予它较高历史地位”。

周立升《玄学三题》则直接给予玄学以这样的评价：“哲学是时代精神的精华，魏晋玄学亦不例外。玄学家们所铸造的一套新的思辨哲学的体系，开辟了一代哲学新风。这在中国哲学发展史上是一次重大的转折和跃进。”周先生还从“天人之际”的新义、学派交融的新声、逻辑思维的新境三个方面论述了玄学作为“哲学新风”所具有的学术价值。

在这组笔谈中，也有学者对玄学持基本否定的态度。截然相反的评价出现在同一组笔谈中，充分体现了当时百家争鸣的学术氛围和杂志兼容并包的学术胸襟。王明《魏晋玄学研究中的两个问题》一文，以汤用彤所提出的“汉代哲学是宇宙论，魏晋玄学是本体论”作为标准来评判魏晋时期的思想家，得出“真正的玄学家并非很多，非玄学的思想家和反玄学的思想家倒是不少”的结论，并以葛洪为例，论证葛洪虽也谈有无、本末，但他并非玄学家；同时，王明还从唯心主义和唯物主义的标准以及与现实政治的关系两个方面否定了魏晋玄学的价值。王明主要强调了前一标准，认为“魏晋玄学的本体论作为不以反映客观存在的思维方式、以先天原则为依据的超经验的思辨哲学，不能不是唯心主义的”，而“汉代的宇宙论，以原始物质的元气为本原，探究天地万物的起源和生成，承认物质是第一性,是属于唯物主义的。就这一点而论,从汉代哲学的宇宙论到魏晋玄学的本体论的发展,并无进步之可言”。尽管今天看来,王先生的这一观点似乎显得机械,但作为当时的代表性观点,王先生的文章却可以向我们揭示当代学术史思考进程的一个环节,而王先生所谈的关于玄学的判定标准问题,在今天仍然可以带给学人以启发。

玄学与清谈的关系,是魏晋学术及思想研究的一个重要问题,也与魏晋玄学的评价有关系。新中国成立后很长一个时期,国内学界认同侯外庐《中国思想通史》中“清谈”即“玄学”的观点。在《中国思想通史》第三卷《清谈思想的历代评价》中,侯先生认为:“中国历史自公元3世纪初至7世纪初的400年之间,史家称为魏晋南北朝,在此时期的支配思想,称为‘清谈’或称为‘玄学’。”改革开放之后,随着学术氛围的逐渐活跃,有学者对“清谈”与“玄学”进行了区分。如张景贤1983年发表于《河北大学学报》第2期的《试论魏晋“清谈”的含义》,即认为“‘清谈即玄学’之说难以成立,‘清谈以玄学为中心论题’之说亦不全面”。这种区分对于提高玄学的地位有积极意义,将玄学与清谈区分开来,则玄学或可摆脱与误国之间的关系。孔繁于1981年《文史哲》第6期刊出《从〈世说新语〉看清谈》一文,对魏晋清谈进行了较为全面的考索与概述。此次笔谈孔先生以“我对魏晋清谈之理解”为题,虽因篇幅短小,未言明他所针对的是哪位学者的观点,但是既然以专章讨论清谈与玄学的关联,则该文的问题意识必与当时学界的讨论有直接关联。在文中,孔繁指出,“侯氏认为‘清谈’即‘玄学’,堪称的评”,并主要从以下几个方面加以论述:一是从时间上说,“清谈与玄学几乎发生于同时”;“玄学之奠基人为王弼、何晏”,在何、王论辩中,“何晏乃当时清谈领袖”,“他之‘清言’,自然是指玄学”,“王弼答辩之内容当亦玄学”,“玄学于是得以成立,而魏晋清谈亦随之发生”。二是就内容上说,“自正始以后迄乎东晋,清谈之内容,均不外乎玄学之各类命题,时清谈又称‘清言’‘玄言’”,“‘清’即指玄学义理而言”。

当魏晋玄学与政治及社会发展关联过于紧密时,人们对它的评价不能不是否定性的,毕竟与它相关联的是西晋亡于清谈,以及魏晋南北朝360余年间的分裂割据和战争频仍。因此,在修、齐、治、平的古典学术框架中,在以伦理道德为标准的历史观下,是不可能对魏晋玄学展开真正研究的,只有在现代学术观念中,在哲学、历史、文学等的分科体系中,玄学的正面价值及其理论短板才可能被更为客观、全面地认识,也才可能产生真正的魏晋玄学研究。

对于魏晋玄学的再评价是改革开放之后相关研究的起点,在当时的思想背景下,如何进行研究魏晋玄学,任继愈《魏晋玄学研究如何深入》一文提出:“魏晋玄学的许多命题表出为玄远、虚阔,把它看作与当时的阶级内容无关固然不对,如果把每一个命题都注入阶级内容也不妥。”任先生同时还指出:“研究魏晋玄学,应当着力去发掘,而我们尚做得不够的地方,就是三教关系。……今天来看,值得更进一步把三教关系作为一个打开新局面的钥匙,作为一个重大课题来对待。还有一个环节也很重要,就是理一理从魏晋到南北朝这三四百年的全部思想发展线索。过去学术界对魏晋注意得多,对南北朝注意得不够。”任先生对于玄学研究的方向所指出的这两点注意事项,对于玄学研究具有指导性意义。

方立天《玄学的范围、主题和分期》对魏晋玄学所进行的归纳和总结,对其后相关研究的展开,具有奠定基础的意义。方先生总结玄学的范围、主题和内容说:“魏晋玄学,从所据的经典来说,就是‘三玄’之学;从其主题来说,是探求理想的人格,即‘名教与自然之辨’之学;从其哲学内容来说,则是着重探讨本体论的玄远之学。”

这期笔谈还汇聚了多篇在当时颇具创见的个案研究,如王葆玹《怎样认识王弼的本体论》、王晓毅《对王弼哲学的几点新认识》、胡绍军《郭象哲学我见》等。

在这期笔谈之后,直至今天《文史哲》杂志已陆续发表了魏晋玄学研究若干具有份量的论文,如对玄学范畴进行研究的高晨阳的《论玄学“有”“无”范畴的根本意蕴》(1996 年第 1 期),个案研究的经典论文如余敦康的《阮籍、嵇康玄学思想的演变》(1987 年第 3 期)、王晓毅的《郭象命运论及其意义》(2005 年第 6 期)等,为推动魏晋玄学的研究持续不断地作出了贡献。

第二章 《文史哲》与考据学统的赓续与更新

考据之成为学统，始自清代乾嘉之学，清朝后期逐渐衰落。20 世纪 20 年代末 30 年代初，史料考订派兴起①，相对于乾嘉学派的传统考据学，史料考订派又可称作新考据派，以王国维、胡适、顾颉刚、傅斯年等人为代表②。史料考订派从乾嘉汉学逐步演化而来，其不同于乾嘉学派的特点在于"化经为史"，其学术路径又被称作"新汉学"③。20 世纪 50 年代，随着唯物史观派的迅速崛起并成为学术主流，史料考订派式微④，此后，其最富有象征性的学术遗产逐渐归并到"古籍整理"和"史料学"学科中了⑤，但考据学并未就此消失，在唯物史观的冲击下，考据学作出了自身的调整，有了新的特点，《文史哲》杂志作为中华人民共和国第一份以古典学术为特色的学术期刊，从理论和实践两个方面，参与铸造了中华人民共和国的新考据学。自 20 世纪 80 年代起，学界"琐碎史学""学术碎片化"乃至"回到乾嘉去"的倾向越来越明显⑥，而《文史哲》杂志以专栏形式推出著名学者谈治学的文章，又对学界的这一倾向进行了深刻的反思，使考据学实现了再升华。可以说，将考据学由原来传统古典学术研究的主体，变成现代人文学术研究的工具，在实现中华人民共和国考据学传统的更新与赓续方面，《文史

---

① 参见王学典、孙延杰：《实证追求与阐释取向之间的百年史学》，《文史哲》1997 年第 6 期。

② 参见许冠三：《新史学九十年》，长沙：岳麓书社，2003 年；董恩强：《平等的眼光：民国新派学人的史料观(1919～1949)》，《福建论坛(人文社会科学版)》2007 年第 12 期；潘云成：《新考据派史料观研究》，安徽大学博士学位论文，2016 年。

③ 参见王学典：《新史学和新汉学：中国现代史学的两种形态及其起伏》，《史学月刊》2008 年第 6 期。

④ 参见蒋海升：《从主流到边缘：20 世纪 50 年代初期的史料考订派》，《山东大学学报(哲学社会科学版)》2005 年第 6 期；蒋海升：《唯物史观派与史料考订派的浮沉——1951 年中国史学界之动向》，山东大学硕士毕业论文，2003 年。

⑤ 参见王学典：《新史学和新汉学：中国现代史学的两种形态及其起伏》，《史学月刊》2008 年第 6 期。

⑥ 参见王学典：《从反思文革史学走向反思改革史学——对若干史学关系再平衡的思考》，《中华读书报》2015 年 3 月 18 日。

哲》作出了不可替代的贡献。

第一节 重大史实的系列考订与重要史料的辨析

在唯物史观的主导下,20 世纪后半期的历史考据学摆脱了经学的束缚而真正地触及到历史本身,这是现代考据学区别于传统考据学的根本性特征。正是由于现代考据学是以还原历史真相,以作为探讨历史发展规律的基础为主旨,而非证明经学之为永恒真理,现代考据学便不再囿于传统的文献考订和古器物学,而是作为一种研究方法,体现于政治史、经济史、土地制度史、官制史、兵制史、农业史、农民战争史、冶金史等各领域的研究中,并在各领域的研究中呈现不同的特点。《文史哲》自创刊以来,便持续不断地推出史学考订文章,在题材方面,涵括了上述各领域的文章,并鲜明地体现出唯物史观主导下的历史考据学重视社会经济发展、重视古史分期问题的特点。

关于铁器使用的考据最能体现新中国历史考据学的特点。20 世纪早期的铁器史研究,虽然已突破了传统金石学的范畴,但仍然“直接地受到古器物学方法的支配”,其探索“是在古器物学的思路和视野中展开的”。[①] 1955 年第 2 期《文史哲》杂志刊发童书业《从中国开始用铁的时代问题评胡适派的史学方法》、杨宽《试论中国古代冶铁技术的发明和发展》二文,率先展开了新中国唯物史观下的铁器研究。重视生产工具的考察是唯物史观的一大特点,而其中冶铁术尤其受关注,正如摩尔根所说,“冶铁术的发明在文化史上开辟了一个新纪元”,“就其关系到人类的高度发展而言,必须看作是人类经验中最伟大的事迹”,“文明的基础就是建立在铁这种金属之上的”。[②]童书业、杨宽的两篇文章已具有了“以经济史为主体,考古学、科学史为两翼,三个方向同时并进”的特点,并且是在古史分期大讨论的背景下,借助考古发现的实物资料,沿社会经济史方向深化了对铁器与社会经济变革问题的认识。[③] 杨宽先生的文章开头即提出:“今天史学界正在陆续开展着中国历史分期问题的讨论。在大家讨论这个问题时,几

---

① 陈峰:《唯物史观与二十世纪中国古代铁器研究》,《历史研究》2010 年第 6 期。

② [美]路易斯·亨利·摩尔根:《古代社会》,杨东莼、马雍、马巨译,北京:商务印书馆,1977 年,第 8、38～39 页。

③ 参见陈峰:《唯物史观与二十世纪中国古代铁器研究》,《历史研究》2010 年第 6 期。

乎没有一位不接触到中国古代冶铁技术的发明和发展问题。”童书业则一方面强调铁器的历史作用:“铁器的普遍应用，必定大大提高生产力……冶铁术的发明，确是历史上应该大书特书的事”,一方面又对铁器的使用与历史分期问题的关系持保守态度,认为“有没有铁器，并不是奴隶社会和封建社会的主要分野，因为奴隶社会也可以使用铁器”。

同年第6期《文史哲》又刊发了阮鸿仪《从冶金的观点试论中国用铁的时代问题》一文,对童、杨二位先生文章进行回应。

与当时意识形态紧密关联,并不意味着这些文章在后世就失去了价值,实际上抛开一些据当时意识形态标准所作出的价值判断暂且不论,仅就当时所取得的知识性的考据成果来说,时至今日,这些文章中相关内容作为知识积累与学术积累,也仍然具有学术价值,并依然被相关文章所引用。至于考据对象本身的研究价值,则更不必说。还以冶金史为例,1976年第8期《文物》刊出了黄展岳《关于中国开始冶铁和使用铁器的问题》一文,黄先生因当时所见出土的铁器最早不过春秋晚期,而且“数量很少,器类简单,形体薄小”,因此认为这“是铁器刚出现不久的征象”,故推定我国开始冶铁的时间在春秋后半叶。1982年第4期《文史哲》杂志刊出了岩青《也谈我国开始冶铁的年代》,表达了与黄先生观点不同的意见。岩青先生充分利用了当时的考古发现,并结合冶铁工业技术的发展规律、青铜刻铭的技术,将我国开始冶铁的时间认定为西周晚期(1978年,学界推定我国冶铁出现时间在春秋后半叶)的推定,提早到了春秋时期。这篇文章中,从冶铁工业技术发展规律推定冶铁出现的时间,与杨宽、阮鸿仪两位先生在1955年所刊文章的思路有着异曲同工之处。

《国语》等先秦古籍中有“美金”“恶金”二词,不少历史学家认为,“用以铸造兵器的‘美金’是指青铜,用以制造农耕具的‘恶金’是指铁,并以此论证春秋时期的冶铁和铁器发展水平”,2004年第1期《文史哲》刊出白云翔《“美金”与“恶金”的考古学阐释》,该文通过对考古发现中先秦青铜制品与铁制品在数量、器物种类等方面的比较,认为“考古发现和研究表明:春秋时期,兵器不仅用青铜铸造,而且同样用铁制作;铁被用于农耕具的制作,青铜同样也用于农耕具的铸造;春秋铁器中大量是贵族用品或发现于贵族墓葬,当时的人们对青铜和铁并不存在美与恶的认识和区分。鉴于当时人工冶铁尚处于初步发展阶段,而社会生活中大量使用的金属仍然主要是青铜”,并得出“‘美金’和‘恶金’都是指青铜,‘美金’是优质青铜,‘恶金’是劣质粗铜”的结论,从而纠正了学界长期以来流行的错误观点。

由上述铁器研究相关论文可见,是唯物史观为铁器研究开创出了新局面,“在唯物史观视野下,铁器不仅是古人遗物,更是社会历史过程中的重要变量”①。铁器研究是唯物史观将经学的考据学改造成历史学的考据学的一个经典案例,而《文史哲》则在这一过程中发挥了积极的作用。

除了铁器研究,《文史哲》杂志还持续不断地推出了唯物史观引导下的政治史、经济史、土地制度史、官制史、兵制史、农业史、农民战争史等各个方面的考据文章,取得了丰硕的成果。如在农战史方面,除了前文提到过的创刊号中的郑鹤声《天王洪秀全状貌考》,还有 1955 年第 1 期刊出的赵俪生《“夔东十三家”考》一文。赵先生开篇写道:“考求一下‘夔东十三家’的事迹,是有一定目的的。其目的是:希图得知李自成余部在李自成死后尚有一些什么活动,并且这些活动的范围和性质又怎样。”“十三家”原为明末十三家农民起义军,“的的确确是十三个编制单位统一在一起的称号”,后来“慢慢成为人们对李自成、张献忠起义部队之一般的称号,不一定是十三个编制单位了”。赵先生考据了清初“十三家”的事迹、活动范围及其抗清活动所持续的时间,得出“他们足足持续了十九个年头的战斗。在地域方面,西到四川的夔州,东到湖广的宜昌,北到汉水以南的竹山和竹溪,南到清江以南少数民族的住区,东北到保康,西南到利川,合大巴山、武当山、巫山、荆山四大山系之间,而以归州的兴山县为其领导核心所在地”的结论。这篇文章通过对“夔东十三家”的考据,大致揭示出清初李自成余部的活动情况,其史学价值自然不言而喻。

再如经济史方面,自 1958 年 1 月开始连载童叔业关于中国古代手工业与商业研究的系列论文,包括《西周春秋时代的手工业与商业》(1958 年第 1 期)、《战国秦汉时代的手工业与商业》(1958 年第 2 期)、《魏晋南北朝时代的手工业与商业》(上、下,1958 年第 5、6 期)等。

在中国古代土地制度史领域,均田制研究占有重要地位,受到学界广泛重视。据武建国在 1984 年的统计,1951～1983 年,国内共发表均田制专题研究论文已达 60 余篇。② 因均田制度创自北魏,故北朝均田制研究便成为相关研究的

① 陈峰:《唯物史观与二十世纪中国古代铁器研究》,《历史研究》2010 年第 6 期。

② 参见武建国:《建国以来均田制研究综述》,《云南社会科学》1984 年第 2 期。

重中之重。1951年4月10日,成都《工商导报》之《学林》(第4期)刊出缪钺《释北魏均田制》一文①,这是笔者目前所见到的新中国成立之后,在公开发表的文章中,对于北魏均田制最早的关注。1953年7月,《新史学通讯》发表刘尧庭《北魏均田制度的形成》一文,这是中华人民共和国成立之后学术期刊所刊发的首篇关于均田制的论文②,刘先生由北魏在战争中的人口虏掠写起,由北魏贵族对俘虏的"计口授田"写到"均田制",并从文献记载中归纳出北魏所存在的三种土地分配形式:"对俘虏的计口授田方式""旧日门阀大地主汉奸们的世袭的封建的土地占有方式"以及"从江南重新回到故乡,要求重整旧家园的土地分配方式"。并存的这三种土地分配方式引发了土地问题的纠纷,于是便有了李安世的均田奏疏这篇"北魏均田制"的"决定性的建议"③。论文从北魏军事掠夺人口的角度,梳理了北魏均田制产生的脉络,可惜文章限于5000余字的篇幅,未能进一步展开。

1954年8月,尚于复旦大学历史系读书的刘业农完成了《北朝的均田制》一文④,1955年第2期《文史哲》杂志刊出此文。刘先生在文中追溯春秋中期至北魏时期的土地制度及土地分配理想,包括春秋中期公田制度的崩溃、商鞅变法对土地制度的改革、孟子等儒家井田制的理想、董仲舒限民名田的主张、王莽"王田"制度的失败、曹操的屯田制、西晋的占田制等,直至北魏掳掠人口与计口授田以发展农耕,从而在历史坐标中为北魏均田制绘出了位置。在此基础上,刘先生对北朝均田制实行的目的、条件、施行措施以及对后世的影响,进行了较为全面的考证与阐述。尽管文中尚存在不成熟的地方,比如开篇对于土地制度的追溯,与北朝均田制的关联性并不是很强,因缺少强有力的逻辑线索而更像是史的罗列,但因其发表时间早,遂成为北朝均田制研究的奠基性成果之一。2011年第2期《北京联合大学学报(人文社会科学版)》发表古红梅《中国土地所有制之历史发展探源》一文,在介绍北朝"均田制"的起因与形式时,所采纳的仍是刘业农先生的观点。

---

① 曲阜师院历史系中国古代史研究室编:《魏晋南北朝隋唐五代史论文资料索引(1949～1982年)》,1983年,第47页。

② 武建国:《建国以来均田制研究综述》,《云南社会科学》1984年第2期。

③ 刘尧庭:《北魏均田制度的形成》,《新史学通讯》1953年第6期。

④ 刘业农先生1952年考入复旦大学历史系,《北朝的均田制》一文是他的学年论文。参见雷树田主编:《当代中华诗词家大辞典》,西安:陕西人民出版社,1994年,第1158页。

对北魏均田制研究作出了标志性贡献的文章,是1955年第10期所刊出的王仲荦《北魏初期社会性质与拓跋宏的均田、迁都、改革》一文。该文从东汉时期鲜卑族趁北匈奴西迁而崛兴、鲜卑拓跋氏建国写起,以更为宏大的历史视野,剖析了北魏的社会性质,并将北魏时期的均田制作为"北魏自拓跋珪侵入中原后,将本氏族以及被他所征服的部落,从游牧经济生活逐渐转入农业经济生活"的一项基本制度来考察,认为北魏始建国时"离散诸部,分土定居""给耕牛,计口授田"的措施,已是均田制的起源,而"到了拓跋宏太和九年(485)的'遣使者循行州郡,与牧守均给天下之田,还受以生死为断',其实是把过去拓跋族初到塞外分土定居后所举行的这种制度,加以推广于整个北中国而已"。

拓跋氏的均田制度如何能在北中国延续下来,并产生了两百多年的影响,王先生结合北中国的历史传统与当时社会状况进行了分析,认为:"北中国的地主经济,比起塞外来,是更为发展的地区。然而这种带有公社性的均田制度居然能在这些地带植根,从太和九年(485)到唐玄宗末(756),两百多年间,均田在北中国不断被破坏,不断又会在同一地点再树立起来,均田土地的所有权不属于农民而属于国家,均田制下土地的买卖,也受到一定的约束,均田土地的还授,也始终掌握在国家的手里,北魏实施均田初期的休耕地,也还由国家来调配,这些情况,总起来说,倘使封建经济久已确立的北中国以前没有推行过如西晋的占田制,那也不可能使北魏的均田制度很顺利地推行的。于古代中国,就有'普天之下,莫非王土'的看法,而西晋的占田制更加强了土地所有权属诸国家这一过程。拓跋宏就是综合了北魏的'计口受田'与西晋的占田法这两种过程而在北中国实施均田制度的。"当然,"这种带有公社性的均田制度"之所以能够确立,除了土地制度的历史传统,还"由于当时'土广人稀'的实际情况来决定的"。王仲荦先生这篇关于北魏均田制及拓跋宏改革的论文,成为南北史研究中无法绕过的经典之作。

1981年第3期刊出的赵俪生《有关均田制的一些辨析》,则就均田制的性质进行了深入细致的辨析。当时学界主流观点认为,均田制是氏族制或者公社的恢复,或者至少是氏族制与封建制的混合物,认为均田制的二重性表现在公有制与私有制的矛盾上。如李亚农认为,"北魏均田制的具有农村公社土地制度的特点,是无可否认的",主要表现在:"第一,在农村公社中,主要耕地属于公有,定期分配于各户使用,有一定的还受制度。""第二,在农村公社中,对土地的分配，一般采取按劳动力平均分配的办法，对成丁的成员都分给大体相同的份地，并有定期调换土地的制度，使劳逸平均，年老或死亡就不再分配土地。”“第三，在农村公社中，保存有互助的习惯，很重视照顾老病贫弱。”“第四，在农村公社中，公社长老有组织、督促成员生产和互助的责任。”[①]唐长孺基本赞同李亚农的观点，认为“均田制乃是畿内国有土地制度的推广，而这种畿内的土地制度是以地域性公社之存在为前提的”，“作为国家所有的土地不仅是现由国家掌握而以之配给农民的土地，而且还包括一切私田”，“我们应该承认这种土地制度之具有公社土地制度的特征”。[②] 赵俪生则提出了不同的意见，认为“在讲均田制度方面，完全可以不讲或者少讲公社的，因为最多不过在拓跋氏漠南‘计口授田’中，有着一定成分的公社因素残余而已”。当时学界常有人以西晋庾衮在禹山的事迹和北魏末赵郡李氏在太行山中开拓李鱼川的事迹作为典型案例，来证明中古期汉人大族方面也有“公社。”赵先生在对这两个案例进行了细致的分析之后指出：“由于它们不具备传统性，却又具备镇压与被镇压、剥削与被剥削的关系，因而，我们判断，不应该说它们是公社。”在文章的最后，赵先生通过考察《魏书・食货志》所载北魏太和令十五条的内容，对均田制的性质作出了结论，认为“均田制公社和公有制在均田制已经不应该占有重要的位置和起重要的作用了，因为汉人世家大族的封建制很牢固，鲜卑贵族也在封建化的过程中，仅仅从漠南‘计口授田’中遗留下来某些公社的残余，在均田制中不起主导的作用”。赵先生《有关均田制的一些辨析》一文，在改革开放之后，将北魏均田制的研究推向了细致和深入。

在均田制研究方面，《文史哲》杂志2015年第5期刊发的张金龙《北魏均田制研究史》一文，从“关于均田制的渊源和实施背景问题”“关于均田制的目的、作用及其实施情况”“关于均田制的性质问题”等方面，对唐以来关于均田制的研究进行了全面的概括，此处不再赘述。

在农业史方面，《文史哲》杂志刊出了丰富的考订文章，如达人《有关战国时代牛耕的几个问题》(1963年第1期)、倪政祥《牛耕与犁的起源和发展》(1964年第3期)、唐耕耦《唐代水车的使用与推广》(1978年第4期)、史学通和周谦《元代的植棉与纺织及其历史地位》(1983年第1期)等；在商业史方面，《文史哲》杂

① 李亚农：《李亚农史论集》，上海：上海人民出版社，1962年，第367～368页。

② 唐长孺：《均田制度的产生及其破坏》，《历史研究》1956年第2期。

志刊出了《我国手工棉纺织业为什么长期停留在家庭手工业阶段?》(1983年第1期)、马新《商品经济与两汉农民的历史命运》(1996年第6期)、王大建《魏晋南北朝时期的田园经济与商品生产》(1990年第4期)、张剑光《唐代藩镇割据与商业》(1997年第4期)、斯波义信《商业在唐宋变革中的作用》(2009年第3期)、戴建国《唐宋专卖法的实施与律令制的变化》(2012年第6期)、华山《从茶叶经济看宋代社会》(1957年第2期)、刘秋根《元代官营高利贷资本述论》(1991年第3期)等重要文章;在税制史及货币史方面,有包伟民《宋代城市税制再议》(2011年第3期)、匡裕从《试论元代的纸钞》(1980年第3期)等论文。

在上古文明的探索方面,《文史哲》也为学界作出了贡献。20世纪20年代顾颉刚先生提出"层累地造成的中国古史",摧毁了过去两千余年为人们所笃信的上古史系统,既然只凭借传世文献无法重建上古史,考古学便日益受到人们的重视,正如李济1954年在《中国上古史之重建工作及其问题》一文中所认识到的,新文化运动以后,中国上古史的研究材料的范围发生了变化,随之研究的中心问题也发生了转移。[①] 20世纪前半期,尤其是殷墟发掘的开展,以及仰韶文化遗址的发现,极大地鼓舞了人们这一信心。对于中国上古文明的探索与上古史的重建,便逐渐与中国现代考古学关联在了一起,随着现代考古发现的日益丰富以及考古学的逐渐壮大,二者的进展几乎处于同步状态。1928年春,曾任齐鲁大学文学院院长的吴金鼎,在山东章丘首先发现城子崖遗址,在仰韶文化之外,龙山文化的考古研究遂成为仰韶文化之外的又一重要领域,受此一发现鼓舞,李济在1934年于《城子崖》序中充满自信地批评了顾颉刚的疑古说,提出"只有多找新材料,一步一步地分析他们构成的分子,然后再分别去取,积久了,我们自然会有一部较靠得住的中国上古史可写"[②]。

由于山东境内散布着众多的古代文化遗址,考古学专业一直是山东大学的优势学科,与此客观优势条件相应,地处齐鲁的《文史哲》杂志自创刊70年以来,在考古学研究、上古文明探索与上古史重建以及美术考古方面,刊发了数量众多的优质稿件,为相关研究作出了贡献。尤其值得关注的是,得山东大学的

① 关于考古学与中国上古史重建的关系,以及现代考古学发展对于上古史重建工作的推动的详细阐述,参见黄海烈、蒋刚:《考古学与中国上古史重建》,《古代文明》2009年第3期。

② 李济:《城子崖》序,原刊《东方杂志》1934年第1号。收入李济:《安阳》,石家庄:河北教育出版社,2000年,第301页。

地利之便,新中国成立后最早对龙山文化进行深入考察与系统思考的是刘敦愿先生,刘先生的考古研究对于上古史重建有着重要意义,同时他又是国内美术考古研究的开辟者,《文史哲》杂志刊登了刘先生的多篇代表作。

《文史哲》杂志刊出的第一篇考古研究文章,即是由山东大学组织对青岛市郊的一次考古研究的成果。1952 年 5 月,青岛市农林事务所的工人在即墨县李家宅头村南掘井,掘出古代黑色陶器数件,山东大学历史系韩东生等人至即墨县考察,1952 年第 4 期《文史哲》(7 月 1 日)刊出韩东生《关于青岛市郊出土的黑陶》一文,文中得出结论,此次出土的陶器,“时代可能比城子崖文化为早,亦可稍晚”。此前,“青岛附近的文化,在秦汉前,于史无征”,学界一般“以其在古代为东方夷族所居,文化发展较晚,其黑陶文化的时代或较城子崖稍晚”,而从此次出土的几片标准黑陶的陶片来看,“其制作技术显已达到黑陶的最高标准,为黑陶文化晚期所无。再就其纯为黑陶、无其他文化之混合来看,亦觉较历城城子崖、日照两城镇之文化为早之判断,更为可信”。作者结合王献唐先生所见铜鼎,推断其时间当在西周中期,从而纠正了此前学界认为青岛附近古代文化低落的观点,并以此作为“青岛黑陶文化或早于历城城子崖文化”的间接证据,并大胆作出假定,认为“黑陶文化的最早发源地为山东半岛的海滨区,然后向西传至历城的城子崖,更向西传至平原省的后岗、大赉店、侯家庄,河南省的不召寨,仰韶村等处而与彩陶文化相混合。更沿海岸向南以及于日照的两城镇,以迄浙江的良渚、钱山漾等地。沿海向北以及于辽东半岛的羊头洼、沙锅屯等地”。论文虽然较短,但作为新中国成立后较早公开发表的最新考古成果,对于相关研究具有重要的启发意义。

1958 年 1 月,《文史哲》杂志刊登了刘敦愿《龙山文化若干问题质疑》一文。这是新中国成立之后对于龙山文化与上古文明进行深入研究的第一篇学术论文。此前,1951 年 11 月,刘湘舲于《历史教学》刊发《仰韶文化与龙山文化——学习中国上古史新石器时代文化札记》,对仰韶文化与龙山文化作了介绍,是一篇只有两页篇幅的札记;1954 年 9 月,梁思永于《考古学报》刊出《龙山文化——中国文明的史前期之一》,从遗址发现的年代及其地理分布、当时所知的龙山文化的一般特征、根据所发现陶片对龙山文化进行的区域划分、地层和年代、与殷文化的关系等五个方面对当时龙山文化的考古与研究进行了全面的总结。这篇论文写于 1939 年,当时是用英文印行的,其后,“原作者自己对于文中所述,后来也有若干要修正的地方,但修订稿并未写成",1954年所刊出的,是"根据原作,忠实地译出"。①

自曾任齐鲁大学文学院院长的吴金鼎于1928年春在山东章丘城子崖首先发现龙山文化之后,1930年,原国立中央研究院历史语言研究所和当时的山东省政府共同组成"山东古迹研究会",由史语所考古组组长李济以及董作宾、梁思永、吴金鼎等先生组成考古队对城子崖遗址进行了首次发掘。这是中国东部地区的第一次科学发掘,也是中国学术机构、中国考古学者自己发现和发掘的第一处新石器时代遗址。1931年又运用了考古地层学原理作为指导,对城子崖遗址进行了第二次考古发掘,因遗址与龙山镇毗邻,故将城子崖遗址为代表的文化遗存正式命名为"龙山文化"。此后考古工作者又在河北、河南、陕西等省区相继发现一批龙山文化遗址,龙山文化年代距今约4500~4000年,前后延续达500年,它上承大汶口文化,下至岳石文化,是我国历史上一个非常重要的时代。②

由1930年至1958年,此时虽已距龙山文化的发现隔了近30年,但如刘敦愿先生文中所述,虽然"新中国考古事业以空前未有的速度与规模在发展着,但由于配合国家基本建设进行考古发掘的任务过于急迫以及我国古代史上有待考古学帮助解决的课题太多,龙山文化遗址虽有大量发现,少数并作了部分的清理,但仍无余力选择典型遗址进行大规模的发掘,即使那些零星的调查发掘结果,也难有余力印行正式报告"。刘先生在20世纪50年代,对龙山文化进行了广泛的考古调查,采集大量陶器、石器、骨器等龙山文化遗物,"时时摩挲,自然就会产生一些问题",经过长久的思考,刘先生在《龙山文化若干问题质疑》一文中,讨论了三个重要问题:"龙山文化是新石器晚期的文化吗?""龙山文化时期的社会经济生活是怎样的?""龙山文化分期问题的商榷"。在最后一个问题的讨论中,刘先生对关于龙山文化的分期方法提出了三个方面的疑问,包括"完全以文化的地区差别来区别时代早晚的方法,是与实际情况有出入的","山东境内是有仰韶文化(或以手制红陶为主要特点的新石器时代文化)遗址存在的","把作为文化特征的某些特殊器物在数量上的增减当作划分时代的标准的

---

① 梁思永:《龙山文化——中国文明的史前期之一》页下注,《考古学报》1954年第7册。

② 参见张万春、何德亮:《城子崖遗址与山东龙山文化》,西安半坡博物馆主办:《史前研究》,2004年,第173~181页。

办法,也是可商榷的”。刘先生在就此三方面,尤其是对龙山文化时期社会经济生活进行详细分析后,进一步提出对于文化“自东向西”发展程序的怀疑,并指出,推迟两城等遗址年代的看法,虽然不易解释“那些精制的器皿(如标准黑陶与陶鬶等)何以突然消失的问题”,但这个问题实际上可以从社会经济方面寻找突变原因,“一方面可能是铜器(尤其是青铜器)的使用增多起来,阶级和国家在逐渐形成之中,氏族贵族可以用青铜铸器以供享受,同时由于工艺制造的重点移向青铜铸造,陶器中的若干成就可以由青铜代替,平民与奴隶的日常用品则仍是陶器,现在只求其简便适用,价格低廉,不必再追求无谓的精美了;另外一方面是由于部落向部族发展的过程中,原为某些部落所有的特殊技巧和习尚,因部落融合或由于战争关系而失传了,但这种失传也不等于完全的消失,因为龙山文化制陶术中的许多优秀成就,在新的时代中,在新的部族中仍是被继承与保存下来了,从殷商时代的陶器中就可以看到这种痕迹”①。刘先生的这篇论文,不仅在山东龙山文化研究发展史上具有重要的开山意义,而且他结合社会经济形态来思考龙山文化社会发展阶段及年代分期、地方差异等考古学基本问题,也为考古学研究提示了一种方法论的应用。

关于龙山文化的探寻与考察,《文史哲》杂志还刊出一篇饶有兴味的调查报告,这便是 1963 年第 2 期刊出的刘敦愿的《根据一张古画寻找到的龙山文化遗址——山东胶县北三里河遗址调查小记》。事情的起因是 1958 年冬天,山东大学历史系韩连琪先生告诉刘敦愿先生,他在青岛文物管理委员会藏品中看到一件灰陶罐,其上有清初山东名画家高凤翰所写刻的诗和题记,诗文题曰:“吸古得深味。”诗文曰:“介子城边老瓦窑,田夫掘出说前朝;老翁拾来插瓶供,得结莲房碗大饶。”题记曰:“余家介子城下,偶得瓦器如婴罐,插莲结莲房,饱绽坚实,竟可为食,以其气足,生物有成也。时乾隆乙丑夏六月南阜翁左手志。”这件陶器虽非龙山文化遗物,但是韩连琪先生在青岛文物商店又发现高氏一幅水墨花卉,其上的题诗和记事与前一陶器上所刻文字大同小异,但画中插有莲花与莲房的陶器“是一个有流有錾、下有三足的器物——显然是件龙山文化的陶鬶,它虽经画家写意变形了,但时代特征还是非常明确的”。韩连琪先生据此认为高凤翰所提到的介子城,应是一处龙山文化,龙山遗物远在二百余年前已经开始

① 刘敦愿:《龙山文化若干问题研究》,《文史哲》1958 年第 1 期。

为人所发现了。1959 年 11 月下旬,刘敦愿先生和蔡凤书、孙坚奋两位先生前往胶县进行了实地调查,果然证明了韩连琪先生的推断,龙山文化三里河遗址由此被发现。这段颇具传奇色彩的考古佳话,在学界广为流传,2014 年出版的《中国历史评论》第一辑以王强先生《一幅画的故事》一文开篇,便是根据《文史哲》所刊刘敦愿先生的调查报告以及张树棠、严文明两位先生的相关论述撰成,这件逸事反映了山东大学历史系诸位先生对于学问的敏感,是在学术追求中"念念不忘,必有回响""精诚所至,金石为开"的一个绝佳案例。这篇论文的刊出,也反映了《文史哲》杂志不拘一格,重视学术新发现的风格。

20 世纪 50 年代以来,随着出土文献的不断发现,出土文献对古史研究的意义日渐凸现,尤其是改革开放之后学术复苏,相关研究更是发展迅猛。在 1949 年至 1980 年之间,出土秦汉文献偶有发现,如 1957 年出土的河南信阳长台关一号楚墓竹简、1959 年发现的甘肃武威磨咀子 6 号墓竹木简、1972 年出土的临沂银雀山汉墓竹简、1975 年发现的湖北省云梦县睡虎地秦墓竹简等,这些都为 1980 年之后的史学研究提供了丰富的资料。20 世纪 80 年代学界刊发的利用出土文献进行史学研究的文章,数量并不多,并且主要集中于利用出土文献进行经济、制度等方面史实的考索。

《文史哲》杂志对于出土文献的专门研究关注较早,1978 年第 4 期已刊出刘敦愿先生《马王堆西汉帛画中的若干神话问题》一文。关于出土文献的利用,1979 年第 6 期《文史哲》杂志还记录了关于张政烺先生的一段佳话。1979 年《文史哲》杂志第 5 期刊出了鲍善淳先生《"张楚"非国号辨》一文,此文得到张先生的关注,当年 10 月 31 日,张先生随之写信与鲍善淳先生进行商榷,这便是 1979 年第 6 期所刊出《关于"张楚"问题的一封信》一文的由来。张先生在信中说:"读了今年第 5 期《文史哲》所载《'张楚'非国号辨》一文,感到似不全面,建议作者考虑一下帛书中的材料。"张先生举了长沙马王堆三号汉墓出土帛书《五星占》与《刑德》中表格所列秦汉纪年有"张楚"字样的例证。当时,长沙马王堆三号汉墓出土的帛书《刑德》尚未发表,但在刘乃和先生刊于《文物》1975 年第 5 期《帛书所记"张楚"国号与西汉法家政治》一文中有引用,张先生采用了刘乃和先生这篇文章中所用的材料,指出:"《五星占》作于汉文帝三年,刑德古佚书从字体看还要早十几年,可见汉初的人把'张楚'二字当作一个名词,与'秦''汉''秦始皇''孝惠''高皇后'等并列,既是国号,也可纪元。那么,我们今天称陈涉所建政权为张楚政权、张楚国、张楚王，似无不可。当时陈涉并未统一，时间又短，各书纷纭，名称不一，自无足奇。帛书资料多楚地之文献(证据很多，不胜列举)，其用张楚二字较之它书应当更可信一些。”张先生的这封信提示了学界在作史学研究时，应关注最新出土文献的研究成果，在1979年，立于学术风气之先，对于学术研究起到了很好的示范作用。

此后，《文史哲》杂志还刊发了商庆夫《睡虎地秦简〈编年记〉的作者及其思想倾向》《再论秦简〈编年记〉作者的思想倾向》(1980年第4期、1987年第6期)、刘大钧《帛〈易〉初探》(1985年第4期)、张金光《论青川秦牍中的“为田”制度》(1985年第6期)、周立升《帛〈易〉六十四卦刍议》(1986年第4期)、庞朴《〈五行篇〉评述》(1988年第3期)等将出土文献与历史研究及思想史研究结合起来的文章，可以见出简帛文献对于学术研究所发挥的作用正在逐渐加大。

至20世纪90年代末，随着1993年所发现郭店楚简以及上海博物馆1994年所购竹简的整理公布，这两批数量巨大的竹简在国内外学界引起轰动，出土文献的研究价值始得以凸显。尤其是庞朴先生于1998年连续刊发系列文章①，揭示郭店楚简的思想史意义，从而掀起了以出土简帛为文献依据进行思想史研究的热潮。

因应于学术界对于简帛文献与学术史、思想史研究的热潮，21世纪的20年间，作为思想史研究重镇的《文史哲》杂志也刊发了数量众多的相关论文，如杨春梅《关于〈诗论〉简的编联及相关问题研究综述》(2004年第1期)、梁韦弦《与郭店简〈唐虞之道〉学派归属相关的几个问题》(2004年第5期)、贻群《〈恒先〉三题》(2005年第1期)、晁福林《从上博简〈诗论〉第21简看孔子的情爱观》(2005年第2期)、刘大钧《帛〈易〉源流蠡测》(2005年第4期)、廖名春《楚简“逸诗”〈多薪〉补释》(2006年第2期)、陈斯鹏《楚帛书甲篇的神话构成、性质及其神话学意义》(2006年第6期)、浅野裕一《新出土文献与思想史的改写——兼论日本的先秦思想史研究》(2009年第1期)、郭静云《郭店楚简〈太一〉四时与四季概念》(2009年第5期)、李锐《新出简帛与古书书名研究——〈古书通例·古书书名之研究〉补》(2010年第5期)、廖名春《清华简与〈尚书〉研究》(2010年第6期)、杨

① 参见庞朴先生1998年所发表的系列文章，如《孔孟之间——郭店楚简的思想史地位》(《中国社会科学》1998年第5期)、《古墓新知》(《读书》1998年第9期)、《初读郭店楚简》(《历史研究》1998年第4期)等。

华《楚地丧祭礼制研究——以出土简帛为中心的讨论》(2010年第6期)、晁福林《早期儒家政治理念中的“止民淫”与“见(现)民欲”——简本〈礼记·缁衣〉“上人疑”章补释》(2013年第1期)、廖群《简本〈老子〉与“阴阳两仪”思维范式形成再审视》(2013年第2期)、郑吉雄《试论子思遗说》(2013年第2期)、李若晖《幽赞而达乎数,明数而达乎德——由〈要〉与〈诸子略〉对读论儒之超越巫史》(2013年第5期)、李炳海《清华简〈耆夜〉与〈诗经〉相关词语的考释——兼论〈诗经〉科学阐释体系的建立》(2014年第1期)、池田知久《〈老子〉的形而上学与“自然”思想——以北大简为中心》(2014年第3期)、叶树勋《老子“玄德”思想及其所蕴形而上下的通贯性——基于通行本与简帛本〈老子〉的综合考察》(2014年第5期)、晁福林《观念史研究的一个标本——清华简〈保训〉补释》(2015年第3期)、柯鹤立《巽之祟》(2015年第6期)、徐莹《从楚简本、帛书本、北大汉简本及今本看〈老子〉的编纂》(2016年第2期)、王辉《傅说之名再考辨——兼论“鸢”字及其他》(2016年第4期)、王辉《傅说之名再考辨——兼论“鸢”字及其他》(2016年第4期)、马腾《儒家子思学派的性情论与法思想》(2019年第1期)、夏含夷《出土文献与〈诗经〉口头和书写性质问题的争议》(2020年第2期)等论文,极大地推动了出土文献与学术史、思想史等相关研究。

此外,《文史哲》杂志对于重要史籍及其作者的考订,也同样功不可没。以《史记》研究为例,《文史哲》杂志共刊发相关研究论文达100多篇,包括卢南乔《论司马迁及其历史编纂学——纪念司马迁诞生二千一百周年》(1955年第11期)、陈直《太史公书名考》(1956年第6期)、程金造《从史记三家注商榷司马迁的生年》(1957年第2期)、王恩田《〈史记〉西周世系辨误》(1999年第1期)、李纪祥《〈太史公书〉由“子”入“史”考》(2008年第3期)、张新科《〈史记〉文学经典化的重要途径——以明代评点为例》(2014年第3期)、陈其泰《〈史记〉“世家”历史编纂成就析论——“应另换一副眼光读之”》(2015年第6期)、赵生群《〈史记〉相关重要问题和新版〈史记〉修订情况》(2017年第4期)等众多对《史记》研究有推进的重要研究成果。这些文章以丰富的资料和扎实的考据,厘清了大量重要的史实,体现了《文史哲》杂志对于70年中国人文学术中的史学考订所作出的众多贡献。

第二节 古代文学重点作家作品及古代文论的考订与清理

自 1951 年创刊以来,《文史哲》杂志见证了新中国古代文学研究的发展历程,尤其是使古代文学史中系列重要人物及重要作品得到了基本清理,为古代文学研究的一些重要领域奠定了基础,如诗歌研究方向中的杜甫研究,文论领域中的《文心雕龙》研究、以《红楼梦》《聊斋志异》等为代表的明清小说研究等。

《文史哲》杂志创刊伊始,最早刊出的古代文学作品考辨文章是顾颉刚先生的《〈穆天子传〉及其著作时代》。晋太康二年(281),汲县魏王冢发得数十车竹简,经当时学者整理得 75 篇,其后不断佚失,最终得以完整留存的只有《穆天子传》,顾颉刚先生以为"想来是它讲的故事太有趣味,当文学的资料看,因而没有散失"。清人姚际恒《古今伪书考补正》一书认为《穆天子传》"体制亦似起居注。起居注者,始于明德马皇后,故知为汉后人作"。顾颉刚先生缕析了《穆天子传》中周穆王的行程路线,通过对战国形势、秦赵历史以及中西交通等方面的考察,得出《穆天子传》为战国时期赵国学者的托作,其"著作背景即是赵武灵王的西北略地"的结论。顾先生认为:"秦赵人既有御马和养马的能力,所以发生了八骏的传说,而归之于造父所御;造父是周穆王的御者,所以穆王就乘了八骏,大出风头,长驱直入西王母之邦了。这是穆王远游的起因。"顾颉刚先生这一考辨对后来的相关研究影响很大,《北京师范大学学报(社会科学版)》1985 年第 4 期刊出靳生禾先生《〈穆天子传〉若干地理问题考辨——兼评岑仲勉〈穆天子传〉西征地理概测》一文,即赞同顾说;《东方论坛》1993 年第 3 期刊出杨义先生《〈穆天子传〉史诗价值》,亦赞同此说。钱伯泉先生《先秦时期的"丝绸之路"》(《新疆社会科学》1982 年第 3 期),亦赞同战国说,但认为"《穆天子传》一定出于战国时期的魏国文士之手"。此外,缪文远、王贻樑两位先生作《〈穆天子传〉汇校集释》①、杨宽先生著《西周史》②都采纳了战国说,"目前这一说的影响最大,几成定论"③。

---

① 缪文远、王贻樑:《〈穆天子传〉汇校集释》,上海:华东师范大学出版社,1994 年。

② 杨宽:《西周史》,上海:上海人民出版社,1999 年。

③ 顾颉刚《穆天子传》"战国说"的影响,参见顾晔锋:《〈穆天子传〉成书时间研究综述》,《长春理工大学学报(高教版)》2007 年第 4 期。

1951年第3期刊出的冯沅君《季布骂阵词文补校》一文,是新中国成立后较早将古代文学研究与出土文献结合起来的研究成果,也能代表《文史哲》杂志古典学术的风格。敦煌所出《季布骂阵词文》,全称为《大汉三年楚将季布骂阵汉王羞耻群臣拔马收军词文》,又称《捉季布传文》,是一首长篇叙事诗歌。此诗全文640句,4474字,"为东汉有名的叙事诗《孔雀东南飞》的三倍,为魏晋南北朝的著名叙事诗《木兰词》的十三倍,比蔡琰《悲愤诗》多九倍"①,被称作汉语诗歌史上"空前的长篇作品"②,"它的出现标志着我国叙事诗发展的新开端,新纪元"③。冯先生评价说:"《季布骂阵词文》是敦煌所出的'史传变文'中的瑰宝。""如果用画来比喻,这将不是帧小幅,而是块大气磅礴的壁画;同时,在结构与人物等方面,作者也都表现出他不是没有艺术修养的。"《敦煌本捉季布传文》当时为学界所知的有四种钞本,包括:(1)1912年,日本人狩野直喜从斯坦因抄得的残卷,共240句,后由罗振玉收入《敦煌零拾》;(2)1924至1925年间,刘复在巴黎发现残卷并收入《敦煌掇琐》,共347句;(3)1931年,日本人小岛祐马在巴黎发现残卷并收入《敦煌遗书所见录》,共396句;(4)1936年,王重民先生在巴黎发现的首尾完整的全本,载于《国立北平图书馆馆刊》第十卷第一号。冯先生据第一、二、四三种本子,为《敦煌本捉季布传文》作校语99条;其中,为王重民先生所未提及的"将近十分之九",余下的则是王重民先生虽提及而未下断语的,或虽已改正而冯先生不能同意的。冯先生所作补校工作的意义,不仅是令《季布骂阵词文》可以初步读通,为古代文学史研究贡献了珍贵的文本,而且她在作补校工作时所采用的新方法对后来的文献整理工作也极具示范意义,这一方法,即冯先生所说的"我们在发现古书的讹误而无别本可参校时,还可以从文字的形与声以及前后文义来推究,理解(当然这种方法不可滥用),但直到现在似乎还少人这样的处理过这篇词文(王本偶用)"④。

《季布骂阵词文》中有"九族潘遭违敕罪""将表呈时潘帝嗔"两句,其中两"潘"字难以理解,冯沅君先生校文认为:"潘疑是拌之借字。"王庆菽先生《敦煌变文集》中校录此篇于"将表呈时"句下引周一良说云:"周云:潘字似不误,盖是

① 李骞:《谈谈敦煌本〈季布骂阵词文〉》,《辽宁大学学报(哲学社会科学版)》1986年第3期。
② 程毅中:《〈季布骂阵词文〉与词话的发展》,《敦煌吐鲁番研究》2013年第1期。
③ 李骞:《谈谈敦煌本〈季布骂阵词文〉》,《辽宁大学学报(哲学社会科学版)》1986年第3期。
④ 冯沅君:《季布骂阵词文补校》,《文史哲》1951年第3期。

助词,犹言恐怕。上文‘九族潘遭违赦罪’,亦应解为恐怕。”2012年第1期《文献》刊出了启功先生遗作《〈季布骂阵词〉之“潘”字》一文,对冯先生的观点提出了进一步的证据支持,认为“以语气论,冯说‘拌’之借字者是。按拌字,字典引《唐韵》以下各书:‘音潘,捐弃也。’《方言》:‘楚人凡挥弃物,谓之拌。’实即今北方话所谓‘豁(平声)出去’”[①]。启功先生的这篇遗作,成为与冯沅君先生校文相隔61年光阴的学术回响。

杜甫研究是中国古代文学研究的重镇,“在这座重镇中,山东大学占据显赫的制高点”[②],山东大学自20世纪30年代起,由闻一多开创,至50年代萧涤非接续,形成了“悠久而优良的杜甫研究学统”[③],而《文史哲》杂志自创刊起便在打造这一“制高点”的过程中起到了关键性的作用。《文史哲》杂志1952年第6期刊出了萧涤非《学习人民语言的诗人——杜甫》一文。1955年第4期至第7期,《文史哲》杂志分四期连载萧涤非《杜甫研究》长文,山大杜诗研究的声誉由此一举奠定。萧先生在《杜甫研究》中结合杜甫的生活经历来分析杜甫诗作,认为贫困的生活使杜甫成为忧国忧民的诗人,将传统儒学的仁者精神提高到人道主义的高度,并以之作为杜甫的基本思想。萧先生提出,杜甫的思想根源是儒学,他虽然处于忠君与爱民的矛盾之中,但在特定条件下又有其统一性。萧涤非还将杜诗形式的创新(如乐府、律体等)与其生活实践结合起来考察,认为杜甫对语言形式的采用是为了更有力、更逼真地反映生活,“从总的方面来说,杜甫创作方法的总的特征,是现实主义”,“他的艺术上的若干特征都是从这一总的特征产生和出发的”。最后,萧涤非总结了杜甫诗歌在思想内容与艺术形式方面对后世的影响。在思想内容方面:第一,发扬了现实主义精神,使现实主义倾向在此后的诗歌中取得了支配地位;第二,发扬了人道主义精神,并对后世形成了很大的影响,如对白居易、王安石的影响;第三,继承和发扬了中华民族爱国精神的优良传统,教育和激励了后代,特别是当外族侵略外族统治时代无数的爱国诗人和民族英雄。在艺术形式方面:第一,创造了“即事名篇”的办法,为后代诗人创作现实主义诗歌广开方便之门;第二,大量地大胆地采取口语入诗,丰富了

① 启功遗著,柴剑虹抄录整理:《〈季布骂阵词〉之“潘”字》,《文献》2012年第1期。

② 赵睿才:《我于古文学,特爱少陵诗——山东大学杜甫研究学统的变迁》,《杜甫研究学刊》2014年第2期。

③ 赵睿才:《我于古文学,特爱少陵诗——山东大学杜甫研究学统的变迁》,《杜甫研究学刊》2014年第2期。

诗的语言,加强了诗的表现力;第三,杜甫忠实于艺术创作的态度,为后代诗人、文学家树立了一个良好的榜样。萧先生关于杜诗研究的这些观点基本为后来的研究所认可,为改革开放后的杜甫研究奠定了很好的基础。赵睿才先生以"高屋建瓴,规模宏大""以专代博,深入挖掘""尚古友今,追求真理""开宗立派,继往开来"[①]四个方面总结萧涤非先生杜诗研究的成果,既是对萧先生的忠实评价,也是对《文史哲》杂志刊发萧先生杜甫研究系列论文的褒扬。

明清小说研究是《文史哲》所刊古代文学领域文章的另一重点,如对《红楼梦》《聊斋志异》《金瓶梅》等作品的研究,《文史哲》都起到了奠基、引领和推动的作用。50年代的《红楼梦》相关研究前文已有详细介绍,此节只介绍改革开放之后《红楼梦》研究的相关成果。1979年第2期《文史哲》杂志刊出了滕萝苑先生的《"冷月葬花魂"——〈红楼梦〉小札之一》一文。长期以来,《红楼梦》流行的各种排印本,基本上采用的是比较后出的程(伟元)高(鹗)系统的本子,故"中秋夜大观园即景联句"中林黛玉所作的这句诗,都采用了程本的"冷月葬诗魂";滕萝苑先生则指出,《红楼梦》早期的王府本、有正本、戚宁本、梦稿本等"诗魂"皆作"花魂",并且从对仗、小说情节内证等方面,考证此句作"花魂"比"诗魂"更妥当,解决了《红楼梦》校勘中的一个重要问题。

1988年第6期《文史哲》杂志刊出了杨向奎先生《曹雪芹世家》一文。论文经过细密的考据,得出四条结论:第一,曹玺、曹寅、曹雪芹一系本是宋初曹彬之后,但未入于以曹彬为始祖的《浭阳曹氏族谱》,却入于托名明初曹良臣(实为曹俊)为始祖的《五庆堂重修辽东曹氏宗谱》。曹玺祖父曹世(士)选,于明末满族兴起后出关入正白旗,以包衣而贵,《浭阳曹谱》有所忌讳,有意不收,并非漏载;《辽东曹谱》虽收,但系过录。第二,曹邦是曹玺的同族近亲,却同时入于《浭阳曹谱》与《辽东曹谱》,前谱所记,真实可信;后谱所记,貌似真实,实乃抄录自《八旗满洲氏族通谱》。第三,在浭阳丰润曹氏中,曹寅与曹铨是五服内缌服亲,曹铨儿时可能寄养于曹玺处,故他们之间以"同胞""骨肉"相称。第四,《红楼梦》中荣府之原型是曹寅一系,而宁府之原型,当在曹铨一系中求之。对于曹雪芹家世的详细研究,对红学研究意义重大。2012年第1期《文史哲》杂志刊出黄一农《曹雪芹高祖曹振彦旗籍新考——从新发现的满文材料谈起》,对于曹雪芹的

---

① 赵睿才:《我于古文学,特爱少陵诗——山东大学杜甫研究学统的变迁》,《杜甫研究学刊》2014年第2期。

家世作了更深入的考察。此外,《文史哲》杂志还刊发了张毕来《略说贾氏家塾中的师友之道——贾宝玉在科举问题上的思想局限性》(1980 年第 5 期)、杜景华《王熙凤与〈红楼梦〉的艺术结构》(1982 年第 1 期)、袁世硕《贾宝玉心解》(1986 年第 4 期)和《研究作家与解析作品——就〈红楼梦〉"自传说"问题谈》(1991 年第 6 期)、王庆云《〈红楼梦〉与李商隐》(2002 年第 4 期)、马瑞芳《〈红楼梦〉的情节线索和叙事手法》(2003 年第 1 期)、马瑞芳《秦可卿出丧的写作参照与可能性对比》(2005 年第 4 期)、孙柏录《〈红楼梦〉版本异文考》(2009 年第 3 期),对红学研究作出了重要贡献。

《文史哲》杂志在《聊斋志异》研究方面亦曾有突出的成绩,如 1963 年第4 期刊出了署名杜荇的文章《新发现的二十四卷抄本〈聊斋志異〉初校后记》。此前虽有人提到过《聊斋志异》有二十四卷本,但学术界却未曾见过此本,直到 20 世纪 60 年代在距蒲松龄故居不远的淄博市周村区发现了二十四卷抄本《聊斋志异》,这篇论文即是对此二十四卷本的校勘研究。论文将此版本与其他本子作了篇章、目次及异文对比,并举例说明该版本在校勘方面所有的具体应用价值,对于《聊斋志异》版本研究具有填补空白的意义。

1980 年第 6 期《文史哲》刊出了袁世硕先生《蒲松龄与王士祯》一文,通过对蒲松龄致王士祯的四封书信的细致考索与诠释,得出蒲、王二人的交往情况,认为二人之间"主要是文学上的交往","两人会面仅只一次,而书信往来却较为频繁"。"在王士祯一方面,他是以一个文学名流的身份对一个不出名的文学作者发生了兴趣,赞赏其文才,给予了一定的鼓励;在蒲松龄一方面,他是由于在困惑中受到文学名流的褒奖而感到欣慰,视为知音,自然对王士祯非常钦敬。"袁先生通过新发现的蒲松龄的信件,澄清了文学史上的一段迷案,解决了《聊斋》研究中的一个重要问题。此外,关于《聊斋志异》的论文,还有孔家《〈聊斋志异(原稿)〉中的〈鬼哭〉〈绛妃〉和〈青蛙神·又〉》(1962 年第 4 期)、明《〈聊斋志异〉研究中的争鸣问题》(1980 年第 6 期)、李厚基《〈聊斋志异〉刻画人物性格的几点特色》(1980 年第 6 期)、赵俪生《试论〈聊斋志异〉妇女形象中人性的异化》(1980 年第 6 期)、蓝翎《略谈〈聊斋志异〉在中国小说史上的地位》(1980 年第 6 期)、王志民《近几年蒲松龄和〈聊斋志异〉研究综述》(1986 年第 2 期)、马瑞芳《〈聊斋志异〉对冥界题材的开拓》(1990 年第 6 期)、曾繁仁《〈聊斋志异〉的"美生"论自然写作》(2020 年第 5 期)等,都在《聊斋》研究中产生了较大的影响。

《文心雕龙》研究是杜甫研究之外山东大学文史研究的另一重镇。《文史哲》杂志早在1956年第10期,即刊出了吴林伯先生《试论刘勰文学批评的现实性》一文,论文着重介绍了"刘勰文学批评中几个最富有现实意义的论点与主张",虽然受时代所限,无法脱离意识形态的影响,但对于龙学研究却有着深远的影响。1961年第3期《文史哲》刊出了两篇龙学研究论文,即陆侃如先生的《〈文心雕龙〉论"道"》,黄广华、姜宝福二位先生的《刘勰论作家的风格——〈文心雕龙〉创作论问题研究之二》,对于《文心雕龙》中所载的文艺理论问题进行了探索。1962年第1期刊出陆侃如、牟世金《〈文心雕龙·序志〉译注——〈文心雕龙〉译注之一》。可以说,山东大学的龙学研究由此开拓发展,而新中国龙学研究也于此奠基。陆侃如先生《〈文心雕龙〉论"道"》一文在学界引起反响,张启成、龚仁贵、子贤、谢祥皓等先生纷纷撰文与之商榷,1963年第6期《文史哲》杂志刊出了这四位先生的商榷文章,总题名为《关于〈文心雕龙〉的"道"的讨论》,引发了学界对于龙学研究的关注。

可以说,是陆侃如、牟世金等先生对于《文心雕龙》的上述研究,催生了新中国"龙学"的"早春第一枝花朵",而《文史哲》杂志的意义,则是为这"龙学"的"早春第一枝"提供了一块肥沃的实验田。正是因为在"龙学"研究方面有着丰厚的积累,山东大学和《文史哲》才会有着密切的关联①;正是奠基于之前对《文心雕龙》细密考据,才有可能在后续研究,尤其是《文心雕龙》学会成立之后的研究中,对龙学乃至中国古代文论展开更为深入的理论阐发②。

改革开放之后,尤其是随着《文心雕龙》学会的成立对龙学乃至古代文论研究的推动,《文史哲》更是刊发了众多具有重大影响的龙学研究论文,如牟世金先生的《刘勰思想三论》(1981年第1期)、《刘勰"原道"论管见》(1984年第6期)、《刘勰的"征圣""宗经"思想》(1986年第2期)、《文律运周　日新其业——〈文心雕龙·通变〉新探》(1989年第3期),戚良德先生的《〈文心雕龙·总术篇〉新探》(1987年第2期)、《〈文心雕龙〉与中国文论话语体系》(2004年第3期)、《文章千古事——儒学视野中的〈文心雕龙〉》(2014年第2期)等文章,都对相关

① 参见徐庆全:《"花开两朵缘一枝":王元化、牟世金与〈文心雕龙〉学会的成立——以王元化致周扬两封未刊信为主疏考》,《文史哲》2021年第4期。

② 如王元化等人对于《文心雕龙》进行理论阐发的研究构想。参见《中国古代文论研究和建立民族化的马克思主义文艺理论问题(座谈纪要)》,《文史哲》1983年第1期。

研究产生了重要的影响。此外,著名学者王运熙先生《〈物色〉篇在〈文心雕龙〉中的位置问题》(1983 年第 2 期)、《〈文心雕龙〉批评当时不良文风的矛头指向》(与奚彤云合作,2011 年第 3 期),毕万忱先生的《〈文心雕龙·正纬篇〉探微》(与李淼合作,1981 年第 5 期),张可礼先生的《〈文心雕龙·体性篇〉"八体"辨析》(1983 年第 1 期),姜葆夫先生的《〈文心雕龙〉与儒学及玄学的关系》(1993 年第 4 期)等重要龙学论文,也都发表于《文史哲》杂志。这些文章的刊发极大地推动了龙学研究的发展。可以说《文史哲》杂志是孕育、培植新中国龙学研究的重要园地。

第三节　经学与小学研究

经学在 20 世纪遭遇了最严厉的批判。1926 年 9 月,周予同即断言:"经是可以研究的,但是绝对不可以迷恋的;经是可以让国内最少数的学者去研究,好像医学者检查粪便,化学者化验尿素一样;但是绝对不可以让国内大多数的民众,更其是青年的学生去崇拜,好像教徒对于莫名其妙的《圣经》一样。"周先生甚且大声疾呼:"经不是神灵,不是拯救苦难的神灵!只是一个僵尸,穿戴着古衣冠的僵尸!它将伸出可怖的手爪,给你们或你们的子弟以不测的祸患。"[①]在对经学进行了彻底否定之后,经学的价值主要就是经过考据后确定为"真"的部分资料可用作为史料,而对经学的研究实际上也主要是经学史研究了。

20 世纪经学更是作为封建社会腐朽思想文化的代表,属于应被批判、肃清之列,对于经学的正面研究已很难展开,即使是从经学中挖掘可信的史料,或者经学史的研究,也已经没有办法正常进行。在这种氛围下,1957 年第 5 期(5 月 1 日)《文史哲》杂志刊出了高亨《〈诗经〉引论》一文。这篇文章将《诗经》定位为"由西周初期到春秋末期的诗歌选集",全文分"绪论""《诗》三百篇产生的社会根源""《诗》三百篇的阶级性与思想性"三部分,分析了西周与春秋时期的社会情况,将《诗》三百篇看作是"当时社会的产物",对《诗》三百篇的作者群进行了农民阶级、领主阶级的区分。这实际上也是为《诗经》研究寻求在新时代的可能性的一种努力。从研究方法上来说,在文学作品的分析中引入对经济、政治、社

---

① 周予同:《僵尸的出祟——异哉所谓学校读经问题》,原载《一般》第一卷第二期(1926 年 10 月 5 日),收入周予同著、朱维铮编校:《经学和经学史》,上海:上海人民出版社,2012 年,第 52～53 页。

会制度等因素的观照,并注重作者本人的身份、经历与经验,这种分析方法直到今天也依然是人们研读文学作品的重要模式。

高先生《〈诗经〉引论》一文,尝试在去掉《诗经》经学色彩的前提下,采用唯物史观由历史的角度来重启《诗经》研究。《〈诗经〉引论》一文与其说是一篇经学论文,不如说是一篇思想史、文学史研究的文章。有趣的是,这篇以史的角度对经学进行研究的论文,却意外地引发出一场经学考据的争论,从而使《文史哲》成为新中国成立后较早刊出经学考据论文的杂志。

《〈诗经〉引论》刊出四个月后,《文史哲》1957 年第 9 期刊出了王乲扬《读高亨先生〈诗经引论〉》一文,对高亨先生关于《小雅・伐木》《小雅・宾之初筵》《王风・兔爰》《陈风・月出》的解读,提出了不同的意见。同期还刊出了高亨先生的回应文章。在文中,高先生进一步提出了文字学、训诂学方面的证据,再次坚持了自己对诗意的解读。

高亨先生的文章,重点以《陈风・月出》为例证,来回应《读高亨先生〈诗经引论〉》一文的质疑。《〈诗经〉引论》一文中,高先生所提到的诗篇的解说,都以他的《诗经选注》中的解读为基础。其中,关于《陈风・月出》篇,高先生认为,这首诗反映的是“领主杀害农民的一个事实”,认为“这一篇抒写在月色惨白的杀人场,一位英俊的人民,身披五花大绑,被领主杀死了,尸身被领主焚烧了,这时枝干盘曲的老橡树,在怒吼,在颤摇,作者的心灵,在忧愁,在跳动,在悲痛”。在回应中,高先生从训诂学、文字学、校勘学等角度给出了自己解读的依据。如“佼人懰兮”句,旧说:“懰,好貌。”陆德明《经典释文》载《诗经》的古本“懰”作“劉”,《尔雅・释诂》:“劉,杀也。”高先生还举了《尚书・盘庚》《尚书・群奭》《诗・周颂・武》等篇中“刘”字为杀意的文献例证。又如“佼人燎兮”句,旧说:“燎,明也。”高先生则认为,“燎”字作“明”字解,《诗经》里再无旁证,先秦古书里也未见旁证,《诗经》中其他五个“燎”字,都与焚烧及火有关系,《说文》:“燎,放火也。”《广雅・释言》:“燎,烧也。”由此,高先生坚持“佼人懰兮”白话可译作“英俊的人儿刀下亡啊”,而“佼人燎兮”白话可译作“英俊的人儿被火烧啊”。

1957 年第 3 期(3 月 1 日)《文史哲》杂志刊出了王季星《评高亨先生对〈陈风・月出〉篇的新解——兼谈研究〈诗经〉的态度和方法》一文,主要由训诂、文字、音韵、校勘等角度,坚持《月出》所表达的是“青年男性对于所爱慕的美丽女性一种崇高的赞美”,再次对高先生的释读提出商榷。同期《文史哲》杂志刊出了高先生《谈〈诗经·月出〉篇答王季星先生》,对王先生的质疑逐条进行了回应。

《诗经·月出》的主旨,《毛诗序》曰:"《月出》,刺好色也,在位不好德而说美色焉。"朱熹《诗集传》则曰:"此亦男女相悦而思念之辞。言月出则皎然矣,佼人则僚然矣,安得见之而舒窈纠之情乎?是以为之劳心而悄然也。"可见自古以来,《月出》的主旨都与"男女相悦"相关,或者用今天的语言来说,是一首爱情诗。在高亨先生的新解读中,这首诗中情意缱绻的爱情描写却变成了一个鲜血淋淋的杀人场面,这种巨大的反差的确使高先生的解读令人难以接受。此处暂不讨论高先生观点的对错,但由高亨先生重新定位《诗经》地位和价值的努力开始,经由自文字、训诂、音韵、校勘等方法对《诗经·月出》篇的主旨所进行的激烈讨论,既可以看到传统经学考据的重要性和价值所在,也可以看到20世纪后半期在唯物史观及阶级分析法对传统经学考据的影响。

除了关于《诗经》的讨论,《文史哲》1958年第3期刊出赵贞信《欧阳修对"经学"上的贡献》一文,也是中华人民共和国成立后十七年间,学报刊发的为数不多的对于经学的研究成果,体现了《文史哲》杂志创刊之初所具有的浓郁的古典学特色。

以音韵、文字、训诂为基本内容的传统小学,与经学研究从来就有着密切的关系,自《汉书·艺文志》起,在传统文献目录分类中,小学文献往往被置于经学文献书目之后。乾嘉学派也好,民国年间史料考订派也好,其经学研究与小学研究都是很难截然分开的;所不同者,只在于对待经学的态度,乾嘉学派是尊经为经,史料考订派则将经作史,以期发现史料。因此,1949年之后,当经学考据受意识形态的影响发生了重大变化时,小学方面的研究也受时代思潮的影响,不仅在研究视角与方法上引入了唯物史观和社会经济史视角,在所选择的考订对象方面也受到意识形态的影响,偏重于与社会经济史有重大关系的古文字或者古代语汇。在这方面,1955年第5期《文史哲》所刊出的周谷城《庶为奴说》一文,即是经典的代表。

"庶"字,旧注多解释作"众多"之义,而周先生《庶为奴说》一文经由对"庶"字金文字形的分析,得出"庶字的基本意义为杂屋,为灶披间,为烧饭或住佣人的地方"的结论,进而指出"庶"的引申义主要有三个:

一曰卑贱,常用来形容最下层社会分子;古代所谓庶民,大概就是贱民或奴隶之类,其住居规定在杂屋里,不在正屋里;故他们常被称为庶民,意即住杂屋或灶披间的人。这个意思,一直到东汉时,还在民间流行着。《后汉书·刘玄传》云:“其所授官爵者皆群小贾竖;或有膳夫庖人,多着绣面衣,锦裤,襜褕,诸于(大掖衣也),骂詈道中。长安为之语曰:灶下养,中郎将。”二曰旁出,常用以形容非正妻所生之子,所谓庶子是也。清徐灏《说文解字注笺》云:“古者诸侯之世子曰適子,馀子谓之庶子。庶犹众也。后世专以侧室所生为庶,古无是也。”这里徐灏错了,庶的根本意义并不是众多;所谓庶子实在就是侧室之子;后世专以侧室所生为庶,倒是援用了古义。……三曰渺小,即俗所谓差不多的意思。《诗·抑》“庶无大悔”,《礼记·檀弓》“其庶几乎”,庶字都是差不多的意思,差不多即所差无几,即是几微之差,即渺小不必十分介意的差。

周先生又由“庶”字本义与引申义解读了《诗》《书》中的一些用例,并纠正了传统注释解读的失误。如《书·皋陶谟》“无旷庶官”之“庶”,“若解作众多,总不甚顺。众多之官究竟是指一些官?还是指一切官?如系指一些官,则其他的官似为可旷,断无此理。如系指一切官,则众多云云便没有意义。若解作眇小,便畅通了。无旷小官,意即谓虽小官亦不任其空旷”。又如《书·皋陶谟》“庶明励翼”之“庶”,“若解作众多,不但不顺,根本不通。庶既为众,则王者不却众庶便成了王者不却众众,还有什么意思?若把庶解成卑贱渺小,则不却众庶等于不拒绝一切卑贱微小的下层人民,意义便畅通了”。再如《诗·灵台》“庶民于来”之“庶”,“若解作众多,总不甚顺。民之来者既极勇跃,如儿子之帮父亲一样;那么人数断不是单一的,一定是多数。再于其上一加以众多来作形容词,成为多数的多数,便不顺了。若把庶解为眇小,则小民子来云去,便畅通了”。

在罗列诸多古书尤其是经书用例之后,周先生进一步指出:“由此我们该可相信庶的意思是卑贱,是渺小,是旁出;庶民在古代几乎是奴隶的专称。但庶字之众多的意思,也确是有的。如《书·尧典》‘庶绩咸熙’……然则众多的意义是从哪里来的呢?曰:从卑贱微小而居于杂屋里的人数引出来的,且与卑贱等基本意义同时流行着。”最后,周先生引了许慎《说文解字》中的解释,谓:

“庶,屋下众也。”正是指的这个引伸之义。许氏这说,最为正确,道出了庶民的真相。庶民即卑贱的小民,即只能居杂屋的奴隶,人数很多。……许氏所谓屋下众，正是杂屋或灶披间一类之屋下挤满的大众，正是庶民或奴隶的正确解释。

周先生《庶为奴说》一文，在今天看来，也是一篇精彩的考据文章。此外，1955年第9期《文史哲》刊出了署名拱辰(杨向奎先生字拱辰)的《释“吕方方皇于土”》《释“下邽”》二文，虽然短小，但在当时这一类纯考据的文章在学界发表得并不多，因而也显得格外珍贵。

1957年第6期《文史哲》杂志刊出了殷孟伦先生《略谈“训诂学”这门科学的对象和任务》一文，对训诂学的对象、任务及意义进行了总结，尤其是对新时代训诂学的意义和价值进行了阐述，纠正了当时对于训诂学的错误看法，不仅对训诂学学科发展具有重要影响，其中所举的很多训诂学例证，也很有学术价值。如杜甫《曲江》诗中“莫厌伤多酒入唇”一句“伤”的释义：“仇兆鳌《详注》说‘伤多，伤于酒也’，杨伦《镜铨》说‘莫以伤多而不欲也’。如果照仇、杨二说，勉强可通，但从造句结构的比对上看，三四两句是律诗中的颔联，‘伤’和‘欲’在属对上有些不相当，就是在字典辞书上的注释，‘伤’字所具有的意义也不和这句诗中所用‘伤’字相当。这就把我们困住了。”殷孟伦先生的思路是，“从唐人的诗中去看有没有这样用例”，并用李商隐诗《俳谐》中“柳讶眉伤浅，桃猜粉太新”二句作为例证，指出：“这里的‘伤’字和‘太’字对文，实在是同义词，可见杜甫在这句诗所用的‘伤’字应该作‘太’字解才妥帖，这句话才明白好懂。这两句诗在韵律上是上四下三的句法，可是在词组结构应该是‘欲尽花’和‘伤多酒’相对”，从而用训诂学方法堪称完美地解决了杜诗中的这一问题。殷先生还指出：“这样用的‘伤’字意义在字典辞书上还没载上，这是唐人所熟习的语言，所以和通常词义不同。”可见，如果不使用训诂学方法，那么杜诗的这一句也许就会成为谜题或悬案。殷先生还举了好几处以训诂学方法解决古书释读问题的例证，在此不一一赘述。这些鲜活的例证很好地佐证了训诂学在学术研究中仍然有着不可或缺的地位。

改革开放的春风复苏了人文学术研究。《文史哲》1980年第1期刊出高亨先生《〈诗经〉续考》一文，这一年高先生已80高龄。在文章的“前言”中，高先生说：“以前我读《诗经》，遇到难解的字句，查阅古今人的注说又觉得都不切当，就自作考释。”大胆质疑古注，并善用文字学、音韵学、训诂学作出历史性而非义理性的新解释，是高先生经学考释的重要特点，这篇文章中所选择的18条《诗经》

考释,正体现了高先生治学的这一特点。高先生的经学考释,是20世纪经学的史学化大脉络中所结的硕果,无论是其研究成果,还是其研究方法,都对当代古典学术研究,尤其是经学研究具有基础性影响,而《文史哲》杂志作为相关系列文章的重要发表园地,也为奠定学界相关研究的基础作出了贡献。

进入20世纪90年代,经学与小学考据渐与文学史、学术史、思想史等重大相关问题或者重大历史事件结合起来,如董治安《关于汉赋同经学联系的一点探索——从扬雄否定大赋谈起》(1990年第5期)、赵明《殷商旧歌〈商颂〉述论》(1992年第3期)、董治安《〈吕氏春秋〉之论〈诗〉引〈诗〉与战国末期〈诗〉学的发展》(1996年第2期)、廖群《"代言""自言"与"刺诗""淫诗"——有关〈国风〉的两种阐释》(1999年第6期)等论文。

进入21世纪,《文史哲》杂志将经学与小学考据与思想史、中国哲学史、社会史、礼制史、学术史、文学史等结合得更加紧密,如杨九诠《东汉熹平石经平议》(2000年第1期),曹峰《〈保训〉的"中"即"公平公正"之理念说——兼论"三降之德"》(2011年第6期),石荣传、陈杰《〈礼记〉所载佩玉制度的考古学研究》(2012年第3期)等文,并且在此基础上,增加了对于经典训释义例及方法的关注,如谭家健《〈穀梁传〉叙事比论》(2012年第4期),杨宝珠、杨庆存《〈尚书·尧典〉"黎民于变时雍"经解新说——兼论经典训释变化与社会时代诉求转变之关系》(2018年第6期),景海峰《儒家之经解》(2020年第2期),时雨若《〈诗经·匏有苦叶〉歧解辨析——兼论〈诗经〉解释的方法问题》(2020年第3期)等文,从而为经学与小学考据传统的发展增添了新的内容。

第四节　对考据学的新认识和再升华

乾嘉学派使考据学统得以成立,"古史辨"派则推动了现代学术与传统考据学的融合,从而为考据传统注入了新的生命力,形成了新的考据学统,而《文史哲》杂志自创刊伊始,便在延续"古史辨"派考据学统的基础上,再次为这一传统增添了新的内容和活力,使考据学统实现了由民国学术范式到共和国学术范式的转变,以为原有的传统注入新的思想活力的方式,助力了考据学统的赓续。

20世纪20年代后半期兴起的史料考订派与胡适发起的"整理国故"运动及顾颉刚引领的"古史辨"学派有着不可分割的密切联系。1919年5月,毛子水在

《新潮》杂志上发表《国故和科学的精神》一文，首倡以“科学的精神”整理国故。①同年12月，胡适于《新青年》第七卷第一号刊发《“新思潮”的意义》一文，提出“研究问题，输入学理，整理国故，再造文明”。1923年，胡适创办《读书杂志》和《国学季刊》，在《〈国学季刊〉发刊宣言》中，胡适提出“整理国故”的具体方法，包括“用历史的眼光来扩大国学研究的范围”，“用系统的整理来部勒国学研究的资料”，“用比较的研究来帮助国学的材料的整理与解释”，实际上也是提出了西学影响下的考据学方法。1926年《古史辨》第一册出版，古史辨派学风一时主导了学术界的潮流，而古史辨派的研究方法实际上也是传统考据学与受西学影响的科学方法相结合的产物，“古史辨”研究是现代考据学的具体实践。从纲领到具体的学术实践，再到一时的学术风气，胡适发起的“整理国故”运动与顾颉刚引领的古史辨学派，在乾嘉之后，再次掀起了考据学的高潮。“整理国故”运动与古史辨派当然绝非乾嘉学派的再现，但二者都对考据学予以重视，黄云眉曾对二者进行了比较，容后详述。

在新的历史时期，《文史哲》杂志成为新的考据学统诞生的助产士，助力考据学统的更新与赓续，这一选择对于《文史哲》杂志来说并不奇怪，甚至是顺理成章——毕竟其创刊主编杨向奎与编委童书业两位先生都是顾颉刚先生的著名弟子，而其他编委如高亨、黄云眉等先生都是在古史辨派引领学术主潮时走上学术之路的，他们虽与古史辨派主要人物没有明确的师承关系，但他们的学术本身，都服膺古史辨派的学术主张，如高亨先生的《周易古经今注》、黄云眉先生的《古今伪书考补证》等，都是采用古史辨派学术路径而写就的经典论著。

中华人民共和国成立后，尽管民国时期的史料考订派式微，但考据学传统在唯物史观的冲击下，再一次得到了更新。1951年《文史哲》杂志的创刊号上，刊出了童书业《论“对偶婚”》一文。此文虽为童先生学习社会发展史而写出的文章，“明确表达了”他“向唯物史观派积极靠拢的态度”②，但实际上仍是用考据

① 参见白木：《“整理国故”的提倡和讨论》，《扬州大学学报(人文社会科学版)》1990年第2期。1919年的《新潮》与《国故》之争及此次论争对于“整理国故”的影响，还可参见卢毅：《〈国故〉与〈新潮〉之争述评——兼论五四时期“整理国故运动”的兴起》，《北京师范大学学报(社会科学版)》2005年第2期；周海波：《策略与方法：整理国故与新国学的几个问题》，《山东师范大学学报(人文社会科学版)》2018年第6期。

② 蒋海升：《从主流到边缘：20世纪50年代初期的史料考订派》，《山东大学学报(哲学社会科学版)》2005年第6期。

学的研究方法来研读恩格斯《家族私有财产与国家的起源》中关于“对偶婚”的论述。同期还刊出了郑鹤声《天王洪秀全状貌考》一文,其研究方法则纯属考据学范畴。

1951 年第 2 期《文史哲》杂志刊出了黄云眉《考证在史学上的地位》一文。作为杂志的创办人之一,黄先生此文既是他个人对于考证在共和国学术中地位的认识,实际上从编辑部其他学者的文章风格及研究方法来看,也能代表编辑部大部分人的观点。在这篇文章中,黄先生从新中国史学研究的角度,阐述了新时期考证学不同于乾嘉考据和民国考据学的价值与意义。他认为,“新中国的人民需要知道他们自己的历史”,而旧史满足不了这一要求,原因有两点:一是旧史大部分糅杂地采用伪书做资料,“中国的伪书太多了”,且“愈古则伪书愈多”,“愈古的历史,正确的成分也愈少”,如果不能揭穿这些伪史,“它们将永远是历史的顽强的敌人”;二是过去的历史是为了维持剥削阶级的政权,而用来欺骗劳动人民的,“是统治阶级谎话的代名词”。新中国要编纂新的历史,需要凭借可信的材料,这些材料除了从“殷墟甲骨、汉晋木简、六朝卷轴、金石镌刻、古陶明器,以及契丹、女真、蒙古、西夏的遗留文字,高山边地开化较迟的民族的风俗习惯”之中寻找,还要从“旧史谎话后面仔细地去找”,“从统治阶级所仇视的那些‘名教罪人’的‘禁毁’诸书中,以及他们所鄙视的‘不登于著作之林’的俚俗文字中,仔细地去找”,而这就需要用到考证工作。

黄先生对考证工作必要性的论述,实际上是基于现代学术分工合作的角度,为考证在新中国现代学术体系中确立地位与价值。新中国的考证工作,既与清代乾嘉考据不同,也与民国时期的“整理国故”及史料考订不同,乾嘉学者“为考证而考证”,是“为鬼服务”,而民国时期的史料考订,则“不能从阶级的立场、唯物的观点,去考证那些有问题的问题,因而也不能保证他们所有的结论都不犯错误”。基于对此前存在的这两期考证高潮的弊端的认识,新中国的考证应是“用新的立场,新的观点,新的方法,把旧资料像旧知识分子一样地改造过来的工作”。

黄先生对于新时代考证工作的设想,在语言表达上虽不能没有 20 世纪 50 年代的时代特点,如“把旧资料像旧知识分子一样地改造过来”等语,但他指出新时代的考证工作,与乾嘉学派及以民国时期史料考订派的考据有所不同,则是正确的。这一不同,一是表现在考据对象的选择上,要选择与当时的社会思想、时代观念等有关系的题目,是“为人服务”;二是表现在考据过程中,有意识地吸纳了唯物史观对于社会经济发展规律的重视。前文所提到的《文史哲》杂志创刊号上刊发的童书业《论“对偶婚”》一文便同时体现了这两个特点。

当然,作为古典学术研究的重要方法,考据方法的更新只能是在继承传统考据基础上的更新,以音韵、文字、训诂作为工具,将传世文献与出土文献结合以钩稽史料,这些自乾嘉至民国时期所形成的传统考据学方法仍然居于主体地位,新中国的考据工作实际上不可能与民国时期的史料考订截然分开。与黄云眉先生《考证在史学上的地位》(《文史哲》1951 年第 2 期)同期刊出的顾颉刚先生《〈穆天子传〉及其著作时代》一文,即证明了这一点。

“文化大革命”结束之后,学界对此前由意识形态所左右、教条主义的学术研究进行了普遍反思,“这个时期史学界的基本追求是:摧毁在‘文革’期间和‘文革’前夕占主流地位的理论、思想和观念,为新时期学术确立新的方向”,“在拒绝了‘巩固地确立马克思主义毛泽东思想对历史研究的指导地位’硬性规定之后”,学界告别了“以论带史”式的研究,相继提出并强调了“论从史出”和“史论结合”等治史方针,但此一倾向很快便滑入了“史料即史学”的极端。[①] 这一矫枉过正的倾向引发了多位有远见卓识的学者的焦虑,而就在学术界反思教条主义学术、构想未来学术方向之际,1981 年第 1 期《文史哲》杂志适时创设“学者谈治学”专栏(后改为“治学漫谈”),对于新时期人文学术研究应该向何处去进行了深刻的探讨。

张维华先生在首期“学者谈治学”专栏中,刊出《我对于研究史学的一些看法》一文,态度鲜明地对当时的“琐碎史学”提出了忧虑和批评,他说:“历史工作者只研究小问题,疏忽了大的问题。有人讥笑这是‘学尚苟且’,是值得注意的。”为了更好地引起学界对这种碎片化研究倾向的关注,他还举了若干现代史学研究的例子加以说明:“有人研究农民领袖李自成死在湖北的哪个村,或哪个山下;有的人研究马可·波罗哪一天离开泉州,是哪一天上午或下午;有的研究某一个人的生卒年月,不惜多方寻求那个人的享谱、墓碑或墓志铭,认为这样做才是专家,才是伟大的历史工作者。听说在历史书籍的校勘工作上,有人说一字之发现,等于哥伦布之发现美洲,这实在是太夸大了,实际上没有这样重要。”

---

① 参见王学典:《从反思文革史学走向反思改革史学——对若干史学关系再平衡的思考》,《中华读书报》2015 年 3 月 18 日。

他还对清代学者进行比较,以指出学术研究的正确方向:"中国以前治史学的人很多,但真正走上治学道路的并不多。我觉得顾炎武的《日知录》和赵翼的《二十二史札记》,是值得效法的,比起王念孙的《读书杂志》更可取,更有用。"并直言不讳地指出:"目前中外史学界有一个偏向,好研究小题目,忽视大问题,不求融会贯通地去对待历史知识。这样达到成名成家的目的,比较容易,却是达不到研究历史的真正目的。"张先生强调:"不能说只是在史料上下功夫,就算是完成研究历史的目的了。研究历史的目的是了解人类社会发展的过程,借以探求人类社会未来发展的方向,这个目标大得很,困难得很,是应当更加注意的。"

1982 年,赵俪生先生于第 2 期《文史哲》以"光考据不行,还需要思辨"为题目,对学界为了排除教条主义的流弊却落入了考据派的窠臼,只重视经验而排斥思辨的现象进行了批评。如前所述,赵俪生先生也是《文史哲》杂志的创始人之一,从他的意见中,可以见出思想与学术并重,实际上是《文史哲》杂志一以贯之的追求。对于学界所出现的"有一分证据,说一分话",以及将材料"一网打尽"的主张,赵先生认为,这些主张都有好的一面,即教给后学们在治史过程中要谨严,要小心谨慎,不要把结论扩大化到史料所能提供的范围以外去。但这些主张也有局限,它会拘束人的思维,"假如我老老实实、规规矩矩站在这个'一分'上不动,又有什么价值呢?"随着人类知识爆炸式快速增长,一个人不可能对材料做到"一网打尽",在进行逻辑概括的时候,要丢掉很多东西,对本质性的东西进行理性概括是必要的,不带本质性的东西就不一定必要。像晋朝某王之死于某年十二月,抑或死于次年之正月;像吴越王钱镠的办公室是设在吴山,抑或是设在另外一个地方,假如把青年一代的注意力吸引到这样一些非本质的问题上来,还要求他们"一网打尽"的话,新中国的史学会走到一种什么样的道路上去呢?必待感性资料达到绝对饱和才能得出结论、才能发议论的话,那科学就中止了。自门捷列夫发明《元素周期表》以来,到今天不是又补充了很多新元素进去吗?可是门氏的周期表因此就会被宣布为无价值了吗?他当年的劳动就是无意义的了吗?历史科学是一条长河,大家都在里面游泳,不是考据派和归纳法所绝对控制的禁区。赵先生在文中呼吁:"必须允许理性在史学中有一席之地","不能让经验在史学园地中唯我独尊"。这两句话,在今天依然发人深省,是可保持人文学术健康发展的金句。

考据派与史观派的矛盾,以及演绎法还是归纳法的困惑,在具体读书治学中还表现为博与专的矛盾。“学者谈治学”专栏首期所刊登的姜亮夫先生《根柢之学与博与专的道路——我的治学一得》一文,即专门谈了博与专的关系。针对当代学术分科越来越细的倾向,姜先生首先强调了治学应博,因为“不论一种什么学问,绝不会是仅仅从它本身可以了解,可以求进步,可以有所发明发现的。因为每一学问所含的因子,必然关系到与它的血缘、从属、社会、传染、先天的、后天的,许多部门相‘吹嘘’‘呼吸’‘遗传’‘传播’。你若单单从它本身来讨论、研究,可能也会得到些成就,譬如有人把元曲中的词儿,征集了许多条,然后从它在句中的含义,统计以得个结论,自然也是研究,但这只能是知其然的阶段,而未能知其所以然,这至多只能说解决了这个词儿在使用方面的现象;不能算是训诂极则,更说不上学术研究,连章实斋所提倡的‘辨章学术,考镜源流’都还说不上,岂能说是懂得训诂、懂得语言了吗? 所以要把这种知其然的结论,提高到知其所以然,除了广博的知识而外,还能有第二个法门吗?”但是学问要广博,又不能是茫无涯际、杂乱无章法的广博,姜先生又强调:“但是我说的博,不是野马飞奔,到处乱钻的博,那只是绿头苍蝇乱飞的现象,也不能善用这个‘博’字。一个专家做学问,必然要有个定则,或熟习一些学科的内涵与自己之所‘专’的关系。譬如它的家属关系父族、母族、妻族,及师友邻里同学同窗,乃至边缘学科,把握这些关系,然后选择着要处,系统求之,则这个博,才是‘有的放矢’。”最后姜先生以自己做《楚辞通故》的经历来举例说明博与专之间的关系。此外,吴调公先生《从“杂学旁搜”到“观于远近”》(《文史哲》1985 年第 3 期)也专章讲述了博与专的关系。这些文章都是著名学者慷慨地将自己的亲身经历拿出来分享,以作为供年轻学子学习的参考。

解决博与专、演绎法和归纳法矛盾的根本,在于追求真理的精神,脱离了追求真理的精神的科研工作,是没有灵魂的科研工作。徐中玉先生在《求学过程中三点粗浅体会》(《文史哲》1983 年第 2 期)一文中,以坦诚的态度,回忆了自己从年少时为了生计而读书,到随着阅历的增长,懂得了为国家做贡献的道理,懂得了顾炎武“文须有益于天下”精神的可宝贵处,而就是靠着精神,徐先生在“意外地陷入了逆境”达二十年之久,仍“不曾被压垮、变颓唐的”。方立天先生在《把握自我　勤奋开拓》(《文史哲》1988 年第 4 期)一文中,则首先强调“立志求真”,他说:“立志治学,目的是为了求真。治学要有一腔求真的热情,要以严辨是非真假为依归,而不应以利害得失为转移。追求真理是治学的直接目的,坚持真理是治学的崇高品格。”他还详述了为了求真所应注意的几个问题。在立志求真之后,还要有“业精于勤”的勤奋精神,在此基础上,才是“巧于结合”的治学方法问题。

如果说 20 世纪 80 年代学界在史料考据崛起的同时,还有不少富含思想性的学术议题的盛大讨论,那么到了 90 年代,人文学界已从废弃“以论带史”走向皈依“史料即史学”,从否定“古为今用”遁入“象牙塔”,从解构“宏大叙事”走向“碎片化”。[①] 针对这种情况,《文史哲》1996 年第 1 期刊发了王元化、许纪霖《追求有思想的学术》等文,以期补偏救弊。进入 21 世纪,《文史哲》又设“学林春秋”栏目,为当代著名学者的学术历程、研究方法留下了宝贵的记录。自 1981 年创设“学者谈治学”专栏以来,《文史哲》杂志先后邀请了一百多位知名学者,以亲自撰文或访谈的形式,或者传授自己的治学经验,或者总结自己所曾亲见的老一代学者的治学方法,不仅教授和引领年轻一代的学人走上学术之路,更为学界留下的宝贵的学术史和思想史资料。

---

① 参见王学典:《从反思文革史学走向反思改革史学——对若干史学关系再平衡的思考》,《中华读书报》2015 年 3 月 18 日。

第三章 《文史哲》对古典学重大问题的探讨

关注学术动向、引领学术潮流是《文史哲》杂志70年来一直秉持的办刊旨趣，其中一个具体的表现便是积极锻造古典学术话题，而这也成为《文史哲》杂志创刊以来的一个重要特点。[①] 自20世纪50年代以来，《文史哲》就不断推出思想与学术并重的新选题，开展大规模争鸣，这些争鸣因最能反映时代思潮而引起学界的热烈关注，推动了人文学术的进展，也成就了《文史哲》杂志的办刊风格。

在现代学术发展史中，学术期刊除了作为学术平台展现学术研究成果，还往往通过设置学术话题来对学术研究发挥积极能动作用，从而主动参与对学术史的创造。《文史哲》主编王学典先生曾就以三次学术大转型来概括近70年来人文学术的发展史，并将在此三次学术大转型中《文史哲》的贡献归纳为三点：一是在从民国学术向共和国学术的转型中起到了不可替代的作用；二是在研究以儒学为代表的中国传统文化方面一直起带头作用；三是在近年来推动中国文化走出去，与西方自由主义展开对话方面作出了巨大努力。其中，奠定《文史哲》的地位和声誉的最重要的因素，是在推动近70年来第一次学术大转型方面所起的巨大作用。[②]《文史哲》正是凭借这三方面的贡献参与了现代学术史的塑造与书写，并因此而获得了学术声誉。这些贡献的作出，离不开它由对学术大势的敏感而催生的学术话题和围绕话题所开展的学术大讨论。

敏感于学术大势并主动设置学术话题，是《文史哲》杂志的传统之一。早在1951年创刊之际，《文史哲》就发起了包括古史分期问题论战、农民战争史问题

① 参见《文史哲》编辑部：《走一条不为时风所动的厚重办刊之路》，《文史哲》2011年第6期。

② 参见王学典：《不入“主流”难成“一流”——论期刊人的作用和当下使命》，《中华读书报》2019年10月9日。

论战、资本主义萌芽问题论战、亚细亚生产方式问题论战在内的系列学术论战;1954 年,《文史哲》所发起的《红楼梦》问题论战,由于受到毛泽东主席的关注,从而成为一场重大的意识形态事件、学术史事件。[①] 1984 年 1 月,《文史哲》组织"文化史研究笔谈",影响深远的"文化热"由此肇端;1998 年 5 月,《文史哲》刊出"儒学是否宗教"笔谈,使这一关联学术和现实的重要论题在新的时代被注入了新的内涵,成为学界至今讨论的热点题目;2006 年 4 月,《文史哲》推出"疑古与释古"栏目,此后,又连续发起"贤能政治"的争论、"公德与私德孰先孰后"的激辩。此外,从 2008 年起至今,《文史哲》还连续 13 年举办以"人文高端论坛"为名的系列学术会议,其主题从"中国文论遗产的继承与重构""传统与现代:中国哲学话语体系的范式转换""秦至清末:中国社会形态问题""反省与展望:中国人文研究的再出发",到"儒学与自由主义对话"等系列,无不是切合"如何认识传统,如何书写中国历史"这一时代命题的古典学术追问。《文史哲》杂志所发起的这些学术探讨,无不在学界引起巨大反响。

早期的重大学术争论,如"五朵金花"大讨论、"红学"研究范式论战等,是本书第一编的重要内容,而 21 世纪有关"贤能政治"的争论、"儒学与自由主义"系列对话等,则在本书第三编有着详细介绍,因此本章只选取了 20 世纪 50 年代围绕《大同书》的讨论、20 世纪 80 年代关于"文化热"的讨论、新旧世纪之交的"儒学是否宗教"的争论以及 2006 年开启的"疑古与释古"的讨论进行详细介绍。

第一节　关于《大同书》成书时间与思想实质的争论

锻造古典学术话题是《文史哲》杂志创刊以来的一个重要特点。[②] 自 20 世纪 50 年代以来,《文史哲》就不断推出思想与学术并重的新选题,开展大规模争鸣。早期的重大学术争论,如"五朵金花"大讨论、"红学"研究范式论战等,是本书第一编的重要内容,而 21 世纪有关"贤能政治"的争论、"儒学与自由主义"系列对话等,则在本书第三编有着详细介绍,因此本章只选取了 20 世纪 50 年代

① 参见王学典:《不入"主流"难成"一流"——论期刊人的作用和当下使命》,《中华读书报》2019 年 10 月 9 日。

② 参见《文史哲》编辑部:《走一条不为时风所动的厚重办刊之路》,《文史哲》2011 年第 6 期。

围绕《大同书》的讨论、20世纪80年代关于"文化热"的讨论、新旧世纪之交关于"儒学是否宗教"的争论以及2006年开启的"疑古与释古"的讨论进行详细介绍。

康有为的大同理想曾对近现代众多思想家、革命家产生过重要影响,其大同思想主要见于他写于1901～1905年的《大同书》。1955年,当时仍是一位青年学者的李泽厚已展现出他在思想史研究方面慧眼独具的才能,于《文史哲》(1955年第2期)刊出《论康有为的〈大同书〉》一文,提出《大同书》反映了康有为早期资产阶级民主进步思想,这虽是李先生的第一篇学术论文,但文章一刊出,就引起学术界的重视,进而引发了一场关于《大同书》的讨论。马瑞芳先生曾有回忆文章,文章中说:"2005年李泽厚接受记者采访说:你说我在美学大讨论中一举成名,其实在那以前我就很有名了。我第一篇文章《论康有为〈大同书〉》,1955年4月发表。一些老教授很吃惊,不知道这人从哪儿冒出来?有外国朋友来信,称李泽厚'教授',其实我还是实习研究员。李泽厚重情重义,乃性情中人,我先生牛运清有张和他在'天涯海角'的合影,李先生一见山东大学的人,就如他乡遇故知,相谈甚欢。"①

20世纪50年代初期,学界对于《大同书》有着诸多的批评,如《论康有为的〈大同书〉》开篇所举的例证:李锐认为《大同书》是"一种空想的农业社会主义思想",嵇文甫将其称作是没有现实社会基础的"游离了的学说",范文澜则认为康有为著书是为了"给中国资产阶级指示出路",毛健予认为它"欺骗和麻醉人民群众,以缓和人民革命高潮"。李泽厚则不同意上述诸家的观点,称《大同书》是"长久被误解和曲解的著作之一"。他指出,"《大同书》的内容和特色是它通过乌托邦的方式比较集中和没有掩盖地表述了康有为前期反封建的资产阶级进步思想"②,虽然"一方面,在'大同世界'的空想中,处处潜伏着软弱妥协的改良主义思想实质",但"另一方面,《大同书》却又远远超出了改良派的现实要求,阐述了其政治纲领中所不敢触及的思想和主张。康有为在'大同'理想和古老的公羊三世学说中,的确'找到了理想与艺术形式。这些理想与艺术形式,是他们所须要的自我欺骗,俾使他们看不见他们斗争的内容的资产阶级狭隘性,而把他们的热情保持在历史大悲剧的高度上'。对美满'理想'的热情的幻觉和追求

---

① 马瑞芳:《扶植小人物的〈文史哲〉》,《中华读书报》2012年11月7日。

② 参见李泽厚:《论康有为的〈大同书〉》,《文史哲》1955年第2期。

成了当时改良派中坚分子(以谭嗣同为首的左翼和康有为的嫡系学生)重要的思想基础和实践动力”。李泽厚认为:“康有为这种‘世界乐园’的幻想和确信社会必然向前发展的观点,符合当时社会发展的现实要求,同时客观上也反映了广大人民群众对幸福生活的强烈愿望。”并对《大同书》给予了积极和正面的评价:“《大同书》抛开一切虚伪的封建道德外衣,打出了这个朴质的人本主义旗帜作为其建造新社会的理论根据”,“康有为这种‘世界乐园’的幻想和确信社会必然向前发展的观点,符合当时社会发展的现实要求,同时客观上也反映了广大人民群众对幸福生活的强烈愿望”,“很清楚,这是一种空想社会主义的思想。这种思想超越了封建地主等剥削阶级的思想体系范围。客观上,它是伟大的中国人民憎恨和要求摆脱剥削压迫的思想情绪的反映。它具有一定的人民性”,“‘大同’社会的空想是反封建的呼声”。

在肯定的康有为等启蒙思想家的进步意义同时,李泽厚也指出了其历史局限性:“这时资产阶级还远不是一个独立和成熟的阶级。改良主义的政治道路成了当时历史上的必然”,而“康有为坚持改良主义道路,就不但根本不能实现其‘至善至美之理想’,反而最后只得彻底抛弃了它,埋葬了它”,并引用毛泽东《论人民民主专政》中的话“康有为写了《大同书》,他没有也不可能找到一条到达大同的路”,指出“这就正是对康有为和其大同理想的最深刻最确切的评价”。汤仁泽在《〈大同书〉的成书年代及其思想实质——重温那场历经六十年的学术论争》一文中认为,这“寓意康有为只是在理论上阐述了大同理想,但毛泽东带领中国人民在实践中找到了那条使中国通向社会主义的道路”①。

李泽厚的论文引起了当时中国科学院上海历史研究所汤志钧的注意,1957年第1期《文史哲》刊发汤志钧《关于康有为的〈大同书〉》一文,提出了与李泽厚不同的意见。于是“让人始料未及的是,一场关于《大同书》的成书年代及其思想实质的论争就这样开始了,同时掀起了一股‘《大同书》研究热’,而且持续了数十年”②。

汤志钧的商榷文章中,开篇即指出:“李泽厚先生对《大同书》的时代背景及

① 汤仁泽:《〈大同书〉的成书年代及其思想实质——重温那场历经六十年的学术论争》,《史林》2020年第2期。

② 汤仁泽:《〈大同书〉的成书年代及其思想实质——重温那场历经六十年的学术论争》,《史林》2020年第2期。

其思想来源未能作进一步的窥测。”汤先生将康有为思想分为三个组成部分：一是“鸦片战后五十余年间，跟随着外国资本主义侵略的加深，跟随着中国社会经济的演变，而维新思想日益地发展着，到康有为所处的时代，已到‘空前高涨’情况”，这是“《大同书》组成的一个主要部分”；二“是受了翻译本西书特别是严复所翻译的赫胥黎《天演论》的影响”，此外还有“卢骚的‘天赋人权’说、耶教的博爱平等说，以及耳食一些欧洲社会主义学说，也予康有为思想以一定影响”；三为清代常州今文经学，认为“就今文学中《公羊》《礼运》的‘三世’‘大同小康’学说加以演绎，成为《大同书》的主要内容”。汤先生认为李泽厚的“疏漏之点”在于“未指出康有为与经今文学的关系，更未指出维新思想的发展趋势和《大同书》中如何渗杂《公羊》‘三世’成分”①。

在此基础上，汤先生进一步提出：“由于李泽厚先生对于康有为思想的来源未曾清楚提出，以致对《大同书》的所以定名为‘大同’，以及《大同书》究竟在何时写成？未曾明确揭出。”这就关系到《大同书》的成书时期了。在《论康有为的〈大同书〉》一文中，李泽厚先生特别强调了《大同书》的成书时间，认为“《大同书》虽然成书极晚，虽然其中还夹杂着某些康氏晚年的思想，但是，其基本观点和中心思想却是产生得颇早的”。“实际上，1884 年《演大同之义》的《人类公理》就是《大同书》的初稿。康氏虽然‘秘其稿不肯以示人’，但却在讲学和交游中向其最亲密的学生、朋友宣传了他的这种乌托邦思想。通过这个乌托邦思想，康有场全面、直接地和比较系统地表述了他的社会政治理想和理论。其中包括了重要的社会发展问题、民主制度问题、国家问题、家庭问题、妇女问题等。”而汤志钧先生对此则认为，“李先生对《大同书》成书年代的看法，又表现着自相矛盾了”。因为“众所周知‘洋务运动’是在 1885 年中法战争开始破产，到 1894 年再‘全部破产’的，假使认为 1884 年，《演大同之义》就是《大同书》的初稿，那么，这时的洋务运动还没有全部破产”。而《大同书》既然是康有为“就今文学中《公羊》《礼运》的‘三世’‘大同小康’学说加以演绎”，并受严复所翻译的赫胥黎《天演论》，以及“卢骚的‘天赋人权’说、耶教的博爱平等说”和其所耳食的“一些欧洲社会主义学说”影响而著成，那么《大同书》“是屡加删补，定稿更迟的”，“成书极晚”，汤先生认为“《大同书》应该是康有为在 1901～1902 年避居印度时撰述

① 汤志钧：《关于康有为的〈大同书〉》，《文史哲》1957 年第 1 期。

的”。

在考订了《大同书》写作时间之后,汤先生又“根据当时的社会经济情况和康有为的思想发展及其政治活动”,对《大同书》进行了评价,认为康有为“在他《大同书》中的现实目的,还是‘小康’(升平世),正如他自己说的‘其志虽在大同,而其事只在小康’。也就是君主立宪”。康有为“以为中国并无阶级存在,自然不会有阶级斗争,而想用改良方法可以消除未来的‘铁血之祸’。也就是说:目前中国既不能达到资产阶级民主的‘大同’之世,他又怕惧人民群众的革命运动,于是认为中国目前只能‘小康’(升平世),也就是只有君主立宪,只有从事由上而下的改良。要实行君主立宪,就要扶持载湉复辟。这样,《大同书》就成为康有为在变法失败后坚决保皇,主张君主立宪的张本”。“这样,《大同书》的‘进步性’也就给他的现实目的所掩盖了。”

在文章的最后,汤先生再次强调了对《大同书》的评价,认为康有为“撰写《大同书》的现实目的,就是企图说明中国只能‘小康’(升平世),也就是君主立宪,成为他在变法失败后,主张保皇复辟的理论基础”。“但是,这时全国新的革命高潮已将到来,而康有为企图不通过阶级斗争,不经过革命,用自上而下的改良方法以达到所谓‘极乐世界’。这样,《大同书》实际上成为反对民族民主革命,而以改良的幌子来压制革命,以‘高远的理想’——‘大同’来麻痹群众,以致他‘没有也不可能找到一条到达大同的路’。这正说明了康有为的进步性在戊戌变法后已逐步沉沦了,已逐步堕落为顽固的保皇党了。也证明了改良主义是没有出路的,改良主义不是倒向革命,就是倒向反革命,企图独树一帜,是与历史发展的法则相违背的,是必然失败的。”

汤志钧商榷文章发表之后,同年《文史哲》第 9 期刊出了李泽厚的回应文章,题为《〈大同书〉的评价问题与写作年代——简答汤志钧先生》,李泽厚开篇提出:“汤志钧先生的《关于康有为的〈大同书〉》一文对拙作《论康有为的〈大同书〉》的批评,其核心涉及有关《大同书》评价的根本问题。这就是:康有为的《大同书》基本上是进步的还是反动的问题。”“汤先生认为该书的思想基本上是反动的”,“我不能同意这种看法,而认为《大同书》的主要内容基本上是康有为早期主张资产阶级民主、自由的进步思想”。李泽厚首先对汤志钧的“研究和论断方法”进行了反驳,认为“汤先生不是从研究《大同书》本身内容的分析出发,而从其写作年代的纯粹考证来立论”,“不去具体地研究作品本身的思想内容及其与当时社会历史情况的真正的内部联系，而仅凭考证作品的写作年代来想当然地判定其价值和作用”，这“是很不妥当的”。其次，李泽厚批评了汤志钧关于《大同书》成书时间的考证“是靠不住的，站不住脚的”，并引用康有为《自编年谱》中关于《大同书》的材料，坚持《大同书》成书时间较早，认为“该书的基本内容和思想，正像与《大同书》同时写成康氏另一重要著作——《春秋笔削大义微言考》一样，都是成熟得较早的，基本上属于康氏前期思想的范围”。而如果《大同书》为康氏早年所作，那么康有为作《大同书》之时，便不再是汤志钧所说的革命派和改良派“逐步明确地划清了改良与革命的界线”的时候，故李泽厚对“汤先生认为《大同书》之作是为了‘麻痹群众’，反对革命”，表示“坚决不同意”。《大同书》的创作时间，由此成为对其思想内容进行价值判断的关键点。

与李泽厚对汤志钧的回应文章同期发表的，还有张玉田《关于〈大同书〉的写作过程及其内容发展变化的探讨——兼与李泽厚、汤志钧二位先生讨论关于〈大同书〉的估价问题》一文。张玉田在文中指出弄清《大同书》成书年代对于估价《大同书》历史价值的重要意义，认为李、汤“二人对《大同书》的成书年代的看法实质上是不相同的。从这里出发二人对《大同书》的历史估价也有了分歧”。

自《文史哲》刊出这三篇文章之后，关于《大同书》的成书年代考据及其思想内容评价成为一个延续了几十年的学术话题。不仅汤志钧连续撰文《再论康有为的〈大同书〉——兼与李泽厚、张玉田二先生商榷》(《历史研究》1959 年第 8 期)、《论康有为〈大同书〉的思想实质》(《历史研究》1959 年第 11 期)对此问题进行了探讨，还有陈谷嘉《关于〈大同书〉的成书年代——兼与汤志钧同志商榷》(《江汉学报》1963 年第 3 期)、方志钦《关于〈大同书〉的成书年代问题——与汤志钧同志商榷》(《学术研究》1963 年第 6 期)等诸多文章的持续争论。随着汤志钧先生于上海博物馆对康有为《大同书》手稿的发现，《大同书》的创作年代于 1980 年再次成为讨论的热点①，直到 2020 年，这一讨论仍没有落下帷幕，而追索这场延续时间长达 60 余年的讨论，其源头都即于 1955～1957 年《文史哲》杂志所刊出的三篇文章。

---

① 关于《大同书》成书年代及思想评价的争论，汤仁泽《〈大同书〉的成书年代及其思想实质——重温那场历经六十年的学术论争》(《史林》2020 年第 2 期)有详细的梳理。

第二节　“文化热”的发端与展开

“文化热”指1984～1987年在我国思想文化领域所兴起的对于传统文化的讨论热潮，是思想史意义上的“80年代”的重要组成部分。“文化热”的主旨是在中西比较视域中重新认识中国传统文化，审思传统与现代的关系，“当时知识分子普遍认同的核心命题是‘文化的现代化’——即重构中国传统文化结构以适应国家现代化步伐”①。由于“文化热”主要是“传统文化热”，“不能不与一定的传统文化素养有关，甚至不能不与古典学术素养有关，这样，李泽厚、庞朴等凭借着自己的专业优势和思辨天赋而领袖群伦”②。“文化热”的核心既是传统文化，自创刊之日便以古典学术为特点的《文史哲》杂志，似乎顺理成章地再一次成为这一思潮的引领者。1984年1月7日，《文史哲》杂志第1期刊出一组“文化史研究笔谈”，成为“文化热”之肇端。③

蔡尚思《关于文化史研究的几个问题》一文的开篇，记录了“文化史研究笔谈”的缘起，是由于《文史哲》编辑部的策划和约稿，而蔡先生最终为此次笔谈撰文，也出于编辑部的努力。蔡先生说:“《文史哲》编辑部约我们参加文化史研究的笔谈，并且拟出这个题目，内容也代为指出，这对我很有启发，我表示感谢！所可惜的是:我最近忙于其他文字和出外开会，一时未暇来写这类文章。最近我第一次参加了‘纪念维新运动及康有为、梁启超学术讨论会’，当参观新会梁启超故居时，我很自然地想起梁先生晚年集中精力研究中国文化史、中国学术史，自愧很少成就，辜负了他生前对我的鼓励。编辑部同志再来信限期交卷，我才不得不遵命先写出大意，以后如有机会再来详谈这个问题吧！”

这期笔谈，《文史哲》杂志不仅拟定了笔谈的主题，还对内容进行了策划。蔡先生的文章分四部分，分别阐述了他对文化史的内容、重要性、着手方法以及体裁问题的看法。在“文化史的体裁问题”一节开头，蔡先生说:“最后请在《文史哲》编辑部所示之外，略谈文化史的体裁问题。”由此可见之前三部分内容，是蔡先生应编辑部要求而撰写的。

---

① 郑宁人:《八十年代“文化热”的价值内涵》，《现代中国文化与文学》2016年第1期。

② 王学典:《“80年代”是怎样被“重构”的——若干相关论作简评》，《开放时代》2009年第6期。

③ 参见王学典《“80年代”是怎样被“重构”的——若干相关论作简评》，《开放时代》2009年第6期。

受特定时期意识形态的影响，十七年间的古典人文学术，主要是从政治、经济角度进行研究，这显然无法满足“80年代”进行文化反思的需求，同时，对以往将历史研究等同于经济史、政治史的做法，也引起“80年代”学界的普遍不满，这应是学术史角度“文化热”的缘起之一。与李泽厚、王元化两位先生共同被誉为“文化热”主将的庞朴先生所撰写的《需要注意文化史的研究》一文，是“文化史研究笔谈”的首篇，这篇文章即主要从这一角度来揭示了文化史与政治史、经济史具有同等的重要性。庞先生在文中指出：“一个社会，可以划分为经济部分、政治部分和文化部分；一个国家，有它的经济结构、政治制度和文化面貌；一个民族，少不了经济生活、政治关系和文化传统；甚而至于一个家庭和一个个人，也有它的经济来源、政治地位和文化状况。”

对文化之于社会发展的重要性的认识和强调始于清末，有人将“80年代”的“文化热”，称作“继清末‘中西体用之争’和五四新文化运动之后”的“第三次文化热”①。中华民族虽然是重视历史记录的民族，但在政治、经济、文化三者之中，中国古代所重视的主要是政治史，庞先生这样分析这一现象：“政治，特别是它的尖锐表现——军事，是一切社会、国家和民族的稳定生活中的不稳定因素，平凡生活中的不平凡标志，因而往往吸引住人们的视线，成为历史记述的中心。封建时代的大部分历史著作和资本主义时代的一部分历史著作，把政治史、军事史及其有关人物放到了至高无上的地位，就是只看到历史上最耀眼的现象的缘故。”

中华人民共和国成立后，唯物史观成为人文学术的基础理论与核心方法论，历史等相关领域的研究，在政治之外，又增加了对于经济方面研究的重视。庞朴先生指出唯物史观对于现代人文学术的重要价值：“唯物史观指出了经济的决定作用，指出了政治、文化不过是矗立在经济基础之上的上层建筑；于是，一些先进的、认真的史学家们，开始致力于生产力和生产关系的研究，开拓出不少前人视而不见的新领域，使历史学第一次变成有规律可言的科学，成绩是空前的。”

在承认唯物史观对学术研究的积极意义的前提下，庞先生提出文化研究的意义：“应该承认，当我们用唯物史观去战胜政治史观，用前人史料去重新叙说

① 参见陈文：《关于“文化热”中几个问题的思考》，《云南社会科学》1990年第3期。

历史的时候,我们的注意力,往往局限于经济和政治两个领域,而对于鼎足而立的文化领域,则缺少应有的重视。常见的情况是,我们在分析一项政策、一次战争、一场政治运动乃至一个学派兴起和衰亡时,常常只提经济背景和政治背景,绝少谈到文化背景,大有一谈文化便落入唯心陷阱的隐忧。其实历史事实并不那样简单,唯物史观也并非如此片面。”

庞先生在提倡重视文化史研究的同时,还批评了文化史观,他说:“资产阶级学者提倡过文化史观,他们把文化说成是人类历史中起决定作用的要素,用文明的划分来混淆社会形态和国家的实质,那是不足为训的。现在西方一些人类学者、社会学者和历史学者,又在用‘文化’一词来概括人类的全部活动,把文化定义为生活方式;在研究历史时,主张抛弃‘经济’‘艺术’‘宗教’‘巫术’这样一些历史科学的范畴,白描各个时代各个她域的各种生活现象,提倡致力于叙说单个社会的文化上的特殊性。……这种只要描述、不要评价,只要现象、不要规律,只要个性、不要共性,只要社会风貌、不要历史发展的研究方法,当然也是不足取的。”这一话题实际上与“文化热”中对于“文明”和“文化”区分与关系的讨论有着密切的关系,而庞先生对文化史观的反思,对于今天的人文学术研究,依然不失警诫的意义。

在文章的最后,庞先生再次强调了唯物史观的价值,并提出对文化的研究,应以此前唯物史观指导下对历史的经济分析、政治分析为基础,才能取得更好的成绩:“唯物史观是研究社会和历史的真正科学观点和方法。……可以肯定,在这样的观点指导下,在对历史的经济分析、政治分析已经做了大量工作的今天,一旦把眼光分向文化领域,我们一定能取得像文化本身一样的五彩斑斓的成就。”

蔡尚思《关于文化史研究的几个问题》一文也提到了新中国成立后,对于文化问题的一度忽略,他说:“历史大约可以概括为经济、政治、军事和文化等方面。……解放后的中国,较多强调政治的重要性而较少强调文化的重要性,以致编著起历史,也以政治史代替文化史的内容,尤其是关于近代的著作,至今只有许多政治史而没有一部文化史,文化史很少有人研究。”庞朴先生和蔡尚思先生的观点,代表了那一代学者对于当代人文学术研究的反思及对未来学术的展望,从这一角度来说,除了政治因素,“文化热”也是对此前学术重政治与经济的一种纠偏。

以中西比较的视域，重视文化深层结构的揭示，是“文化热”的一个基本特点。同期“文化史研究笔谈”中所刊出的另两篇文章，则体现了这一特征。胡道静《加强和推广物质文化史的研究》一文，以开阔的视野和丰富的事例展示了海外科技史的研究盛况，并提出研究文化史的学者也要关注物质文化史(即科学技术史)的研究。

祝明在《中国文化史与世界文化史》一文中，已经以高度的学术自觉，预先对其后“文化热”的主旨进行了概括。他认为中国文化史作为世界文化史的“最重要的组成部分之一”，“只有在对世界文化史作综合的比较研究中才能正确解决中国文化史的问题”。他对其后发生的“文化热”所采用的研究方法进行了设想：“文化史的研究应该是综合的、宏观的研究，任务是找出各种文化现象和各时代之间横的有机联系和纵的发展规律。……文化史的研究正好体现现代科学知识整体化的效应：整体大于各部分之和。”而这正是“文化热”期间引入的，今天已为学界普遍接受的系统论的研究方法。

在文章的最后，祝先生归纳了文化史规律探索中要注意做到两个“辩证统一”：一是新与旧、传统与革新、规范与创造的辩证统一。曾经是先进的文化会从范例变成教条、圣典，新的社会制度形成时，旧文化往往成为统治者禁锢人民的工具，而新的文化必须冲破旧的体系，在既有继承又有创造中前进，形成文化繁荣的时期。二是文化融合与民族特点的辩证统一。世界各民族文化始终处于互相融合的过程中，中华民族的文化就是全国各民族文化融合而来的，文化融合的过程并不否定文化的民族特征，只有民族文化的充分发展并保持特点，才使文化融合变成前进的历史运动。祝先生所总结的这两重关系，实际上就是“80 年代”所讨论问题的核心，亦即古今中西的关系问题，而直到今天，如何进行古今中西关系的平衡，或者说是辩证统一，也仍然是人文学界的重要问题。

1984 年 7 月 7 日，《文史哲》杂志第 4 期刊发了向仍旦的《中国古代文化史刍议》，此文是以当年第 1 期所刊发的“文化史研究笔谈”为契机，探讨“文化”的概念、文化史的研究对象以及中国文化史的基本特点。文中开篇说：“中国古代文化，源远流长，光辉灿烂，不仅国人引以自豪，也使国际友人为之惊叹。然而对于中国文化史的研究，在相当长时期内我们未予以重视。所以《文史哲》今年第 1 期刊登一组研究中国文化史的文章，颇能引起人们的注意，现在把我的一些粗浅想法谈出来，也算是参加讨论。”对于文化史研究的这种意义定位，不同于“文化热”中以东西方文化比较的视角,将中国古代文化传统作为反思对象,有着很大的不同,反映了“文化热”中的多元并出的思想观念和立场,其后包括90年代后期开始的“走出疑古”与“疑古”的碰撞,直至21世纪儒学内部所发生的分裂等学术文化现象,都或许可以追溯到“80年代”“文化热”中这种对于文化研究出发点及其意义定位的歧见。

向先生的论文批评了文化进化论与文化结构类型论的缺点,认为这两种理论“对于打破帝王中心史观起了积极作用。但是,它们过分夸大了文化的作用,把社会生产和一切经济关系只当作文化史的从属因素,它们还过分强调地理环境对于人类社会的制约影响。这是它们共同的局限”。同时,向先生根据马克思主义的反映论,将文化进行了“广义”与“狭义”的区分,认为马克思主义的反映论,“既肯定了文化对政治、经济的依赖关系,也指明文化对政治、经济起促进或延缓的反作用。我们根据马克思主义的文化反映论来观察问题,才能得到正确的认识。我们认为,所谓广义性的‘文化’,应属于社会发展史或通史的研究对象;而狭义性的‘文化’,即诸社会意识形态之间的关系及其各种制度的纽结点,才是文化史所要研究的对象”。向先生的这种广义文化与狭义文化的区分,试图将“80年代”及之前的社会发展史和通史研究与“文化热”中所提倡的文化史研究绘在同一张学术地图中,以使不同时期的学术研究偏向更好地融合在一起,从而强调了此前的研究与今后研究之间的关联性。

1984～1986年,短短两年中,文化研究,尤其是对中国传统文化的历史命运及其前景的探讨,已引起学界的普遍关注和热烈讨论。1986年,《文史哲》杂志开设“中国传统文化讨论”专栏,并于7月7日出版的第4期杂志上,刊出了刘京希《近年来中国传统文化研究概述》一文,作为专栏的首篇文章。刘先生将当时学术界重点关注的相关论题归纳为“文化”概念的界定、中国传统文化的形成原因、中国传统文化的核心精神、中国传统文化的基本特征、传统文化与现代化、中国传统文化与社会主义精神文明、文化研究的方法论等八个方面[①],在每一方面,都已有深入的探讨,从中可以见到“文化热”中学界在文化研究方面所取得的成绩。

1986年,在“文化热”渐近高潮之际,恰逢《文史哲》杂志创刊35周年,是年

① 参见刘京希:《近年来中国传统文化研究概述》,《文史哲》1986年第4期。

6月10～11日,编辑部和山东大学青年社会科学工作者协会在山东大学联合举办了中国传统文化思想学术讨论会,一百多位学者应邀出席,就文化的概念、根本属性,传统文化的内涵、哲学特征、评价标准、研究方法及其现代命运等问题展开了激烈的讨论。张大同、刘京希两位先生所撰述的讨论会纪要,概述了此次会议的宗旨,也可以说总结了当时学人对于"文化热"的总的问题意识,那就是:"在东西方文化激烈撞击、我国经济改革迅猛发展、民族的社会文化心理急剧变化的今天,一种崇高而沉重的使命感,促使学术界重新思索中国文化的历史命运和发展前景。"①

在这次会议中,多个对当代人文研究发生过重大影响的观点被提出或者被强调,如关于文化的根本属性,有人提出不是阶级性,也不是地域性,而是民族性,"作为文化特质的民族心理结构具有巨大的稳固性",而文化发展有其独立性,当"文化的发展机制确定以后,它就具有了自身的内在逻辑,外部影响不能随意切断文化自身的规律",因此,"一切文化都具有某种惰性,或称保守性,表现为对外来文化的排拒力,以维护自身的纯洁性。但富于生命力的文化同时还具有另外一种更重要的特性,即在对本民族文化充分认识的基础上吸收、融会外来文化,使其他民族文化的有益成份转化为本文化的有机因子"②。《文史哲》杂志1986年召开的传统文化思想学术讨论会将已渐成气候的"文化热"进一步推向高峰。

1986年9月7日,《文史哲》第5期刊发了张岱年《如何正确认识传统文化》和张维华《中国文化发展的方向》两篇文章,可以看作当时"文化热"中文化研究的两篇代表作。张岱年先生分析了20世纪20年代文化讨论以来对中西文化的三个错误认识:一是"认为中国文化是主静的,是静态的文明,而西方文化是主动的,是动态的文明";二是"认为中国传统文化是贬低人的尊严的,是否认人的独立人格的";三是"认为中国文化是精神文明,西方文化是物质文明"。在详细剖析这三个错误的基础上,张先生提出:"中国传统文化具有复杂的内容,正确认识传统文化,就必须:第一,对于传统文化进行全面的考察,力求避免'以偏

---

① 参见张大同、刘京希:《中国传统文化思想学术讨论会纪要——纪念本刊创刊三十五周年》,《文史哲》1986年第5期。

② 参见张大同、刘京希:《中国传统文化思想学术讨论会纪要——纪念本刊创刊三十五周年》,《文史哲》1986年第5期。

赅全’的片面性;第二,对于传统文化的核心即传统哲学有比较深刻的理解,领会其中的精湛思想;第三,对于中西文化的异同也有比较全面的理解。”

张维华先生在《中国文化发展的方向》一文中,首先概述了当时“文化热”的盛况、背景及问题意识,他说:“目前正在哲学社会科学界和文学艺术界热烈进行的关于文化问题的大讨论,牵动了所有关心民族文化命运的人们的心弦。这一事实说明经过长期沉痛的历史反思,人们已经深切地意识到,中国要实现四个现代化,中华民族要进入世界先进民族之林,仅靠经济上的努力,仅仅进行经济领域的改革是远远不够的,我们还面临着拓新、重建中国文化的艰巨历史使命。如果没有相应的文化建设,经济和政治领域的改革也难以彻底和持久地进行下去。”在张先生看来,建设社会主义的现代文化,首先必须解决两个关键问题:“一是如何看待中华民族先民留下来的数千年的文化遗产”,亦即“如何处理传统文化与现代化的关系”;“二是如何看待对外开放和吸收外来文化——当代欧美国家的文化”,亦即“如何处理外来文化与现代化关系的问题”。就第一个问题,张先生认为“中国文化的基本精神是由儒家思想所决定”,“孔子和儒学对中国传统文北的影响,既有积极的方面,也有消极的方面”;对于第二个问题,张先生认为,“中华民族的觉醒与外来文化有密切的关系”,“对外开放不只是指引进西方的机器设备、科学技术和管理方法,还应包括引进西方的先进思想观念和思维方法”,“既然我们敢于承认自己的落后,并且下决心要赶上去,对于国外的先进文化就应欢迎、吸收,为我所用,使之化为民族新文化的有机构成,而不应心存畏惧,拒之门外”。最后,张先生总结道:“中国文化未来发展的方向只有一个,那就是必须建设中华民族的社会主义现代文化”,而“新文化的来源有两个”:一是“作为主导的方面,它将吸收容纳几千年来传统文化的精华”,张先生认为“文化的发展自有其内在联系,全面否定传统文化,也就等于拦腰砍断中华民族的历史,我们不能重弹胡适的旧调”;二是“尽其可能地吸收西方的先进科学技术和思想文化成果,为社会主义现代化事业服务”,张先生认为“民族之间分离隔绝的时代已经结束了,各民族的长期交往,必然会造就一个融合各民族文化精华,不分中外东西的世界文化。正像中华民族的文化融合了国内各民族的文化一样,中华民族的文化最终也会被融合到世界文化之中去”。

1986年的“中国传统文化讨论”专栏还刊出了徐经泽和吴忠民《文化的效用性和再生性》、于化民《关于文化问题的思索》、陈炎《中国的儒家、道家与西方的日神、酒神》、高旭东《鲁迅对中西文化发展模式的比较》(以上文章刊于该年度第 6 期)等文章。1987 年《文史哲》第 4 期“中国传统文化研究专栏”又推出周来祥《中国的传统文化思想是中和主义的》、龚书铎《谈中国近代文化史的研究》、杨炳章《韦伯“中国宗教论”与“儒学第三时期”》等重要论文。尽管只持续了两年,“中国传统文化讨论”专栏随着“文化热”的结束而停止,但专栏的开设,对于“文化热”走向高峰有着极大的推动作用。专栏所刊发的文章,对“80 年代”之后的 90 年代乃至新世纪学术,都产生了不可忽视的影响。

由于“文化热”并非某一特定的人文专业所推起的热潮,而是席卷了“80 年代”中期整个人文学界与思想界,影响了整个中国社会的思潮,它不仅有着明确的问题意识,还带来了一系列人文学术的研究路径、视角的开拓和改变,因此,它对人文学术的影响,也是广泛而且长久的。因应于此,除了“中国传统文化讨论”专栏等专门对应“文化热”的文章之外,此一时期《文史哲》杂志还刊出了众多虽无专栏题目与“文化热”明确对应,但确实在观念、方法、论题选择等方面与“文化热”这一时代思潮背景有着某种关联的文章,如 1985 年第 1 期刊出的李泽厚《荀易庸记要》、第 5 期沈敏特《改革与传统道德的关系》,1986 年第 2 期刊出的刘波《关于比较文学性质的思考》、第 3 期刊出的狄其骢《中西诗学比较探源》等文,因篇目众多,在此不再一一枚举。《文史哲》杂志所刊发的相关文章,不仅对于“文化热”这一“80 年代”重要思潮起到了开启与推动的作用,还在一定程度上影响、培养甚至形塑了“80 年代”青年学人的问题意识和学术路径,当时间进入 90 年代和 21 世纪,曾经的这批年轻学人已成为学术中坚时,依然可以在他们的学术成果中,见得到“80 年代”所留下的思想印痕——这种印痕也许表现为对“80 年代”理念的支持,也许表现为反思甚至批评,但无论正反,“80 年代”的“文化热”留下的思想遗产都是不可磨灭的,《文史哲》杂志也因对“文化热”中所作的贡献而为人们所铭记。

第三节 “儒学是否宗教”大讨论

1998 年第 3 期《文史哲》杂志邀请张岱年、季羡林、蔡尚思、郭齐勇、张立文、李申等著名专家学者就“儒学是否宗教”展开讨论。此时,距 1978 年年底任继愈在“中国无神论学会成立大会”上发表震动学界的《儒教是宗教》演讲,已过去了20年。在这20年间,虽然赞同任先生观点的人仍然很少[①],可是这极少数的学者,却撬动了这一关联学术和现实的重要论题的杠杆,使这个自明朝天主教入华传教以来就成为讨论焦点的老问题,在新的时代被注入了新的内涵,始终作为一个问题,横亘在学术与现实之间。

20年的学术积淀,并没有将"儒学是否宗教"这个老问题尘封或埋没,而是为这一命题的探讨,累积了新的思想资源,锻造了新的思考路径,尤其是20年间在宗教学、儒学、中国哲学以及思想史等方面研究的不断推进,使这一论题的探讨有了可以进一步展开的巨大空间;同时,中国与世界的广泛交流,以及传统文化的现代化转换等现实需求,又使这一命题的探索有了现实的迫切性。《文史哲》对这一论题的再次推出,将这一论题的探索,推向了新的具有纪念意义的高度。段德智、崔罡等学者都将《文史哲》杂志的这组笔谈作为"儒学宗教论"问题讨论的一个阶段性标志[②],便证明了这一点。

在《儒学与儒教》一文中,张岱年先生首先肯定了《文史哲》编辑部提出"儒学是否宗教"的讨论具有重要意义,并追忆了自己关于这一问题所经历的由反对到认可的观念转变。张先生回忆了"大约十年以前"[③],在一次座谈会上,"前辈梁漱溟先生曾说:'儒学不信鬼神、不讲来世,所以不是宗教。'我当时很同意梁先生的意见。"但随着对于宗教概念理解的变化,张先生对于此问题的观点发生了转变,他说:"近年我又思考这个问题,认为假如对于宗教作广义的理解,虽不信鬼神、不讲来世,而对于人生有一定理解,提供了对于人生的一定信念,能起指导生活的作用也可称为宗教。则以儒学为宗教,也是可以的。"张先生认为,儒学既与其他宗教有差异,同时又具有宗教的功用,可以指导生活,提供"安身立命"之道:"孔子不语怪力乱神,言生而不言死,在这一意义上,孔子学说与其他宗教不同。然而孔子提出了人生必须遵循的为人之道,使人民有坚定的生

① 据相关文章统计,在"1986年至1999年,何光沪、赖永海、谢谦、李申等人以不同形式赞同'儒教是教说',但加上任先生,明确支持此观点的学者共5人"(参见张志刚:《"儒教之争"反思——从争论线索、焦点问题到方法论探讨》,《文史哲》2015年第3期)。按:这一统计的"标准"较为苛刻。以《文史哲》杂志1998年这组笔谈为例,张立文先生即认为儒学"已具备精神化宗教的性质(或称其为智慧型宗教)"。当然,即使放宽"标准",在20世纪90年代,赞同或者不反对"儒学宗教论"的学者,仍然极少。

② 参见崔罡:《20世纪儒教问题反思》,黄玉顺主编:《庚寅"儒教"问题争鸣录》,郑州:河南人民出版社,2011年,第62～63页。段德智:《近三十年来的"儒学是否宗教"之争及其学术贡献》,《晋阳学刊》2009年第6期。

③ 张岱年先生此文写于1998年1月4日,则"大约十年以前"当为1988年前后。

活信仰。在这一意义上,孔子学说又具有宗教的功用。可以说孔学是一种以人道为主要内容、以人为终极关怀的宗教。”张先生这一观点,今天已为很多学者所接受。

关于“儒学是否宗教”之争,赞同儒学现代价值的人和严厉批评儒学的人,有可能达成一致,即都认为儒学是宗教,正如张岱年先生所言:“对于宗教,可以有不同的理解。对于儒学,也可以有不同的理解。因而对于儒学是否宗教,可以有不同的观点。根据对于宗教的一种理解,可以说儒学不是宗教;根据对于宗教的另一种理解,也可以说儒学也是宗教。对于儒学也可以或褒或贬。有人断言儒学是宗教,含有贬义。有人承认儒学是宗教含有褒义。”对此,张先生提出:“我希望学术界同仁对于这类问题采取宽容的态度,要尊重不同的意见。”这是经历过时代风雨的老一代学者对于良好学术讨论风气的殷殷期望,可以说,不仅是这场“儒学是否宗教”的讨论,其后二十余年的学界,也并未辜负张岱年先生的这一期望,关于儒学的讨论空间相对此前历史的任一时段,都是比较自由的,而这也是21世纪,尤其是近十几年儒学内部在思想倾向上发生分裂的原因之一。

在这组笔谈中,季羡林与蔡尚思两位先生,都看到了“儒学”有一个向“儒教”演变的可能性,但他们对此的态度却截然不同。季先生赞成一个“发展”的观点,而蔡先生则对儒学的儒教化表示反对。

季羡林先生在《儒学？儒教？》一文中,虽以旧版《辞源》“宗教”条目中所列的宗教四条件(即“一要有神;二要有戒约;三要有机构或组织;四要信徒信仰者也”)衡量儒学,得出儒学“只能称之为‘儒学’,没有任何宗教色彩”的结论,但他同时提出,“我认为,从‘儒学’到‘儒教’有一个历史演变的过程。”季先生还以佛教由原始佛教的无神论,发展至后期释迦牟尼的被神化作为例证,强调“讨论‘儒学’或‘儒教’,必须有一个发展的观点,不能执着于一端”。

蔡尚思先生在《儒学非宗教而起了宗教的作用》一文中,首先分析了原始儒学是学而不是教,但又说:“如果本身不是宗教的道家,可以把它变成宗教的道教,那为什么不可以对儒家也同样把它宗教化呢?”蔡先生与季先生此处不约而同地采用了同一思路,只是季先生是以佛学与佛教为例,而蔡先生以道家与道教为例,但在对儒学的“儒教化”方面,蔡先生的观点则与季先生的未加反对不同,而是提出了鲜明的反对意见,他说:“更有康有为、陈焕章等直认孔教与其他世界各大宗教一样。陈焕章既在北京创办孔教大学,又到许多国家去宣传孔教,早在商务印书馆出版《孔教论》一书,由于我不信孔子是大教主,他也特别赠我一本,要引诱我做孔教信徒。我不得不同他争鸣一下!"在反对儒学的"儒教化"的同时,蔡先生又断言"儒学不是宗教,却起了比某些宗教还要大的作用",从而给予了儒学价值以肯定。

表面上看来,郭齐勇、李申两位先生都以历史的眼光,通过对历史的追溯,试图给出这一问题的答案,但二人的立场、观念皆有不同,所追溯历史的远近大有不同,所得出的结论也截然相反。

作为当代儒学研究的代表,郭齐勇先生认为儒学是"入世的人文的又具有宗教性品格的精神形态",而这也是他笔谈文章的题目。郭先生将儒学"儒教化"的历史追溯至20世纪20年代,既追溯了自当代新儒家第一代中心人物熊十力、梁漱溟等人对此的反对意见,也分析了新儒家第二代牟宗三、唐君毅等人对儒教化的赞同观点,当代新儒家第三代代表人物杜维明、刘述先等的宗教观及由此而产生的对儒学本质的不同看法,最后在分析了中国传统人文精神与西方近代人文主义的区别之后,表明自己的观点:对于儒学,"了解其具有宗教性意蕴,可以帮助我们深化对儒学的认识,但它不能归结为宗教"。

作为任继愈先生的学生、儒教研究的代表人物,李申先生则力主传统"儒教是教化之教,这教化之教就是宗教之教",他的笔谈文章题目即为《教化之教就是宗教之教》。李先生所重点追溯的,并非近现代学者的观点,而是远及西汉董仲舒,经南宋朱熹而形成的儒教传统,以此还原儒家之教化作为"宗教之教"的传统意涵,认为"说儒教是教化之教并不能够说明儒教就不是宗教,问题要看是否在神的名义下进行教化",而"孔子既没,儒者仍存。儒者之行政治,行教化,乃是承天之命,遵伏羲、神农等先王之道,继孔子未竟之业",因此,"这样的教化,就是作为宗教的儒教的教育,而不是普通的世俗教育"。

在这组笔谈中,张立文先生《关于儒学是"学"还是"教"的思考》,则由现实问题入手来谈儒教存在的现实必要性:"儒学是'学',还是'教'?是我几年来一直深深思考的问题。对我思想刺激最大的是1996年秋,我受我校外事处的委托,与陈玉书、水国章两先生座谈。水国章先生说到他们印尼华侨的婴儿一出生就面临着一个生命生存的严峻问题。按照当地政府规定,婴儿报户口必须填写宗教信仰这一栏目,否则是不能上户口的。由于华侨大都信儒教,所以就填儒教,而当地政府又不承认儒教是宗教……"由此严峻的现实困境出发,张先生将“儒学是否宗教”的问题，转变成“儒教是否宗教”的问题，“学”与“教”的一字之差，体现的是学术与现实、学理探求与生存需求之间既有区别又有关联的微妙关系。

在此现实背景下思考“儒教究竟是不是宗教”，张立文先生认为，这是“提出了一个与人的生命生存直接相关的问题”，而“儒学的生命智慧，首要是对人的生命关怀，人的生命存在是人生存的基本权利”。同时，张先生对现代新儒家学术化、哲学化、抽象化的思路提出了批评：“现代新儒家的道德形上学把人抽象化而失落了人，把人的现实世界的冲突抽象化而瓦解了人的现实世界。这是因为作为哲学形上学本体论所蕴含的直觉本体思维方式，是一种从抽象原则出发而走向空虚玄想的思维方式，是缺乏直实生活而尊崇异己外在权威的思维方式。”他认为正是在新儒家那里，儒学“成为漠视人和不关怀社会的玄虚之学”。

张立文先生认为儒教之教，既是教化之教，也是宗教之教。张先生分析的进路，是从宗教概念的解析以及宗教标准的判定入手。关于宗教的核心内涵，他认为“宗教的终极关切和灵魂救济系统的核心是宗教信仰文化系统，它包括宗教理论、礼仪制度、戒律、文化等，这个系统又以其基本经典为依据和灵魂，如基督教的《圣经》、伊斯兰教的《古兰经》、佛教的佛经、道教的道经、儒教的《论语》等。它是教化、凝聚、统摄教徒的基本依据，也是吸收、皈依、信仰本教的价值根据，它对千千百万教民来说，是信仰与行为、生活与思想的根基；它是对于世界起源、人类起源、人生终极价值、因果关系的解释”，因此，他认为不应以西方基督教为衡量一切宗教的标准：“如果我们超越体制化宗教的标准来看精神化宗教，换言之，超越西方基督教为衡量一切宗教的标准，那么，中国古代就存在着宗教的传统，并且营造了一个多元宗教共存、共处的格局。”张先生由古至今，从理论到事例，申论了儒学传统的宗教性：“儒学既然有很深厚的天命的宗教根基，又具有终极关切和灵魂救济的内在超越的品格和功能，儒学自身已具备精神化宗教的性质(或称其为智慧型宗教)。宋明理学家以天理观方式探索世界、人类的起源、人生生命价值和意义，使儒家的宗教天命观理论化、思辨化。只要对儒学或儒教极度地尊敬和崇拜，作为精神化宗教的儒教，便是教，如香港的‘孔教学院’、新加坡的‘礼教学会’，便以儒教为教。”最后，张先生提出：“所谓‘教化’之‘教’与‘宗教’之‘教’的区别是人为的，因为任何体制化或精神化的宗教都具有教化的功能，并一直发挥着教化的作用”，而“我们之所以把儒教看成是‘学’,而不是‘教’,究其思想障碍:(1)是以体制化的宗教如基督教、佛教等为标准来衡量儒教;(2)是受西方宗教与哲学二分思维方式、价值判断的影响,以为哲学与宗教总是相互排斥的;(3)是对精神化宗教缺乏深刻的探索和研究;(4)是对宗教的巨大的教化作用估计不足。”照此说来,直至今天,学界仍然没能成功超越这四重思想障碍,而张立文先生的观点,也便因此,在二十余后的今天,仍然有着重要意义。

在人们对于儒学的态度仍然偏于保守且以批评居多的1998年,推出“儒学是否宗教”笔谈是一件需要胆识和学术眼光的事情。而这一组笔谈汇聚了六位学术名家的意见,在吸引了学界对于儒学与儒教问题的关注的同时,极大地推动了儒学研究的进展。在“儒学是否宗教”这组笔谈推出的次年,《文史哲》杂志又于1999年第5期推出了“儒学的研究、普及与大众化”笔谈,包括孔繁《有关儒家思想研究之普及问题之思考》、刘蔚华《要不要提出儒学的大众化》、楼宇烈《中国现代社会与儒家伦理》、宋志明《时代呼唤平民化的儒学》、赵吉惠《略谈儒学的普及与大众化》、汤恩佳《儒道宜普及于庶民》等六篇学术名家的论文。这组笔谈实际上是对“儒学是否宗教”话题的进一步推进。2003年第2期《文史哲》杂志刊出“当代新儒家”点评笔谈,包括张学智《包打天下与莫若两行》、李宗桂《当代新儒学发展的若干难题》、陈卫平《儒学能否成为“活水”》、蔡德贵《当代新儒家向多元融合型传化的必然性》等四篇知名学者的文章,对于新时期儒学所可能具有的意义进行了深入的讨论。世纪之交的这两组笔谈,引领和推动了学界对儒学当代价值的探索。

第四节　对古史辨派学术成就的再认识

古史辨派在20世纪前半期传统学术向现代学术转型的过程中,作出了巨大贡献,并参与奠基、形塑了现代学术。1923年,顾颉刚先生提出“层累地造成古史”,成为中国现代历史学建立的标志性事件之一。① 1992年,李学勤先生在北京语言学院组织的座谈会上发表了题为《走出疑古时代》的演讲,此文后刊于当年《中国文化》第7期,“走出疑古时代”“进入释古时代”的口号在经过十余年

① 参见王钧林:《古史辨与中国现代历史学》,《齐鲁学刊》2020年第2期。

的酝酿之后被正式提出。由于古史辨派对于现代学术范式的根本性影响，李先生对“疑古”思想的批评，在学界产生了巨大而持久的震动。随着1995年李学勤《走出疑古时代》一书的出版，以及1996年“夏商周断代工程”的正式启动，“走出疑古时代”不仅作为一股强大的思想潮流席卷了学术界，而且在报刊媒体的推动下，这一口号已跨越学界，在社会上也广为人知。

1998年第6期《文史哲》杂志刊出了《超越疑古　走出迷茫》一文，此文为1996年5月16日时任国务委员兼国家科委主任宋健先生在夏商周断代工程会议上的发言提纲。文章回顾了灿烂辉煌的中华古代文明，对受到“疑古”思想影响的中国史学界提出批评。宋健先生指出，“与埃及、巴比伦和印度不同，中华文明五千年绵延不断”，然“中国史学界对自己的古代史研究不够，在各种场合总令人不适”。而“使炎黄子孙们迷惘的，莫过于忽略黄帝的存在”。宋先生认为，“古代那么多而详的关于黄帝的记录，名谥世次、妻、子名姓俱全，史实清楚，可信可鉴。有些历史学家的著述与此迥然不同，很煞风景”，而“中国古代史的研究与埃及和两河流域相差如此之大，引起社会各界不安”，以致“民间巷里，科技团体，怏史学界之迟疑，怨众贤之蹒跚，无奈自编三代纪年”，因此，“今天启动‘夏商周断代工程’，有条件大大缩短这个差距，以飨社会之急需”。宋健先生还就工程的实施提出了包括“提倡社会科学与自然科学相结合”等在内的四条建议。在讲话中，宋先生还特别提到了李学勤先生《走出疑古时代》一书，他说：“近读李学勤同志的《走出疑古时代》，使人强烈感到，与世界其他古代文明比较，我国史学界对秦前的系统研究不足。最大的缺憾是自司马迁以来未建立三代纪年，没有正式公布过西周共和元年(前841年)以前的纪年参考体系。日本人有《尧舜禹抹杀论》。西方有人说，中国古代史从西周共和元年始。也有善论者称中国古代史尚处于扑朔迷离的雾霭之中，神话与传说杂陈，不见科学面目。”由此“走出疑古时代”，实际上成为“夏商周断代工程”的基调。

从1992年李学勤先生提出“走出疑古时代”的口号，经1996年“夏商周断代工程”的正式启动，至2006年，十多年的时间，“‘走出疑古’已经成为一种思潮，对学术界和整个社会发生了广泛而深刻的影响”。如廖名春先生提出“证古”，郭沂先生提出“正古”，谢维扬先生提出“现代古史史料学基本概念”……就像杨春梅先生所说：“围绕古书、古史的考释及方法、规范等问题，‘疑古’和‘走出疑古'已经是狭路相逢、短兵相接。"[①]"走出疑古时代"的口号反映了在经济繁荣发展时期中国社会心理的现实需求,同时,考古学、古代科技史等学科所取得的日渐丰硕的成果,也使很多学者相信,走出"疑古"、重建上古史的可行性;而"疑古"思想则是参与构筑中国现代史学乃至人文学术的一块重要基石,走出"疑古"是否可能?贸然"走出"可能会对现代学术带来哪些影响?现代史学研究的大厦是否会因抽走这块基石而出现崩塌?更多的学者则持怀疑态度。"疑古"还是"走出疑古",成为关涉现代学术范式及学术未来走向的大关节、大问题,为了推进这一问题的探讨,2006 年 10 月 21～22 日,文史哲编辑部与山东大学文史哲研究院、中华书局、历史研究编辑部在山东济南联合主办了"上古史重建的新路向暨《古史辨》第一册出版 80 周年国际学术研讨会"。来自海内外古史学、思想史、考古学、文献学、民俗学、神话学、符号学等各学科领域的五十余位学者齐聚一堂,同台论辩,围绕"如何重建上古史"等相关系列问题展开跨学科的对话,就"疑古"学说的认识和评价、出土文献的意义和价值、上古史重建的新路向等一系列学界普遍关注的问题进行了广泛而深入的交流和探讨。

在 2006 年 10 月的研讨会之前,《文史哲》杂志已创设了"疑古与释古"专栏,从学术理念、研究路径以及相关学术成果等多方面,对这一世纪论题展开了深入的探讨,在学界产生了巨大影响。

2006 年第 2 期《文史哲》杂志刊出杨春梅《去向堪忧的中国古典学——"走出疑古时代"述评》一文。杨先生对"走出疑古"思潮在进行全景式扫描的基础上作了深入细致的逻辑分析,并对"走出疑古"的论点体系进行了结构性概括,她说:"'重新估价中国古代文明''对古书的第二次反思''重写学术史'是与'走出疑古'密切相关的三个命题,其中'重估'是目的,'重写'是前提,'反思'则是'重估'和'重写'得以落实的根据。三者彼此互动,构成一个有内在逻辑关系的'走出疑古'论点体系。"杨先生在比较了李学勤与冯友兰、郭沫若、李济、王国维等人学术主张的异同之后指出:"李先生以'走出疑古'为特征的'释古'与冯友兰的'释古'意向不同,与郭沫若的'古代研究'、李济的'考古重建'也旨趣有异。其最为崇奉的宗师是王国维。王国维的'二重证据法'和'古史新证'模式被李先生奉为'释古'的典范。"杨先生还指出:"李先生一直致力于以考古材料、简帛

---

① 杨春梅:《去向堪忧的中国古典学——"走出疑古时代"述评》,《文史哲》2006 年第 2 期。

佚籍和'史实素地'论印证古书、释证古史,以期重新确立古书古史的可靠性权威,但是言辞始终含蓄委婉,是其追随者们的'证古''正古'及'现代古史史料学基本概念'等主张让'走出疑古'的内涵和走向明朗化、理论化",因此,她又对廖名春先生的"证古"说、郭沂先生的"正古"说以及谢维扬先生的"现代古史史料学基本概念"分别进行了辨析。杨春梅先生的这篇文章,在具体细致的思想个案分析的基础上,提出了她对于学术史的宏观概括与判断,在文章最后提出了"当证伪和证真都取证不足、甚至无所取证的情况下,应怎么办"的严峻问题。她说:

> 就史学及其与之相关的一些学科而言,中国学者一直注重"证据"鄙薄理论,现在,不管愿意不愿意,举证责任问题已经把大家逼到不能不关注理论的境地。因为,如果再不正视这其中的理论问题,那么所有曾经起于证据的"疑",都将在同样理直气壮的"拿证据来"的呐喊声中轻而易举地翻身为"信",诸如顾颉刚当年所说的可能永远也无法证明其为人抑或为神的"三皇五帝"等,终将利用没有"证据"证明这一点,再借助一些民族学、社会学理论的皮毛,以及文献记载与"考古文化"一厢情愿地简单"拟合",堂而皇之地复原其上古帝王谱系的权威,而系于其名下的各种事迹自然也成为信史。这种方式还会被美其名曰"讲理论,讲方法"。广义的中国史学需要什么样的理论和方法,已经到了不能再回避的时候了。科学必须讲求"证据",但当"证据"之求和"证据"的解释陷入僵局时,概念和逻辑的合理性问题、学术的原则和规范问题便自然显现出其至关重要的意义,而这恰恰是我们一向忽略的属于理论范畴的问题。"证据"有穷,这是科学必须正视的问题;科学无穷,因为科学不只是"证据"之学。有些人总想利用"证据"之有穷来打倒科学,又有些人不承认"证据"有穷,以给科学过高荣誉的方式,为科学带来难以抹去的耻辱。中国学术界如不想再发生这样的事情,就必须改变鄙薄理论的风习,必须有一些人肯在科学的基础上,进一步深入到非"证据"所能穷尽的理论领域,让这里开满真正的理论之花,否则,荒芜的理论之域,恰恰会成为中世纪蒙昧理念复活的乐园。在新的世纪之初,究竟何去何从,很值得中国学人深长思之。

陈淳先生是从考古学角度对疑古及古史重建进行思考的。2006 年第 6 期

刊出了他的《疑古、考古与古史重建》一文,文章指出:

> 认为我国考古学的进展已经为释古和重建古史奠定了基础,可能有点过于乐观。考古能够发现的地下文献资料毕竟有限,其大部分都是无言的物质遗存。在尚未能够充分解读出古代社会文化信息的情况下,文献和考古发现根本无法契合,何况大段的史前史和上古史没有或仅有少量文献可供借鉴。

考古学与历史学在当代学术体系中,实际上已是两个学科,对于考古学与历史学之间关系的不同处理,使中国与西方的考古学有着不同的学科地位以及研究路径。"现代科学考古学的诞生是在理论方法上摆脱和超越文献记载的局限上来体现其科学价值的,而中国考古学却是通过在证经补史中的作用来体现自身科学价值的",这种局面的形成与疑古思潮有着莫大的关联,陈先生认为:

> 疑古思潮对中国考古学的起步产生了很大的影响,也对中国考古学的学术定位起到了决定性的作用。这种被认为对考证古史有用的方法,使得中国考古学成为历史学的分支。加上史学在国学中的尊贵地位,更让人们认定考古学只有依附于历史学才有意义,只有用来重构国史才有价值。正是源于这种对考古学作用和地位的褊狭认识,才会有学者提出考古发掘成果只有用文献解释才有意义的见解。

陈淳先生认为数十年来疑古辨伪的意义被刻意贬低了,这也与考古学在被引入中国时的定位有着莫大的关系。他指出:

> 疑古辨伪的意义被刻意贬低,也和考古学在中国的处女航——殷墟发掘结果有密切的关系。殷墟发掘是标志着中国考古学起步的一项重要成就,但是在解决传统学派和古史辨派之间的争论上,却成为一个十分不幸的开端。正是殷墟发掘与典籍的吻合,使得这一成果变成了对疑古思潮的嘲讽,客观上为维护传统提供了科学依据。其结果便在学界产生这样的想法,即典籍中的记载基本是可信的,怀疑精神不但多余,而且反会造成混乱,造成政治上的负面影响。所以,殷墟的发掘成果不只是对疑古辨伪的一个重大打击,也是对倡导科学精神的重挫,它支持了史籍的可信度并巩固了饱受诘难的传统学术的地位。

在文章的“小结”中,陈淳先生将其对疑古辨伪、考古研究、古史重建及文明探源的思考概括为三点:一是要有科学态度和思辨精神,亦即“善思”和“善疑”,而这“要求学者们不但要重视对研究客体真实性的梳理,而且还强调对研究者本人的立场、知识背景、学术能力以及各种影响其主观判断的社会影响和价值观进行严格审视的必要性”;二是“应该超越传统学术方法,从国际水准来审视我们这项工作的现状”,“考古学的学术定位应当是整个人文学科和社会科学的组成部分,它和历史学不是依附的关系,也不是仅仅为编史学服务的工具,而同是了解人类自身历史和社会发展历程的独立研究领域”;三是“我们的古史重建和文明探源应该超越三代国家的纪年、地点和文献记载的真实性,来探索文明和社会发展具体轨迹并阐释其原因”,“只有在对中华文明起源具体过程和规律认识的基础上,我们才能构建一部科学的古代史,才能使我国的文明探源研究跻身世界学术之林”。

“走出疑古时代”口号落于现实中最具代表性的项目就是“夏商周断代工程”。张富祥先生《“走出疑古”的困惑——从“夏商周断代工程”的失误谈起》(《文史哲》2006 年第 3 期)一文,对“夏商周断代工程”所存在的问题进行了分析,并指出:“当下古史年代学研究可行的路径,仍应是在古文献‘文本’的基础上多方联络和考证。力求将已有的年代系统调整到能够为大多数学者所接受的水平上。夏商周断代工程不由此途,而将主要精力放到非文字史料的调查和取证上,所得结果大都不可据。工程所提倡的多学科方法带有泛科学化的倾向,由此导致年代学论证上的一系列失误。这些失误表明,作为工程的指导理念,‘走出疑古时代’的主张以及‘超越疑古,走出迷茫’的提法,在理论上和实践上都是不妥当的。”

材料问题是古史重建的关键问题。2007 年 3 月,《文史哲》杂志特约记者曹峰先生就相关问题采访了著名文字学家、文献学家和历史学家裘锡圭先生,将采访内容写成《古史辨派、“二重证据法”及其相关问题——裘锡圭先生访谈录》一文,刊于《文史哲》杂志 2007 年第 4 期。在访谈中,裘先生回顾了自己的学习和研究的历程,就古史辨派、上古史、出土文献研究及“二重证据法”“五帝时代”等问题畅谈了自己的看法。裘先生认为,古史辨派在对上古史认识的大方向上是正确的,在古书辨伪方面则有许多地方需要纠正;我们今天对于疑古思想和学说应持继承与批判相结合的态度。20 世纪 70 年代以后虽然涌现了大批出土文献,但就出土文献研究而言,传世典籍以及历代学者对传世典籍的研究仍然是基础。目前中国古典学,包括出土文献研究领域存在的问题主要不在缺乏理论或方法,而在研究者往往缺乏科学的态度,必须大力提倡一切以学术为依归的、实事求是的研究态度,提倡学术道德、学术良心。

《文史哲》杂志2006年第5期还刊出了李扬眉《"疑古"学说"破坏"意义的再估量——"东周以上无史"论平议》一文,对"古史派"的学术史意义进行了重估与定位:

> 20世纪前半期,在以"古史辨"为代表的实证主义文献批判运动的推动下,现代史学的"证据"尺度得以确立,传统"三皇五帝"的上古史系统因此被全盘颠覆,这就是胡适和顾颉刚的"东周以上无史"论的主体内容。"东周以上无史"实质上是一个历史知识论而非本体论范畴内的命题,即他们认为应予推翻的并不是东周以上实际发生的历史,只是传世文献、尤其是权威经典中有关上古史的叙述。在时人看来,现存有关东周、夏商甚至于更早时期的历史记载,天然地缺乏切实的"证据"——"直接的史料",也就是无法"拿证据来"。既无法"拿证据来",这些记载便自然失掉了成为真确的历史知识的基本条件。因此,"东周以上无史"实际上是一个被"证据"法则逼出来的结论。在当时普遍不信任传统典籍和历史记载的前提下,又因为实证主义史学家以探求"真实"为最终目的,严格恪守"有几分证据,说几分话"的戒律,始终无法对漫长的上古历史形成全面的把握,出土材料也同样不能从根本上解决这一问题。事实上,上古史重建工作必须冲破材料及证据的局限,建立在相关理论的基础之上。

此外,关于"疑古"与"走出疑古"相关问题,《文史哲》杂志还刊出了沈颂金《论"古史辨"的评价及其相关问题——林甘泉先生访问记》(2003年第2期)、西山尚志《出土资料研究同样需要古史辨派的科学精神——池田知久教授访谈录》(2006年第4期)、彭国良《一个流行了八十余年的伪命题——对张荫麟"默证"说的重新审视》(2007年第1期)、谢维扬《古书成书和流传情况研究的进展与古史史料学概念——为纪念〈古史辨〉第一册出版八十周年而作》(2007年第2期)、李幼蒸《顾颉刚史学与历史符号学——兼论中国古史学的理论发展问题》(2007年第3期)、江林昌《顾颉刚先生与考古学》(2007年第4期)、吴锐《"禹是一条虫”再研究》(2007年第6期)、曹峰《出土文献可以改写思想史吗?》(2007年第5期)等文章,在学界激起了巨大的反响。《中华读书报》(2006年8月30日、2011年6月1日)和《文汇报》(2007年8月14日)都进行了专文报道。

“疑古与释古”这一世纪论题的探讨,由《文史哲》杂志集中展开,也许并非偶然,其中一个因素是《文史哲》杂志与古史辨派的密切联系。正如前文在追溯《文史哲》杂志创刊情况时所提及的,杂志的创办人杨向奎、童书业等先生都是顾先生的受业弟子,顾先生亦曾为了支持弟子所创办的杂志而将《〈穆天子传〉及其著作时代》一文交由《文史哲》杂志刊出,因此《文史哲》杂志创刊伊始,便与古史辨派有着密切的联系。中华人民共和国的成立之初,在民国学术向共和国学术转型时期,古史辨派学术受到冲击和批判,童、杨二位先生亦是首当其冲,只能撰文对古史辨派进行自我批评①,这种批评是受意识形态强势影响的结果,此不赘述。

① 参见童书业:《“古史辨”派的阶级本质》,《文史哲》1952年3月号;杨向奎:《“古史辨”派的学术思想批判》,《文史哲》1952年3月号。

结语　《文史哲》与中国古典学术研究

古典学风格是《文史哲》创办70年以来一以贯之的特点，新中国的古典学术研究成就了《文史哲》杂志，同时，这份杂志也见证并推动了新中国70年古典学术研究的发展。我们将杂志70年所刊发论文进行了一个初步的统计，列表如下[①]：

时间(年)	刊发文章(篇)	古典学术研究文章(篇)	占比(%)
1951～1959	852	405	47.54
1960～1966	330	186	56.36
1974～1979	416	146	35.10
1980～1989	1277	644	50.43
1990～1999	1319	701	53.15
2000～2009	1510	782	51.79
2010～2020	1071	815	76.10
1951～2020	6775	3679	54.30

由上表可以看出，除了1951～1959年、1974～1979年两个阶段之外，其他时期《文史哲》古典学术相关研究文章数量占比都超过了一半，就70年全部发文总量来说，古典学术研究文章占比54.30%，占总数的一半以上，这从数量上可以展示《文史哲》的古典学风格。尤其是近十年来，《文史哲》杂志古典学术相

① 本表格数据由笔者与史佳威老师共同统计。1951～1953年依据的是纸本杂志，1954～2020年则依据的是知网目录，所统计的数据既包含论文，也包括会议预告、综述以及新书评介等学术信息类文章。

关研究文章占刊发文章总数的76.1%,是阶段古典学术研究文章占比最高的一个阶段。近十余年间,杂志自2006年创办“疑古与释古”栏目,2013年创设“重估儒学价值”栏目,2020年发起的“公私德之辨”的讨论,其选题实际上都是古典学术研究相关论题,在学界产生了重大影响,而《文史哲》杂志的古典学术风格也至此走向成熟。《文史哲》杂志所形成的古典学术风格,以及由此而对古典研究作出的贡献,主要表现在以下几个方面:

首先,是对于古典学术研究论题的提炼或者说是“话题”的制造,以及对于学术研究的引领。锻造古典学术话题,使似应藏在象牙塔中、与现实没什么关联的古典学术与公共学术话题结合起来,是《文史哲》杂志的一个重要特点。自20世纪50年代以来,《文史哲》就以“预”学术潮流为己任,不断发掘新选题,展开大规模争鸣,从“五朵金花”大讨论、“红学”研究范式论战,到“文化热”的开启、“儒学是否宗教”的笔谈、“疑古与释古”的辨析、“贤能政治”的争论、“公德与私德孰先孰后”的激辩,这些学术探讨无不在学界引起了巨大反响。百家争鸣本就是学术的本性,《文史哲》杂志自创刊伊始便顺应了这一本性,因而才能发起一场又一场的学术大讨论。蔡尚思先生曾评价说:“《文史哲》致力于百家争鸣、百花齐放,因而繁荣学术,功不可没!”

除了以锻造话题的方式推动古典学术研究,《文史哲》杂志还举办了一系列古典学术相关的研讨会。从2008年至今,《文史哲》已连续13年举办以“人文高端论坛”为名的系列学术会议,其主题分别为“中国文论遗产的继承与重构”“传统与现代:中国哲学话语体系的范式转换”“秦至清末:中国社会形态问题”“反省与展望:中国人文研究的再出发”以及“儒学与自由主义对话”等系列论坛,再加上2006年举办的“上古史重建的新路向暨《古史辨》第一册出版80周年国际学术研讨会”,这十余次高端学术研讨会事实上都围绕着一个主题,即“如何认识我们的传统,如何书写中国的历史”这一时代命题,而通过古典学术追问,最终要回答的问题是:中国文化和社会的历史形态及其未来走向。因此,《文史哲》杂志虽重视古典学术研究,但它所重视的并非古典学术的细枝末节,而是与时代思想、社会现实联系密切的学术话题,体现出的是其一以贯之的、敢于担当的社会关怀和人文情怀,而这最终形成了杂志学术性与思想性并重的学术风格。

如前所述,《文史哲》并非中文、历史、哲学三大学科文章的“拼盘”,在这三大学科的外在区分之下,有一个古典学术的暗线作为统合。20世纪的一大学术趋势是分科治学,而且学科越分越细,学科不断细化所带来的一个不可避免的结果,是学术深度的"碎化"。与此同时,无论是社会,还是学术,我们所面临的一系列问题均已越来越具综合性质,而"碎化"了的分科治学对此已越来越束手无策。在这一背景下,就古典学术本身来说,其很难泾渭分明地进行学科划界,如儒学研究与经学研究,在现代学术分类体系中无法寻找到自己的准确位置,很难将它们归于哲学、史学、文学三科的某一学科,换言之,现代学科的分类体系,无法适应中国古典学术研究的实际情况。同样,另一方面,进行古典学术研究的学者也常常发现自己的研究成果难以在越分越细的专业刊中找到刊出自己综合研究成果的园地。如何化解并超越这一现代学术分科所造成的古典学术研究的困境,《文史哲》杂志所作的是努力打破学科壁垒,采用以问题为中心,而不是以学科为中心的思路,亦即把"问题"看得比学科更重要,更带根本性,以"问题"为中心来整合学科,而努力不以"学科"为平台来切割"问题";要重点刊发那些《文学评论》《历史研究》《哲学研究》等杂志不好发、不便发、感到比较棘手、学科归属感不强的稿子。譬如,2006 年《文史哲》杂志所提出的"疑古与释古"话题,不但包括文学、历史、哲学等学科,还需要考古学、文献学、文字学、历史地理学、民俗学等完全不同的方向和领域,而 2020 年开启的"公私德之辩"讨论,则除了需要历史、哲学、伦理学的研究,还需要政治学、经济学等不同专业学科学者的广泛参与,如这些话题,都是任何专业杂志所不便面对的问题,这样的问题严格说来只能放在《文史哲》上来讨论。①

此外,在栏目设置方面,《文史哲》也力求能体现出综合性和跨学科的特点,如"中国社会形态问题""当代学术纵览""海外中国学""历史与伦理""道德、理念与制度""唯物史观与现代学术"等栏目,都能体现出这种努力和追求。以问题为中心,不以学科切割问题的办刊思路,鼓励"非文非史非哲""亦文亦史亦哲"为特点的文章的刊发,适应了中国古典学术研究的自身特点,同时也铸造了《文史哲》杂志自身的特点和风格。

上述这一特点,仲伟民先生将其概括为"小综合、大专业"。他从期刊史的角度出发,认为这一特点使《文史哲》杂志"在专业刊和综合刊之间走出了一条

---

① 本段与下段内容主旨见王学典:《走一条不为时风所动的厚重办刊之路——为庆祝〈文史哲〉创刊 60 周年而作》,《把中国"中国化"——人文社会科学的近期走向》,上海:上海人民出版社,2017 年,第 241～244 页。

独特的道路”。他说:“我将《文史哲》的特点和风格简单地总结为一句话,即‘综合性与专业性的有机结合’。我认为这种特点是《文史哲》独有的,在全国社科期刊中是独一无二的,已成为《文史哲》独特的品格,正是这一品格使《文史哲》成为中国社科期刊界的一面旗帜。”同时,他还认为:“分科学术是20世纪以来从西方引进的学术规则,这种规则已经成为中国学术的重要组成部分。不能否认这种学术规则对中国从传统向现代的转变,对中国的现代化进程以及中国学术同西方学术接轨起到了巨大的作用,但是这种结合也对中国文化造成了极大的伤害和割裂。我们通常所说的文史哲融会贯通或文史不分家是中国传统学术的精髓,因此中国学术要立足中国并走向世界,就必须在分科学术的基础上进一步融合,回归到大专业的传统之中去。而《文史哲》独具的这一特点,在未来中国学术发展和创新以及走向国际化的过程中,必将发挥更大的作用。”①

相较于人文学科的其他领域,古典学术的一个突出特点是其严谨性,从出处到字句,往往要求更为严格。与此相应,以古典学研究为特点的杂志,也要有严谨的风格。《文史哲》杂志自创刊就有并坚持至今的“厚重办刊”的思路,决定了它对于编校具有几乎到了苛刻程度的严谨态度。人力有限,人眼有阙,要做到全无一处错误是不可能的,唯一能做的就是在谨严的基础上更加谨严,这一严谨的传统可以追溯至《文史哲》杂志初创时期。杂志第一卷第二期“编者的话”可资为证:“在校对方面,我们力求仔细,付印的时候,编辑部同人全部出来校对;但根据第一期的经验,错字仍然存在,这证明我们的努力还不够。‘消灭错字’是编辑同人的主要目标。”

回首70年古典学术研究的风雨,我们既看到了唯意识形态对于学术研究的严重损害,也经历了20世纪80年代之后出现的“回到乾嘉去”的碎片化研究倾向对于学术思想性的阻碍。而在今天,我们又面临学术“内卷化”现象的大量存在,“数量化考核”的挤压,使学者尤其是年轻学者科研压力不断增加,而学术水平反而日渐平庸,因而学术研究出现“短平快”的现象,而学术研究成果陷入低水平重复的怪圈,学界的“内卷化”困境为期刊的发展也带来了严重的困扰。面临种种问题,除了需要学者的自我定位和反思,需要科学的评估体系等制度层面的支持,学术期刊也应积极探索出一条有助于推动学术研究的道路。

① 仲伟民:《〈文史哲〉的独特道路:小综合、大专业》,《文史哲》2011年第6期。

下编

重返本土：《文史哲》与21世纪以来的中国学术气候变迁

引言　当代中国人文学术的“本土化”转向

20世纪迄今，中国思想界主要有三大支配性思想派别，它们分别是：中国文化保守主义、舶自近现代西方的自由主义、经由苏联认识的马克思主义。在20世纪的前两次大规模思想文化与政治运动（新文化运动、思想改造运动）中，后者依次取代了前者原先据有的支配性地位。

改革开放以来，马克思主义继续在意识形态领域保持主导地位，上述三大思想派别所构成的具体格局，则进入了深刻的调整期。一方面，经由新文化运动入驻中国的自由主义，始终以“在野”的身份在知识界长期保持影响力；另一方面，在新文化运动期间被打倒在地的以儒学为代表的中国传统文化，扛过了20世纪80年代的“反传统”之风后，在学界、民间持续升温。进入21世纪以来，中国人文学术气候的变迁趋向日渐明朗：“现代化＝西方化＝自由主义化”这一公式，被日益自觉的“中国主体”意识与“本土化”转向所平衡。

《文史哲》在改革开放尤其是21世纪以来的办刊历程，正是上述调整与变迁的见证。我们从以下五个方面简述之：

其一，改革开放以来的文艺学先是在思想解放的新时期语境下，较大程度地迅速恢复了在“思想改造”与“20世纪50年代美学大讨论”期间深受批判的文艺独立倾向，继而在长期维持多元并存格局的基础上，于21世纪以来表现出向本土文艺传统寻根的意向。

文艺独立是自由主义政治观在文艺以及学术领域的延伸。新文化运动期间，为了打破传统儒家政治与儒家价值观的主导与牢笼，以陈独秀为代表的新文化运动旗手曾发出过“学术独立”“文学独立”“史学独立”“音乐独立”“医药、拳技独立”等呼吁。由于“为文学的文学”“为艺术的艺术”等主张具有脱离政治现实、拒绝政治领导的倾向，以毛泽东为代表的中国共产党人在领导中国红色革命过程中，通过《在延安文艺座谈会上的讲话》(1942)等文献与措施对之进行了坚决的纠正。这种纠正在共和国建政初期的“思想改造”运动中得以全面铺开，20 世纪 50 年代的美学大讨论之所以重点批判朱光潜此前的美学思想，根本原因在于这种康德—克罗齐式美学思路鼓吹“直觉”“移情”“距离”“超功利”“纯形式”“无所为而为地关照”，“主张艺术脱离现实而另造一世界”。这种纠正(思想改造)在“文化大革命”期间走向极端，使“百花齐放、百家争鸣”的文艺与学术方针暂时彻底沦为昙花一现，对整个国家的文艺与学术事业造成了有目共睹的抑制与破坏。“文化大革命”刚刚结束后，中国文艺界便痛定思痛，大范围地热烈讨论《光明日报》于 1977 年 12 月刊发的毛泽东给陈毅同志谈诗的信(毛泽东在这封信中正面谈论形象思维)，通过为“形象思维”正名，解除了套在广大文艺工作者头上的“紧箍咒”。此后，在思想解放的春风与改革开放的大潮鼓荡下，中国文艺界一直在“四项基本原则”等政治底线约束下，享有较大程度的创作、研究以及引进西方文艺流派与思潮的自由。新文化运动时期的“文艺独立”情结，在改革开放以来的多元化格局中，很大程度上成为现实。

但“多元化”并不意味着“均等化”，在特定时势下，不同的“元”在感染力、影响力方面，实际上是存在巨大差异的。作为对上一时期教条主义意识形态极端盛行局面的反拨，新时期的文艺独立运动尤其青睐带有“反封建”“反传统”(在崇尚“独立”“自由”价值的新文化运动叙事中，“封建”与“传统”是不可分割的一体两面)性质的西方现代、后现代思潮。这就导致了一个尴尬的局面：在中国大陆以自己的“特色”鲜明的制度安排，而非一味照搬西方发达国家政治模式日益复兴之际，包括文艺学在内的当代中国人文话语，却日益堕入了一些学者所谓的“文化殖民”境地。换言之，21 世纪前后的中国人文话语，与当今中国的“特色”现实明显疏离，既无力解释亦无心去支撑正在来临的中国复兴。

文艺学研究界的一些中外学人，对这种不匹配作出了意味深长的反应。其中，中、日、韩三国学者的“重估东方美学的世界地位”笔谈(2001)，以及与反思“中国文论的失语问题”密切相关的“中国文论遗产的继承与重构”人文高端论坛(2008)，尤能体现中国主体意识的苏醒。在向学界报道 2008 年的这场人文高端论坛的旨趣时，《文史哲》同仁指出：“中国文化发展战略应作方向性调整。”以中国文论为例，用曹庆顺的话说就是，重建中国文论之路在于中国文论的中国化。

其二,中国历史学界不断突破固有理论及概念牢笼,通过触摸本土历史经验探索本土历史理论。

针对上一时期学界流行的原有套路,在《文史哲》名栏"中国社会形态问题"上发表的一系列研究论文纷纷指出,"五种生产方式"概念不适切中国古代社会现实,国家"权力"较单纯"经济"因素对中国传统社会更具主导力。在拿捏新术语、重新概括秦至清末中国社会性质的过程中,学者们深深认识到:相关历史研究绝对绕不开"中国史观"的重建问题,对传统中国社会形态的重估必须与带有本土气派的历史理论探索同步推进。在2010年举办的题为"秦至清末:中国社会形态问题"的《文史哲》人文高端论坛期间与之后,对"国家权力主导"论的揭橥、对"传统中国专制"说的矫正、对"华夏国家起源"理论的新探等,一直在不断刷新着学界对传统中国社会形态的史实认知与价值判断。

其三,21世纪初,中国哲学界爆发了声势浩大的"中国哲学的合法性"问题大讨论,中国哲学的特质论与优越论、西方哲学的普世论或中心主义,以及各种在这两个极端之间徘徊、调和的观点在这场大讨论中纷纷登场。

中国哲学学科自于20世纪初建立之日起,始终面临着"依傍西方哲学(认为这种依傍损害了中国哲学的固有特质)"与"中国没有哲学(认为相关的中国传统思想不配被称为哲学)"的双重指摘。后者出自以黑格尔为代表的西方中心主义者。前者来自中国学术传统内部,蕴含着对西方中心主义的不满,但囿于长期低迷的国运和悬殊的中西实力对比,一直缺乏大张旗鼓表达诉求的主客观条件。随着改革开放以来中国国运的持续向好,中国主体意识日趋自觉,用包括"中国哲学"在内的本土传统文化资源为中国立言的意向日渐突出。21世纪初的"中国哲学的合法性"问题大讨论,正是在此背景下爆发的。这场大讨论的导火索文本之一——王元化先生本人署名的《关于中西哲学与文化的对话》长篇学术访谈——正是在2002年的《文史哲》上刊发的。此后,《文史哲》又先后从这场新世纪大讨论中引申出了"中国哲学话语体系的范式转换"(2009)、"如何构建中国特色哲学社会科学体系"(2018)这两个充满建设性的议题设置,在古今中西四重语境下探讨非复古、非封闭的本土人文话语系统的建构途径。

其四,以儒学为代表的传统文化持续复兴,"重估儒学价值"成为醒目的研究议题。

如果说发生在20世纪中国的"反传统"运动是以五四新文化运动"打孔家

店”为开端和最为醒目的标志的话，那么，21 世纪以来日趋明朗的中国人文学术的“本土化”转向便理应以“重估儒学价值”为枢纽。在世纪之交、纪念五四运动 80 周年的 1999 年之际，“五四运动的反省与超越”“五四运动与传统文化”等议题就已经是学界热点。进入 21 世纪以来，“德治”“和谐”等传统儒学元素被陆续吸纳为治国理政的思想资源。中共十八大以来，高层更是有意识地释放出鼓励中华优秀传统文化复兴的信号。2013 年，习近平总书记考察曲阜，强调“孔子及儒家思想是中华民族传统文化的重要组成部分，在中国历史上发挥了极为重要的作用”。与上述从总体上积极估计儒学价值的趋向相呼应，2013 年，《文史哲》杂志开始设立“重估儒学价值”栏目，并于 2015 年、2017 年、2018 年三度举办“儒学与自由主义的对话”人文高端论坛。2019 年，《文史哲》编辑部更是以“儒学价值及其现代命运”人文高端论坛向五四运动 100 周年致敬，“儒学与‘五四’的和解”问题在本次论坛的专题报道中被明确点了出来。

在《文史哲》主编及团队的策划推动下，儒学与自由主义在中国本土迎来新一轮对话。与新文化运动时期，儒学在那一轮对话中主要是被动挨打不同，本轮对话预见到中国人文学术正在进入“本土化”转向的学术机构构建时期，先后围绕“‘性本善’还是‘性本恶’”“‘贤能政治’的可行性及其限度”“个体与社会群孰先孰后”议题展开。本着“不入主流，难成一流”的意识，以王学典主编为代表的《文史哲》同仁深刻认识到，以儒学为代表的中国传统文化必须和在世界上占主流地位的思潮、理论展开对话，只有通过这种层次的对话，中国文化才能为世界所理解和接受，也只有在诸如此类的对话的过程中，本土传统文化才能实现创造性的现代转化。

其五，包括《文史哲》在内，一系列学术刊物创办英文版，助力中国文化走向世界。

当今正和平崛起的中国，是一个经历了长达一个世纪的“反传统”风潮激荡的中国，也是一个经历过全方位的“西学东渐”与“改革开放”重塑的中国。当下之中国对西方与西学的显性认知，甚至超过了对自己的历史与传统的了解和珍视。然而，本土历史与文化传统通过深层的“历史积淀”，事实上仍在活生生地影响着当代中国，而构成支撑中国“特色”发展模式的“文化—心理”结构因素。我们看到，在经历经济、社会高速发展的基础上，当下的中国正在自觉调用传统文化资源，以求更深刻地认识自己的来路、更好地规划自己的去向。相形之下，西方“发达”国家由于习惯了居于“中心”的优势地位，其对中国现实、文化、历史的了解远不及中国对西方的了解。一方面，中国持续攀升的综合国力与世界影响力，要求中国必须建构与之相匹配的文化软实力；另一方面，由于对中国文化传统缺乏深入系统的了解，西方世界惯于使用“国强必霸”的逻辑，观察中国的复兴及其对欧美文明构成的“挑战”。《文史哲》国际版(JOCH)以及其他各种汉语学刊英文版的创办，一个重要使命便是帮助西方学界更好地理解人文中国。

在本编中，我们将分三章展示《文史哲》及其国际版(JOCH)在21世纪以来的代表性作为。由于21世纪初正值共和国人文学术第三次大转型的起步阶段，为了勾勒相关线索，本编在论述过程中会对此前三个阶段(前两次转型是此前三个阶段的分界限)有所涉及。

第一章　重估儒学的价值

《文史哲》2013年开始设立“重估儒学价值”栏目。这一颇具标志意义的栏目的设立绝非一时兴起，而是反映了自1949年以来半个多世纪，乃至自1915年以来百年中国思潮与社会现实的最新趋势。

重估儒学价值需要相应的大环境条件，既需要相应的意识形态空间，也需要相应的现实底气。在意识形态方面，儒学在20世纪先是败于五四新文化运动中的“自由主义—全盘西化—激进反传统”思潮，后则备受“文化大革命”期间极“左”思维压制，并在20世纪80年代的“反封建—新启蒙”潮流中继续处于边缘乃至被激烈批判的地位。① 改革开放之后“文化大革命”式极“左”思维的退潮，马克思主义意识形态与改革开放以来中国持续向好的发展现实对极右倾向的有效约束，21世纪以来“德治”“和谐”等传统儒家术语和观念的高规格出场，以及2012年以来高层对中华优秀传统文化创造性转化与创新性发展的持续提倡，为重估儒学价值提供了日益正面的意识形态语境。在现实底气方面，近现代中国积贫积弱、不敌西方的局面是儒学(被认为是传统制度的精神支柱，须对近代中国之衰弱负文化责任)饱受批判的重要外因。改革开放以来，中国快速取得了举世瞩目的发展成就，2008年北京奥运会成功举办之后“中国崛起”更是日渐成为世界性议题。“现代化=西方化”“现代化必须反传统”的旧公式，在胜于雄辩的新现实面前开始松动。作为辅翼当今中国“特色”模式的重要“文化—

① “传统文化与中国的变革、改革与进步之间的关系，是在20世纪中国被反复提起的一大命题，‘五四’时期、80年代的‘文化热’时期，都曾一次又一次提起此一命题。以往每次提起，都导致对传统文化与改革关系的大面积解构和更深刻的质疑，认为孔夫子应为中国落后挨打负责，传统文化应该为‘文革’的发生负责。20世纪80年代，人们甚至还形成了一种更为普遍的认识，那就是以儒学为代表的中华文化，是封闭的、落后的、僵化的、保守的、不能与时俱进的，是中国走向现代化的绊脚石。”(王学典：《儒家文化与中国的改革》，《中华读书报》2017年1月18日)

心理"结构因素之一,儒学之于当代中国变革、改革、进步的积极作用,开始被海内外观察者不断提起,而助长着儒学研究界一些人士对儒学的自信与底气。

重估儒学价值,还须以对儒学持同情之理解的研究力量的兴起、壮大为基础。20世纪90年代以来,"文化保守主义"在中国大陆的重新酝酿并不断生长,为重估五四新文化运动以来尊科学和民主为"先生"、抨击传统儒学为"封建专制""愚昧迷信"的叙事,积攒了深厚的智识资本。进入21世纪以来,从《文史哲》的论文刊发情况来看,对儒学持同情之理解的研究力量在中国大陆已具规模,与此同步,儒学单向受教于现代西学(尤其是自由主义话语)的客体地位亦发生逆转。

当前中国正处在一个类似"文艺复兴"的时期。正如西方当年的文艺复兴并非是在一味复古希腊罗马文化之古,而是以再现本土源头文化为契机创造性地发展出了以自由主义为指导思想的新的哲学社会科学体系那样,当今中国的儒学复兴也不应是在"复古"的意义上复原孔孟之道,而是要在重新深耕孔孟传统的基础上,创造出表达中国经验、解释中国经验,进而还能引领中国经验,且又有别于西方自由主义的哲学社会科学的中国范式。① 本着这种立意,围绕"重估儒学价值"这一栏目(还有其他与儒学研究相关的栏目),《文史哲》不仅零散地发表了诸多颇具时代气息的研究论文,更在过去10年间成系列地策划了"儒学与自由主义的对话""初探儒学与'五四'的和解之道"等高端论坛。这些发表与策划,已经成为当代中国哲学社会科学发展的重要组成部分,对之进行梳理、概述,有助于我们更好地把握、思考当今中国哲学社会科学的最新动态。

第一节　重估儒学价值的时机日趋成熟

一、大环境之变迁倾向于对儒学价值进行重估

"评法批儒"是"文化大革命"时期的最后一场思想文化"运动"。抛开其他

---

① 本自然段前两句,取自《文史哲》主编王学典教授2018年2月21日上午在"《文史哲》杂志人文高端论坛之七开幕式暨'2017年度中国人文学术十大热点'发布仪式"上的致辞,基于速记档案,但有所修改。

因素不谈,仅在"百代都行秦政法""孔学名高实秕糠"[①]的定性下,儒学总体上也只有受批判的份儿,无法被认为具有值得继承的正面价值。1979年11月开始起草、1981年6月中共十一届六中全会正式通过的《关于新中国成立以来党的若干历史问题的决议》,一举纠正了"文化大革命"时期的极端政治与思想路线。1979年10月初至10月底,山东大学举行"文科学术报告会",据刊发在同年第6期《文史哲》上的简讯介绍,本次报告会的宗旨在于"进一步贯彻党的三中全会和五届人大二次会议精神,继续端正思想路线,探讨党的工作重点转移后面临的一些理论问题和实际问题,以进一步提高对实践是检验真理的唯一标准的认识,促进我校科研和教学质量的提高,推动学术的发展和繁荣"[②]。相应地,全盘否定儒学的政治定立场开始松动,重估孔子及儒学价值的空间初步开显。

作为表现之一,《文史哲》甚至在1978年年底到1979年初,便分两期连载了山东大学中文系教授牟世金先生的文章[③]。牟先生在那时较为罕见的长篇论文,逆着上一时期"评法批儒"运动的余流和余威,郑重其事地提出,要实事求是地重估"在封建社会占统治地位"的"儒家思想"在中国古代文学发展中的作用。以汉朝与六朝为例,先是指出汉朝独尊儒术,力图用儒学规制一切文章诗赋,结果势必窒息文学的发展;后则批评六朝诗文创作摆脱了儒学约束而走上纯文学道路之后,经"腐朽的世族地主插手","不仅更趋于形式主义、唯美主义,而且荒淫腐朽,反动颓废的东西大量出现"。牟先生顺势指出,力图与这种形式主义、颓废主义作斗争的苏绰、颜之推、刘勰、裴子野、钟嵘等,"他们和形式主义进行斗争的思想武器就是儒家思想"[④]。

透过以上"各打五十大板"的评论,我们能够体会到,作为共和国前30年学术的亲历者和过来人,一方面对"文化大革命"期间极端意识形态话语武断而绝对地主导文艺的情形很不认同,故委婉地通过批评传统时代儒学独尊对文艺造成的深重压抑,呼应新时期的思想解放运动;另一方面,他也深受《在延安文艺

---

① 毛泽东:《七律·读〈封建论〉呈郭老》,中共中央文献研究室编:《毛泽东年谱》第六卷"1973年8月5日"条,北京:中央文献出版社,2013年,第490页。

② 文研:《山东大学举行文科学术报告会》,《文史哲》1979年第6期。

③ 牟世金:《从文与道的关系看儒家思想在古代文学发展中的作用》,《文史哲》1978年第6期;牟世金:《从文与道的关系看儒家思想在古代文学发展中的作用(续)》,《文史哲》1979年第1期。

④ 牟世金:《从文与道的关系看儒家思想在古代文学发展中的作用》,《文史哲》1978年第6期。黑体和着重号为引者所加。

座谈会上的讲话》(1942)说理的影响,并不赞成“为文学的文学”“为艺术的艺术”[①]这种以“非功利”“纯形式”为尚的康德—克罗齐—朱光潜式文艺美学路线,认为这条文艺路线在中国传统时代同样弊端累累。可以说,牟先生之交确实同“后文革”时期的诸多代表性研究相类似,绍继了新文化运动张扬个体权利的“启蒙”立场,遥承陈独秀在新文化运动期间对“学术独立”的大声疾呼[②],含蓄地表达了对极端政治话语在极端时期武断主宰文艺事业的反思。但同时,作者在《在延安文艺座谈会上的讲话》精神的影响下,也看到了并充分承认传统儒学在矫正“纯文艺—形式主义”弊端方面的正能量。上述充满张力的态势预示着,在新时期对儒学价值的重新评估(正面评估)中,主流意识形态极有可能发挥积极的建设性作用。

稍后于牟世金的文论研究专文,庞朴和李泽厚分别在1980年前两期《中国社会科学》上发表了《“中庸”平议》《孔子再评价》两篇较具综合性的文章。其中,李泽厚《孔子再评价》一文虽延续了“孔子所维护的周礼属于早期奴隶制秩序体系”(认为这是保守、落后以致反动的)这类上一时期的既有观点,但总体上却更着意于在广阔的历史视野下,并基于中国文明将与世界文明交融会合的前景预期,对孔子仁学结构的四个要素(血缘基础、心理原则、人道主义、人格理想)和作为整体特征的实践理性进行正面的再评价。李泽厚在文中指出,血缘、心理、人道、人格四重因素在孔子那里构成了以实践理性为特征的思想模式的有机整体,这四重因素在彼此牵制、作用中相互均衡、自我调节和自我发展,并具有排斥外在的干扰或破坏的封闭性,从而形成了任何思想学说都难以与之比拟、匹敌的塑造国族文化—心理结构的巨大作用。[③] 这便将对孔子与儒学的再评价,提到了当代中国(人)如何进行自我认识这一颇具现实意义的高度上去,因为作为一种厚重的历史积淀,这种“文化—心理”结构至今仍构成中国人(既包括革命时期的中国人,也包括社会主义建设时期的中国人)挥之不去的底色。

不过,尽管在改革开放初期即有诸如《从文与道的关系看儒家思想在古代

---

① 参见毛泽东:《在延安文艺座谈会上的讲话》,《毛泽东选集》第三卷,北京:人民出版社,1991年,第855页。

② 陈独秀曾云:“中国学术不发达之最大原因,莫如学者自身不知学术独立之神圣。”参见独秀:《学术独立》,《新青年》第5卷第1号(1918年7月15日),张宝明主编:《〈新青年〉百年典藏·翻译随感卷》,第394页。学术独立可以说是个体权利至上原则在学术理念与学科关系层面的体现。

③ 参见李泽厚:《孔子再评价》,《中国社会科学》1980年第2期。

文学发展中的作用》《孔子再评价》《“中庸”平议》等这些有心为孔子及儒学鼓与呼的“大”文章问世，但继承、发扬传统文化却未能成为80年代中国的主流思潮。由于改革开放初期政治理论界与思想文化界的直接倾向是在“反对封建主义”等名义下重新绍接新文化运动的“启蒙”主题，而孔子及儒学在新文化运动的正统叙事中则属于“封建主义”的思想支柱，儒学与传统文化因而深受80年代“新启蒙”潮流的压制。走出了“评法批儒”运动的孔子及儒学，马上又遇到了“全盘西化”潮流的批判与排斥。80年代中期以后虽然出现了“以传统文化为主”的“文化热”，但用《文史哲》主编王学典教授的话说，其主流取向却是“反传统”乃至“激进反传统”①。

实际上，无论在新文化运动时期，还是在20世纪80年代，“反传统”总是与“全盘西化”一体两面。不过，以“四项基本原则”为内核的新时期官方意识形态，与改革开放以来中国顽强、持续向好的发展现实，对“全盘西化”的极右倾向形成了有效约束。众所周知，《河殇》是20世纪80年代中国思想文化界“激进反传统”或“全盘西化”倾向的突出标志②。80年代末，在对《河殇》进行密集批判的同时，官方开始正面表达对中国传统文化思想的重视。这些举措配合着改革开放以来中国特色社会主义事业顽强奋进的巨大现实，立竿见影地扭转了弥漫上一时期“激进反传统—全盘西化”的汹涌之势。③ 于是，有了中国思想文化界“向传统回归”的90年代。

如刘蔚华在90年代末发表于《文史哲》上的一篇文章所总结的那样，“进入20世纪90年代以来，我国儒学研究有所发展，呈现出活跃的局面。这一时期，关于儒家学说的学术会议，显著地增多了；发表的学术专著和论文，数量可观；探讨问题的广度和深度，有了很大拓展；在学术观点方面，出现了许多新见解”。“与此同时，也相应地出现了一定程度的儒学普及的动向。诸如：举办各种儒学讲座、知识竞赛，今注今译儒家典籍的系列丛书出版，各种专题性文化媒体节目

① 参见王学典：《“八十年代”是怎样被“重构”的——若干相关论作简评》，《中国图书评论》2010年第2期。

② 参见王学典：《“八十年代”是怎样被“重构”的——若干相关论作简评》，《中国图书评论》2010年第2期。

③ 1989年10月7日，“孔子诞辰2540周年国际学术讨论会”在北京—曲阜举行，江泽民就孔子问题发表看法。在接见部分海外学者时，他说：中国古代有孔子这样一位思想家，我们应引以为豪；孔子思想是很好的文化遗产；应当吸取精华，去其糟粕，继承发扬。（参见王学典主编：《20世纪中国史学编年(1950～2000)》下册，北京：商务印书馆，2014年，第711页。）

的不断上映，新编《三字经》《千字文》《小儿语》等童蒙读物大量发行，儿童读经活动的开展，各种民俗性文化节日活动和具有历史文化内容的旅游活动的广泛开展，等等，都在儒学与传统文化的普及方面发挥了重要作用。”①

20世纪90年代以来，中国思想文化界向以儒学为代表的传统文化回归态势之所以能够持续下去并不断壮大，在很大程度上不能不说是因为改革开放以来中国在“特色”制度下持续改革、顽强奋进、快速发展的现实在背后加持。以儒学为代表的传统文化既然被认为与现行体制有着千丝万缕的联系，而现行的中国特色体制又持续展现出顽强的生命力与促进中国发展的有效性，则思想文化界向以儒学为代表的传统文化回归取向便会获得坚强的现实基础。

进入21世纪之后，传统儒学元素被不断吸纳为治国理政的思想资源。2001年1月，江泽民在全国宣传部部长会议上讲话提出“把依法治国与以德治国紧密结合起来”②，被认为是对儒家“德治”传统的一种借鉴与呼应。2005年2月，胡锦涛在省部级主要领导干部提高构建社会主义和谐社会能力专题研讨班上发表讲话，历数了“构建社会主义和谐社会”这一加强党的执政能力建设的重要内容的提出过程与重大意义③，并援引《论语》“和为贵”等古典提法印证和谐社会理想的普遍性④。2008年北京奥运会开幕式上的“和”字演示，则旨在向全世界传递中国爱好“和平”、谋求“和平崛起”的愿景，与传统儒家追求“协和万邦”、反对“穷兵黩武”的取向正相呼应。2010年，以儒学创始人孔子出生地命名的首届尼山世界文明论坛在曲阜尼山举办(此后每两年举办一届)，儒学由此获得了一个代表中国文明与世界各大文明对话的角色。2013年，“和谐”一词又被收入“社会主义核心价值观”。凡此种种均表明，针对新文化运动的激进的反传统叙事，对儒学价值进行重估的大环境条件已基本成熟。

二、持同情之理解的研究力量已具规模

在大环境条件基本成熟的情况下，《文史哲》自2013年开始设立“重估儒学

① 刘蔚华:《要不要提出儒学的大众化》,《文史哲》1999年第5期。

② 江泽民:《大力弘扬不懈奋斗的精神》(系在全国宣传部长会议上的讲话的一部分),《江泽民文选》第三卷,北京:人民出版社,2006年,第200页。

③ 该讲话在收入《胡锦涛文集》时标题即为《构建社会主义和谐社会》,参见《胡锦涛文选》第二卷,北京:人民出版社,2016年,第273～299页。

④ 参见《胡锦涛文选》第二卷,第279～280页。

价值”栏目。该栏目的设立,可以说是《文史哲》人对1978年改革开放以来三十余年,或1949年以来六十余年,乃至是对1915年以来近百年中国思潮与社会现实运动的最新趋势,所作出的兼具时代感与担当意识的积极反应。

办刊与个人从事学术研究的区别在于,个体研究者原则上可以最大限度地面对未知而自行探索,办刊则需要依靠现成的或至少是可预期的研究力量作为较稳定的稿源。归根结底,办刊者扮演的是辑而编之者的角色,因此,办刊须考虑栏目设置与选题规划的可行性。徒具前瞻性,但无一定规模的研究力量相依托的栏目与选题,无法落实为灿然可观的办刊成果。《文史哲》设立“重估儒学价值”栏目,同样面临着对儒学持同情之理解的研究力量是否已成气候的现实问题。

如前所述,整个20世纪80年代虽有“以传统文化为主”的“文化热”,但其主流取向却是“(激进)反传统”。那时的中国学术界显然不具备重估儒学价值的研究力量基础。这是因为:“重估”针对的是五四新文化运动以儒学为“封建专制”“愚昧迷信”的叙事,而80年代的中国主流学术界绍继的,正是那个“(激进)反传统”、以“(全盘)西化”为旨归的新文化运动学统。不过,即便如此,在80年代,对儒学持同情之理解的研究力量却在持续生长。

举例来说,成立于1984年的中国文化书院,以“通过对中国文化的教学与研究,承继并阐扬中国文化的优秀传统;通过对中外文化的比较研究,加强世界各国的学术交流和学者的往来,促进中国传统文化的现代化”①为宗旨。通过杜维明等海外学者的授课、讲学活动,港台新儒家的思想、著述渐为中国学界所知。港台新儒家既满怀深情地坚持中国文化的特质②,又锲而不舍地探求中国传统文化现代化转型方案,且总是不失时机地抒发以中国文化补救现代西方文化弊病之设想的深沉激情与愿景,在很大程度上成为当代中国文化保守主义的底色。

在中国文化书院策划举办的一系列学术会议中,1989年的“中国宗教:过去与现在”国际学术讨论会尤其值得一提。这次会议“显示了学者们对宗教问题的跨文化比较的兴趣以及对古老宗教与现实文化关系的重视”,涉及“中国历史上的各种宗教对现代中国文化的意义”“西方从利玛窦到马克斯·韦伯对中国

---

① 陈越光:《八十年代的中国文化书院》,北京:生活·读书·新知三联书店,2018年,第19页。

② 例如,牟宗三先生专门著有《中国哲学的特质》(上海古籍出版社2008年版)一书。

宗教与中国文化的看法”“宗教与中国文化尤其是俗文化的关系”等问题。① 这既是对国际上20世纪70年代以来的现代“宗教热”的一种学术折射,亦透露出一种有别于五四新文化运动时期的“封建迷信”论或“愚昧迷信”论的宗教观正在改革开放的中国应运生起。

实际上,李泽厚早在1980年的《孔子再评价》一文中,就已经较显眼地涉及了儒学的宗教性议题。但那时,中共中央《关于我国社会主义时期宗教问题的基本观点和基本政策》的“十九号文件”(1982年3月31日)尚未颁布,较之文中其他观点,李文中的“儒学既不是宗教,又能替代宗教的功能,扮演准宗教的角色”议论暂时并无太大回响。1986年,贵州人民出版社翻译出版了远在美国的林毓生先生的《中国意识的危机——“五四”时期激烈的反传统主义》。该书在古今中西文化之争视域中基于中国本位立场,颇具感染力地指出了“中国意识的危机”问题,并将矛头直指“五四”,认为正是这一时期激进反传统的举措造成了中国传统文化的断裂。② 中国大陆的相关学者因此品尝到了一种与“新文化—反传统”逻辑迥异的叙事原则,为本土“文化保守主义”者从长计议传统文化的巨大价值注入了一剂强心针。③ 借其势,“文化保守主义”在中国大陆思想界得以在一定程度上正名。④ 而正面肯定“儒学的宗教性”,正是“文化保守主义”伸张儒学“终极关怀”,强势表达其文化委身立场的一个重要途径。⑤ 儒学的宗教性议题因而保持了较长时间的热度。在中国文化书院于20世纪80年代末策划举办“中国宗教:过去与现在”国际学术讨论会之后,经过了大约10年的酝酿,在《文史哲》1998年第3期策划发表的《“儒学是否宗教”笔谈》中,“儒学虽

① 参见夏栋华:《“中国宗教:过去与现在”国际学术讨论会》,《中国文化》1989年第1期。

② 参见[美]林毓生:《中国意识的危机——“五四”时期激烈的反传统主义》,穆善培译,贵州:贵州人民出版社,1986年。

③ 参见邹晓东:《儒学与“五四”能和解吗?》,《中华读书报》2019年6月12日。

④ 1994年创刊的《原道》集刊,被视为“文化保守主义”的重要标志和阵地。

⑤ 陈越光在追述1989年那次“中国宗教:过去与现在”国际学术讨论会时,这样评论道:“《新教伦理与资本主义精神》只是韦伯理论冰山展现在海面上的部分,那座冰山的整体是包括印度(印度教与佛教)、中国(儒教与道教)、犹太教、基督教和伊斯兰教的主要世界宗教的社会心理理论。当我们的视线从这座冰山自上而下地切入,对中国宗教的过去与现在的分析,自然是一次关于中国人现代性的证成,而这,也正是80年代思想文化运动的一个内核。”从“宗教社会心理理论”角度分析“中国宗教的过去与现在”,甚至被定性为“中国人现代性的证成”路径。(参见陈越光:《八十年代的中国文化书院》,第107页)特别值得一提的是,这是一次准备认真因而“开得比较成功”的会议(汤一介语,参见《八十年代的中国文化书院》,第105～106页),能反映20世纪80年代末中国知识界金字塔上部人士看重宗教议题的缘由。

未必是宗教,但能替代宗教的功能,扮演准宗教的角色”的观点俨然已经成为学界的主流共识。

《文史哲》1998年第3期这组笔谈的参与者,皆为学界代表性人物(老中青三代):张岱年、季羡林、蔡尚思、郭齐勇、张立文、李申。作者们在笔谈稿中无不从积极意义上认为儒学具有不容忽视的宗教性,甚至在历史上起了比某些宗教还要大的宗教性作用。其中,不止一位作者指出,新文化运动片面崇尚现代自然科学,为此而歧视包括基督教在内的一切宗教,并因此否定或否认儒学的宗教性,这无论从儒学史事实还是从经世致用的实际需求来看都是不恰当的。① 此外,这次笔谈的参与者们还不约而同地认为,不应以基督教或者信鬼神、讲来世等作为衡量“宗教”或“宗教性”的既定标准,表现出了在终极关怀层面同西方争锋的意向。总之,“儒学宗教性”议题在当代中国学界的提出,基本初衷是为了展示、推崇儒学的“终极关怀”。《文史哲》这组“儒学是否宗教”笔谈文章的面世意味着儒学研究界正试图从更根本的层面重建儒学之威望。

在从终极关怀层面调理对儒学的委身感,形成较稳固的“同情之理解”姿态的同时,兼顾现实的儒学研究力量亦在同步养成。《文史哲》1999年第5期策划发表的《“儒学的研究、普及与大众化”笔谈》(作者分别是孔繁、刘蔚华、楼宇烈、宋志明、赵吉惠、汤恩佳)显示,中国大陆的儒学研究界正在尝试走出象牙塔,探索儒学与当代社会生活相结合的有效途径。这一动向对于儒学摆脱“游魂”状态、重建血肉之躯来说至关重要,是学界对儒学“同情之理解”态度的进一步深化与推扩。

我们知道,列文森曾在其《儒教中国及其现代命运》这本著作中,基于“传统”“现代”二分的思维认为,现代西方代表着现代文明的方向与模式,受其冲击与影响,中国社会在由传统向现代转变的过程中,儒学注定会丧失其现实基础,

---

① 陈少明教授曾在《立言与行教:重读〈论语〉》(刘小枫、陈少明主编:《经典与解释》第三辑《康德与启蒙:纪念康德逝世二百周年》,北京:华夏出版社,2004年,第165～184页)一文第一节指出:其一,在五四新文化运动以来崇信科学的时代潮流之下,对儒家道德理想持同情态度的思想人士如梁启超、蔡元培等,往往会强调“儒学重视人而非神”,并据此断定儒学不是宗教;其二,任继愈等学者则站在革命意识形态的立场上,强调“儒学崇信鬼神,天是最高人格神”,“传统祭拜的天地君亲师,包括孔子在内,都是神”,“儒家经典就是传达天意的教义,而历代政权组织同时也就是宗教组织”;其三,海外学者杨庆堃则从“结构—功能主义”角度,将宗教区分为“制度化宗教”与“混合性的宗教”,认为儒学属于“有宗教特性的社会政治教义”;其四,杜维明、刘述先、黄俊杰、李明辉等现代新儒家,则在“终极关怀”的意义上认为儒学具有“宗教性”。

而只能沦为博物馆里的历史收藏物(收藏它的目的正是为要把它从现实文化中驱逐出去)①,相应地,西方文化则升格为取代传统儒学的现代中国的新语言②。对此,陈卫平在发表于《文史哲》2003年第2期的《儒学能否成为"活水"》一文中指出,列文森的上述思维正是五四新文化运动以来中国人评价儒学的主流思维,这种思维认为儒学与现代性是对立的,儒学无法促进中国的现代化而只能是中国现代化进程的障碍。陈卫平认为,这种在当时起到了使人们从儒学传统中解放出来的作用的观点其对儒学的认识终究是片面的。③ 他在文中进而引述港台新儒家著名传人杜维明的观点,指出:儒学在过去1000年间之中国所享有的深厚的经济、政治、社会根基的衰落和崩溃现在已经是不争的历史事实,然而"不能因此得出儒家思想失去了它所有的人类相关性的结论";恰恰相反,"儒学在艺术、文学、历史和哲学中的精神价值将会再度表现出它对塑造整个中国创造性心灵的影响"④。在现代中国与现代世界,儒学到底是"活水"还是"死物"?如果是仍有活力之水,那么它会否再次成为"主流"?抑或,它只能作为现代西式主流中的"一滴"?这些问题,归根结底正是儒学的价值评估问题。

站在《文史哲》杂志这一平台上观察,儒学的发展前景确实值得乐观。21世纪以来的中国儒学研究界,涌现出了大量具有时代气息、水平精良、对传统儒学持相对正面评价的研究成果。《文史哲》在2001年至2012年间,刊发了诸多与"反传统"大异其趣的儒学研究论文,包括(但不限于):《从批孔到释孔的转折》(宋志明,2001年第3期)、《全球化伦理的儒家诠释》(杜维明,2002年第6期)、《"当代新儒家"点评笔谈》(张学智、李宗贵、颜炳罡、陈卫平、蔡德贵,2003年第2期)、《自由抑或儒家社群——现代司法实践的一个基本文化问题》(李霞、李川,2004年第5期)、《近年来儒家伦理论战述评——腐败之源还是德性之端》

---

① 参见[美]列文森:《儒教中国及其现代命运》,郑大华、任菁译,第337～338页。"西方冲击—中国反应"模式在20世纪五六十年代西方"中国学研究"界居支配地位,其影响力一直持续到20世纪80年代(柯文在《从中国发现历史——中国中心观在美国的兴起》一书中对之提出了批评),这一叙事模式与研究者自觉不自觉的西方本位乃至西方中心主义立场密切相关。(参见郑家栋:《列文森与〈儒教中国及其现代命运〉——代译序》,[美]列文森:《儒教中国及其现代命运》,郑大华、任菁译,第7～9页)

② 参见[美]列文森:《儒教中国及其现代命运》,郑大华、任菁译,第138～145页。还可参见陈卫平《儒学能否成为"活水"》(《文史哲》2003年第2期)一文中的相关评述。

③ 参见陈卫平:《儒学能否成为"活水"》,《文史哲》2003年第2期。

④ 杜维明:《杜维明文集》第2卷,武汉:武汉出版社,2002年,转引自陈卫平:《儒学能否成为"活水"》,《文史哲》2003年第2期。

(胡治洪,2005 年第 6 期)、《21 世纪孟子学研究的新展望》(黄俊杰,2006 年第 5 期)、《关于西学东渐的经验教训——兼论话语霸权与“失语症”问题》(王树人,2007 年第 4 期)、《类别中的关系:家族化的公民社会的基础——从人类学看儒学与家族社会的互动》(麻国庆、2008 年第 4 期)、《道之以德,齐之以礼:社会运行的理性规范——春秋战国时期儒家社会思想研究》(郑杭生、胡翼鹏,2009 年第 2 期)、《中华文化与普世价值》(何光沪,2011 年第 6 期)、《中国正义论的重建——生活儒学的制度伦理学思考》(黄玉顺,2011 年第 6 期)、《忠恕与金律:地球村未来之共同原则》(田辰山,2012 年第 1 期)等。

上述情况表明,当今中国学界已大致具备在“同情之理解”基础上,对儒学价值进行总体重估的学力储备。《文史哲》设立“重估儒学价值”栏目可谓正当其时。自 2013 年设立“重估儒学价值”栏目以来,这方面文章更是层出不穷,且不乏新意迭出之作。

例如,《三层并进:儒家未来发展的新构想》(赵卫东,2017 年第 6 期)、《中华传统礼制内在价值及其现代转换》(汤勤福、葛金芳,2018 年第 3 期)等文章,一看题目便知是在关怀儒学的现代化发展路径问题。“前沿”气息十足的《图像、丛生与间性——探源中国哲学的新路径》(商戈令,2017 年第 3 期)、《知“道”——中国哲学中的功夫认识论》(倪培民,2019 年第 4 期)、《人工智能伦理规范是什么类型的规范?——从〈儒家机器人伦理〉说开去》(吴童立,2020 年第 2 期)等文章,则生动地显示了在当代语境下重新激活传统儒学资源的巨大前景。

又如,《儒家传统的开放性新探:孝—慈现象分析(笔谈)》(蔡祥元、黄启祥、王珏、张祥龙,2015 年第 4 期)、《重建“家”在现代世界的意义》(孙向晨,2019 年第 4 期),标志着深具儒家底色的“家哲学”正在当下中国悄然兴起。放眼现当代中国思想史,儒家式“家哲学”的复兴,可说是对五四新文化运动在“反宗法礼教”名义下无忌惮地挑战婚姻与家庭的倾向的反拨。然而,这种反拨又并非简单的复古,不是站在现成的“三纲”或“道统”立场上旧调重弹,而是活学活用地吸纳了舶自西方的“个体性”“现象学”等现当代主流观念、理论、方法,熔铸出一种“亦中亦西、亦古亦今”的学术思想形态。

再如,《孟荀之争与统合(笔谈)》(郭沂、刘悦笛、梁涛,2020 年第 2 期)对孟荀二分的传统儒学格局进行了重估,初步尝试在理论创新的意义上进行统合孟荀探索。

此外,2020年以来,《文史哲》刊发的《中国近代以来重公德轻私德的偏向与流弊》(陈来,2020年第1期)、《传统儒家政治哲学的公共性优先价值序列论》(赵滕、王浦劬,2020年第1期)、《儒家"家天下"的思想困境与现代出路——与陈来先生商榷公私德之辨》(蔡祥元,2020年第3期)、《古今之变与公私德行的现代理解》(任剑涛,2020年第4期)、《现代中国应并重公共道德和个体美德——对陈来、蔡祥元两位先生的回应》(肖群忠,2020年第4期)、《美德伦理学、儒家传统与现代社会的普遍困境——以陈来"儒学美德论"为中心的讨论》(唐文明,2020年第5期)、《清末民初的"公德私德"之辩及其当代启示——从"美德统一性"的视域看》(陈乔见,2020年第5期)、《儒家公私一德与家国一体的形而上学基础——从中西之争而非古今之变的角度看》(赵炎,2021年第1期)、《公私反转:当代中国社会的道德实践机制》(李向平、杨洋,2021年第2期)等一系列文章,被认为正在掀起一场规模宏大的"公私德之争大讨论"[①]。

三、儒学单向受教于"德先生"的地位发生逆转

作为"两千年未有之大变局"在文化上的集中体现,儒学在五四新文化运动中被"德先生(民主)""赛先生(科学)"一举拉下了马。既然如此,针对新文化运动叙事对儒学价值进行实质性重估,便绕不开对儒学与二"先生"之间的关系进行重估。在今天看来,儒学与这两位"先生"之间究竟仍是势同水火绝难相容,抑或存在着曲通之径,甚或儒学还有可能反过来有教于这两位"先生"呢?不同的回答意味着对儒学前途的不同预期。

20世纪下半叶,有着"儒学第三期"之称的港台新儒家的一个标志性纲领就是,"从传统儒家的政治理念和心性学说中开发出现代'民主'理念和'科学'知识"[②]。牟宗三将"科学(赛先生)"与"民主(德先生)"称为"新的外王",毫不隐晦地表示"我们现在要把科学、民主与中国文化接起来"。[③] 牟宗三本人深谙康德哲学,并基于主体性意识更强势的宋明心学对康德哲学进行了一定的改造,提

① 参见赵培杰、莫斌、邵贤曼、崔晋:《2020年哲学研究发展报告》,《中国社会科学报》2021年1月18日。该报告将"公德与私德之争"作为2020年度伦理学研究的主要亮点。还可参见郭萍:《现代公民道德如何可能——评〈文史哲〉公德私德问题的思想论战》,《中华读书报》2020年12月9日。

② 楼宇烈:《中国现代社会与儒家伦理》,《文史哲》1999年第5期。

③ 牟宗三:《人文讲习录》第二十一篇《通向新外王的道路(一)》,长春:吉林出版集团有限责任公司,2015年,第136页。

出了“三统并建”的新儒学架构：以中国儒家气派的“生命的学问”为道统，以“民主政体”为政统，以“科学知识”为学统。这种带有“中体(道统)西用(政统、学统)”色彩的论述框架，在一定程度上改变了五四新文化运动所造成的儒学与两“先生”水火不相容的印象。

而早在20世纪30年代，朱谦之先生即曾撰著《中国思想对于欧洲文化之影响》。中华人民共和国成立后，朱先生又用新的观点、方法对之加以补充修改，更名为《中国哲学对于欧洲的影响》，在1962年重新出版，1985年后又在福建人民出版社再版。① 此书新旧两版问世后，“十六世纪以来耶稣会士来华传教，其所传播之中国文化”，“实予十七、十八世纪欧洲启明运动创造了思想革命的有利条件”，“当时以争论礼仪问题，使无论迎拒中国哲学之人，均以宋明理学为对象”等，这些信息②渐为中国学界所知，并在中西交通史等学术圈小范围流传。进入21世纪以来，当代西方学界关于孔子及儒学对17～18世纪欧洲启蒙运动正面影响的研究成果被译介到中国大陆。这些历史钩沉，进一步矫正了五四新文化运动以来所形成的“儒学只能单向受教于二‘先生’”的既定印象。其中特别值得一提的是，2000年法国学者维吉尔·毕诺的《中国对法国哲学思想形成的影响》中译本，由商务印书馆出版，2009年又纳入“商务印书馆海外汉学书系”再版。译者耿昇先生在《译者的话》中指出：“提起中西哲学思想和科学文化的交流，人们会情不自禁地想到西方对中国的影响。但在17～18世纪，中国对西方的影响可能要比西方对中国的影响还要大，这一点却很少有人提到。中国的重农主义、文官科举制度、修史传统、伦理道德、完整的治国术，多种文化派别的并存与争鸣，以及哲学思想界经常出现的大论战等，都对西方哲学思想的形成起了巨大的作用。”③在同一年(2009年)，由成中英、冯俊主编的“国际中国哲学精译系列”第1辑《康德与中国哲学智慧》，由中国人民大学出版社出版。其中，德马丁(Martin Schönfeld)在《从孔子到康德：信息的传承如何可能》一文中写道：“康德既不知道也不关心中国和中国的思想”(“康德甚至不喜欢孔子的

① 参见朱谦之：《中国哲学对于欧洲的影响》，福州：福建人民出版社，1985年，“序言”第1页；朱谦之：《中国哲学对于欧洲的影响》，第1页。

② 参见朱谦之：《中国哲学对于欧洲的影响》，“目录”第1页。

③ 耿昇：《译者的话》，[法]维吉尔·毕诺：《中国对法国哲学思想形成的影响》，耿昇译，北京：商务印书馆，2013年，第1页。关于相关议题，《文史哲》2018年第4期曾刊发过张允熠《“两极相联”与中西之间——论欧洲近代哲学中的儒家哲学元素》一文。

学说,他曾严厉地批判中国人"),"他的学习源头来自他的德国和外国老师"(如莱布尼兹—沃尔夫学派)。[①] 面对由西方学者亲自钩沉起来的中国儒学在17～18世纪同欧洲启蒙运动的合流史,五四新文化运动以来中国知识界所形成的根深蒂固的中(儒学)西(二"先生")截然对立图景,自然会进一步松动。

不过,不管是牟宗三式的以康德观儒家、从儒家"老内圣"开出现代西式"新外王"的做法,还是通过钩沉中西文化交通史、合流史来拉近儒学和二"先生"的距离,从心态上讲,这仍然是在以现代西方二"先生"为主体、为进步之标准,去解说、衡量儒学这个客体。这种心态上"西主儒客"格局,正如白彤东在《文史哲》"重估儒学价值"栏目发表的一篇文章中所言:"放开这种开出是否扭曲了儒家、是否牵强造作不谈,这一努力的价值,即使成功,也很值得怀疑。因为它所达到的极致,也只不过是儒家可以是自由民主的真诚的啦啦队成员,对自由民主的批评与建设性贡献极为有限。"[②]反之,只有以儒家观康德,以儒学观西学、西政,"致力于发掘儒家理想政体与自由民主之不同,并进一步给出这种政体优越性的论证",儒学才能获得从"客体"地位上翻身的机会。

出于扭转儒家客体地位(反客为主)的考虑,在为曼弗雷德·库恩所著、迄今为止篇幅最大的康德传记中译本作序时,谢文郁将尼采评价康德为"哥尼斯堡的中国人"的话头化用作序言标题[③],并在稍后的《康德的"善人"与儒家的"君子"》这篇论文中将康德与儒学的关系定性为"跨文化传承"[④],将康德哲学与儒家学说(尤其是心学)间的同构或相通性,解释为儒家思想对康德道德哲学产生了基础性影响的结果。较之牟宗三从康德道德哲学角度谈论中国儒家心性思想的做法(以康德观儒家),上述逆向解说(以儒家观康德)对争取儒学的主体地位而言可谓"更上一层楼"。

基于这种以儒学观西学、西政的姿态,白彤东在前述《主权在民,治权在贤:儒家之混合政体及其优越性》这篇文章中,对儒家(以《孟子》为代表)混合政体

---

① 参见[德]马丁(Martin Schönfeld):《从孔子到康德:信息的传承如何可能》,但昭伟、邵婉卿译,成中英、冯俊主编:《康德与中国哲学智慧》,北京:中国人民大学出版社,2009年,第72、70页。

② 白彤东:《主权在民,治权在贤:儒家之混合政体及其优越性》,《文史哲》2013年第3期。

③ 参见谢文郁:《序:哥尼斯堡的中国人》,[美]曼弗雷德·库恩:《康德传》,黄添胜译,上海:上海人民出版社,2008年。谢文郁指出,尼采称康德为"哥尼斯堡的中国人"是带着贬义乃至恶意的。谢文郁在化用过程中,滤去了这层贬义色彩。

④ 谢文郁:《康德的"善人"与儒家的"君子"》,《云南大学学报(社会科学版)》2011年第3期。

之“治权在贤”的优越性进行了积极评估。① 此论与加拿大籍学者贝淡宁近年来在中国名噪一时的“贤能政治”论颇相吻合。诸如此类的新论,其焦点已不在于面对“德先生”(西式民主政治)的“专制”指控为儒学辩诬,而更是旨在凭借传统儒学资源揭示现代西式政治(“德先生”)的弊端,提供儒家式的补救乃至替代方案。在提供儒家式方案方面,王国良和谢文郁在《文史哲》刊发的《儒家贤能政治思想与中国贤能推举制度的发展》与《选举制与推举制——现代西方与儒家仁政的政治领袖产生机制之比较》两文,对看起来违背“自由民主”精神(“一人一票”的选举制意义上的“自由民主”精神)的儒家推举制的合理性进行了积极评估。《儒家贤能政治思想与中国贤能推举制度的发展》一文认为,“选贤任能这种儒家历来倡导的重要政治思想和政治主张内在地凝聚了儒家思想的精华”,“在后世逐渐演变为人才选拔的推举制度与考试制度”②。《选举制与推举制——现代西方与儒家仁政的政治领袖产生机制之比较》一文除了自行进行中西平行比较之外,还特别介绍了美国传教士丁韪良(1827～1916)在清朝政府尚存之际对中西政体的差异的对比。丁韪良认为:美国的政体是票籍民主政体,中国的政体是科举民主政体;在中国政治制度中,皇帝和士大夫阶层之间的关系错综复杂的,相互制约十分有力;而且,底层人士通过科举考试制度可以源源不断地进入士大夫阶层,可以把底层的利益诉求带入政府的决策和管理之中;就以上而言,传统中国政体是与现代西式民主不同的另一种的民主政体。③ 这种不同于现代西式民主但仍然是一种“民主政体”的儒家政治制度,尤其是其人才选拔制度,在王国良看来,通过“继续改进和完善,可以发展为具有中国特色和优势的民主制度”④。这意味着,儒家式方案不仅是一种理论上的说法,也不仅是中国历史上的陈迹,而是完全可以通过创造性转化与创新性发展,在现代世界重新焕发生命力。

较之在重估儒学与“德先生”的关系方面所取得的实质性进展,儒学与“赛先生”(以现代西方自然科学为范本的科学)的关系重估在大格局上尚未取得明

① 白彤东出版过这方面专著《旧邦新命:古今中西参照下的古典儒家政治哲学》(北京:北京大学出版社,2009 年)。

② 王国良:《儒家贤能政治思想与中国贤能推举制度的发展》,《文史哲》2013 年第 3 期。

③ 参见谢文郁:《选举制与推举制——现代西方与儒家仁政的政治领袖产生机制之比较》,《文史哲》2019 年第 6 期。

④ 王国良:《儒家贤能政治思想与中国贤能推举制度的发展》,《文史哲》2013 年第 3 期。

显突破。这不完全是缺乏新的人文思维与新的科学哲学观念所致。在西方,包括海德格尔现象学在内的存在主义、后现代思潮、哲学诠释学等皆从人的生存体验角度,对现代技术的宰制地位表示厌烦。怀特海的过程思想更是试图突破西方固有的"实体"思维,以"关系""过程"为基础概念,编制全新的世界图景。这些相对新颖的当代西方思想,往往与包括儒学在内的中国传统思想款曲相通,无论在西方还是在中国本土,都常被用作阐释中国古典思想的概念工具。这些"新"思维中其实已然蕴含着自己的科学观。但是,在现代物理学所代表的"科技"仍是第一生产力,经济与商业发展归根结底仍取决于这种"核心科技"的时代处境中,上述与中国传统文化款曲相通的"新"思维,往往只是在充当熙熙攘攘时代中的哀婉之歌,既无法说服西方世界停下科技研发与大规模应用的脚步,也不可能让服膺实用理性的当代中国人放弃对西方发达科技的赶超。

正因为如此,我们看到,仍有学者在大力发掘、论证儒学具有自己的认识论传统,具有与现代科学相接榫的内在可能性。例如,马来平在刊发于《文史哲》上的一篇文章中指出,"格物致知"在儒学史上发生过两次意义转向,分别体现为程朱理学的格物致知论和明末清初实学家的格物致知论,"两次转向均对科学起到了显著的促进作用。通过这两次重大转向,格物致知经历了一个认知含义不断扩大、最终由一个道德概念转变为兼具道德和认知双重性质的概念并用来表征科学的过程。该过程表明:格物致知与科学不是无关,而是大有关联,格物致知乃是儒学内部生长出来的科学因子"①。这种关于儒家"格物致知"与科学大有关联的论述确实有其相应的文本依据,也在很大程度上经得起细节推敲,但就其偏重展示"格物致知是儒学内部生长出来的科学因子",而非深入探讨"兼具道德和认知双重性质的概念(格物致知)"中所蕴含的另类科学观(及其前景)而言,这仍是在延续港台新儒家"把科学、民主与中国文化接起来"的"人主我客"工作模式。

① 马来平:《格物致知:儒学内部生长出来的科学因子》,《文史哲》2019年第3期。

第二节　初探儒学与现代化的和解之道

一、重提“五四”之问:如何对待传统?如何对待西方?

五四新文化运动乃现代中国“反传统”思潮的起点与醒目标志,重估儒学价值、对当代中国经验进行传统文化溯源,无论如何都绕不过对儒学与五四新文化运动关系的重估。2019年,在五四运动100周年之际,《文史哲》杂志策划的“儒学价值及其现代命运:五四运动百年纪念”人文高端论坛,于5月4日在山东大学中心校区举行。重估儒学与“五四”的关系,乃至初探儒学与“五四”和解的可能逻辑,成为本次论坛的最大亮点。

本次论坛首先重新确认了“五四”之问同当今中国现实的密切关系。《文史哲》主编王学典教授在开幕式致辞中表示,我们迄今未走出五四新文化运动所提出的“如何对待传统”“如何对待西方”这两大问题。“尽管21世纪已经过去20年了,但20世纪留下的深刻教训,迄今为止远未得到应有的总结。”①

100年前,中国积贫积弱,有识之士纷纷将目光投向西方,寻求救国救民之道。在仰视西方、向西方学习的时代大潮中,五四新文化运动的旗手们抛出了“打倒孔家店”“少——或者竟不看中国书,多看外国书”的主张,用“激进反传统—全盘西化”的方式提出并处理中西古今问题。100年之后,中国开始富强起来,但这条富强之路的走法,却不尽如“五四”先贤所料。百年来的中国革命与建设历程显示,无论是照搬西方自由主义还是硬套苏联模式,中国的革命与建设事业总会遭受严重挫折。唯有本着实事求是的精神,活学活用地兼顾历史传统与国情实际,中国的国运才会持续向好。古与今、中与西的关系问题在当今中国现实中依然存在,乃至再度突显,但早已无法用五四新文化运动式的“中西古今截然对立”图式加以处理。

汪荣祖先生对上述“重新确认”深表赞同。他在主题发言中重申,“五四”旗

---

① 邹晓东:《儒学与“五四”能和解吗?》,《中华读书报》2019年6月12日。此外,温儒敏先生在发言中指出:“100年来对于‘五四’的多种评价,有一个共同点,都是受大的时代环境的制约和影响,也都有它兴起或者存在的历史理由。”对于“五四”的评价,在过去100年间,不断随大的时代环境变迁而改变,且在最近十多年“呈现更加复杂的局面”。这一现象本身就表明,“五四”之问远未过时。温儒敏先生的论述可参考温儒敏:《“五四”辩证:传统的颠覆与赓续》,《文史哲》2019年第5期。

手们处理古今中西问题的方式过于简单、过分激进。在他看来,造成当年这种简单化、激进化的一个重要原因是,五四新文化运动学人所接触的“现代西方文明”已经浪漫主义化,其中充斥着对非理性的情绪张扬。在五四新文化运动时期,无论对“全盘西化,抛弃传统”的宣扬,还是对“科学主义”的崇尚,都无不带有19世纪西方“浪漫主义”的激情身影。这种浪漫主义之所以不切合中国现实,是因为“五四”所旨在打倒并抛弃的以儒学为主导的传统价值观,早已从上到下全方位地塑造了中国人的心理结构与生活方式,贸然将其打破,整个社会秩序就会陷入混乱。①

李若晖教授对《雷雨》中的周朴园这个形象的诠释,很能印证汪荣祖先生的上述判断。李若晖指出,无论以中国传统文化为标准,还是从西方现代道德来看,周朴园的发迹手段都是丧尽天良的,其始乱终弃的情史都是令人发指的。但在周朴园所处的时代,“打倒孔家店”的激进呼声,已经令儒学所代表的中国传统价值观威信不再;仅仅舶来了皮毛的西方价值观,又远不足以匡定现实生活中的是是非非。这种大破之后无法大立的态势,恰好给周朴园提供了以“西学”“新道德”“自己开创的全新道路”等名义,尽情粉饰其过往罪恶的乌何有空间!激进反传统时代的价值观陷入错乱,由此可见一斑。②

二、揭示“和解”的基础:反传统者的传统“文化—心理”结构与本土传统中的“普遍性”文化因子

“个体主义”,是“五四”人批判以儒学为代表的中国传统文化、对国人进行“启蒙”的准则。五四新文化运动之“激进”,本质上是一种“个体主义”本位的激进。然而,尽管五四新文化运动反对以儒学为主干的传统价值观的姿态是决绝的,但从历史积淀与民族“文化—心理”结构角度看,这种决绝的“反传统”姿态甚至本身就有着深厚的传统价值观作为其“理解前见”。

李泽厚先生曾在其名篇《启蒙与救亡的双重变奏》(1986)中这样写道:

> 尽管新文化运动的自我意识并非政治,而是文化。它的目的是国民性

① 参见汪荣祖:《启蒙还是浪漫?——重评胡适在新文化运动中的功与过》,《文史哲》2019年第2期。

② 参见“《文史哲》杂志人文高端论坛之八——儒学价值及其现代命运:五四运动百年纪念”速记档案。

> 的改造,是旧传统的摧毁。它把社会进步的基础放在意识形态的思想改造上,放在民主启蒙工作上。但从一开头,其中便明确包含着或暗中潜埋着政治的因素和要素。如上引陈独秀的话,这个通过"最后觉悟之觉悟"所要达到的目标,仍然是指向国家、社会和群体的改造和进步。即是说,启蒙的目标,文化的改造,传统的扔弃,仍是为了国家、民族,仍是为了改变中国的政局和社会的面貌。它仍然既没有脱离中国士大夫"以天下为己任"的固有传统,也没有脱离中国近代的反抗外辱,追求富强的救亡主线。扔弃传统(以儒学为代表的旧文化旧道德),打碎偶像(孔子)、全盘西化、民主启蒙,都仍然是为了使中国富强起来,使中国社会进步起来,使中国不再受外国列强的欺侮压迫,使广大人民生活得更好一些……所有这些就并不是为了争个人的"天赋权利"——纯然个体主义的自由、独立、平等。①

一言以蔽之,五四新文化运动人之提倡"个体主义""启蒙",就原初动机而言,是要以之作为手段,实现强国强民的"集体主义"目标。促成"手段(个体主义)—目标(集体主义)"这种悖论式结合的动因:一是传统儒家"以天下为己任"的价值观"前见";二是"个体主义—自由主义"之西方远远强于儒家之中国的近现代经验。按照这种溯因分析,"五四"虽激进反传统,但就传统儒家价值观"前见"至少在一半意义上参与了这种激进心态的生发与构成而言,"五四"之于儒学传统实乃似断而未断。

罗志田教授在论坛发言中试图不动声色地反驳李泽厚的上述著名叙事,然而恰恰从另一个方面印证了"五四"与中国传统文化(包括儒学某些分支)似断而未断。罗教授认为,"五四"时期的"个人解放悖论"(对应于李泽厚所谓的"救亡压倒启蒙"),并非是传统儒家式"集体主义"价值观辖制了舶自现代西方的"个体主义—自由主义"价值观所致。在他看来,传统中国文化中其实并不缺乏"顶天立地的个人主义",反倒是作为一种政治理念或组织模式的现代西方"个体主义—自由主义"的舶入,极大地吞噬了中国本土固有的"个人的价值和意义是在个人自己"思维,导致了传统"顶天立地的个人主义"的消泯。② 较之李泽厚

① 李泽厚:《启蒙与救亡的双重变奏》(原载《走向未来》1986 年创刊号),《中国思想史论》(下),合肥:安徽文艺出版社,1999 年,第 828 页。

② 参见罗志田:《为己或为人:五四期间关于个人的认知与传统的无意改写》,《文史哲》2019 年第 5 期。

侧重强调本土集体主义“前见”的叙事，罗志田如上所论可谓更强调近代中国“受西方刺激”的经验。如本文上一自然段所述，近代以来深受西方刺激的经验，是生发并构成“五四”的“反传统”与“西化”心态的另外一半因缘。在此，我们不拟辨析罗志田先生对《孟子》《大学》片断的引用与解释是否足够恰当。即便这些解读存在可商榷之处，我们也还是可以在中国传统文化的其他经典，如儒家心学与老庄传统的一些文本中，读到罗先生所谓的那种中国本土固有的“个人的价值和意义是在个人自己”的“顶天立地的个人主义”。作为“儒道互补”或“儒释道三教合流”格局下与“集体主义”相对的另一种价值观“前见”，这种本土个体主义传统，自然会潜移默化地拉近五四新文化运动人同西式“自由主义”之“个体本位”预设之间的心理距离(尽管罗志田先生未必会同意这一点)。

谭嗣同很早就注意到了抑制“个体主义”与高扬“个体主义”这两种倾向，在中国传统文化，乃至在儒学内部的并存。在《仁学》(1897)这本书中，谭嗣同将“仁学”与“荀学”对立起来，认为“仁学”导向个体“平等”，推崇君师权威的“荀学”则将学者扭曲为“乡愿”。[①] 杨国荣教授在论坛发言中，用“仁”“礼”二分来叙说这种对立或并存。[②] 在他看来，作为对孔子“仁”观念的进一步发展，《中庸》所提倡的“诚”，更是充满着“反求诸己”的主体性意识。当然，正如一些论者所指出的那样，无论是“仁”还是“诚”意义上的“个体主义”(如果能被称为“个体主义”的话)，所高扬的都是一种“责任主体”意识。而舶自西方的“个体主义—自由主义”所首倡的则是“权利主体”意识。这是否意味着儒学彻头彻尾缺乏张扬“权利主体”的“个体主义—自由主义”意识呢？说到这个问题，我们不妨考虑一下阳明后学的情形。在“圣人之道，吾性自足”[③]的阳明心学精神鼓舞下，一些阳明后学甚至在实践中将儒家心学“自作主宰”的精神张扬到了在外人看来是“认情欲为良知”的地步。恐怕谁都不能否认这里面存在着实质性的“权利主体”意识。

确实，阳明后学所突出地具有的“权利主体”意识，是其“责任主体”意识过度膨胀的结果，就此而言，这种“权利”意识仍然出自“责任”意识。但是，这意味

① 其曰“仁以通为第一义”，“通之象为平等”，又曰“二千年来之政，秦政也，皆大盗也；二千年来之学，荀学也，皆乡愿也。惟大盗利用乡愿，惟乡愿工媚大盗”。(参见谭嗣同著，吴海兰评注:《仁学》，北京：华夏出版社，2002年，第6、96页)

② 参见杨国荣:《“五四”思想与传统儒学》，《文史哲》2019年第5期。

③ 王守仁撰，吴光、钱明、董平、姚延福编校:《王阳明全集》卷三十三《年谱一》，第1351～1355页。

着什么呢？可以按照类似逻辑，否证儒学中存在典型的“个体权利”意识吗？如果可以这样推理的话，那么就连五四新文化运动旗手心目中的西方文化中，也只能说并不拥有典型的“个体权利”意识。道理很简单——在明知自己的某项权利诉求为恶的情况下，东西方哪位“文化”人还好意思、还敢于理直气壮地索取自己的这项权利？只要趋善避恶的意识普遍笼罩着个体权利诉求，则权利意识再怎么“至上”的个体主义(作为一种文化理念)，充其量也都只能算是责任意识的不当膨胀。而只要这种膨胀还处在受控状态，权利意识便总是要接受责任意识的监督与牵制。这正如罗志田先生在论坛发言中所指出的那样，西方的自由主义的首要宗旨是将个体组织为良序的国家和社会，“五四”人引进这种自由主义，其初衷也是为了重新组织中国、更好地组织中国。[①] 归根结底，不是儒家的集体主义基因压到了自由主义以个体为本位的启蒙，而是五四新文化运动以来的中国有识之士在普遍的“权利以责任为基础”这一人类生存意识的共通机制下，不断结合现实调整其对集体与个体关系的认识。

综合以上，可以说，尽管自五四新文化运动以来，反传统思潮主导着 20 世纪中国的大多数时段，但这种反传统潮流并没有隔断当今时代之中国与本土传统的有效联系。

不得不承认，反传统者都是些半新不旧之人，特定的传统文化价值观从深处左右着他们对外来资源的拣选，骤然从事的大破大立因而带有一些结构性悖论，完全是情有可原的。如上所述，其在“西化—反传统”名义下将西方个体本位的自由主义拿来，推崇为未来中国的应然组织模式，这无疑同时延续了传统中国士人“以天下为己任”的集体主义文化—心理结构。又如，新文化运动人既反对文以载道、提倡文艺独立，同时又致力于用改良之文载舶来的新文化之道，这便将其行事模式与理论口号不自觉地对立了起来。之所以“不自觉”，一个极重要的原因就是，文以载道的观念早已溢出“文以载道”的字眼，全方位地渗透进了中国知识人的文化观。新文化运动既是新旧交替之际中文语境中的“文化”运动，其主将们在骨子里(体现在行事模式上)仍然延续着文以载道的诉求，一时间根本做不到将其从自己心底与行事模式中清除出去。这方面情况，正如温儒敏先生在论坛上所说的那样，“真实的历史是，‘五四’既颠覆传统，同时又

---

① 参见罗志田:《为己或为人:五四期间关于个人的认知与传统的无意改写》,《文史哲》2019 年第 5 期。

在赓续传统,再造传统”①。

还有一个非常重要但被轻忽的因素是,传统文化并非完全由地方性特色文化构成,它同时也包含诸多带有普遍性的问题与观念。这些普遍性问题与观念既为中西文化所共享,则再怎么高喊“反传统”与“全盘西化”,“五四”潮流也还是无法将它们实质性地冲走。前述“权利意识要受责任意识的监督与制约”原则,正是中西通行的普遍性文化原则之一。站在问题与观念的普遍性角度看,非但在儒学与“五四”之间划设截然二分的鸿沟是不成立的,刻意区隔中国文化与西方文化的做法同样也是缺乏永恒基础的。只要基础性问题是普遍共享的,则不管过去和现在的中国文化与西方文化抑或儒学与“五四”存在多少阶段性差异,围绕着共通的基础性问题的持续切磋,势必将它们不断凝聚为有机的学术共同体。王国维所谓的“学无中西”正应该从这个角度加以把握,而儒学与“五四”的和解亦将因此获得超越偶然时势的恒久地基。

三、和解方案初探:重建“家”的意义与国际层面的“尊王黜霸”

那么,具体来说,儒学与“五四”可以通过什么样的方案达成和解呢?

由于“五四”之“启蒙”“反传统”无不以“个体主义”为本位(“科学”精神亦被用于声援个体本位的“民主”),逻辑地看,实质性的和解只能发生在“五四”所推崇的“个体本位”(孟学往往与之相通),与长期以来被判定为儒学罪名的“尊崇权威”(集体主义驾驭个人的抓手所在,更多地属于荀学传统)之间。这两者之间的实质性和解,具体如何落实?

“重建‘家’在现代世界的意义”,看起来是一个不错的起点。在复旦大学哲学学院孙向晨教授看来,“个体本位”是现代性的基本门槛,而带有小共同体性质的“家”,则在中国文化传统中占居本体论地位。“五四”时期的“个人解放”剑指宗法“礼教”,可谓直击儒学与传统文化的要害。时至今日,由于对“五四”以来的“个人解放的悖论”耿耿于怀,“第二次启蒙/新启蒙”的呼声仍不时涌现,“个体”与“家”势不两立的看法与情绪目前还大有市场在。这一对立若无法消解,则儒学与“五四”的和解,在实际上就是无稽之谈。

为此,孙向晨教授在逐一辨析了现代世界关于“家”的多重理解误区之后,

---

① 温儒敏:《“五四”辩证:传统的颠覆与赓续》,《文史哲》2019年第5期。

进而建言：在现有的“个体→社群→国家”价值序列中，重新插入“家”或“在家”这一基础性环节，而将其修正为“个体→家→社群→国家”。这样，“家”就可以名正言顺地重新成为现代人操持其“关系性”“情感性”“伦理性”的“理解世界”与“精神性超越”等才与德的港湾。孙教授特别强调：在现代“个体本位”大致确立的前提下，让“家”重新成为个人成长的原始空间，这非但不会重蹈“用‘家’结构的非对称性，为‘权力’的主从关系背书”的古代覆辙，反而有助于制衡“个体本位主义”的种种消极效应。① 这样，“修齐”与“治平”在现代世界中就可以重新连接起来，并凭借其补偏救弊的积极功能而重获合法性地位。

但补偏救弊，终归还只是作为配角存在。儒学之于现当代中国与世界，其意义有无可能再宏大一点？对此，山东大学哲学与社会发展学院黄启祥教授这么看：“‘五四’时期儒学的落后性质是在世界列强侵略的环境下映照出来的”，而“当中国驱逐了外敌，当儒学所处的外部环境改变之后，人们看待它的眼光自然也就发生了变化，它那种在野蛮敌人面前所显露出的落后性质也就逐渐褪去了”，儒学“适于一个主权国家内管理国家与教化国民”的本色将重获彰显。这种对内的“管理”与“教化”功能，完全“适用于任何一个主权国家之内”；将来，如果人类实现了“大同世界”的终极理想，整个世界相当于一个国家，儒学将同样适用于这样的社会。这种“管理国家与教化国民的本色”，如果仅限于在调节世道人心方面软性地发挥辅助作用的话，那么现在即便个体或自由主义者接受起来也并不困难。但如果是指用成建制的方式，将传统儒学的“管理—教化”本色重新推行到当今中国，则受过“五四”洗礼的中国学界恐怕还是会倍感忧心。

清华大学政治学系任剑涛教授在发言中指出，包括“五四”时期在内，近代中国政治制度与文化运动的基本趋向，正是要努力挣脱内外双重的“帝国的牵绊”(中国帝制传统与现代西方帝国主义)。② “五四”既然指控儒学(尤其荀学)是加持传统帝制的意识形态，现当代中国好不容易从中挣脱了，“五四”后人又怎会允许它从头再来？除非找到了能有效抑制“管理—教化”向“专制”退化的创造性方案。

① 参见孙向晨：《重建“家”在现代世界的意义》，《文史哲》2019年第4期。
② 参见任剑涛：《“五四”与拯救共和》，《文史哲》2019年第6期。

毛泽东作于1943年的《关于领导方法的若干问题》①,在这方面其实已经作出了重要探索。《关于领导方法的若干问题》将如何处理"一般和个别"或"领导和群众"之间的关系,视为方法论的基本问题。这里的问题在于:只有"个别"意见或"群众"的喧哗之声,"个体本位"似乎得到了贯彻,但整个社会却难免会因意见分散,而在公共事务上而陷入"内耗"状态;"一般"号召与强势"领导"固然可于短期内在一定程度上统一意见,但在上的"权威"若只知照搬书本教条或强推现成经验,不去有效地调研复杂多变的实际情况而及时充实、调整自己的"指导"方针,则全社会的共同事业亦将有"落空的危险"。最好能将两者的优势互补起来。然而,"个体本位"与"尊崇权威"又是两种相反的心态。所以,除非能找到韧劲十足的"中介",否则,良好的统合意愿无法得以实现。《关于领导方法的若干问题》在这方面的创造性贡献在于,它着眼于实践的过程性,而从认知深化、更新的角度提出了"集中指导→分散考验→总结经验"的辩证往复机制。这种又被称为"民主集中制"的"群众路线",正可谓是"权威主义"与"个体主义"的"中道"所在。

最后,也许值得我们再去较一较真儿的是:尽管黄启祥教授在发言中肯定"儒学内在地具有普世性",但按照他的论述脉络,这种"对内"的普世性却无法自动适用于"大同"之前的国际交往领域。那么,这是否意味着在极其漫长的万国并立时期内,中国仍然只能采取一种"西化"的外交理念呢?对此,汪荣祖先生给出了否定性的判断:

> 西方自20世纪资本主义、新帝国主义兴起以来,一直是一种争霸的局面。西方的观念就是一种霸权更替的观念。中国的崛起,他们觉得是新兴的霸权,要来挑战旧的霸权。中国说自己永远不称霸,他们不相信,因为根据他们的经验你怎么可能不称霸!中国提出"一带一路",为什么美国坚决地反对,公开地批判?因为美国觉得这里面的问题很大,完全挑战了它所主导的整个世界秩序。但这个霸道跟中国的传统是不相符的,因为中国从来是尊王黜霸。我老师萧公权先生曾经说过一句话,他说我们很早就抛弃了商鞅,其实到今天为止西方还是在重视中国的商鞅。所以,今天我们需

① 参见毛泽东:《关于领导方法的若干问题》,《毛泽东选集》第三卷,北京:人民出版社,1991年第2版,第897～902页。

要使整个世界了解中国文化，将王道的思想作为今天中国和平崛起的一个理论基础，使世界了解到中国所谓的不称霸是真的，而不只是一种口号。儒为今用，最大的用处在这里！

用这里所引的萧公权先生的话说，国际层面的王道与霸道之争，本质上正可谓是一种儒法之争。在群雄逐鹿的战国时代，秦人通过激发国人的逐利之心，并用赏罚严明的法制凝聚国家战斗力，最终脱颖而出地统一了中国。但一统“天下”之后，这种一刀切的“逐利—赏罚”机制却在内部治理中迅速失灵，大秦帝国二世即亡。现代西方政治同样将人的“逐利”意识(表述为“权利”)作为其制度设计的原始着眼点，但由于其法律系统采取底线思维，允许民间团体在遵守底线的基础上自组织其多元秩序，其内部治理有效走出了“逐利—赏罚”的一刀切机制。但在西方大国所主导的现实国际政治领域，迄今却并未形成这种基于底线思维的自组织机制，“逐利”意识遂在国际交往中一再地表现为“唯我优先”的霸权主义。在作为话语资源为自身外交理念提出辩护和解说的同时，我们也希望“尊王黜霸”的儒家传统能够被创造性地吸纳进当今国际政治。①

总体来看，20 世纪之中国可谓是在反传统中度过的。其中，五四新文化运动之“打孔家店”、尊“德”“赛”二先生、鼓吹“全盘西化”，是这一“反传统”大潮的起点与标志。不过，这种粗线条的“反传统的世纪”定性，显然无法涵盖 20 世纪中国文化运动的全部，尤其无法解释 20 世纪中国文化运动的最终趋向。20 世纪下半叶，尤其是改革开放以来，中国在“特色”模式下的高速发展，令国内外观察者不断意识到以儒学为主干的中国传统文化同现当代中国革命、改革、发展进步的正相关性。尽管具体深入的争论仍在继续，但中国国内大环境却在持续向趋于重估儒学价值的方向变迁。

第三节 推动儒学与自由主义的新一轮对话

五四新文化运动所推崇的“德先生”，大体是指自由主义意识形态及其制度安排。如前所述，进入 21 世纪以来，中国大陆儒学研究界已经摆脱了“儒学＝

① 在这方面较有代表性的探索是赵汀阳《天下体系：世界制度哲学导论》(南京：江苏教育出版社，2005 年)。与此相关，盛洪曾在《文史哲》2013 年第 5 期上刊发过《天下文明——论儒家的国际政治原则》。

封建专制(德先生对立面)”这一教条,开始有意识地揭示传统儒家政治之于西方自由主义模式的优势。与港台新儒家“从老内圣开出新外王”的旨趣有异,这种不是千方百计让儒学去就西方自由主义(“德先生”)之范,而是将儒学从被考核的“客体”地位提升到指点江山的“主体”地位的姿态,预示着:在中国大陆,儒学与自由主义的关系,将实质性地突破五四新文化运动所确立的“西化”格局。

实际上,自晚清以来,现代西方自由主义理念虽在中国逐渐占领了政治理论与伦理道德的制高点,对现当代中国政治实践始终构成某种“道义压力”,但这种舶来的政治理念在现当代中国主流政治实践中却一直不曾生根。辛亥革命之后到中华人民共和国成立之前的历届中国政府固然算不上现代西式自由民主宪政的忠实执行者,中华人民共和国成立以来,无论是曾经遭遇的曲折与挫折,还是当下汲汲以求的振兴与复兴,亦皆轮不到这种自由主义站到前台为之负责。早在20世纪80年代,张光直就曾指出:“西方社会科学里面所有的各种理论和方法都是根据西方的历史经验归纳出来的,因为过去西方社会科学者对东方历史的知识是比较贫乏的。”①目前,以普世理论面目行世的西方主流政治经济模型,更是难以解释当代中国尤其是改革开放以来中国的高速发展经验。自觉参考中国本土历史传统,结合当代中国经验,发展中国理论、修正西方模型的时间节点看来已经出现。②

特别地,自2007年美国次贷危机引发全球金融危机以来,自由主义在理论和实践上的短板与所面临的挑战日益显题化。自由主义在弥合日益严重的社会分裂方面显得困顿无力,民粹主义顺势在当今西方政坛成为潮流。种种负面现实,使得原本即以“批判”为己任的西方知识分子,更深刻地怀疑自由主义的基本预设,一部分西方知识分子开始将理论突破的目光投向儒学。例如,2015年,罗斯文出版了《反个体主义》一书,从多角度力证个体主义站不住脚,并认为儒学在道德和社会建构两方面都是更好的选项。安乐哲的《角色伦理学》(英文版,2011;中文版,2017)与贝淡宁的《贤能政治》(2016),在青睐儒学传统、重视中国

① 陈越光:《八十年代的中国文化书院》,第107页。

② 参见王学典:《中国话语形成之路:西方社会科学的本土化和儒家思想的社会科学化》,《济南大学学报(社会科学版)》2019年第6期。王学典表示:“当经验事实与理论模型发生碰撞或难以兼容之时,是修正模型还是放弃经验?这应该是不言而喻的。”

经验、修正自由主义这些基本点上,与罗斯文《反个体主义》相辅相成。① 有学者观察后指出,选票政治与贤能政治、自由市场与国家干预、个人主义与社群主义、三权分立与党的领导等方面的思想交锋,已经成为当下国际政治思想界的重要议题。② 可以料想,儒学与自由主义的影响力对比,将因此发生历史性改变。

基于上述研判(这些研判并非在一时之间取得,而是且行且观察地累积起来的),《文史哲》杂志先后于 2015 年、2017 年、2018 年,三度举办"儒学与自由主义的对话"人文高端论坛。作为 21 世纪以来自觉重启、层次较高、议题设置较为明确的一组专题学术对话,《文史哲》杂志策划举办的这三次"儒学与自由主义的对话",实质性地超越了五四新文化运动或 20 世纪 80 年代的"西化"取向,既是对儒学与中国的变革、改革与进步之间的正相关关系的一种确认③,亦提出了一系列有待儒学在当代发展过程中进一步回答的重要问题。以下我们分三小节简要概述这三次对话的大体情况。

一、2015 年对话达成共识:中西制度差异与性恶性善无关

人性论常常被认为构成了政治哲学的根底,人们倾向于将中西政治制度上

① Henry Rosemont Jr., *Against Individualism: A Confucian Rethinking of the Foundations of Morality, Politics, Family, and Religion*, Lanham, Boulder, New York, London: Lexington Books, 2015;关于此书还可参考张祥龙:《在中西间性里反对个体主义——从罗斯文的书谈起》,《道德与文明》2018 年第 4 期。[加]贝淡宁:《贤能政治:为什么尚贤制比选举民主制更适合中国》,吴万伟译,宋冰审校,北京:中信出版社,2016 年。[美]安乐哲:《角色伦理学:一套特色词汇》,[美]孟巍隆译,田辰山校,济南:山东人民出版社,2017 年;该书英文版为 Roger T. Ames, *Confucian Role Ethics: A Vocabulary*, Honolulu: University of Hawaii Press,2011。

② 本自然段综合参考了王学典:《十八大以来儒学变迁之大势》,《中华读书报》2017 年 12 月 13 日;山东大学儒学高等研究院、《文史哲》编辑部联合发布,王学典、李梅、邹晓东执笔的《近年儒学研究十大热点报告》第四条"未来的人类社会如何组织:儒学与自由主义对话日趋深入",王学典:《把中国"中国化"——人文社会科学的近期走向》,上海:上海人民出版社,2017 年,第 113～114 页;刘广莉、邓曦泽:《资本主义、全球化与民主内卷化——以特朗普当选为中心》,《文史哲》2017 年第 4 期。

③ 改革开放近 40 年来,中国在一种有限度的自由市场体制(有中国特色的社会主义市场经济)下实现了经济、社会的迅速繁荣。近年来,中国主政者又本着事实胜于雄辩的姿态,掷地有声地提出了"四个自信"。"四个自信"所捍卫的中国道路、理论、制度、文化是一个有机整体,历史地看,形成这一有机整体的重要一环在于:在近代以来中国面临数千年未有之大变局的时势下,中华民族本着以传统儒学为主干的"前见",在争相涌入的外来资源中最终拣选了马克思主义(而非现代西方自由主义),并与之进行迄今已有百年的深度"视域融合"。在这种"视域融合"的意义上,当今中国的道路、理论、制度、文化,是包含儒学因素在内的有机整体。

的差异,归结为中西主流文化尤其是中西主流政治哲学对“人”的基本看法有所不同。长期以来,传统中国或儒家的德治或人治特征与西方法治传统之间的差异,是人们津津乐道的一个中西比较话题。在人性论为“体”、制度设计为“用”的视角下,性善论往往被视为儒家德治或人治的根基,而性恶论则被认为是西方自由主义法治的前提。源远流长的基督教原罪论,相应地被视为西方人性论以性恶论为底色的佐证,被当作西方法治传统、自由主义意识形态的基底。准此,儒学与自由主义的对话归根结底便必须往人性论层面落脚,脱离这一层面而谈制度、论文化皆属浮光掠影。

果真如此吗?无论如何,如果能确证“中国(儒家)vs 西方(自由主义)=性善论 vs 性恶论”这一公式的话,则此后,各层面的中(儒学)西(自由主义)互动就必须更自觉地往人性论上聚焦。而如果否证了这一公式,则此后的中(儒学)西(自由主义)互动就可以大胆抛开“体本—用末”这一分别,甚至理直气壮地将道场转到社会科学的地盘上。《文史哲》编辑部于2015年5月1～2日举办题为“‘性本善’还是‘性本恶’:儒学与自由主义的对话”的人文高端论坛,在很大程度上实现了后一可能(这一否证是否足够坚固还有待进一步观望,但它至少在一定的时间和范围内造成了一个否证上述公式的“现象”)。

在本届论坛上,尽管有学者从“规范性”还是“描述性”相区分的角度,强调儒家性善论侧重在“规范”意义上把握人的“应然性”,经验论自由主义则是在经验事实层面“描述”人的“实然性”,导致了“道德主义”与“法治主义”的历史文化分野①,更多论坛嘉宾则认为“中西制度差异与性恶性善无关”。秦晖指出,实际上并不存在什么“西方性善,中国性恶”或“中国人重视道德,西方人重视制度约束”的定论。② 高全喜亦表示:“那种认为自由主义主张人性恶、儒家主张人性善,所以两派的政治观、社会观等两相对立的看法,是一种流俗之见,可能具有相对的合理性与论辩价值,但肯定存在重大偏颇。”③方朝辉从历史维度补证说:在中国,性善论在先秦、汉代儒学中皆不占主流地位,即便在宋明两代以及深受宋明儒学塑造的清代(以及清末),反对性善论的声音仍然不少;在西方,性恶论

① 何中华:《儒家与自由主义:人性论分野及其历史文化后果》,《文史哲》2016年第1期。

② 这是秦晖在论坛上发表的观点,参见邹晓东:《性善与性恶:儒学与自由主义的对话——“〈文史哲〉杂志人文高端论坛之五”述评》,《文史哲》2015年第4期。

③ 高全喜:《自由主义的人性论问题》,《文史哲》2016年第1期。

的主张者马基雅维利、霍布斯所支持的不是自由民主制度而是君主专制，提倡自由民主政治的洛克、孟德斯鸠、卢梭等人则持有持一种近于人性善的立场。①这意味着“传统中国儒家人性论以性善论为主流，西方古典自由主义人性论以性恶论为主流”这一成见，根本经不起基于中西思想史事实的严谨考证。

关于人性论的复杂性及其与政治制度的关系，梁涛在论坛上顺着其《荀子人性论辨正——论荀子的性恶、心善说》②一文的理路指出，健全的“心性—政治”理论需要同时兼蓄“向下堕失”“向上提升”两种生存倾向，儒学和自由主义实际上均表现出了兼蓄性善论与性恶论的气度格局。当然，在兼蓄的同时必须以某种方式设定向善的动力强于趋恶的倾向，否则，“兼蓄”就会导致“善恶势均力敌，人在善恶间难上难下”或“恶性强于善性，人注定只能是魔鬼般存在”的理论困境。

此外，针对将基督教“原罪论”同儒家“性恶论”相混同的流行误解，谢文郁简要地澄清指出，性善论者孟子与性恶论者荀子根本上讲都是从人性(humanity)内部寻找善的源泉，基督教原罪论则强调在信心中领受外来恩典。③就此而言，不能将基督教原罪论与性恶论混淆起来，更不能望文生义地将基督教原罪论同某些自由主义思想家的性恶论预设相混同。以基督教原罪论佐证“西方人性论以性恶论为底色”的思路，至此亦被切断。

总之，正如任剑涛和林安梧所指出的那样，从来没有一种国家治理模式是建立在单纯的性善论或性恶论基础上的，基于人性论证制度乃是一种“迷思”。④与其说政治制度与政治理论只是人性论预设的衍生品，不如说人性论是回护特定政治学说的理论用具。在消除了“中国(儒家)vs 西方(自由主义)＝性善论 vs 性恶论”这一迷思⑤之后，儒学与自由主义的对话便可以跳出相对狭隘的人性论哲学笼罩，而直接开展现实感更强的政治哲学乃至社会科学切磋。

① 参见方朝辉:《人性善恶与民主、专制关系的再认识》,《文史哲》2016 年第 1 期。

② 梁涛:《荀子人性论辨正——论荀子的性恶、心善说》,《哲学研究》2015 年第 5 期。

③ 参见邹晓东:《中国自由主义从激进转向保守——“‘性本善’还是‘性本恶’:儒学与自由主义的对话”人文高端论坛侧记》,《中华读书报》2015 年 5 月 13 日。

④ 参见邹晓东:《性善与性恶:儒学与自由主义的对话——“〈文史哲〉杂志人文高端论坛之五”述评》,《文史哲》2015 年第 4 期。

⑤ 会后《中华读书报》对此进行了专题报道,参见邹晓东:《儒家与自由主义两派学者有了共识　中西制度差异与性恶性善无关》,《中华读书报》2015 年 5 月 13 日。

二、2017年对话:追问"贤能政治"的可行性及其限度

2016年,加拿大籍在华学者贝淡宁所著的《贤能政治:为什么尚贤制比选举民主制更适合中国》一书,在中国翻译出版。对照该书英文标题 *The China Model: Political Meritocracy and the Limits of Democracy*(《中国模式:精英政治与民主限度》)可知,"贤能政治"相当于"精英政治"(political meritocracy),被一位西方政治学者用来对"中国模式"进行概括。在该书作者看来,"中国模式"之所以青睐"贤能政治"(精英政治,political meritocracy),一个关键而合理的原因在于民主制有其限度。

"像贝淡宁这样的西方学者早已熟知自由主义的困境,只是苦于找不到反击的突破口。如今,挟中国经济、政治、文化之威望而盛赞中国式贤能政治之优长,正是其在西方学界内部对自由主义反戈一击的有力武器。"①问题在于,站在自由主义角度看问题的学者,能接受贝淡宁对儒家式"贤能政治"的鼓吹吗?五四新文化运动以来,自由主义始终构成现当代中国三大学派之一,"有了一定气候就要表现出来"②。当贝淡宁《贤能政治》中文版面世之际,中国本土的自由主义学人自然跃跃欲试,欲将批评意见一吐为快。趁此良机,《文史哲》杂志于2017年4月14～17日再度举办"儒学与自由主义的对话"人文高端论坛,论坛主题是"贤能政治的可行性及其限度"。

贝淡宁将中西政治差异归结到了领导人产生机制问题上。他在论坛主旨发言中表示,大部分有理性的人都会遵守诸如"不应该折磨人、不应该杀人"之类的普遍价值观,"但关于怎么选拔政治领导、政治统治者,却并没有什么普世价值观,而是要视不同社会的文化、历史和国情而定"。他认为"尚贤制比选举民主制更适合中国",并从"国家的规模""国家的历史背景""三十年来中国已经初步形成了选拔、提拔领导的有效机制""实证调查表明多数中国人更认同贤能而非西方式民主政治""用一人一票的制度来选拔高层领导可能会破坏贤能政治的优点""贤能政治比刚性的社会制度更能适应快速变化的当今社会"六个角

---

① 这是《文史哲》主编王学典教授站在中国本土立场上对贝淡宁现象的观察与评说,参见王学典:《十八大以来儒学变迁之大势》,《中华读书报》2017年12月13日。

② 方克立:《20世纪中国文化思潮》,林安梧:《敬悼方克立先生——兼论"五四"以来20世纪中国文化思潮》,"台湾元亨书院"微信公众平台2020年5月6日(https://mp.weixin.qq.com/s/SSLAauNPPc7cAFffEmhKQA)。

度对之加以论述。贝淡宁指出,民主可以有多种实现形式,如协商民主,而不一定非得一人一票;他特别强调,一人一票的选举制会破坏贤能政治的尚贤制。

高全喜、方朝晖、黄玉顺等学者针对贝淡宁新著与论坛发言,针锋相对地提出了一系列问题,包括:(1)贤能政治究竟是一种完整的政治体制,抑或只是一种领导人选拔模式?(2)使贤能政治保持理想运行状态的前提与约束条件是什么?笼统的历史文化传统与国情说能否构成这种前提与约束条件?(3)中国古代政治,从理论与现实两个层面看,是否真等于贤能政治?(4)即便中国古代政治确属贤能政治,且已经积淀出了相应的民族"文化—心理"结构,那么,面向现在和未来,这种历史积淀结果是否应该加以改变?有无可能加以改变?具体应怎样加以改变?(5)贤能政治倾向于推崇精英权威,在实践上是否存在通往极权主义的危险?有无可能加以避免,具体如何加以防范?(6)贝淡宁"贤能政治"中的概念混乱等问题。①

高全喜特别强调,泛泛而论的"文化""历史"和"国情"无法构成贤能政治的制度性约束条件,只有采取法制形式,传统贤能政治才能转型为一种现代的民主法制的贤能政治。与之相应,方朝晖的发言中蕴含着如下提示:历史积淀不等于历史决定论,民族"文化—心理"结构既是过往积淀的结果,亦是当下和未来积淀的改造对象。不断改进民族"文化—心理"结构(民族性)的方向感和动力,尤其是破除居主导地位之现有"文化—心理"结构中不良因素的意向,根本无法从现有"文化—心理"结构中自行生出,而非得有相应的解构、批判因素额外介入不可。

在论坛学术总结环节,《文史哲》副主编刘京希教授从三方面概括本次论坛的研讨成果:其一,贤能政治在本质上属于发展政治学范畴,而非一般政治学;其二,贤能政治与民主政治不在同一个位阶上,后者可称为"政道",前者则只能算是一种治术;其三,缺乏充分的法治与宪制基础的贤能政治,存在走向反面的巨大风险。一年之后(2018年年中),刘京希将上述评论进一步发展为《尚贤制抑或民主制?——"贤能政治"论争述评》一文。在该文中,刘京希进一步指出,贝淡宁的贤能政治主张是西方社群主义、精英主义与东方儒家政治文化资源的

① 后面两个问题出自黄玉顺教授的论坛发言,相关内容可参见黄玉顺的《"贤能政治"将走向何方?——与贝淡宁教授商榷》(《文史哲》2017年第5期)。本小节还参考了本次论坛的速记以及邹晓东所撰论坛报道《儒学研究者与自由主义学人共话"贤能政治的可行性及其限度"》(《文史哲》2016年第5期)。

杂糅,其致命缺陷在于尚未周延地解决“由谁来选贤”这一事关权力来源合法性的根本问题,也尚未自足自洽地提出监督权力运行的制度安排。这些问题归根结底无不涉及“人类社会政治文明发展演进的终极目的究竟是什么”这一重大理论问题。①

2018年年底,贝淡宁对黄玉顺、刘京希等人的评论进行了回应。针对黄玉顺提出的“概念混乱”问题,贝淡宁对自己所理解的政治尚贤制与民主的关系进行了澄清,将其所捍卫的理想政治制度命名为“垂直的民主尚贤制”——基层民主,上层尚贤,中间可进行政治实验。在他看来,既认同政治民主制又肯定政治尚贤制并没有什么错。关于这种尚贤制该如何应对“体制外群体没有机会进入权力等级体系,没有参与更高政治职位竞争的必要渠道”这一现实问题,贝淡宁在回应中接受了章永乐和曹峰的启发,认为“群众路线能够帮助基层民众获得参与政治的机会,帮助精英对群众的需要作出更积极的回应”,而老庄传统对选贤任能的根本怀疑与不屑“能够赋予得到社会尊重的其他生活方式如‘萌文化’以合法性,这些生活方式让政治尚贤制的‘失败者’看到生活的意义”。②

三、2018年对话:推究个体与社群孰先孰后

较之现代自由主义,儒家更擅长通过传统思想与政治权威,将社会成员规范在群体之中。即便“自作主宰”意识极强的儒家孟派或心学传统,其“自我”意识也仍然是以指向他人、群体、共同事业的“责任感”为内核。就此而言,儒家的“个体”是在“社群”中定义的。然而,文化传统与社会权力结构具有可变性,儒家社群主义因而似乎缺乏稳固的学理根基,理应让位于“牢不可破”的原子个体主义。实际上,伴随着西方冲击与中国传统宗法礼制的全面崩坏,国人在长达百年的“反传统”情绪中,一再试图用现代自由主义的“个体权利至上”原则重新组织中国社会。但与此同时,“社群主义”“角色伦理学”,乃至鲜明的“反个体主

---

① 参见刘京希:《尚贤制抑或民主制?——“贤能政治”论争述评》,《文史哲》2018年第3期。

② 参考[加拿大]贝淡宁:《论中国垂直模式的民主尚贤制——对读者评论的回应》,吴万伟译,《文史哲》2018年第6期;章永乐:《贤能政治的未来——评贝淡宁〈贤能政治:为什么尚贤制比选举民主制更适合中国〉》,《中国政治学》2018年第1期;曹峰:《先秦道家对于贤能的思考》,《人文杂志》2017年第10期。

义”等思潮却在西方思想界此起彼伏,“原子个体”的无根性被一再彰显并深受批判。[①] 社群与个体究竟孰先孰后,可以说已经成为一个亟待探究的理论问题。

有鉴于此,《文史哲》编辑部遂于 2018 年 4 月 20～23 日以“个体与社群孰先孰后”为主题,第三次举办“儒学与自由主义的对话”人文学术高端论坛。[②]

经济学者韦森在论坛发言中依据当代研究,区分了方法论的个体主义[③]和规范的个体主义,前者提倡用个体行动与个体间的互动解释社会传统与社会变革,后者则是一种广泛强调自我支配、自我控制、不受外来约束的价值观。[④] 韦森在发言中梳理指出:尽管“个体主义”这个词直到 19 世纪初才出现,但其精神在西方文化与社会历史中源远流长。在西方社会的文明进程中,个体主义作为一种生活方式、人生观与世界观,具有整体性和普遍性的意义。这个意义上的个体主义在西方不但可以追溯到中世纪,而且构成了罗马法和早期基督教伦理的共同品格。与其说个体主义是西方现代化进程的一个结果,不如说是有了个体主义才有了现代西方社会(启蒙运动、大革命、私有财产、市场经济、自由选择、人人权利平等、民选政府、法治社会)。在这个意义上,韦森指出,个体主义是整个自由主义的底色,自由主义则是个体主义本位的现代社会构建中的一种信念的外显和制度化,二者的基本统一之处在于共同强调个人的权利和人与人之间的平等关系。韦森的专业梳理,可谓全面坐实了“自由主义”以“个体”为先的预判,为论坛策划者所期待的“儒学 vs 自由主义＝个体主义 vs 社群主义”对垒、切磋提供了 1/2 的必要前提。

同为经济学者的姚洋在此基础上进一步指出,在自由主义语境下强调个体价值,平等[⑤]是关键。然而,平等只是一个应然判断而非实然状态,平等意义上的个体主义因而难以现实地推导出社会,因为现实政治一定是有等级的,进入特定等级都需要相应的资格。在现实中,自由主义所推崇的绝对平等、抽象平

① 本自然段以上文字,出自“《文史哲》杂志人文高端论坛之七——‘个体与社群孰先孰后:儒学与自由主义的对话’”会议邀请函,个别细节有所差异,此自然段用的是邹晓东所拟之初稿。

② 以下叙述基于论坛速记档案,并参考了刘京希、李梅《“个体与社群孰先孰后:儒学与自由主义持续对话”综述》(《文史哲》2018 年第 4 期),不再一一出注。

③ 韦森在发言中用的是“个人主义”,兹统一调整为“个体主义”。

④ 按:前者未必不是作为普遍价值观的后者在学术领域的体现。

⑤ 王心扬先生评论指出,“平等”分“机会平等”与“分配平等”。西方自由主义或资本主义社会也讲“平等”,然而更侧重“机会平等”。社会主义阵营及西方世界的批判声音,则主要是从“分配平等”角度立论。姚洋发言中的“平等”兼具“机会平等”与“分配平等”二义。

等,是无法实现的,在某种程度上也是一种粉饰。相形之下,儒家则务实地承认等级与资格,在向有资格者开放职位竞争机会的基础上,按照不同时期的升迁标准,培养并遴选贤能者。总体来看,这是一种先有秩序再谈自由、先承认等级与资格再谈平等的政治模式。换言之,儒家虽不排斥个体自由与平等,但它一定是将社会秩序放在首要位置上。至此,“儒学 vs 自由主义＝个体主义 vs 社群主义”的对垒、切磋局面初步形成。

哲学学者张祥龙表示,儒家在当代的生存乃至期待中的复兴,确实与如何看待、处理儒学与自由主义的关系息息相关。姚洋认为“儒家虽不排斥个体自由与平等,但它一定是将社会秩序放在首要位置上”,这固然合乎现实中的经验观察,但在理论上,如何圆通“等级、资格意义上的秩序优先”与“不排斥个体自由与平等”的矛盾呢?对此,张祥龙从“儒家的根基是家与个体关系”的角度,极具创意地补充了相应的哲学分析。张祥龙认为,在以“亲—爱”为源的家庭关系中,个体不具有存在论地位(人不是存在论意义上的独立实体),但具有人格[①]地位。这种人格地位,首要地是通过在与亲人们的原发关联中,追随自己所爱的人格榜样(其核心是最重要的、最及时的和最深切的关爱)、共同经历伦理生活(“为义争于父”),得以养成的。这种“家—主体间”的人格养成机制,也从一开始便不断将独立人格或个体人格意识赋予了儿女。

在类似思路上,孙向晨评述了黑格尔的“家庭以及同业工会是国家的基础”这一思想。换言之,个体不是国家的基础,以个体为基础的契约也不是国家的本质,国家有它自身的伦理本质。这些由西学术语包裹着的思路使人不禁感到,黑格尔俨然儒家思想在西方的知音与回响,尽管他曾大张旗鼓地鄙薄“中国没有哲学”[②]。不过,孙向晨也坦言,上述解读若放到当今西方学界,很有可能会被认为是解读者受了自己背后的中国式问题意识诱导,而对黑格尔《法哲学原理》的断章取义。这从一个侧面透露出“个体”本位的自由主义传统在当今西方之强大。任剑涛则在与张祥龙相反的思路上强调家庭关系中的家长宰制子女、子女反抗宰制的一面。[③] 如方朝晖所指出的那样,家庭关系的这个“宰制—反宰

① 张祥龙教授所谓的“人格”是这样界定的:“人格是指各种好恶情感和相应行为的统一结构。”

② 参见[德]黑格尔:《哲学史讲演录》第一卷,贺麟、王太庆等译,上海:上海人民出版社,2013年,第96、97、113、117～118页。

③ 五四新文化运动期间对“家”与“宗法礼教”的大破坏,正是出于反对“家长宰制”、追求“自由平等”的初衷。

制”维度或家庭关系堕入这种“宰制—反宰制”局面的可能性，将直接危及“家”作为人格养成基地的地位。而按照孙向晨、任剑涛的共同论述，黑格尔之所以会提出以“依赖”关系、“爱”的情感为特征的家的伦理性原则，一个重要原因就是不满意洛克在“父权”宰制意义上的家本质界定。至此，我们可以看到一个有意思的现象，那就是，西学内部也在一定程度上存在着“个体与社群孰先孰后”之争。这正如姚洋、邓曦泽、陈明等学者在发言中所提到的那样，通常被归入“社群主义”阵营的儒学，其中也不乏包容“个体性”的空间。

针对不少与会者赞同以“关系”为本位谈论儒家的根基的倾向，谢文郁教授评论指出，用“关系本位”来描述儒家的根基，看似具体，实则混沌。这种谈法容易给人造成一种印象，即认为在西方、在现代性中似乎不存在“关系”。实际上，“关系”是普遍存在的，除非将被设想为儒家本位的“关系”定位得更窄一点，如像张祥龙教授那样专门强调在“爱”的情感中形成的家庭关系，否则，泛泛谈论“关系本位”是无意义的。而从张祥龙教授相对明确的“家庭之爱的关系本位”进行叙述，也会引申出一系列有待进一步探讨的问题：从在其他情感中形成的“关系”出发，是否也能构建出合适的社会制度？举例来说，在上帝信仰较为普遍的西方社会，大家基于“信上帝”情感，能否组成合宜的社会？奉行自由主义的世俗个体，又是在怎样的情感中结成社会的？这种结合是否稳定？宗教传统与儒学传统所鼓励的各种典型情感，可以在什么意义上，又在多大程度上赞助或破坏政治联结(关系)？政治制度是否可以，又具体如何去维系作为其组织基础的“情感—关系”？

“不入主流，难成一流”，《文史哲》杂志于2015年、2017年、2018年三度举办的“儒学与自由主义的对话”人文高端论坛，正是为进一步推动儒学进入世界主流议题而策划。① 自世界进入现代以来，作为价值理念的自由主义早已深入西方人心、社会组织、政治架构，且在全球范围占据着道义的制高点。尽管如诸多西方人士所承认的那样，这种价值观与制度存在种种弊端，甚至未必配得上“最不坏的制度”称号，但对包括儒学在内的其他文明系统来说，自由主义仍在很大程度上代表着世界主流。② 既然如此，那么作为中华传统文化之主干的儒

① 参见王学典：《儒学复兴，必须与自由主义对话》，《中华读书报》2016年1月20日。
② 参见王学典：《“双创”：文化强国建设之路》，《人民政协报》2020年12月14日。

学,欲改变自己偏安一隅的"地方性知识"地位,就必须勇敢地同这种居主流地位的现代西方理论展开深度对话。《文史哲》杂志近年来举办的上述"儒学与自由主义的对话"系列论坛,既达成了一定的共识,澄清了一些议题,但更多地则是挑起或突出了有待进一步深究的问题。这些问题归根结底汇总于这样两问:未来人类社会应该如何组织?儒学研究能为探讨更好的人类社会组织模式作出什么贡献?

第二章　介入人文学术的本土化转向

改革开放以来的中国人文学术最显著的特征就是“拥抱世界”。十一届三中全会以来，大陆学界与整个中国社会一起敞开大门，积极引入各种西方人文社会科学思潮。这一时期中国学术的对外开放程度，比五四时期有过之而无不及。西方学术观念、方法的挤入与流行，是改革开放以来中国人文社会科学史上最重要的事件。各种西方新思潮、新观念、新方法都在“拿来主义”的口号下大规模引入国内，对西方学者论著的大规模翻译和刻意学习与模仿，深刻左右乃至根本改变了大陆人文社会科学的学术走向。中国的人文社会科学从孤立于世界学术大家庭之外到全面融入世界学术主潮，在此期间的学术创获也是此前任何时期所不能比拟的，这一辉煌局面的出现主要是拜“对外开放”之所赐。①

但是，“拥抱世界”并不意味着应该“全盘西化”或“迷失自我”。而对被拥抱的世界来说，茫茫然、蔫答答的自我迷失者的拥抱，只能是被嫌弃的“累赘”乃至“拖累”。中国要想更有效、更深入地融入世界，就必须使自己成为一个有主见的生气勃勃的拥抱者。在这方面，文化必须发挥相应的支撑乃至引领作用。

进入 21 世纪来，整个中国的精神气候、文化气候、学术气候正在发生深刻变迁，整个舆论环境开始“本土化”转向。除了“重估儒学价值”的新动向（参见上一章）之外，中国大陆的哲学、历史、文学三学科皆在经历范式变迁。如今回望，这些变迁无不指向重建中国主体意识与熔铸中国特色哲学社会科学话语体系这一时代课题。通过刊发“中国哲学的合法性问题”大讨论的导火索文本、进行引申性议题设置、策划举办“秦至清末：中国社会形态问题”高端论坛、刊发“重估东方美学的世界地位”笔谈、针对“中国文论的失语”问题举办“中国文论

---

① 本自然段的论述取自王学典：《学术上的巨大转型：人文社会科学 40 年回顾》，《中华读书报》2019 年 1 月 2 日。

遗产的继承与重构”人文高端论坛等作为,《文史哲》深度介入了这场方兴未艾的共和国人文学术第三次范式转变[①],再次生动诠释了数代《文史哲》人力求“预见大势,介入大势,见证大势”的办刊抱负。

第一节　领衔秦至清末中国社会形态重估

一、重新审视“五种生产方式”“封建主义”等论说范式

中国红色革命阵营的领导人、学者很早就开始借鉴苏联相关论战成果,运用马克思在《德意志意识形态》(1846)、《雇佣劳动与资本》(1847)、《共产党宣言》(1848)中提出的“原始社会→奴隶制社会→封建社会→资本主义社会→社会主义社会(共产主义社会)”前后相继的人类社会发展五阶段理论,以及在《〈政治经济学批判〉序言》(1859)中提出的“亚细亚生产方式”概念,探讨当时的中国社会性质(可参考《中国共产党第六次全国代表大会底决议案》,1928[②])与中国古代社会形态的变革(可参考郭沫若《中国古代社会研究》,1929[③])。毛泽东稍后更是指出:“认清中国社会的性质,就是说,认清中国的国情,乃是认清一切革命问题的基本的根据。”[④]这是红色革命年代中国传统社会形态问题研究的动力所在。

随着中国红色革命胜利发展至中华人民共和国建政,出于意识形态建设的需要,上述理论与概念在中国古代史研究领域的地位日益显要。《文史哲》杂志于1951年创刊之后,在既是革命家又是理论家的华岗校长主持下,很快便以中

---

① “1949年以来,中国的人文社会科学已经经历了两次大的范式变迁:一是从1949年开始,我们经历了从民国学术到共和国学术的巨大转型,二是从1978年开始,我们又经历了从‘以阶级论为纲’的人文社会科学到‘以现代化为纲’的人文社会科学的巨大转型,而眼下我们正在经历人文社会科学的第三次巨大转型,也就是‘以现代化(西方化)为纲’的人文社会科学正在向‘以中国化为纲’的人文社会科学的转变。”(王学典:《学术上的巨大转型:人文社会科学40年回顾》,《中华读书报》2019年1月2日)

② 高军编:《中国社会性质问题论战》(资料选辑),北京:人民出版社,1984年,第1页,转引自张广志:《中国古史分期讨论的回顾与反思》,西安:陕西师范大学出版社,2003年,第4页。

③ 郭沫若:《中国古代社会研究》,北京:人民出版社,1964年,第133页,转引自张广志:《中国古史分期讨论的回顾与反思》,第13页。

④ 毛泽东:《中国革命和中国共产党》,《毛泽东选集》第二卷,北京:人民出版社,1991年第2版,第633页。

国社会形态问题为核心发起了古史分期问题论战①，在此过程中产生了“中国有奴隶社会发展阶段”“中国无奴隶社会发展阶段”，“西周封建说”“春秋封建说”“战国封建说”“秦统一封建说”“西汉封建说”“东汉封建说”“魏晋封建说”“东晋封建说”，以及究竟何谓“亚细亚生产方式”等一系列观点与争论。

1949～1956年的中国社会形态与古史分期讨论，在广度与深度上皆大大突破了民国的史学范式，极大地推动了马克思主义唯物史观的普及。但这一时期的讨论，也存在着非常明显的缺点和不足，那就是：“讨论”事先设定了“中国必须有奴隶制社会发展阶段”的大前提②；在“普世主义”史观的前见下，学界尽管对诸如中国封建主义究竟始于“西周”还是“战国”还是“秦统一”抑或“魏晋”充满分歧，但一致赞成“近代以前的中国社会和西方社会一样，在向现代性社会转变时”“都背负着封建主义的巨大历史遗产”，认为“对传统社会的批判和超越，就是对封建主义的批判和超越”③；教条主义风气浓重，政治批判简单粗暴地代替学术批评④。

改革开放以来的古史分期讨论，仍然延续着“文化大革命”之前17年间的奴隶社会与封建社会的分期讨论，在理论和方法上并无大的进展和突破。⑤21世纪之初，在总结新时期古史分期研究讨论的现状时，张广志认为：“不论在亚细亚生产方式的讨论上，还是在中国奴隶社会的有无的讨论上，从二三十年代，一直到今天，中国的讨论基本上都是国外的讨论在中国的波及、延续，中国学者的工作也大都停留在对外国学者学说、观点的介绍、敷衍和结合中国历史实际有所发挥上，基本未形成自己的理论体系和产生自己的学派。”⑥对于研究现状的这种不满，反过来亦刺激了相关探索的进步。

实际上，进入21世纪之后，中国学界关于中国古代社会形态的讨论情况在持续改观，在“五种社会形态”“封建主义”“亚细亚生产方式”这三大固有议题

---

① 《文史哲》于1949～1966年这一时期，在“古史分期”讨论中所起的突出作用，通过观察《文史哲》所发表的文章在张广志《中国古史分期讨论的回顾与反思》第三编《新中国建立至“文化大革命”爆发前的古史分期讨论(1949～1966年)》中所占的比重，很容易就能看得出来。

② 参见张广志：《中国古史分期讨论的回顾与反思》，第181～182页。

③ 郭沂：《中国社会形态的四个层面及其历史分期》，《文史哲》2003年第6期。

④ 参见张广志：《中国古史分期讨论的回顾与反思》，第181～182页。

⑤ 参见张广志：《中国古史分期讨论的回顾与反思》，第183～184页。

⑥ 张广志：《中国古史分期讨论的回顾与反思》，第265～266页。

上,皆有实质性突破出现:

其一,学界对“五种社会形态”学说“是否符合中国历史的实际”提出了更加明确的质疑。例如,郭沂在2003年发表在《文史哲》的一篇文章中表示:“关于中国社会形态及其演变,目前占主导地位的仍然是马克思根据西方历史提出并由斯大林总结的五种生产方式论。但是,这种学说是否符合中国历史的实际,却一直受到怀疑,五六十年代和80年代都曾有热烈讨论。目前,这个问题重新成为学术界的热点。”①又如,七年之后,张金光先生在发表于《文史哲》上的另一篇文章中疾呼:“半个多世纪以来,表述中国古代社会的一些概念和范畴大都是舶来品,有的直接来自西方中心论及在其上形成的西方学术话语体系,有的是辗转、间接来自西方,或者是仿制品。整齐、条理、系统化的‘五种生产方式’说是斯大林总结提出的。他者如农村公社、中世、中古、庄园制,以及比较系统的‘古典社会—六朝贵族制—唐宋变革’论等,大抵是参照西方中心论及其西方学术话语体系而提出的。”②这两篇文章共同表达了对一味依附舶来概念与理论,用舶来之概念、理论去套中国历史实情的研究状况的不满。这种不满情绪推动着包括张金光先生在内的研究者们,去着手发展更契合中国历史经验的术语和理论。

其二,对“泛化封建观”“误植封建概念”的批评,进一步明朗化、系统化。冯天瑜在其纵览中外古今的《“封建”考论》(2007)一书中,历数“封建”在中外古今的典型意涵,指出“封建”概念在中国古代史研究中的泛化:既与本义脱钩,也同对译之英文术语“feudal”含义相左,且有悖于马克思、恩格斯的封建原论。③ 荣剑在2008年发表于《文史哲》的一篇文章中,更是斩钉截铁地表示:“马克思在任何地方和任何意义上都没有说过东方社会(当然包括中国社会)在历史的演进中经历了封建主义阶段,更不用说东方社会在资本主义的前夜还在遭受着封建主义梦魇的折磨。”④这意味着,在中国古代社会形态研究领域,反思乃至抛弃“封建主义”这个过往流行的关键词,原则上并不存在意识形态方面的障碍。

其三,“亚细亚生产方式”究竟是“奴隶制社会”抑或“封建社会”,还是介于

---

① 郭沂:《中国社会形态的四个层面及其历史分期》,《文史哲》2003年第6期。

② 张金光:《关于中国古代(周至清)社会形态问题的新思维》,《文史哲》2010年第5期。

③ 参见冯天瑜:《“封建”考论》,武汉:武汉大学出版社,2006年。

④ 荣剑:《论中国“封建主义”问题——对中国前现代社会性质和发展的重新认识与评价》,《文史哲》2008年第4期。

“原始社会”与“奴隶制社会”之间的一个普遍存在的社会发展阶段，抑或只是东方特有的阶级社会形态等问题重新泛起之后进一步发酵，从中引申出的“人类历史发展路径的多元化”观点，令相关学者“更加相信”“中国历史发展可以在‘五种生产方式’理论框架之外另辟蹊径”①。

二、“皇权社会”“郡县制时代”“选举社会”“宗法地主专制社会”等新一轮术语拿捏②

2006 年，冯天瑜先生的《“封建”考论》出版后，秦至清末中国社会形态如何定性的问题，再次成为中国史领域乃至整个中国学界的讨论焦点。在发表于 2008 年的一篇论文中，荣剑则用“以子之矛攻子之盾”的方式，暴露了过去流行的“封建专制主义”一词的内在矛盾。该文第四节以“封建化和中央集权专制的历史悖论”为标题，指出“中央集权专制主义是封建主义结构性矛盾的历史和逻辑产物”，“二者是完全不同的体系”，“封建”是“中央集权”最危险的首要提防对象。③ 就此而言，“封建专制”是一个自相矛盾的造词。白彤东后来也这样写道：“如果真正理解孟德斯鸠，我们应该知道：反封建，容易走向专制；而要制衡专制，封建恰恰是很好的手段。”④

究竟如何指称这一时段的社会，直接关系到对这一社会的整体理解、描述和分析，关系到如何从全球文明史的高度重新把握和复原中国文化的独特发展之路问题。时至今日，尽管学界在有关这一问题的几乎所有的知识点上都取得了突破性进展，但由于缺乏统驭性的概念加以综合，仍未找到一个从整体上来涵盖这一纵贯 2000 年、覆盖 1000 平方公里的大国这一时期历史发展的概念框架，“封建社会”这一名不副实且遭到广泛质疑的概念仍然在岗。

---

① 萧功秦教授介绍说，他在 20 世纪 80 年代阅读了经济学家吴大琨翻译的《马克思主义与第三世界》(该书系统介绍了亚细亚生产方式理论，提出了人类历史发展路径的多元性，认为东方社会形态有着完全不同于西方社会形态的发展过程观点)之后，“更加相信”“中国历史发展可以在‘五种生产方式’理论框架之外另辟蹊径”。(参见萧功秦：《华夏国家起源新论——从“猴山结构”到中央集权国家》，《文史哲》2016 年第 5 期)

② 本小节取自姜萌《究竟如何为秦至清末的“社会形态”命名？——〈文史哲〉杂志第三次“人文高端论坛”侧记》(《文汇读书周报》2010 年 7 月 16 日)一文，略有改动。

③ 参见荣剑：《论中国“封建主义”问题——对中国前现代社会性质和发展的重新认识与评价》，《文史哲》2008 年第 4 期。

④ 白彤东：《中国是如何成为专制国家的？》，《文史哲》2016 年第 5 期。

有鉴于此,《文史哲》杂志特别举办高端论坛,集中精力对“究竟何种概念方能把握秦至清末中国社会的本质特征”这一命题进行深入探讨。冯天瑜、李伯重、汪晖、秦晖、萧功秦、何怀宏、荣剑等20位学者齐聚一堂,围绕“秦至清末:中国社会形态问题”,展开了为期两天(2010年5月2~3日)的激烈讨论。从秦至清末中国古代社会这一真正的历史基因出发,学者们各抒己见,提出了“帝制时代”“皇权社会”“郡县制时代”“选举社会”“专制社会”等试图取代“封建社会”的主张。这些命名背后潜在的观念预设及其冲突尤其值得关注。

秦制的创立与延续,是秦至清末两千多年中国社会成为一个独特社会形态的关键因素。要为秦至清末这一时期的社会命名,关键在于如何估价延续了两千余年的秦制。秦晖指出,对于“秦制”的估价,自秦开始就存在一个现象,即无论是事实判断还是价值判断,两极化的趋势都很严重。例如:谭嗣同强烈谴责“秦制”,认为“两千年来之政,秦政也,皆大盗也”;而同一思想营垒的康有为却认为“自秦、汉已废封建,人人平等”,并认为“秦制”给中国人带来了“法国大革命所得自由平等之权利”;毛泽东虽与谭嗣同一样将“秦制”理解为强权和暴力,不过却视之为“革命”和“镇反”,他虽与康有为一样褒奖“秦制”,但着眼点不是“自由平等”,而是“阶级专政”和“镇压反革命”。随着现代社会种种问题的凸显,“进化论”不断受到批判和挑战,“多元化”成为新的思想趋势,近代以来对“秦制”带有进化论色彩的估价都受到了挑战。在这种情况下,目前真正需要做的并不是证明“由秦至清”的社会如何不同于西欧中世纪,或不同于“三代”,而是要反思我们以前流行的关于中国社会“由秦至清”的种种叙述究竟能否成立,这种社会的基本规则与基本特征究竟是什么。只要把这些问题搞清楚了,命名其实比较简单。

何怀宏在发言中指出,谭嗣同、康有为、毛泽东等人所评论的“秦制”可能不是同一个事物。康有为,尤其是梁漱溟、钱穆所讲的,虽有不少内容与“秦制”有关,但主要还是指秦以后两千多年的中国社会特征,而毛泽东所讲的“秦制”是比较严格的,就是秦始皇的政制。何先生认为,要为秦至清这一段社会寻找一个合适的概念,应该将政治和社会结合起来。虽然“统一”“皇权”“官僚体制”的格局直到晚清一直存在,但是社会发生了巨大的变化,而且大多数人的生存状态已和科举等人才选拔制度发生了很大的关系,所以从秦至清的中国社会可概括为“选举社会”。①

与秦晖认为“命名”不是首要问题的看法不同,《“封建”考论》的作者冯天瑜很重视“概念”的作用。他认为因为“封建”这个关键术语失准,一部中国历史的宏大叙事,遂失却了构制网络的坚实纽结。无论是从马恩的论述还是从中国的实际来看,受“五种社会形态”单线推进论影响,将秦至清认定为“封建社会”的论断是难以成立的。冯先生认为,宗法制度、土地可自由买卖的地主经济、皇权至尊至上至大一直是从秦至清中国社会最主要的特征,因此可称之为“宗法地主专制”社会,简称“皇权社会”或“皇权时代”。② 孟祥才的观点和冯先生的观点近似。他认为这一时期的中国社会,在政治上一直是皇帝专制的中央集权官僚社会,在社会经济上一直是自耕农、半自耕农占据人口大多数也占据全国土地大多数的社会,而且“地主”实质上也是农民,所以可称之为“帝制农民社会”。

李振宏提出,应跳出“社会形态”论的思维泥淖来考察中国社会。李先生认为这一时期的政治、思想、经济等各个层面都可用“专制”二字统摄,所以用“专制社会”概括这一时期,既名副其实,又简单明了,还道出了它区别于近代民主社会的本质差异。张金光不仅跳出了“社会形态”的提法,而且思考得更为深入。他认为,官民二元对立是中国古代社会经济结构的基本格局,官民之间不仅是统治与被统治的关系,而且是以土地国有制、国家权力、政治统治为基础建立起来的社会生产关系。这种权力型社会生产关系的稳定性和凝固性,是民间社会的任何经济关系都无可比拟的。秦的租赋徭役制度,是中国传统社会两千多年里国家索取制度的基本结构;秦的官僚制度使官方或政治权力总是处于支配一切的地位,是从秦至清中国社会最基本的特点;秦末农民大起义,实质是官逼民反,是此后两千余年中国社会阶级矛盾爆发的基本模式。

---

① 此所谓“选举”,是指“统治者自上而下地来选择治理者,或者说是以‘贤’选‘贤’,即还是通过少数来选择少数,但它又是被相当强韧地被客观化和制度化了的,不以个人的意志和欲望为转移”。这个意义上的“选举”也即“中国古代的选举”,不同于源自西方、现在流行的“选举”。(参见何怀宏:《“选举社会”的概念——秦汉至晚清社会形态命名初探》,《文史哲》2010 年第 6 期)

② 冯天瑜先生有专文检讨历史分期的命名问题,参见冯天瑜:《历史分期命名标准刍议》,《文史哲》2006 年第 4 期。

三、重估传统中国社会形态绕不开史观问题①

传统中国社会形态的定性问题,与当代中国现实及如何面向未来的问题息息相关。从“文化大革命”到“改革开放”,中国社会完成了从传统向现代转型的剧变。但30年来,学术界一直未能解决一个与当下中国社会转型紧密相关的时代课题,即这一转型是在怎样的历史基础上展开的,以及在改革开放的实践中如何对待中国的历史传统。20世纪80年代以来,虽有一些学者对此问题有所思考,但在时代学风的影响下,学界始终未能聚焦这个重大课题。在中国迅速崛起之际,如何评价、诠释、承续这种崛起的历史文化根基,这个问题不仅重要,而且尖锐、急迫。

汪晖多年来致力于对中国现代性的反思,并希望从中国传统的思想语境中寻找拯救当前种种现代性困境和危机的途径。他在本次“秦至清末:中国社会形态问题”《文史哲》杂志人文高端论坛发言时认为,现在所有关于社会形态的叙述,都是从现代资本主义的发展里面延伸出来的。“民族国家”和“资本主义”这两个中心问题成为理解整个历史的前提,具有目的论和阶段论的特点。关于社会形态的叙述,大部分历史学者都已开始扬弃目的论、阶段论,但是在日常使用里还普遍存在,比如,冯天瑜仍将官僚政治和地主经济作为中国特殊历史形态的核心。汪先生认为,中国的历史叙述深受19世纪以来欧洲民族主义史学的影响,表现为以族群为中心的叙述模式,但是这种思维中国的历史具有很强的跨体系性,因此要讨论中国社会形态,不仅要不断摆脱“五种社会形态”框架,还要摆脱以欧洲为中心的历史叙述方式对中国历史叙述的扭曲。

张希清指出,当前社会生活中保留了不少传统社会的不好因素,我们的社会要前进,要转型,就必须清理这些帝制社会的遗留。针对张先生的这一论断,汪晖认为这个任务是存在的,但这个思路需要另外的一面来补充,否则很容易变成另一种历史终结论。因为仅从这个角度思考问题,就等于认为中国两千多年的政治体制都是负面的。但是,如此稳定地把不同的族群、社会、宗教整合在一个特定的政治文化架构下的这样一个文明形态,它在人类文明史上恐怕绝非

① 本小节取自姜萌《究竟如何为秦至清末的“社会形态”命名?——〈文史哲〉杂志第三次“人文高端论坛”侧记》(《文汇读书周报》2010年7月16日)一文,略有改动。

只是负面的。批评历史目的论是要重新调动我们的历史资源来思考我们的未来,而如果只是站在现代资本主义、现代民族国家的逻辑层面来思考历史,则无异于再次回到历史终结论中去。事实上,中国历史所具有的异常复杂性和独特性,能够给我们提供一个重新思考世界历史的非常重要的视野和出发点。汪晖还申明,他并非要为专制辩护,他也清楚地知道当代中国和现代中国存在着的问题。

李伯重也认为,汪晖所指出的如何对待我们的遗产的问题非常重要,并以明清为例,从政治组织的公平原则、政治运作的法定程序、经济制度方面的迁徙自由、商业上的放任态度、社会的世俗化、文化上的宽容政策等方面,对中国传统帝制在制度上的合理性(或与当时世界其他国家比较下的进步性)进行了阐述。

过去自身是沉默不语的,它以何种面目出现并影响未来,取决于当下人们的思想观念。所以在如何对待中国传统问题上所出现的分歧只是表象,这种表象背后掩藏的是思想学术界的对立。尽管不少涉身其中的学人否认存在着自由派与新左派的对立,但实际上思想界、学术界都普遍认为,十几年来中国思想界最大的争论和分歧是在自由派和新左派之间发生的。也就是说,秦晖、汪晖等人在如何看待传统上的态度迥异,根源在于自由主义取向和新左派立场的对立。对于这种对立,自认为是“最激烈批判新左派的人之一”的萧功秦有着自己的感受。

萧功秦指出,在如何看待中国传统社会的问题上,存在着两种不同的价值观,一种是批判传统的价值观,一种是肯定传统的价值观。批判传统的价值观沿袭了“五四”的反传统精神和新启蒙思潮,对专制主义、传统文化持批判态度。肯定传统是一种较新的思潮,它更多地考虑已经发生变化的时代,认为三十多年来的发展要求我们不能再妄自菲薄,必须摆脱民族自卑感,并以此来发掘、继承中国传统遗产的财富,对中华民族重新自我定位。萧先生认为,现在两种价值都存在,并且有交叉和重叠,正像社会上的自由派和新左派的思潮一样。对于第一种观念,他认为,知识分子当然有责任怀着现实关怀来批判传统的东西并且从中得到启示;对于第二种观念,萧先生认为,它也同样有存在的价值,因为中国的确已经走出了过去的那种时代,需要重新定位。但是,在这种情况下,我们会面临一个问题,即:是世俗地、常识地理性地看待传统,还是怀着宗教关怀去要求历史传统承担宗教功能？他担心，对中国历史积极肯定的思潮会导致一种对传统的浪漫主义，论者会因为没有受到传统政治的切身迫害而对传统政治产生浪漫化的诠释。萧功秦指出，中国学者已出现了用西方新左翼那样的观念去重新解读历史，并以西方也这样看来附证的倾向，比如李伯重以明清为例对中国传统制度合理性的阐述。

荣剑随即对萧功秦的发言作了“补充”，他指出此次讨论会最后发生的争论反映了社会上的争论，是观察社会上思想争论的一个窗口，有利于了解近 20 年来中国知识界的思想冲突是怎样产生的。他指出，从价值层面上说，无论是汪晖还是秦晖、萧功秦，其实是具有一个价值共识的，即都希望我们进入一个更好的状态，但是对于如何达到这种好状态的路径的认识是不一致的。至于萧功秦对自己的批评，荣剑认为是可以接受的，但是汪晖的基本观点也应该接受。因为当要探讨中国现代性的另一个起源的时候，仍然潜藏着对中国历史合理性的判断问题，中国的历史是作为一个实实在在的过程延续下来的，并不能因为否定它或赞扬它就可以改变这个历史进程，而且我们是在历史和现实的双重前提下展开对中国未来的想象的。

萧功秦关于是否会浪漫化看待传统的论述引起了与会学者的热烈回应。汪晖在回应萧功秦的发言中指出两点：第一，如果有对中国历史的理想化（浪漫化）的话，对西方现代制度的理想化（浪漫化）则是当前的一个更根本的问题。19 世纪到 20 世纪整个帝国主义侵略的历史是不可以随便地忘记的，直至今天战争和暴力的问题仍是不能忘记的。第二，他自己当然是支持民主的，但是任何一个人都不能回避在当代全球化资本主义的条件下民主存在的普遍危机。在这个条件下，我们思考历史包括学习西方，都是为了要创造新的制度，让我们能够有一个真正的创新，而不是再一次地回到原来那种目的论里面去。我们都在批评“历史终结论”，但是实际上我们都已经被“终结论”给扭住了，这样的话我们的历史研究就没有别的意义，而只剩下批判和说明过去了。对于浪漫化的问题，李伯重则“只回应一句话”，即：是不是浪漫化，那要取决于史学家对各项具体的制度进行考证和研究。如果事实存在，那就不是浪漫化；如果事实不存在，恐怕就是浪漫化。

1978 年以来，中国思想界几经动荡变迁，一个多元的思想格局正在形成。总体来说，当前中国思想界存在着三种基本力量：官方意识形态的影响力仍据主流地位;源自新文化运动并在20世纪80年代声势浩大的“新启蒙”思潮以及以它为基础蜕变出来的“自由主义”思潮元气仍在;新左派虽然出身民间,但是十几年来影响不断扩大,在思想界成为独立的力量。

每一种思想都有自己的历史观。与思想界的三大力量基本相对应,历史学界目前存在着三种主要的史观,即官方意识形态下的“社会形态史观”“新启蒙史观”和新左翼的“中国本位史观”。三种史观在指导思想和理论框架方面存在不小的差异:“社会形态史观”以进化论为指导,以五种生产方式为理论框架;“新启蒙史观”不少的思想资源来自唯物史观,对进化论有所质疑但仍未完全摆脱进化论,承认普世价值,但已经不再以五种生产方式为理论框架;“中国本位史观”从反思现代性出发,反对源自西方的进化论、普世价值等观念,肯定中国历史传统,并主张从中发掘出有利于现在和未来的遗产。对于“社会形态史观”,正如荣剑所言,学界已经在学理上为解决这一问题形成了基本共识,即“封建”一词已不足以概括从秦到清的社会形态。换言之,“社会形态史观”对于知识界、思想界的影响已经式微,真正在当下对中国历史认识具有重大影响的史观实际主要是后面两种,即批判传统、反对专制、从普世价值出发直面历史的“新启蒙史观”和反思现代性、肯定传统的“中国本位史观”。

史观不同,对历史的价值判断和事实判断就会不同,与之相关的概念命名、理论架构也就会不同。在当前的思想界和知识界,虽然对“五种生产方式”理论之于中国历史的适切性的质疑和否定已基本形成共识,但是替代概念和理论框架的建构却迟迟得不到突破性进展。在这次高端论坛上,尽管一些具有不同思想背景的学者最后在“帝制社会”或“帝制时代”这一概念上取得了初步共识,但在可以预见的一段时间里,围绕着究竟如何看待中国历史传统的问题,各种思潮必将会产生进一步的碰撞,而且这种碰撞将会和各种思想派别对中国现实与未来观察上的深刻分歧紧密联系。因为毕竟历史自身不会说话,对于现在和未来的冀望决定着人们如何言说历史。

四、本轮重估引发的带有本土气派的理论探索举例

在2010年“秦至清末:中国社会形态问题”《文史哲》人文高端论坛发言及会后刊发的长文中,张金光先生曾疾呼:“关于中国的研究,应力求走出西方中心论以及西方学术话语体系笼罩之困境,深入中国历史实践,通过大量的实证

分析,做出符合中国历史实际的理论模式建构。”①如前所述,对于中国史学现状的这种不满与相应呼吁,意味着中国历史理论本土化转向的自觉。在2010年这次《文史哲》人文高端论坛举办之际、之后,一系列带有本土气派的理论建构开始浮出水面。

1.揭橥“国家权力主导”论

张金光先生对自己的呼吁身体力行。在《关于中国古代(周至清)社会形态问题的新思维》这篇长文中,针对过往研究中国历史上的社会经济形态问题时总是“从民间寻求社会生产关系中的剥削关系及被剥削阶级”的路数,他开门见山地提出了“由传统的二维关系调整为三维关系,由平面关系调整为立体关系,由左右关系调整为上下关系,由横向关系调整为纵向关系,由民间关系调整为官民关系,由社会间关系调整为国家对社会间关系”的主张。调整之后的新图景乃是:“官民关系、国家与社会的关系,构成新坐标体系的中轴线,民间、社会、国家、民族其盛衰荣辱皆赖之。”②

这一宏观判断对“五种生产方式”学说的突破在于:后者将权力或国家视为社会经济发展的结果,将其作为社会经济状况的解释对象;经张金光调整后的宏观图景,则将国家权力直接提升到解释者或解释基础的地位上。这种“权力(国家)与民间(社会)的关系”作为“民间、社会、国家、民族盛衰荣辱”中轴线的社会形态,又被张金光概括为“国家体制式的社会生产关系”。按照“国家权力与民间社会”之间的统合模式,秦至清末中国社会形态被依次划分为:邑社时代(西周至春秋)、官社时代(战国至秦至汉初)、半官社时代(汉至唐)、国家—个体小农时代(宋至清)。③

上述观点在2010年“秦至清末:中国社会形态问题”论坛上一经发表,便引起了与会专家的强烈共鸣,达成了“在秦至清这一漫长的历史时期,与现代社会不同,权力因素和文化因素的作用要大于经济因素”这一共识。这意味着自秦商鞅变法之后,国家权力就成为中国古代的决定性因素:不是社会塑造国家权

① 张金光:《关于中国古代(周至清)社会形态问题的新思维》,《文史哲》2010年第5期。
② 张金光:《关于中国古代(周至清)社会形态问题的新思维》,《文史哲》2010年第5期。
③ 参见张金光:《关于中国古代(周至清)社会形态问题的新思维》,《文史哲》2010年第5期。

力,而是国家权力塑造了整个社会。①

李若晖在论坛发言和论文中,将张金光所谓的“国家—社会关系＋社会间关系”图景,解说为“国家权力直接统治原子化个体臣民＋大量人口沦为世家大族或地主的私属”这一双重权力结构。李若晖认为,双重权力结构中后一重的膨胀是前者(中央集权对内控制)的主要障碍,国家土地所有制、流官制度、科举制度、国家权力掌握由平民组成的军队这几项重要制度的推行,皆旨在扫平最高权力与个体臣民之间的一切中间力量,“从而缔造出一个强大到极点的君主,一个萎缩到极点的社会,以及一个个沉默到极点的奴仆化个体”②。

2.矫正“传统中国专制”论

尽管冯天瑜的《“封建”考论》(2006)一书与荣剑《论中国“封建主义”问题——对中国前现代社会性质和发展的重新认识与评价》(2008)一文分别指出了“封建主义”之于秦至清末中国历史的不适用性,以及“封建专制”这一提法的自相矛盾性,但不得不承认,传统中国封建专制论在当代中国确实根深蒂固。

宁可于《文史哲》2009年第1期上发表的《中国封建社会的专制主义中央集权制度》一文,对传统中国封建专制论进行了系统的论述。在宁可看来,传统中国社会之所以堪与西欧中世纪领主制相提并论,是因为在中国的地主土地所有制与西欧领主占有制在“经济基础或者根源”层面具有可比性。③ 该文认为:“中国封建社会的国体即国家政权的阶级性质是地主阶级专政,政体即政权形式是专制主义中央集权制度。中国封建专制主义中央集权制度始于战国,成于秦汉,一直延续到清,历时两千多年,大体上与中国封建社会相始终,这在世界历史上是仅见的,是中国历史的一个特点,对中国历史发展的影响也是巨大的。”④通过将“封建”归于国体(国家政权的阶级性质),将“专制”归于政体(政权形式),上述解说至少在形式上得以从前述“封建专制”提法的自相矛盾问题中解套。宁文还对中国传统政体(政权形式)的“专制主义中央集权”特征进行了专

① 参见姜萌:《究竟如何为秦至清末的“社会形态”命名?——〈文史哲〉杂志第三次“人文高端论坛”侧记》,《文汇读书周报》2010年7月16日。

② 李若晖:《郡县制时代——由权力建构与社会控制论秦至清的社会性质》,《文史哲》2011年第1期。

③ 参见宁可:《中国封建社会的专制主义中央集权制度》,《文史哲》2009年第1期。

④ 宁可:《中国封建社会的专制主义中央集权制度》,《文史哲》2009年第1期。

门论述。有别于李若晖强调"国家权力"与"世家大族或地主"之冲突，宁文依循"国体性质决定政体性质"的逻辑，认为"专制主义中央集权"(政体)与"地主土地所有制"(经济基础或国体)总体上是一致的[①]，"封建"与"专制"在根本上因而也是一致的，传统中国专制说因而仍旧是成立的。

可以说宁可在2009年发表的《中国封建社会的专制主义中央集权制度》这篇文章，乃是在"封建专制"遇到名词危机之际，在不放弃"传统中国封建"说的前提下，对"传统中国专制"说的一种回护。如前所述，《文史哲》2010年的"秦至清末:中国社会形态问题"人文高端论坛的一个重要成果就是，与会学者达成了"国家权力是古代中国社会形态的决定性因素"这一共识。宁可发表于2009年的文章，与《文史哲》2010年人文高端论坛的主旋律(之一)，是非常吻合的。而正是在2010年前后，侯旭东、阎步克等学者开始针对中国古代社会是否为专制主义社会掀起论辩。[②] 与此相关，在2010年人文高端论坛之后，《文史哲》于2015～2016年先后推出了林明和樊响的《中国古典共和观及其传承价值》、李若晖的《中国古代对于君主专制的批判》、白彤东的《中国是如何成为专制国家的?》，对中国传统政治的性质进行了深入探讨。这些文章本质上都是在矫正"传统中国专制"说。

林明、樊响在文中表示，作为深深影响着近代以来中国发展道路与发展模式的现代民主政治制度的核心理念——"共和"，在古代中国思想史中亦有其渊源。西周时期的周召"共和"虽与现代意义上的"republic"有所不同，但已经具备了相似特征与内核:数量上，国家权力由两个或两个以上的人共同行使;状态上，政治权力处于平衡状态而非暴力冲突。文章进而指出，家族主义指导下的中国古典共和精神并非与现代民主制度指导下的共和主义完全背离，"家长制和精英主义传统、善的政治观、国家社会个人的连续性，这些中国古典共和思想的本质理论都能够继续为现代政治文明发挥作用"[③]。类似地，李若晖在新作中虽仍然坚持"自战国以来，君权上升，权力日益集中到君主手中，所以'君主专

① 参见宁可:《中国封建社会的专制主义中央集权制度》，《文史哲》2009年第1期。

② 参见侯旭东:《中国古代专制说的知识考古》，《近代史研究》2008年第4期;阎步克:《政体类型学视角中的"中国专制主义"问题》，《北京大学学报(哲学社会科学版)》2012年第6期;黄敏兰:《近年来学界关于民主、专制及传统文化的讨论——兼及相关理论与研究方法的探讨》，《史学月刊》2012年第1期。转引自李若晖:《中国古代对于君主专制的批判》，《文史哲》2016年第5期。

③ 林明、樊响:《中国古典共和观及其传承价值》，《文史哲》2015年第6期。

制'成为常态"这一观点,但更措意于展示"中国古代正常(或理想)的权力结构为'君相分职',倘若这一结构遭到破坏,则无论是权力被集中到了国君手中,还是大臣手中,都被视为'专制'",而且,按照这种理想,"君主'专制'本身即非正"①。这一观察,正与林明、樊响对"中国古典共和观"的发掘,相互印证。

在述评侯旭东、阎步克、宋洪兵、黄敏兰等学者相关研究的基础上,白彤东在《中国是如何成为专制国家的?》一文中,对"传统中国是专制政体"的始作俑者(或至少是最重要的一个早期推手)孟德斯鸠的相关论述进行了专门批评。针对孟德斯鸠的证据——有皇帝而一无贵族制衡,二无教士与独立城镇——在对"专制"与"暴政""极权""封建"加以区分之后,白彤东一方面借助钱穆的观点认为东汉以来的士族门第正相当于变相的贵族制衡,另一方面援引受孟德斯鸠影响的托克维尔"官僚冲动对绝对君权的制衡"说,认为中国自秦朝便已引入的理性官僚制度同样也是替代贵族制衡的一个选项。该文最后表示:"以儒家为背景的整套政治制度与社会组织,可能恰恰是中国很早地进入后封建社会后(比欧洲早了两千年)借以制衡专制的方式。至于这种制衡是否有效,我们需要对传统中国进行节制—专制的光谱分析,这是一个可以争论的问题。即使传统中国实际上更偏向光谱的专制一侧,我们也不应该去批儒家,因为儒家式制度与组织恰恰旨在制衡权力。"②就此而言,儒家式传统中国政治制度,至少不必因为一句简单的"传统中国是专制政体"论断,而急匆匆地自觉退出理论切磋的舞台。

3.从"亚细亚生产方式"到华夏国家的"庇护—扈从"起源论

"传统中国专制"说从属于指称范围更广的"东方专制主义"论,在马克思那里又被称为"亚细亚生产方式"。马克思首先在对印度的研究中,发现了这样一种完全不同于欧洲发展模式的社会形态;20 世纪 60 年代以后,西方尤其是法国的人类学学者在对撒哈拉以南的非洲地区,以及美洲土著社会的田野调查中发现,"古典奴隶制""封建制"等概念根本无法解释这些社会的性质,倒是带有家长制(参考"共同体之父"概念)色彩的"亚细亚生产方式—东方专制主义"与之惊人地相似;与此相同步(20 世纪 60 年代),一些苏联学者已经注意到,不能简

① 李若晖:《中国古代对于君主专制的批判》,《文史哲》2016 年第 5 期。

② 白彤东:《中国是如何成为专制国家的?》,《文史哲》2016 年第 5 期。

单地用亚洲与西欧国家形成的路径来解释中东的社会结构以及中世纪伊斯兰国家的形成路径与社会形态。[①] 这些信息,以及20世纪80年代经济学家吴大琨翻译的意大利学者梅洛蒂的《马克思主义与第三世界》一书,共同启发萧功秦先生借鉴13世纪蒙古社会中的“庇护—扈从”关系解释华夏国家的起源。

萧功秦在文中指出,13世纪蒙古草原的战争极其残酷,动乱中的牧民有着强烈的不安全感,弱势部落纷纷向强势部落投靠以换取庇护,强者则通过对弱者提供保护赢得后者的效忠(扈从)。在简介13世纪蒙古草原共同体之间的这种“庇护—扈从”关系的基础上,萧文通过援引、解读《史记》中的《五帝本纪》《夏本纪》《殷本纪》相关片段,指出其时华夏大地上的部族与部族之间的关系与13世纪蒙古草原上的“庇护—扈从”何其相似,进而给出了用“庇护—扈从”关系结构作为解释框架观察华夏国家起源的构想。文章认为,无论是13世纪的蒙古草原,还是四千年前的华夏大地,各民族都是以这种方式形成共同体的。这是因为,只要存在着险恶的生存环境,存在着外部压力和危险,人们出于安全感与竞争的需要,就会不期然地促发“庇护—扈从”关系的形成——这一需要的普遍性,决定了这一结构的普遍性。[②]

基于“庇护—扈从”结构这一观察角度,萧功秦把中国早期国家的形成与发展划分为前后相续的以下几个阶段:(1)华夏先民的“猴山结构”;(2)炎黄与夏商时代以盟誓契约关系为基础的酋主盟邦,与此同时,在酋邦体制下出现了具有封赏性质的羁縻制;(3)以礼器名分为制度纽带、以高级盟誓关系为基础的西周分封制;(4)春秋战国时代多元诸侯国家的竞争格局;(5)在兼并战争中,为适应军事动员需要而发展起来的中央集权官僚制,最终完成秦汉大一统的中央集权帝国。文章最后得出结论说,中国早期国家,既不是经由西方古典奴隶制的路径,也不是经由亚细亚生产方式所指的东方专制主义的路径,而是在华夏小共同体的“庇护—扈从”关系上,经由酋邦联盟、羁縻制、分封制等前后相继的阶段,在华夏民族的集体经验中演化而来,并最终走上了中央集权的专制主义道路。

---

① 参见萧功秦:《华夏国家起源新论——从“猴山结构”到中央集权国家》,《文史哲》2016年第5期。

② 参见萧功秦:《华夏国家起源新论——从“猴山结构”到中央集权国家》,《文史哲》2016年第5期。

以上这些带有尝试性质的理论探索是令人欣喜的。在回顾反思改革开放40年来中国史学的得失之际,《文史哲》主编王学典教授曾指出,改革开放以来中国史学发展中存在着“以偏治偏”“矫枉过正”的倾向:“史料即史学”是为了纠“以论带史”之偏,“碎片化”是为了纠片面注重“宏大叙事”之偏,“以偏治偏”在特定情况下有一定的合理性,但如果矫枉过正又会产生一系列副作用。作为史学理论工作者,他特别批评了当前史学界突出存在着的“重史料轻理论,忽视重大问题的研究而走向细枝末节的考证”“微观化和碎片化”“不断解构宏大叙事,放弃对历史大脉络、大趋势、大走向的关注”问题,认为“史学本土化的当务之急是坚持以唯物史观为指导,根据本土的经验和材料,通过大规模的综合概括构建‘中国历史理论’‘中国史观’,从而摆脱西方中心论的束缚”,“把中国历史从西方理论框架中解救出来,脱掉长期穿在中国历史身上的并不合身的‘洋装’”。[①] 可喜的是,在前述以揭橥“国家权力主导”论、矫正肇始于孟德斯鸠的“传统中国专制”说、基于“庇护—扈从”关系视角开发华夏国家的起源新论的为代表的关于中国社会形态问题的讨论中,从中国历史经验出发检验理论、凝练理论的做法已渐成主流。

第二节 《文史哲》与“中国哲学的合法性”大讨论

一、“中国哲学(史)”学科由来已久的身份尴尬

有两部作品在中国哲学(史)学科从无到有的创立过程中发挥了举足轻重的奠基作用,那就是胡适的《中国哲学史大纲》(上卷,1919)与冯友兰的《中国哲学史》(上册,1931;下册,1934)。与本土传统学术史撰著相比,这两部中国哲学史专著共同具有的鲜明特征就是,以西方哲学(史)为参照。

胡适在《中国哲学史大纲》导言中虽未径直承认对西方哲学的依傍,而是从“哲学的定义”出发,将印度、中国、希腊、犹太东西两支四系哲学等量齐观,认为它们都是“研究人生切要的问题,从根本上着想,要寻一个根本的解决”的学

① 王学典:《中国社会大变革与中国史学大发展》,《人民日报》2018年9月3日。

问①,蔡元培在为此书作序时却替他挑明了:“中国古代学术从没有编成系统的记载。《庄子》的《天下篇》,《汉书·艺文志》的《六艺略》《诸子略》,均是平行的纪述。我们要编成系统,古人的著作没有可依傍的,不能不依傍西洋人的哲学史。所以非研究过西洋哲学史的人,不能构成适当的形式。”②不过,蔡元培不想诱导读者因此质疑这种学术史撰述的恰当性,故将这种“依傍”定性为“形式”性的(而非“实质”性的),且表态说这是一种“适当的形式”。

受此鼓舞,冯友兰在《中国哲学史》上册开门见山,这样表述自己的撰述策略:“就中国历史上各种学问中,将其可以西洋所谓哲学名之者,选出而叙述之。”③这样一来,冯氏《中国哲学史》(上、下册)便在议题遴选、阐释进路、学理评判等方面,显示出有意为之的西方哲学痕迹。对此,陈寅恪提出了委婉的批评,认为冯友兰在取用西方哲学观念时未能像汉传佛教那样进行中国化变易,未能“不忘其本来民族之地位”④。这说明,仿照西方哲学(史)建构起来的中国哲学(史)学科,在以本土传统学术为底色的中国知识人眼中已经显为身份可疑之物。

深谙宋明儒学与佛学的熊十力,在1933年即曾针对冯友兰的“良知是个假定”提法慷慨陈词曰:“这怎么可以说是假定。良知是真真实实的,而且是个呈现,这须要直下自觉,直下肯定。”⑤此说被最具哲学素养的港台新儒家代表人物牟宗三奉为“直复活了中国的学脉”,认为“良知呈现—直下自觉—直下肯定”式中国思维(中国哲学),远胜于“心思只停在经验层上、知识层上,只认经验的为

① 胡适著,肖伊绯整理:《中国哲学史大纲卷上、卷中》第一篇《导言》,桂林:广西师范大学出版社,2013年,第11、9页。

② 蔡元培:《序》,胡适著,肖伊绯整理:《中国哲学史大纲卷上、卷中》,第3页。

③ 冯友兰:《中国哲学史》上册第一篇第一章《绪论·哲学之内容》,上海:华东师范大学出版社,2000年,第3页。

④ 陈寅恪:《审查报告三》,冯友兰:《中国哲学史》下册,第439～441页。与此类似,熊十力在共和国建政后的1956年曾发表过一番议论,从“崇尚西洋”与“轻视本国”的对立角度,对年轻的中国哲学(史)学科的“原罪”进行了指摘:“自清季以迄民国,治哲学者可以说一致崇尚西洋;不免轻视本国的学术。虽则留学界人士亦谈国学,而覈其实际,大概以中国的瓶子装西洋的酒。至于中国的瓶子有土产的酒否,似乎不甚过问。”参见熊十力:《谈“百家争鸣”》,《哲学研究》1956年第3期。

⑤ 牟宗三:《五十自述》,台湾新北市:鹅湖月刊社,2017年,第88页。熊十力和冯友兰围绕“良知”的这番对话,现在甚至已经开始被研究者命名为“1933年‘良知是个假设,还是个呈现?’的公案”。参见陈迎年:《一桩三重公案:牟宗三良知呈现是康德式的还是黑格尔式的?》,《船山学刊》2020年第4期。

真实,只认理智所能推比的为真实”的西方哲学思维。[①] 此一区分后来被牟宗三进一步发展为“中国哲学的特质”论,成为那一代港台新儒家面对“世界人士”的一个重要文化身份标志。[②]

中西异质、中(至少在一些重要甚至是根本方面)优于西的“特质论”,在现当代中国语境下具有双重用武之地。在劣势处境中,它可以潜存中国学人心底维系文化自尊;在进取的语境中,它可以作为中国贡献于世界的良方而令中国学人自豪。正因此,无论是在中国积贫积弱的近现代,还是在中国持续高速发展而复兴在望的当今时代,上述“特质论”都颇有市场。但若严格深究下去,则会发现:非但胡适、冯友兰的《中国哲学通史》撰述深受西方哲学“污染”,高扬“中国哲学的特质”的牟宗三述作在深受西方哲学影响方面甚至更有过之而无不及——牟宗三的中国哲学研究空前系统而精致地将中国传统思想与康德哲学融为了一体!

至于冯友兰先后撰著的三部《中国哲学史》[③],以及萧萐父、李锦全在改革开放之初主编的那部以世界观或宇宙观、唯物主义还是唯心主义、历史观与社会发展理论、矛盾论与辩证法、逻辑思想、方法论、本体论、人性论等作为基本议题的广为流行的《中国哲学史》(上、下卷,1983)教材[④],遑论20世纪八九十年代以来同舶来的海量西方哲学资源相伴生、自觉不自觉地借用着西方视角、概念、理

---

① 牟宗三:《五十自述》,《牟宗三先生全集》第32册,台北:联经出版事业股份有限公司,2003年,第78页。转引自陈迎年:《一桩三重公案:牟宗三良知呈现是康德式的还是黑格尔式的?》,《船山学刊》2020年第4期。

② 参见牟宗三:《中国哲学的特质》,上海:上海古籍出版社,2008年;牟宗三、徐复观、张君劢、唐君毅:《为中国文化敬告世界人士宣言——我们对中国学术研究及中国文化与世界文化前途之共同认识》,《民主评论》1958年元旦号。

③ 冯友兰在总结自己的学术人生时有“三史释古今”之说,“三史”通常被认为是指作于20世纪30年代的《中国哲学史》(上、下册)、40年代的《中国哲学简史》、80年代的《中国哲学史新编》。实际上,在60年代,冯友兰先生还曾撰著过一套“以马克思列宁主义、毛泽东思想为指南的中国哲学史”,在收为《三松堂全集》第7卷时更名为《中国哲学史新编试稿》,以区别于80年代由人民出版社出版的“从头重写的《中国哲学史新编》”。(参见冯友兰:《中国哲学史新编试稿·自序》,《三松堂全集》第7卷,郑州:河南人民出版社,2001年,第6页,以及《第七卷说明》)

④ 萧萐父、李锦全主编:《中国哲学史》(上、下卷),北京:人民出版社,1983年。冯天瑜在这套教材出版后不久,即发表《哲学史是发展中的系统——萧萐父、李锦全主编的〈中国哲学史〉读后》(《江汉论坛》1983年第11期),对之给予高度评价。后来,李维武曾在2009年指出:“这套《中国哲学史》在20世纪80年代初出版后被很多大学哲学系作为教材采用,在1980～1990年代产生了很大影响,累积印数达十多万套。2008年,武汉大学文学院张思齐教授完成此书几十万字英译工作,英译本由外文出版社出版。”(李伟国、刘冰:《李维武:哲学人的哲学世界》,《武汉大学报》2009年第29期)

论的中国哲学(史)研究成果，从坚持“中国哲学的特质”角度看，其纯洁性无不深受西方哲学“玷污”。就此而言，百年来[①]中国哲学(史)的创科与发展史，简直就是一段带着西方哲学的镣铐跳舞的尴尬史[②]。

在西方，流行于17～18世纪欧洲的“中国热”退潮后，黑格尔颇具贬义的“中国没有哲学”论断逐渐流行开来。这一形势，相应地造成了中国哲学(史)学科在国际上的尴尬。

“利玛窦是第一个以西方哲学为标准发现中国有哲学的欧洲人，也是第一个明确提出了‘中国哲学’这一概念的人。”[③]以利玛窦(1552～1610)为代表的天主教传教士来华的明清之际，中国儒学正值王阳明心学与朱熹理学双峰并峙时期，仍然属于儒学史上性善论思维、主体性意识最为突出的阶段。此时的欧洲则处于主体理性主义启蒙的前夜[④]，“16、17世纪，继希腊哲学被重新发现之后，儒家哲学西传，进一步点燃了欧洲启蒙主义的火种”，“实际上，在文艺复兴到启蒙运动期间，欧洲知识分子‘对东方的一切都着迷’”，“欧洲自由思想家认为孔

---

① 自1912年北京大学设立“哲学门”算起，中国哲学(史)作为一个学科建制，在中国本土的历史刚逾百年。(参见郑开:《第一章　中国哲学学科史》，韩水法主编:《北京大学哲学学科史》，北京:商务印书馆，2014年，第96页)

② 在“中国哲学的合法性问题”大讨论爆发之后，许嘉璐在《文史哲》2009年第5期上发表了《卸下镣铐跳舞——中国哲学需要一场革命》一文。对于借助西方哲学资源阐释中国本土哲学(中国传统思想)的做法，他机智地讽刺道:“显然，无论什么人，如果老是随着施特劳斯圆舞曲扭秧歌，慢慢地脚底下也会旋转起来。”在他以及不少中国本土学者看来，中国哲学(中国传统思想)明显被用作解释工具的西方哲学严重地扭曲变形了，而“与这种对中国哲学的扭曲密切相关的是，中国文化从总体上受到了严重的摧残……其间虽有包括被称为现代‘新儒家’者在内的众多学者坚持，并且形诸论著，但也无奈西方学术之大潮何”。

③ 参见张允熠:《利玛窦与西方哲学的中传及对中国哲学的发现》，《北京行政学院学报》2019年第5期;张允熠:《“两极相联”与中西之间——论欧洲近代哲学中的儒家哲学元素》，《文史哲》2018年第4期。

④ 维吉尔·毕诺曾思考过这样一个问题:一种外国民族思想在什么条件下会对舶入国产生影响，以致舶入国会产生“自我灌输”这种舶入思想的意识?他认为，必要的前提就是，舶入国自己在思想或情感上对迄今为止的本土文化和伦理道德生活，在思想或情感上感到不安与不满。在中国思想经天主教传教士舶入欧洲时，欧洲思想界恰好存在着这种不安与不满，这表现为:在1685年后，人们开始对传统的宗教、政治和经济思想进行仔细的反思;在1760年后，哲学家和经济学家们试图开创一种作为政治和伦理道德基础的社会科学。(参见[法]维吉尔·毕诺:《中国对法国哲学思想形成的影响》，耿昇译，北京:商务印书馆，2000年，“前言”第2页;[德]马丁著，但昭伟、邵婉卿译:《从孔子到康德:信息的传承如何可能》，成中英、冯俊主编，中国人民大学国际中国哲学与比较哲学研究中心译:《康德与中国哲学智慧》，北京:中国人民大学出版社，2009年，第68～83页)

子的学说，是理性的结晶，智慧的宝库”①，宋明儒学的性善论思维与主体性意识遂通过跨文化传承的方式融入了欧洲启蒙哲学(包括集启蒙哲学之大成的康德哲学，尤其是他的道德—宗教哲学)之中②。

但同样不容忽视的是，利玛窦对他所发现的“中国哲学”的学术品质，也是有微词的。个中原因，除了在于其传教士的宗教立场在起作用外，还在于中国传统思想家在论述其思想时缺乏亚里士多德式的逻辑形式，而且，中国本土也没有发展出严格遵守这种形式逻辑、被奉为系统性知识之典范的欧几里得几何学。利玛窦说：“中国所熟习的唯一较高深的哲理科学就是道德哲学，但在这方面他们由于引入了错误似乎非但没有把事情弄明白，反倒弄糊涂了。”③实际上，康德(1724～1804)同样对孔子思想和中国人发表过微词，而且，他对中国儒学的借鉴已经是间接性的了。④ 经过康德式跨文化传承与集成之后，黑格尔(1770～1831)干脆将上述微词发展为极具贬义色彩的“中国没有哲学”。他说：“由此得到结论：我们在这里尚找不到哲学知识。”“所以这种东方的思想必须排除在哲学史以外。”“首先要讲的是所谓东方哲学。然而东方哲学本不属于我们现在所讲的题材和范围之内；我们只是附带先提到它一下。”“孔子的教训在莱布尼兹的时代曾轰动一时。它是一种道德哲学。……我们看到孔子和他的弟子们的谈话，里面所讲的是一种常识道德，这种常识道德我们在哪里都找得到，在哪一个民族里都找得到，可能还要好些，这是毫无出色之点的东西。孔子只是一个实际的世间智者，在他那里思辨的哲学是一点也没有的——只有一些善良的、老练的、道德的教训，从里面我们不能获得什么特殊的东西。”⑤

---

① 张允熠：《“两极相联”与中西之间——论欧洲近代哲学中的儒家哲学元素》，《文史哲》2018年第4期。

② 参见[德]马丁：《从孔子到康德：信息的传承如何可能》，但昭伟、邵婉卿译，《康德与中国哲学智慧》，第68～83页。还可参考谢文郁：《康德的“善人”与儒家的“君子”》，《云南大学学报(社会科学版)》2011年第3期。在谢文郁看来，后来的牟宗三及其后学，在运用康德道德—宗教哲学对“自律”“他律”的划分解析宋明儒学、判别正宗(心学)别子(理学)时，之所以那般顺手，正可说是因为康德道德—宗教哲学原本就是对宋明儒学思维的跨文化传承。

③ [意]利玛窦、[比]金尼阁：《利玛窦中国札记》，何高济、王遵仲、李申译，北京：中华书局，1983年，第31页。转引自张允熠：《利玛窦与西方哲学的中传及对中国哲学的发现》，《北京行政学院学报》2019年第5期。

④ 参见[德]马丁(Martin Schönfeld)：《从孔子到康德：信息的传承如何可能》，但昭伟、邵婉卿译，《康德与中国哲学智慧》，第72、70页。

⑤ [德]黑格尔：《哲学史讲演录》第一卷，贺麟、王太庆等译，上海：上海人民出版社，2013年，第96、97、113、117～118页。

可见,早在中国哲学(史)学科在中国本土正式建立(20世纪初)之前,西方哲学界就早已经翻过了"东学西传"这一页,转而开始鄙薄"中国没有哲学"(黑格尔)。20世纪初,在西强东弱、西学东渐的大背景下,以胡适、冯友兰为代表的海归学者参照西方哲学有选择地梳理、阐释中国传统学术,在中国本土草创了中国哲学(史)学科,进而凭借其沟通中西的学缘优势,影响以美国顶尖哲学系为代表的西方哲学界开始设立中国哲学研究方向。① 这未尝不是一个令中国哲学人鼓舞的迹象。但这种中西哲学热烈交流的局面很快便急转直下。在冯友兰于宾夕法尼亚大学的"中国哲学简史"演讲(1946～1947)大获成功之后不久,中国大陆即因为长达几十年的"冷战"格局与包括美国在内西方世界相区隔。而且,由于日益极端化的阶级斗争路线影响,中国大陆的本土传统哲学研究日益沦为政治意识形态大批判,即便与西方哲学界进行交往,也无法引导西方学界正视中国传统哲学的"特质"。"港台新儒家"牟宗三、徐复观、张君劢、唐君毅试图拓展中国哲学(中国文化)在世界上的影响力。为此,他们联名发表了《为中国文化敬告世界人士宣言——我们对中国学术研究及中国文化与世界文化前途之共同认识》(1958),向世界阐述"中国哲学思想在中国文化中之地位及其与西方文化之不同"及其对世界前途的重大意义②,但尴尬的是,知道有这份《宣言》存在的西方人士寥寥无几。目前,以美国为例,"随着活跃于七八十年代的老一辈中国哲学专家荣休,中国哲学研究已经淡出美国顶尖哲学系"③。

总之,自从欧洲翻过了16～18世纪的"中学西传"这一页之后,"中国哲学"在西方的口碑与地位便每况愈下。黑格尔极具贬损色彩的"中国没有哲学"论

---

① 留美博士胡适的《中国哲学史大纲》出版于1919年,他是先在中国出版了此书,尔后(1927年)才从哥伦比亚大学哲学系正式拿到博士学位的。有研究者推测,哥伦比亚大学哲学系的导师们,在此期间一定对胡适《中国哲学史大纲》在中国的巨大影响有所了解。(参见谢文郁:《文本诠释与哲学史研究》,《文史哲》2016年第4期。相关史迹,参见易竹贤:《胡适传》,长沙:湖南人民出版社,2005年,第83～90页)冯友兰的《中国哲学史》很快便出版了英译本(上册,1937年;下册,1953年),到1973年已印刷七版。冯友兰于1946～1947年在宾夕法尼亚大学的"中国哲学简史"演讲更是大获成功。张立文指出:"胡适和冯友兰对自黑格尔以来西方学者否定中国哲学的论断做了积极的回应,也为中国哲学争得了小小一席之地。"(张立文:《中国哲学的"自己讲""讲自己"——论走出中国哲学的危机和超越合法性问题》,《中国人民大学学报》2003年第2期)

② 参见牟宗三、徐复观、张君劢、唐君毅:《为中国文化敬告世界人士宣言——我们对中国学术研究及中国文化与世界文化前途之共同认识》,《民主评论》1958年元旦号。

③ 参见王学典:《把中国"中国化":人文社会科学的近期走向》,上海:上海人民出版社,2017年,第115页。

断,广为西方哲学界周知。而在“西学东渐大潮下”,自从中国大学与研究界仿照西方哲学建立中国哲学(史)学科以来,该学科便一直面临着“依傍西方哲学”还是“坚持中国哲学的特质”的纠结。与中国哲学(史)学科在中国的建立大致相同步,黑格尔的著作被陆续译介进中国,其“中国没有哲学”的鄙薄自然会伤及中国哲学人乃至中国知识界的文化自尊,而埋下反抗与振兴的动机。诸如此类的文化自尊与民族本位情怀,相应地又会加强中国学界对“中国哲学的特质”的强调。上述这些情况构成了“中国哲学的合法性问题”大讨论在21世纪初爆发的心理基础。

二、刊发“中国哲学的合法性”问题大讨论的三个导火索文本之一

2001年9月,法国后现代思想家德里达在中国上海同王元化先生就中西文化之异同进行了一次两个多小时的对话,其间,德里达从他的“解构”思想出发,实际上是在赞赏的意义上称“中国没有哲学,只有思想”。《文艺报》《中国图书商报》在当年12月以“中国有哲学吗?——德里达在上海”“是哲学,还是思想——王元化谈与德里达对话”为题,对此进行了报道。《文史哲》则于次年3月独家刊发了由王元化先生本人署名的《关于中西哲学与文化的对话》长篇访谈,对本次对话的内容进行了深度讲述。这些报道与长篇学术访谈迅速引起中国哲学(史)研究界的强烈关注,引发了长达10余年的中国哲学的合法性问题大讨论,相关争议至今仍余音绕梁,不断引发关于中国哲学(史)学科究竟该何去何从的新思考与新争鸣。《文史哲》作为唯一一家深度参与导火索文献制作与刊发的学术期刊,与有荣焉地成为这场事关中国哲学(史)学科在21世纪走向的大讨论的重要策源地。

德里达原本善意的“中国没有哲学,只有思想”之论,究竟为什么会在当今中国引起轩然大波,擦枪走火般地引爆21世纪初的中国哲学的合法性问题大讨论呢?

这里存在一个重要的背景变化。中国哲学(史)学科自诞生之日起即面临着“依傍西方哲学”的“原罪”指控,同时,它也一直深受居强势地位之西方哲学投来的“中国没有哲学”鄙薄与压抑。在“依傍西方哲学”与“追求中国哲学的特质”之间何去何从的问题,一直困扰着中国哲学(史)界。在近代以来西强中弱、西学东渐的大格局下,囿于长期低迷的国运,近现代中国人习惯了现代西方发

达国家的压倒性优势,面对黑格尔式的“中国没有哲学”贬损,多数中国学人只能把屈辱往肚子里咽。但改革开放及21世纪以来,中国综合国力与国际影响力持续攀升,包括中国哲学(史)在内的中国传统文化在中国本土随之强劲复兴,且颇有代表中国走向世界之势。与此相应,中国主体意识日趋自觉,让中国传统文化获得世界性话语权的渴望日益突出,中国人文学界总体上势必要求洗刷诸如“中国没有哲学”“中国古老文明无论多么灿烂辉煌,毕竟没有达到比较高的理论思维水平”的文化屈辱。①

当德里达在2001年同王元化进行上海对话,试图化用(贬义转用作褒义)黑格尔的“中国没有哲学”话头表彰“中国只有思想”时,他明显低估了黑格尔原话对中国本土哲学人的伤害,以及中国本土知识人整体上所处的从“压抑”“自卑”向“抗争”“振兴”迸发的心态。正因为如此,德里达原本并无恶意(甚至可以说是满怀善意)的“中国没有哲学,只有思想”言论,一经《文艺报》《中国图书商报》《文史哲》等报刊介绍开来,中国哲学(史)界的敏感神经便不可遏抑地激动起来,围绕着“中国哲学的合法性问题”迅猛地迸发出一场延续至今的热议。

德里达与王元化关于中国哲学的谈话的具体情况,王元化在事后接受采访时这样介绍道:“我们在就餐时,他说了一句:‘中国没有哲学,只有思想。’这句话一说完,在座的人不禁愕然。他马上作解释,说他的意思并不含有褒贬,而哲学和思想之间也没有高低之分。他说中国没有哲学,只有思想,这话丝毫没有文化霸权主义的意味。他对这种看法的解释是:西方的哲学是一个特定时间和环境的产物,它的源头是希腊。”②

尽管了解“德里达的这种解释是和他解构西方哲学思想有关”,也知道“逻各斯中心主义是德里达批判的东西,也是他要解构的东西,他认为西方哲学就是以逻各斯为中心的。因而他说他并不认为哲学与思想之间有高低之分,这是符合他的理论的”③,但包括王元化先生在内的“在座的人”仍“不禁愕然”。这是因为在王元化先生看来,“起源于希腊的西方哲学和中国从先秦发端的哲学,从基本方面来说,只是在思维方式和表达方式上不同,而在研讨的实质问题上,并

① 张志伟:《中国哲学还是中国思想——也谈中国哲学的合法性危机》,《中国人民大学学报》2003年第2期。

② 王元化:《关于中西哲学与文化的对话》,《文史哲》2002年第2期。

③ 王元化:《关于中西哲学与文化的对话》,《文史哲》2002年第2期。

没有太大的殊异，虽然两者往往会作出不同方面的探讨，甚至是相反的结论”，“一般认为中国哲学缺乏思辨思维，很少接触本体论方面的问题，其实魏晋玄学中的本末之辨、有无之辨、言意之辨等等都涉及本体论的讨论。玄学在两汉经学之后出现，实际上与先秦的名辩哲学有着一定的关联，后者是前者的发展”。①

作为黑格尔哲学的资深研读者，王元化先生非常了解“黑格尔在《哲学史演讲录》中也曾经说过中国没有哲学，孔子的《论语》只是道德篇言，因为其中没有思辨思维，甚至也没有严密的逻辑系统”②。相形之下，当德里达举重若轻地转贬为褒(或者至少是将贬义语转用为中性语)，当着中国学人的面儿宣称“中国没有哲学，只有思想”时，德里达实际上严重低估了“中国没有哲学”这句黑格尔语录对包括王元化在内的现代中国知识人所造成的巨大心理伤害。同时，德里达也低估了百余年来中国知识人在低迷的国运下虽不得不屈从于文化弱国心态，但又始终出于心底的文化自尊而潜存着反叛那种因国运低迷而招致的文化弱势地位之冲动的态势。

更根本的问题在于，德里达对黑格尔这句断语的转用固然是善意的(因为逻各斯中心主义意义上的西方哲学正是他所力图解构的)，但德里达的“解构主义”无疑又是西方哲学/西方思想发展到所谓“后现代”阶段的一环。作为对“殖民地情况”③记忆犹新的现当代中国学人，将“中国哲学(史)/中国思想(史)”的正名问题拱手让给西方哲学/西方思想操办，这在情感上恐怕存在着难以迈越的心槛④。更何况，在王元化先生看来，“后现代哲学在辨同异问题上，有时有些畸轻畸重的倾向”⑤。将中国哲学(史)/中国思想(史)的命名权或定性权，交给这样一种前景堪疑的哲学或思潮的代表者，王先生显然也难以放心。

所以，尽管其温文尔雅的修养和比 71 岁的德里达大整整 10 岁⑥的年资使

① 参见《编者按》，王元化：《关于中西哲学与文化的对话》，《文史哲》2002 年第 2 期。

② 王元化：《关于中西哲学与文化的对话》，《文史哲》2002 年第 2 期。

③ 王元化：《关于中西哲学与文化的对话》，《文史哲》2002 年第 2 期。

④ 彭永捷的以下观察值得参考：“人们期望着中国哲学自身的发展，至于中国有没有哲学，有哲学还是有思想，都需要从中国哲学自身的发展来做出说明。中国哲学界已经厌烦了围绕着西方哲学的‘指挥棒’来转。现代西方哲学具有活力的创造活动也给中国学人以很大的刺激，他们不仅想学习西方人的哲学或思想，还想使中国哲学或思想也获得西方哲学或思想那样的生机和活力。”(彭永捷：《论中国哲学学科存在的合法性危机——关于中国哲学学科的知识社会学考察》，《中国人民大学学报》2003 年第 2 期)

⑤ 王元化：《关于中西哲学与文化的对话》，《文史哲》2002 年第 2 期。

⑥ 参见王元化：《关于中西哲学与文化的对话》，《文史哲》2002 年第 2 期。

得王元化先生在谈话过程中将“争论”①姿态降到了最低限度,尽管德里达“并不含有褒贬”“也没有高低之分”的轻松姿态宣称与坦诚气质有助于使这场谈话看起来风轻云淡,但是,若将上述文化屈辱感、对“殖民地情况”的记忆,以及“中国哲学(史)/中国思想(史)”的正名问题、其命名权或定性权归属问题等因素考虑在内,这场看似轻松的对话对中方知识分子来说其实一点儿都不简单。正如《文史哲》编者所感受到的那样(“元化先生谈了一些值得引起学术界重视的思想文化问题”,值得“关注思想文化建设的读者参考”②),这篇访谈(以及在报纸上的两篇相关报道)一经刊布,很快便在汉语学界触发了一场时至今日仍在继续深化的堪称现象级的中国哲学的合法性问题大讨论。

除了《文史哲》2002年第2期发表的那篇王元化先生访谈之外,《文艺报》于2001年12月4日发表过署名陆扬的《中国有哲学吗?——德里达在上海》,《中国图书商报》则于2001年12月13日发表过署名王元化、钱文忠的《是哲学,还是思想——王元化谈与德里达对话》。这两篇报道在时间上皆先于《文史哲》那篇学术专访。特别地,凭借抢眼的标题和新闻报道的时效性,这两篇报纸文章使“中国有无哲学”的话题飞快映入了学界眼帘,对中国哲学的合法性问题争议的兴起功不可没。

不止一位争鸣参与者确认,德里达2001年在中国上海发表的“中国没有哲学,只有思想”言论,正是引爆21世纪初的中国哲学的合法性问题大讨论的导火索。例如,《中国人民大学学报》曾于2003年,依托“重写中国哲学史与中国哲学学科范式创新”研讨会③,组织编发了4篇专题研究论文和1篇主持人语。可以说,这组论文的作者张立文(也是主持人语作者)、张祥龙、张志伟、彭永捷均为学界头面人物④,对业已兴起的中国哲学的合法性问题讨论热潮发挥了重要的推波助澜与层次提升作用。其中,张立文、张志伟、彭永捷分别在主持人语和专文中,四度确认德里达2001年在中国重提“中国没有哲学,只有思想”正是

① 王元化:《关于中西哲学与文化的对话》,《文史哲》2002年第2期。

② 王元化:《关于中西哲学与文化的对话》,《文史哲》2002年第2期。

③ 南金花:《超越合法性危机　重写中国哲学史——“重写中国哲学史与中国哲学学科范式创新”研讨会综述》,《探索与争鸣》2004年第5期。

④ 其中,彭永捷先生当时虽然尚为副教授,后来却成为对中国哲学的合法性问题关注得最持久、深入、全面的四位学者之一,迄今仍在推出探讨中国哲学的合法性问题的新作。

这场中国哲学的合法性问题大讨论的直接起点。① 一年之后,在中国哲学史学会2004年年会上,仍有学者对此再度予以确认。② 可见,在学界主流认知中,正是德里达2001年在中国上海同王元化先生的相关对谈,直接启动了21世纪以来的这场中国哲学的合法性大讨论。《文史哲》杂志作为当时深度报道这场对谈的学术期刊③,可谓与有荣焉地成为了这场意义重大的大讨论的直接策源地之一。

三、《文史哲》对"中国哲学的合法性"问题大讨论之代表性命题的认识

在这场热烈持久、至今余响不绝的中国哲学的合法性问题大讨论中,学者们先后摆出了一系列代表性观点。这些观点相互之间充满张力,乃至尖锐的冲突(正因此,才会有所谓的大讨论);而同一学者,往往同时持有其中的不止一条。我们尝试用11个命题来归纳、呈现这些代表性观点④:

1.按照狭义的西方哲学标准,传统中国确实无哲学。

2.继续不断地从古今西方哲学中寻找视角、方法,援西释中,是中国哲学(史)学科存在、发展的基本途径。

---

① 参见张立文:《走出中国哲学的危机,超越合法性问题·主持人语》,《中国人民大学学报》2003年第2期;张立文:《中国哲学的"自己讲""讲自己"——论走出中国哲学的危机和超越合法性问题》,《中国人民大学学报》2003年第2期;张志伟:《中国哲学还是中国思想——也谈中国哲学的合法性危机》,《中国人民大学学报》2003年第2期。

② 参见杨海文:《中国哲学"合法性危机"与重写中国哲学史》,《中国哲学史学会2004年会暨中国传统哲学当代价值学术研讨会论文集》,第73页。

③ 《文史哲》编者按介绍说:"这次谈话(按:指2001年9月1日德里达和王元化在上海进行的谈话)之后,《文汇读书周报》记者就此与元化先生进行了一次对话,元化先生谈了一些值得引起学术界重视的思想文化问题。征得元化先生的同意,将此次谈话刊发出来,供关注思想文化建设的读者参考。"(王元化:《关于中西哲学与文化的对话》,《文史哲》2002年第2期)

④ 以下归纳主要依据下述论文中的相关片段(限于篇幅,在此仅列举篇名与刊期,而不具体征引相关片段):彭永捷:《论中国哲学学科存在的合法性危机——关于中国哲学学科的知识社会学考察》,《中国人民大学学报》2003年第2期;张志伟:《中国哲学还是中国思想——也谈中国哲学的合法性危机》,《中国人民大学学报》2003年第2期;彭永捷:《关于中国哲学史学科合法性危机问题的再思考》,《学术月刊》2018年第2期;彭永捷:《中国哲学学科合法性问题的研究》,《黑龙江社会科学》2014年第3期;许嘉璐:《卸下镣铐跳舞——中国哲学需要一场革命》,《文史哲》2009年第5期;何中华:《近年来国内哲学研究状况检讨——一个有限的观察和评论》,《文史哲》2009年第5期;张祥龙:《中国哲学研究方法的多元化》,《中国人民大学学报》2003年第2期;张立文:《走出中国哲学的危机,超越合法性问题·主持人语》,《中国人民大学学报》2003年第2期;张立文:《中国哲学的"自己讲""讲自己"——论走出中国哲学的危机和超越合法性问题》,《中国人民大学学报》2003年第2期;李巍:《合法性还是专业性:中国哲学作为"方式"》,《江海学刊》2019年第2期。

3.通过“援西释中”途径建立起来的“中国哲学(史)”学科,是东西文化相遇的一个历史性错误。

4.应该采用“经学”等传统型态探讨中国传统思想。

5.中国有哲学。

6.哲学上的西方中心主义格局亟须打破。

7.哲学实际上是复数的(多元的),而不是单数的(一元的)。

8.中国哲学必须挺立起主体性,走自己的路。

9.中国哲学应该在维系自身特质的前提下不断实现创造性发展,使自己成为多元哲学中有特殊力道的一元。

10.中国哲学应该在维系自身特质的前提下不断实现地位升级,努力成为世界哲学舞台上的中坚乃至新的中心。

11.应该摒弃中西哲学的门户意识,在以专业的方式探究共通问题、追求学理共识的过程中融通中西。①

在上述命题中,1、2 与 3、4 堪称两个极端。前者(1、2)积极主张中国哲学学科应以西方哲学为圭臬;后者(3、4)主张废弃中国哲学学科,重返以“经学”为代表的中国古代学术形态。命题 5～11 则在认同中国哲学学科设置的前提下,或者持哲学多元论,力求在多元主义名义下为中国哲学学科谋得合法地位;或者力主中国哲学研究应该携其本土传统资源,在世界哲学舞台上谋求学界普遍接受的建树与话语权。

命题 1、2 所反映的,大体上是胡适、冯友兰时代的常态。彼时,在“中不如西”“中国亟需用西方现代主流文化自我改造”的时代意识背景下,“中国哲学(史)”学科,如前所述,确确实实正是仿照“西方哲学(史)”的产物。蔡元培为胡适《中国哲学史大纲》所作的序,以及冯友兰《中国哲学史》上册第一篇第一章《绪论·哲学之内容》的提法,充分反映了这种学科状态。时至 21 世纪初,虽然

① 李巍近年来对“合法性”与“专业性”进行了区分,认为走出“中国哲学的合法性”争论死结的关键在于:摆脱“把与‘中国哲学/中国思想’相应的那些素材与研究作为被命名被定性的对象”的讨论方式,转而关注“作为作业方式的方式”,以及用这种专业方式研究中国传统思想素材所不断取得的学术成果,及用这些成果同国际同行进行学术交流的效应。(参见李巍:《合法性还是专业性:中国哲学作为“方式”》,《江海学刊》2019 年第 2 期)不难指出,以这种方式看待“哲学”与“世界哲学共同体”,从事“中国哲学研究”,一定会带来强劲而深长的双向融合效应。正如戴卡琳所言,“哲学”一词即便在西方也不透明,在对“何为哲学”下判断时,隐含的观念、复杂的情感始终都在起作用。就此而言,“哲学”是具有可塑性的。在以专业的方式探究共通问题和追求学理共识的过程中,原有的“哲学”标准或主流形态势必会与时俱进。

中国的综合国力与国际地位较胡适、冯友兰创立中国哲学(史)学科的时代已经实现了结构性飞跃,但改革开放以来,包括中国哲学(史)在内的中国人文学科却长期在"与世界接轨"的口号下,保持着"依傍西学"的研究模式与姿态。故而,在21世纪初的中国人文学界,命题1、2仍然拥有一定数量的支持者——汉语学界的西方哲学研究者尤其相对容易赞成这两个命题。①

若以历史为鉴,则命题1、2在当今中国人文学界仍然拥有一定市场份额,并非什么难理解之事。从1840～1842年中国在第一次鸦片战争失败算起到1915年中国开始新文化运动,在国运急转直下的时局下,中国知识分子至少用了70多年的时间才将"夷夏之辨"心态大体更换为"全盘西化"倾向。而即便在"全盘西化"口号明确提出且应者云集之后,仍有"学衡派""新儒家"等文化保守主义者在一定程度上"逆潮流而动",坚持弘护包括儒学在内的传统文脉。相形之下,在改革开放以来至少30余年的时间里,中国主流意识形态总体上是亲善西方与西学的。可以说,改革开放时代最鲜明特征之一就是向西方开放(以开放促改革),体现在人文学术领域,"十一届三中全会以来,大陆学界与整个中国社会一起敞开大门,积极引入各种西方人文社会科学思潮。这时学术的对外开放,比'五四'时期有过之而无不及"②。在广泛流行的认为"现代化=西方化"的意识下,上述命题1、2持续享有市场份额乃是再正常不过之事。

然而,单凭命题1、2仍然占有中国思想界的市场份额这一现实,无法解释中国哲学的合法性问题大讨论在21世纪之中国的爆发。从其缘起、命名以及讨论中所涉及的主要问题来看,中国哲学的合法性问题大讨论具有强烈的"抗争"色彩——抗争的对象即前述"西方中心主义",而仍然占有市场份额的命题1、2正是这种"西方中心主义"的附庸。在中国哲学的合法性大讨论中所显示出来的强劲的"抗争"势头(在这场大讨论正式爆发前就已然强劲地存在过一段时间了),正是导致命题1、2市场份额缩水的动因。作为抗争对象的命题1、2在市场份额上的缩水,与作为抗争主体的命题5～11的兴起,以及带有矫枉过正色彩的命题3、4的出场,共同构成了这场声势浩荡的中国哲学的合法性问题大讨论的基本格局。作为在2009年"安乐哲师生对话及论坛"上的演讲稿,许嘉

---

① 参见彭永捷:《论中国哲学学科存在的合法性危机——关于中国哲学学科的知识社会学考察》,《中国人民大学学报》2003年第2期。

② 王学典:《学术上的巨大转型:人文社会科学40年回顾》,《中华读书报》2019年1月2日。

璐发表于《文史哲》2009年第5期的《卸下镣铐跳舞——中国哲学需要一场革命》这篇演讲文章,淋漓尽致地演示了上述抗争姿态。该文所呼吁卸下的"镣铐",指的正是中国哲学(史)自创科之际便因依傍"西方哲学与西方传统"而套上的"束缚"。

按理说,当着西方学术友人安乐哲(Roger T. Ames)教授的面儿,赤裸裸地将"西方哲学与西方传统"称为中国哲学(史)研究的"镣铐"与"束缚",似乎非常不妥。但安乐哲教授恰恰乐于同这种论调为伍,其曰:"我们(西方学者)必须使用一种以中国为中心、中国固有的视角","我们(西方学者)必须尽力使我们自己的世界观不致妨碍我们"。[①] 可以说,安乐哲的学术思想轨迹带有突出的"出西入中"特征。这正如许嘉璐在演讲文章中所说的那样,"这时出现了另一路人马:葛瑞汉、史华兹、郝大维、安乐哲等学者,他们注意到中国哲学从追求的'本原'到思维方式、表达方法乃至社会实践都有西方所欠缺而应参照的特点"[②]。《文史哲》主编王学典教授,后来更将上述评论强化为:"美国学者安乐哲则试图深入到文化与哲学层面,提供替代自由主义的中国思想选项","杜维明、安乐哲、贝淡宁的工作凸显了儒学在处理当今人类面临的共同问题时的活力和智慧"。[③]

西方学者"出西入中"的学术思想抉择,尤其引人注目地印证并强化着前述命题1、2在市场份额上缩水这一时代态势。特别地,既然西方学者"出西入中"的现象标志着"西方哲学的这场'真正的革命'已经进入一个新阶段",那么中国的中国哲学(史)研究者们当然就更"不应该置身于这场变革之外"了,就此而言,合格的中国哲学(史)研究者就务必要自觉卸下"百年来,中国哲学逐渐成了西方哲学的奴仆和'名牌产品'并不高明的仿造者"的身份尴尬。[④] 而这,正是在中国哲学的合法性问题大讨论中兴起的命题5～11(乃至命题3、4)的核心旨趣所在。若以更加宏观的眼光来看,则发生在中国哲学(史)学科内部的命题1、2在市场份额上的缩水与命题5～11(乃至命题3、4)的强劲兴起态势,便正如王学典主编近年来所观察指出的那样,意味着"整个中国的精神气候、文化气候、

---

① 转引自许嘉璐:《卸下镣铐跳舞——中国哲学需要一场革命》,《文史哲》2009年第5期。

② 许嘉璐:《卸下镣铐跳舞——中国哲学需要一场革命》,《文史哲》2009年第5期。

③ 王学典:《十八大以来儒学变迁之大势》,《中华读书报》2017年12月13日。

④ 许嘉璐:《卸下镣铐跳舞——中国哲学需要一场革命》,《文史哲》2009年第5期。

学术气候正在发生深刻变迁,朝着更加本土化的方向发展”①。

所谓的“本土化”转向,除了指回向本土传统,还包括推动近现代及当代舶入的西学资源更充分地适应中国水土。② 后一方面,同样也是广义的中国哲学的合法性问题讨论的必要组成部分。甚至可以说,后一方面的目标若找到了切实的实现路径,则狭义的中国哲学的合法性问题将自然冰释。这正如何中华教授在刊发于《文史哲》2009年第5期的《近年来国内哲学研究状况检讨——一个有限的观察和评论》这篇文章中所评论的那样:与“近年来在西方哲学研究领域追求‘原汁原味’的努力和尝试”相对反,西方哲学文本的“中国式解读”也即“在创造性地诠释西方哲学中自觉地融入东方视角”的做法,正在获得默许和认可;“在某种程度上,它体现了中国哲学家的自信和自主意识的提高”;与此相应,人们也意识到,“事实上,作为晚清以来中西文化碰撞交融的产物,今日中国哲学早已不再是原生态意义上的中国哲学了”,并务实地承认“就西方哲学为中国思想提供一种自我体认的参照和借镜而言,被西方哲学‘中介’了的中国思想恰恰获得了一次诠释的机缘”,“在解释学意义上,西方哲学和中国思想无疑能够相互发明、相互参照,并在这一过程中彼此获得意义的生成”。③

尽管如此,两个令人纠结的硬骨头般的问题仍然同时矗立在那里:其一,“对西方哲学进行原汁原味的研究,始终是中国研究者孜孜以求的崇高目标,甚至成为挥之不去的情结”——对当代“中国式解读”的认可,在多大程度上伤害了西方哲学(史)研究的学术性?其二,当代“中国哲学研究无论在内容抑或形式上都变得越来越像西方思想,包括措辞、解释框架及思考方式”——当代中国哲学(史)研究对西方哲学的参照和借鉴,在多大程度上遮蔽了中国哲学(思想)的特质?④

面对这两个问题,“相互发明—相互参照—意义生成”意义上的解释学(哲学诠释学),显得较为无力。毋庸置疑,哲学诠释学(解释学)对“前见”“视域融

---

① 王学典:《把中国“中国化”——人文社会科学的近期走向》,封底。

② 参见王学典:《中国话语形成之路:西方社会科学的本土化和儒家思想的社会科学化》,《济南大学学报(社会科学版)》2019年第6期。

③ 何中华:《近年来国内哲学研究状况检讨——一个有限的观察和评论》,《文史哲》2009年第5期。

④ 参见何中华:《近年来国内哲学研究状况检讨——一个有限的观察和评论》,《文史哲》2009年第5期。

合”的揭示与强调,具有很强的思想解放作用。它使哲学史研究者原则上不再迷信“文本本义”意义上的“原汁原味的西方哲学研究”与“中国哲学的特质”,但同时,它也难以阻挡思想解放者在文本解读与哲学史叙述上沦入相对主义乃至虚无主义境地。似乎,任何人、任何团体或国族都可援引“前见”“视域融合”作说辞,为自己对任何中西哲学文本所持的任何解说提出泛泛的权利辩护。这样一来,哲学上的“中国式解读”固然可以与长期以来居强势地位的“西方中心主义”彼此彼此了,但任凭这种“泛泛的权利辩护”与“彼此彼此”态势蔓延下去,则无论“西方文本的中国式解读”,还是“中国经典的当代解读”,其内部的各种歧见势必也将难分伯仲而“彼此彼此”。这种因相对主义而势必陷入四分五裂乃至一盘散沙局面的态势,实乃命题7所援引并依傍的在当下西方颇流行的“多元主义”的极端形态。

可以说,在21世纪以来的中国哲学的合法性问题大讨论中,长期被诸多学者有意无意地奉为和事佬的“多元主义”所内涵的向相对主义乃至虚无主义堕落的趋向,至今尚未获得应有的正视。若将一方面回向中国本土传统、另一方面推动舶来西学中国化的“中国人文学术的本土化转向”建立在这种“多元主义”式的“泛泛的权利辩护”基础上,那么就只能导向一种充满自我分裂的“中国人文学术主体性”,而使未来的中国人文学术从根本上丧失同“西方中心主义”之惯性和余威有效博弈的力道。一言以蔽之,在“本土化转向”之大势日趋明朗的情况下,包括中国哲学在内的中国人文学术亟需带有主心骨性质的全局性愿景。《文史哲》从中国哲学的合法性问题大讨论引申出来的“中国哲学话语体系的范式转换(究竟如何言说文化中国)”与“如何构建中国特色哲学社会科学话语体系”,便正属于这种带有全局性的建设性追问与前瞻。

四、扩展性追问与前瞻:非复古、非封闭的“本土化”中国人文学术何以可能?

正当中国哲学的合法性问题大讨论如火如荼之际,《文史哲》同仁鉴于现有争论偏于“抗争”,而策划组织了题为“传统与现代:中国哲学话语体系的范式转换”(2009)的《文史哲》杂志人文高端论坛,尝试通过稍微转换议题设置对这场大讨论进行建设性引导。

在“话语体系”或“言说方式”语境下，颜炳罡教授在论坛发言中认为[①]，所谓的“中国哲学的合法性危机”，不是中国哲学本身出现了实质性危机，而是在用西方话语体系表述传统中国思想(中国哲学)时出现危机。换言之，西方哲学的言说方式肢解了鲜活、有机的中国哲学整体，“汉话胡说”是对这一现象的生动戏谑。尽管如此，胡适、冯友兰等前贤依傍西方哲学建立中国哲学(史)学科仍然功不可没，特别是在中国国运长期低迷的近现代，处于弱势的中华文明采取与强势的西方文明相比附，与之通约、求其理解并自我理解，无论如何都是有积极意义的。然而，20 世纪西方哲学话语颠覆本土传统话语，致使本土哲学传统丧失其主体性的局面，在 21 世纪必须也必然要被超越。

陈来教授在论坛发言中评估了胡适《中国哲学史大纲》(上卷，1919 年)的学科贡献，并指出：今天的中国哲学研究者已经不可能摆脱已有的学科语境而回归“原生状态”的中国传统文化，在继承百年中国哲学(史)学科成就的基础上深挖中国传统思想之精髓才是务实有效的学科发展之路。[②] 王中江教授则通过检讨严复的“天”论，指出：“中学西化”与“西学中化”始终是在中国哲学界同时进行着的双向进程，就此而言，“汉话胡说”实乃中国哲学在古今中西的现当代语境下的进一步发展，在这个意义上，当代中国哲学实际上已经超越了简单的“比附”阶段。[③] 类似地，张汝伦、曾振宇两位教授在论坛上皆表达了对“附会”所导致的“迷失”的批评，与对在“察异”基础上进行“重构”的期望。[④] 基于类似的期望，颜炳罡教授在论坛发言最后亦郑重申明：“我们主张中国哲学研究回归其自身，回归主体性，不含有排外主义，更不意味着中国哲学研究中的一元主义。”[⑤]

至于具体如何为之，许嘉璐先生在刊发于本次论坛之后的前述《卸下镣铐跳舞——中国哲学需要一场革命》这篇演讲文章的最后开出了如下方子：“建设

---

① 颜炳罡教授的相关论述，参见氏撰《20 世纪中国哲学研究话语体系范式转换之得失及未来走向》，《文史哲》2010 年第 1 期。

② 陈来教授的相关论述，参见氏撰《中国哲学话语的近代转变》，《文史哲》2010 年第 1 期。还可参考李梅：《究竟如何言说文化中国？——〈文史哲〉杂志人文高端论坛之二“中国哲学话语体系的范式转换”在山东大学举行》，《文史哲》2009 年第 4 期。

③ 参见李梅：《究竟如何言说文化中国？——〈文史哲〉杂志人文高端论坛之二“中国哲学话语体系的范式转换”在山东大学举行》，《文史哲》2009 年第 4 期。

④ 参见李梅：《究竟如何言说文化中国？——〈文史哲〉杂志人文高端论坛之二“中国哲学话语体系的范式转换”在山东大学举行》，《文史哲》2009 年第 4 期。

⑤ 参见颜炳罡：《20 世纪中国哲学研究话语体系范式转换之得失及未来走向》，《文史哲》2010 年第 1 期。

跨文化的阐释学”,既要“纯熟地掌握中国的‘小学’”,也要“学好一门以上的外语”,“既要深入把握中国古典哲学的文献和学术发展过程,又要准确地掌握西方哲学史上的关键和精髓”,在此基础上,“投身于比较哲学的活动中去”,“对世界文明对话”作出贡献。①

实际上,仅就当今中国内部看,本土经典与传统话语固然是本土性与中国主体性的重要组成部分,也是本土化与重新挺立中国主体性的重要依托,但不得不承认,那些近现代以及当代及改革开放以来自外舶入的理论、思潮、组织理念、管理模式,在一定范围内和一定程度上已然进驻当今中国的人心与现实生活,并在这个意义上已然具有了某种本土性,而属于现实中的中国主体性的构成因素。像本文第四节中的前述命题3、4那样,简捷地以排斥这些虽舶自域外但已然具有本土性的因素为己任,既会在现实的“本土性/中国主体性”内部造成分裂,也会使“本土化转向/重新挺立中国主体性”的事业坠入复古化、自我封闭化、贫瘠化境地。

前面指出,为了全盘否定并告别胡适、冯友兰以来的中国哲学(史)学科建构(因它依傍了西方哲学),前述命题3、4的主张者力求回归纯之又纯的中国特色传统学术形态——经学。若任凭这种洁癖发动下去,则当事人非但会矢志与百余年来的中国哲学(史)研究传统决裂,进而甚至将无法整全地面对中国思想学术史。我们知道,作为中国传统思想学术之主干的儒学存在所谓的“汉宋之变”,也即从汉唐经学转变为宋明理学。命题3、4的提倡者在“汉”“宋”之间择一而从,要求回到经学(汉学)而非理学(宋学),其实正是为了最大限度地与百余年来的中国哲学(史)学科相切割。郑开教授曾在《中国哲学学科史》中指出:“作为近代意义上的‘学科’门类而存在的‘中国哲学’实际上是由古代学术发展为现代学术的过程中构建起来、创设出来的”,除了“照着讲(述史)”之外,还出现了一些“接着讲(做哲学)”的成果,如“熊十力、贺麟的哲学体系可以称之为‘新心学’,冯友兰、金岳霖的哲学体系可以称之为‘新理学’”,“从某种意义上看,它们都是‘接着宋明理学讲’”,“中国哲学的最初研究者知识背景或学术基础大多是宋明理学”。② 既然宋明理学同依傍西方哲学建立起来的中国哲学

---

① 许嘉璐:《卸下镣铐跳舞——中国哲学需要一场革命》,《文史哲》2009年第5期。

② 郑开:《第一章　中国哲学学科史》,韩水法主编:《北京大学哲学学科史》,北京:商务印书馆,2014年,第97、117页。

(史)关系如此亲近,那么,为彻底告别带有西化性质的中国哲学(史)学科而连带告别宋明理学并单取汉唐经学,就是情理之中的事了。极端洁癖意义上的“本土”情结,在力拒外来性、专求本土性的过程中连带切割了本土学术传统,在本土传统学术资源内部制造了分裂与壁垒。这种连带性的自我伤害反而印证了当初通过“依傍西方哲学”建构起来的中国哲学(史)学科,其对于中国本土学术传统及学术资源绝非只是简单粗暴的裁剪、曲解、拼接,而是自创立之初就已然具有连通中国传统学术的本土化接口。由此反观蔡元培当年认为胡适《中国哲学史大纲》(上卷)虽然依傍了西方哲学,但其叙述系统仍不失为一种“适当的形式”①,这实在并非全然是出于客气的溢美之词。

2016年5月,习近平在北京主持召开哲学社会科学工作座谈会并发表重要讲话,明确提出了“加快构建中国特色哲学社会科学”(讲话所谈“第三个问题”的标题)的时代任务。针对“哲学社会科学发展战略还不十分明确,学科体系、学术体系、话语体系建设水平总体不高,学术原创能力还不强”的现实状况,该讲话要求:“要按照立足中国、借鉴国外,挖掘历史、把握当代,关怀人类、面向未来的思路,着力构建中国特色哲学社会科学,在指导思想、学科体系、学术体系、话语体系等方面充分体现中国特色、中国风格、中国气派”;“发挥我国哲学社会科学作用,要注意加强话语体系建设”,“要善于提炼标识性概念,打造易于为国际社会所理解和接受的新概念、新范畴、新表述,引导国际学术界展开研究和讨论。这项工作要从学科建设做起,每个学科都要构建成体系的学科理论和概念”。② 我们注意到,上述讲话对“中国特色”“民族性”“话语权”与“现代化”“世界化”,予以了同等的强调。这种“予以同等强调”的姿态,可视为回答贯穿中国哲学的合法性问题大讨论(乃至贯穿百年中国哲学/中国哲学史学科史)的“在‘依傍西方哲学’与‘追求中国哲学的特质’之间何去何从”这一事关学科前途的基础问题的基本要领。

在当今之世,振兴中国古典人文学术研究,绝不等于简单地复本土之古。在古今中西四重语境下,以中国为主体的健康的中国人文学术的本土化转向,必须由“本土传统资源现代化”与“古今世界资源本土化”的双向循环局面构成。

---

① 蔡元培:《序》,胡适著,肖伊绯整理:《中国哲学史大纲》,第3页。

② 习近平:《加快构建中国特色哲学社会科学》,中共中央党史和文献研究院编:《十八大以来重要文献选编》(下),北京:中央文献出版社,2018年,第322、329页。

这正如《文史哲》总编王学典教授近年所指出的那样，简单地“把传统文化当作可以继续使用的母版”实乃学术理论界有待澄清的“糊涂认识”之一。[①] 由此以观，百余年前，通过“依傍西方哲学”建立起来的现代中国哲学(史)学科，在自觉剔除了因西强东弱的时势而打上的“文化殖民”乃至“自我殖民”意识烙印之后，反而正是“本土传统资源现代化”与“古今世界资源本土化”双循环的最佳工场(之一)，“昌明传统学术，锻铸人文新知，植根汉语世界，融入全球文明”，《文史哲》于 21 世纪初拟定的办刊宗旨所言简意赅地宣示的其实正是这样一种健康的“双循环”意向。

黑格尔曾形容说，哲学就像“密涅瓦的猫头鹰，只有在黄昏的时候才起飞”，不是时代的先知，而是时代精神的反思总结者。这个意义上的哲学因自认为缺乏先见之明，故在预见时势、介入时势方面自然就会自甘孱弱(除非将黄昏之后的晚上定义为时代的主体，而将黄昏之前的白昼定义为时代的序曲，但这样定义又会使整个比喻显得别扭无比，而不如干脆比喻说“哲学就像报晓的雄鸡”)。但纵观现当代中国哲学(史)学科史，无论是其在中国现代之初的肇始，还是中经共和国早期学术范式改造，抑或涌起于 21 世纪初的中国哲学的合法性问题大讨论，在时代的每一个关节点上，中国哲学(史)学科均以其鲜明的动态，“春江水暖鸭先知”般地预表了即将到来的“新形势”。如果说哲学在黑格尔那里是反思总结一个即将过去了的时代的猫头鹰的话，那么在现当代中国历史上，哲学即便算不上报晓雄鸡，至少也是时代思潮、大势的风向标。《文史哲》同仁因为有幸参与导火索文本的制作与发表、编辑刊发典型论文、主动进行建设性的议题引申设置，故而较早地感知到了 21 世纪初的这场中国哲学的合法性大讨论所预示并例示着的以“本土传统资源现代化”与“古今外来资源本土化”为两翼的中国人文学术的本土化转向。

基于上述体认并在国家哲学社会科学办公室指导下，《文史哲》编辑部于 2018 年夏初主办了“如何构建中国特色哲学社会科学体系”专题研讨会，并于 2019 年第 1、2 期组织并刊发两组(共 7 篇)论坛笔谈。编者按语指出，当今中国的崛起经验与现实超出了现有西方理论的解释范围，通过阐述真实的中国，锻

---

① 王学典:《中国话语形成之路:西方社会科学的本土化和儒家思想的社会科学化》,《济南大学学报(社会科学版)》2019 年第 6 期。

造尊重本土经验的哲学社会科学理论模型势在必行。[①] 本次专题研讨会的灵魂实即在于此。

有人或许会认为,强调中国经验势必会削弱对理论的追求,因为经验具有特殊性,而理论的特征则在于普遍适用性。与此问题相关,麻国庆教授以儒家传统在当代中国地方社会组织方式变迁中的体现研究为例,指出儒家传统之于中国人类学知识体系具有基础重要性,以实例显示了哲学社会科学经验、理论同人文传统之间的内在关联。[②] 郑永年先生则在书面发言《中国文明的复兴和知识重建》中一如既往地疾呼:"当改革开放以来的中国已经成为世界社会科学最大试验场的时候,中国知识界却并没有承担起解释中国的变革、为世界社会的发展贡献知识的责任。"同时,他还认为,参照现实经验重塑中国的知识体系实乃当今中国知识界的全新任务。[③] 平心而论,当今中国的现实经验"不是简单延续我国历史文化的母版,不是简单套用马克思主义经典作家设想的模板,不是其他国家社会主义实践的再版,也不是国外现代化发展的翻版"[④],而是古今中西诸多思想观念在这片土地上的综合作用与熔炼。果真基于这样的"中国现实经验"去重塑理论或知识体系,则中国人文学术的本土化转向的两大基本要求——"本土传统资源现代化"与"古今外来资源本土化"——自然会不断被成全。

关于具体如何实施理论或知识突破的研究,徐勇教授在论坛发言中借用了德里达的"解构"概念,主张一方面去摸清改革开放以来中国学界所引进的一系列哲学社会科学知识、概念、理论的适用范围和弱点,另一方面创造新的概念与之竞争,并在竞争中形成中国哲学社会科学的话语权。[⑤] 为此,就要像姚洋教授所说的那样:第一,以中国问题为导向设定研究议题;第二,从中国的特殊性中发现普遍性(普遍适用性是理论探索的本质诉求);第三,构建带有中国主体性的学术共同体,维系核心研究题目与研究范式,为新思想、新思路提供发表和竞

---

① 参见刘京希:《"如何构建中国特色哲学社会科学体系"(笔谈之一)·编者按》,《文史哲》2019 年第 1 期。

② 参见麻国庆:《儒家传统与中国人类学的学术自觉》,《文史哲》2019 年第 1 期。

③ 参见郑永年、杨丽君:《中国文明的复兴和知识重建》,《文史哲》2019 年第 1 期。

④ 习近平:《加快构建中国特色哲学社会科学》,中共中央党史和文献研究院编:《十八大以来重要文献选编》(下),第 327 页。

⑤ 参见徐勇:《学术创新的基点:概念的解构与建构》,《文史哲》2019 年第 1 期。

争的平台,强化重大研究议题的传播效果。[①] 针对当下中国的哲学界忽视哲学研究的社会功能,致使哲学被社会边缘化的消极状况,谢地坤教授倡议,应将"人民大众和国家的期待与哲学学科的内在学术要求"统一起来,"使建言献策与述学立论达到内在统一",用这种方式担负起哲学人所应有的历史责任,以此使中国的哲学研究获得扎根现实的鲜活生命力。[②]

总之,《文史哲》在有幸参与21世纪初的这场中国哲学的合法性问题大讨论的导火索文献的制作、发表的基础上,进而又通过编发《卸下镣铐跳舞——中国哲学需要一场革命》(许嘉璐,2009)、《近年来国内哲学研究状况检讨——一个有限的观察和评论》(何中华,2009)等典型文章,策划"中国哲学话语体系的范式转换"人文高端论坛(2009)、"如何构建中国特色哲学社会科学体系"专题研讨会(2018),以论坛与研讨会为基础组织、刊发相关笔谈等方式,对这场一度声势浩荡、影响深远的大讨论持续进行介入式跟进。结合其既以"文以载道"为己任又始终不忘"学术创新"之本分的办刊传统,《文史哲》主编与同仁在对这场大讨论进行介入式观察的过程中,结合21世纪以来的其他一系列迹象,日益倾向于将这场中国哲学的合法性大讨论视为中国人文学术本土化转向的活例。特别需要强调的是:21世纪的中国人文学术的本土化转向,其基本导向既不是简单复古也不是自我封闭,而只能是在古今中外四重语境下,基于中国主体意识的"本土传统资源现代化"与"古今外来资源本土化"双循环。《文史哲》现行办刊宗旨——"昌明传统学术,锻铸人文新知,植根汉语世界,融入全球文明"——言简意赅地体现了《文史哲》人的这一认识。

第三节　依托本土资源求索世界性文艺理论话语权

一、文以载道与文道关系议题的复出与创造性转化

在"文化大革命"刚刚结束、改革开放蓄势待发的20世纪70年代末,中国

---

① 参见姚洋:《中国经济学的本土话语构建》,《文史哲》2019年第1期。此文列举的具体措施包括:加强学会和杂志设定议题的能力;倡导并形成批评与尊重被批评者的风气;在评估与考核时增加国内发表的权重;首先在国内构建比较健康的学术共同体,锤炼一些具有重大意义的议题,然后冲击国际发表,乃至在国际学术组织中形成自己的力量。

② 参见谢地坤:《"何谓哲学"与"哲学何为"》,《文史哲》2019年第2期。

知识界面临着反思“文化大革命”并重新凝聚社会共识的双重任务。文艺界向来敏于得风气之先。在创作方面,“伤痕文学”“改革文学”潮流先后问世。后者的问世时间稍晚于前者,顾名思义旨在正面表现新时期的“改革开放”之道。[①]前者,也即“伤痕文学”看似消极叙事,但对打破上一时期的精神枷锁、进行思想解放[②],发挥了众所公认的积极作用。“1978 年 10 月 20～25 日在北京召开的《人民文学》《诗刊》和《文艺报》三家刊物的编委会联席会议,会议明确指出要支持‘伤痕文学’,砸掉精神枷锁,提倡作家书写和深入生活”,以“全国最权威的理论刊物和创作刊物的联席会议”的形式统一文坛认识,赋予“‘伤痕文学’以极大的合法性”,“体现了政治层面对于文学解放的要求、扶持和引导”。[③] 这足以印证“伤痕文学”在当年委实具有文以载道的属性与功能——与“拨乱反正”“思想解放”的政治动向正相呼应。

不过,很少有人会直接用“文以载道”这一古语来形容改革开放初期的“伤痕文学”。而且,改革开放首先是用对外开放促进内部改革,“文以载道”这样的古典术语似乎与时代精神关系不大。然而真这样认为的话,恐怕就失之肤浅了。大致与“伤痕文学”崭露头角相同步,传统时代的文道关系议题便登上了《文史哲》古典文学研究的版面。

事情要从 1978 年 10 月山东大学举行的“文科理论讨论会”说起。据事后发表在《文史哲》上的会议报道可知,在这次会议上,学者们特别讨论了“孔、孟和儒家思想的评价及其对中国文学、史学的影响问题”。尽管“对儒家思想在封建社会发展的不同时期的作用问题,大家也有分歧”,但“大家一致认为,孔子和儒家思想对中国文学、史学的影响是巨大的,我们应运用历史唯物主义的态度

---

① 《文史哲》1988 年第 1 期组织刊发了贺立华、谭好哲、仪平策评论改革文学与文学改革的三篇文章。关于改革文学的兴起动机,贺立华在文中这样写道:“应着改革的呼唤,沉睡多年的东方巨龙悄悄苏醒,带着筋骨扭动和锈迹剥落的声响,抖落着厚重的灰尘和泥垢,缓缓蠕动,亿万中国人民热切地关心着她的命运,有责任心使命感的作家为她呼风唤雨推波助澜。”(贺立华:《论改革中作家自我超越的难题》,《文史哲》1988 年第 1 期)谭好哲则表示,新时期的文艺就是应该“更好地确立在改革生活中的位置,发挥它应该发挥而且能够发挥的社会作用”(谭好哲:《从文学的本质看改革文学》,《文史哲》1988 年第 1 期)。

② “1978 年 8 月 11 日,‘文革’刚结束,文学界还是万马齐喑的局面,复旦大学中文系一年级新生卢新华的短篇小说《伤痕》在《文汇报》以一个整版刊出,轰动全国”,“引发出批评反省‘文革’的思潮,揭开了新时期文学的序幕,‘伤痕文学’因此命名了一个文学时代”。(王瑞华:《〈伤痕〉四十年:救赎与涅槃》,《当代作家评论》2020 年第 1 期)

③ 转引自尹林:《文学期刊会议与文学评论发展——对 80 年代文学一个侧面的考察》,《当代作家评论》2020 年第 5 期。

加以总结"[1]。这里,"运用历史唯物主义的态度加以总结"提法,是对1978年5月提出的"实践是检验真理的唯一标准"命题[2]的自觉呼应。它要求打破教条主义,实事求是地对历史文化进行考察与评价。而实事求是地讲,任何"实事求是"的考察与评价本身都有其"历史性",无法摆脱(也不应该妄求摆脱)时代背景的渗透与型塑。这次讨论会之所以会特别谈及"孔、孟和儒家思想的评价及其对中国文学、史学的影响问题",一个重要原因在于"文化大革命"是在"评法批儒"浪潮中戛然而止的——重新评价孔、孟和儒家思想及其对中国文学、史学的影响,这件事情本身就是对上一时期极端化了的政治—文艺关系的一种拨正。而进一步看,对儒家文艺观进行相对正面重估,又势必会在一定程度上肯定"政治对文艺的干涉"——因为儒家文艺思想正以饱含政治关怀的"文以载道"理念为支柱。这种既对"文以载道"充满戒心,同时又无法放弃"文以载道"理念的状态,正是五四新文化运动以来贯穿中国主流文艺观演变的基础性问题——"文艺独立与文以载道之争"——的生动表现。

从20世纪初到20世纪70年代,中国主流文艺观发生了两次重大变迁:第一变以五四新文化运动为标志。当其高潮之际,以改良之文(白话文)载"德先生+赛先生"之道的新式文以载道方案,直欲高歌猛进地用崇尚"个体"本位的"德先生"鼓舞下的"文艺独立(文艺摆脱一切政治乃至道德束缚)"精神,取代在此前的传统时代居主流地位的儒家"文以载道"理念。此可谓是一种悖论,因为促使五四新文化运动人用改良之文(白话文)宣传"文艺独立"精神的,恰恰正是儒家传统在他们身上所积淀的"文以载道"文化—心理结构。新文化运动文艺观的这种悖论性,使它接下来一分为二:其中一支试图贯彻"文艺独立"原则,而备尝虚无主义之苦,写作《野草》时期的鲁迅一度是这一分支的代表[3];另一支则

---

① 《文史哲》编辑部:《山东大学举办文科理论讨论会》,《文史哲》1978年第6期。

② 《实践是检验真理的唯一标准》,《光明日报》1978年5月11日。

③ 陈独秀曾在短文《虚无主义》中写道:"可怜许多思想幼稚的青年,以为非到一切否定的虚无主义,不能算最高尚最彻底。我恐怕太高尚了要倒下来,太彻底了要漏下去呵!"(独秀:《虚无主义》,《新青年》第8卷第1号,1920年9月1日,张宝明主编:《〈新青年〉百年典藏·翻译随感卷》,第505页。还可参考独秀:《虚无的个人主义及任自然主义》,《新青年》第8卷第4号,1920年12月1日,张宝明主编:《〈新青年〉百年典藏·翻译随感卷》,第521~522页)阅读鲁迅的《野草》,我们发现,这种更纯粹、更彻底的"文艺独立"情结,在实践中势必要将服膺者引向难耐的"虚无主义"绝境——绝对无限制的挥洒空间,带来的却是"只生野草,不生乔木"(鲁迅:《题辞》,《野草》,北京:人民文学出版社,1979年,第1页)的意兴阑珊、创作力凋敝的精神穷态。

回归了“文以载道”模式，全面强调并要求充分利用文艺的政治属性与功能，毛泽东《在延安文艺座谈会上的讲话》(1942 年 5 月)是这一支的杰出代表。在 20 世纪 50 年代的全国美学大讨论中，马列主义毛泽东思想的一元论文艺观(强调艺术性须从属于政治性)，彻底压倒了朱光潜所代表的康德—克罗齐式的以“直觉”“距离”“超功利”“纯形式”为关键词的二元论文艺观(认为艺术性独立于政治性)，在“文以载道”提法缺场的情况下，文以载道逻辑对文艺独立倾向(又被称为“形式主义”“为文艺的文艺”等)取得了压倒性胜利。这是中国主流文艺观在 20 世纪所经历的第二次全局性变迁。20 世纪 70 年代末，中国古典文学研究界对传统儒家文道关系问题的重新关注，是以这两次变迁为重要背景的。

1978 年年底到 1979 年初，《文史哲》分两期连载了牟世金先生的《从文与道的关系看儒家思想在古代文学发展中的作用》长文。该文分七个节点爬梳了中国古代文学发展史上的“文道关系”状况，对儒家“文以载道”命题在历史上所起的积极与消极作用进行了遥契现实的评述。

此文通过批评“独尊儒术—文以载道”，隐晦地折射了上一时期中国文艺事业缺乏相对独立的创造性发展空间的状况。例如，作者这样论述汉代相关情况：

> 这样，烦琐的章句之学，在“禄利之路”上紧紧束缚住众多儒生的思想；一家独尊的儒术，力图把一切文章诗赋纳入儒学的轨道。在这种空气下，文学的发展不能不受到窒息。如果按照汉儒的路子走下去，文是不能独立发展而“蔚为大国”的，最多只能成为经学的附庸。

其中所流露的对“文不能独立发展而蔚为大国”的遗憾，反映出作者深受新文化运动所推崇的“文艺独立”精神浸染。其借用借用鲁迅之口，表彰“为艺术而艺术”的“建安纯文学”，则是其正面推崇“文艺独立”的例证。其曰：

> 建安文学的出现，“主爱雕虫”多少有一些作用，但主要还是“世积乱离”的现实和“家弃章句”的思想风气。社会现实是基础，但不砸碎儒家思想的桎梏，彬彬之盛的邺下文学集团就不能形成，长期为后人追仰的“建安风骨”就不能产生。鲁迅说这个时期才开始了“为艺术而艺术”的时代。“为艺术而艺术”，是借指建安文学开创了纯文学的新时期。纯文学，就是摆脱经学附庸地位而独立的文学。这样，建安文学才能成为中国文学史上

一个重要的时期。①

同时,作为上一时期的过来人,作者自然熟稔《在延安文艺座谈会上的讲话》(1942)的精神,亦能娴熟地运用20世纪50年代全国美学大讨论基于马列主义毛泽东思想的文艺观指斥康德—克罗齐—朱光潜美学思路为"形式主义"的逻辑,对中国古代文学发展史上的相关负面状况进行学术指摘。例如,该文写道:

> 伴随而来的,是形式主义的出现。在诗文创作走上纯文学道路之后,加之当时好文成风,对诗文的艺术技巧、表现形式有所讲究,这本来是正常现象,六朝人在艺术形式上也确有其历史的贡献。在文学创作失去儒家思想的约束之后,偏于形式而忽于内容也是很自然的事。问题在于,在这个趋势的发展过程中,六朝腐朽的世族地主插手进来了。他们生活腐化,思想空虚,这就必然为文学发展带来不健康的因素。特别是南朝,多数帝王都爱好文学,他们把持文坛,使文学成为其享乐腐化的工具。在他们的影响下,文学不仅更趋于形式主义、唯美主义,而且荒淫腐朽,反动颓废的东西大量出现,梁陈时的宫体诗,更写下了文学史上极不光彩的一页。②

透过引文中的措辞,我们不难体会出,作者对文以载道理念积极意义的肯定。而在《在延安文艺座谈会上的讲话》与20世纪50年代全国美学大讨论之后,"文以载道"的观念与传统,在当代中国实际上再也难与马列主义毛泽东思想的一元论文艺观相分离了。我们既可以说这种一元论文艺观是"文以载道"传统的最新发展,也可以说传统"文以载道"理念被创造性吸收进了当代一元论文艺观。

可以说,发表在"文化大革命"结束后、改革开放即将正式启动之际的《文史哲》上的《从文与道的关系看儒家思想在古代文学发展中的作用》这篇古典人文研究作品,以遥契现实的方式,在历史转折期重新激活了传统文论的基础性议题。其关于"文和道的斗争是相当激烈的"的历史观察,指出了一个迄今为止仍

---

① 牟世金:《从文与道的关系看儒家思想在古代文学发展中的作用》,《文史哲》1978年第6期。

② 相应地,"当六朝形式主义发展到相当严重的时候,起而与之斗争的,北朝有苏绰、颜之推,南朝有刘勰、裴子野和钟嵘等。他们和形式主义进行斗争的思想武器就是儒家思想"(牟世金:《从文与道的关系看儒家思想在古代文学发展中的作用》,《文史哲》1978年第6期)。

然有待妥善处理的基础性问题——“文道关系”问题。“儒学的恶性膨胀扼杀了文学的发展，当文学摆脱儒学而独立发展之后，很快走上了形式主义的道路”，“形式主义的反对者重新搬出儒家思想，势欲恢复汉代经学，遏止文学的独立发展”①，迄今为止的文道关系史正是这样一种无休止的振荡。

那么，如何看待这种激烈的斗争关系呢？它全然是消极的内耗，而绝无积极意义吗？在文章最后，牟世金从马克思主义“否定之否定的规律”角度，最大限度地赋予了文道之间的“矛盾和斗争”以积极意义：

> 从古代文学发展的历史看，文与道二者之间存在着一定的矛盾。道要使文为自己服务，成为载道之器；文则力图按照自己的特点发展，不愿做道的附属品。这样，它们之间就必然要发生矛盾和斗争。道的胜利，文就有被吞没的危险；文的胜利，就存在排斥道的倾向。但道离不开文，必须通过文才能明道；文也离不开道，离开道的文，很容易走进形式主义的死胡同。所以，文和道有矛盾，又要求统一。但统一是相对的，矛盾是绝对的。古代文学就是在这样的斗争中不断发展、不断前进的。
>
> ……
>
> 这个发展过程，不是由道而文，再由文而道，不断反复循环，而是在斗争中由矛盾而统一，由统一而矛盾，沿着否定之否定的规律，逐步向前发展。先秦诗赋的发展在两汉遭到压抑之后，建安文学以更加完美的形式出现了。刘勰、韩愈等人，在反六朝形式主义而强调儒道的时候，就认识到文的特点不可忽视了。经过晚唐五代到宋初的形式主义逆流，欧阳修等宋代古文家把文与道的统一推向一个既重道又重文的新阶段。程朱理学出现后，文与道经过宋、元、明、清长期的相持阶段，产生了章学诚集大成的文道统一论。这是一个矛盾、统一，再矛盾、再统一的不断演进过程。这个过程表明，无论是道或文，它的极端对文学的发展是有害的；但到了极端，则将走向自己的反面，逆流则激起对立面的斗争，从而又推动文学走向新的阶段。②

---

① 牟世金:《从文与道的关系看儒家思想在古代文学发展中的作用》,《文史哲》1978 年第 6 期。

② 牟世金:《从文与道的关系看儒家思想在古代文学发展中的作用(续)》,《文史哲》1979 年第 1 期。

与牟世金《从文与道的关系看儒家思想在古代文学发展中的作用》一文对"文被道吞没的危险"的揭示相类似,邓小平稍后在1980年曾明确表示:"我们坚持'双百'方针和'三不主义',不继续提文艺从属于政治这样的口号,因为这个口号容易成为对文艺横加干涉的理论根据,长期的实践证明它对文艺的发展利少害多。"①而与牟世金此文所揭示的"文排斥道的倾向"问题相类似,邓小平在同一篇讲话中也强调:"这当然不是说文艺可以脱离政治。文艺是不可能脱离政治的。任何进步的、革命的文艺工作者都不能不考虑作品的社会影响,不能不考虑人民的利益、国家的利益、党的利益。培养社会主义新人就是政治。"②古典研究与当今现实的密切关系由此可见一斑。实际上,在业已到来的"新时代",中国文艺事业的飞跃发展,仍须以文道关系的理顺为基本前提。③

二、会商东方美学的世界地位

如前所述,改革开放时代中国的一个重要文化现象就是,在20世纪初五四新文化运动期间被打翻在地的、以儒学为主干的中国传统文化重新浮出水面。在国际共产主义运动相对处于低潮时期的情况下,本土传统文化日渐显示出代表中国在国际文化界立言的倾向。这是文以载道传统在国际层面的一种表现。

2000年7月,"首届东方美学国际学术会议"在呼和浩特举行,来自中国、日本、韩国的70余位专家学者,就21世纪东方美学的国际地位及研究前景等问题交换了看法,对如何在新的历史条件下为东方美学重新定位等重大问题进行了广泛探讨。紧接着《文史哲》于次年首期刊发了一组由中、日、韩三国学者撰写的笔谈。这次会议的举办与这组笔谈的发表标志着"东方美学的世界地位"问题,开始引起包括中国学者在内的东亚学者的自觉关注。④

韩国学者闵周植在《全球化时代东方美学的角色》一文中,开门见山地指出:"纵观世界文明史,20世纪是'西学东渐'的时代","而随着人类文明的发展,

① 邓小平:《目前的形势和任务》(1980年1月16日),《邓小平文选》第二卷,北京:人民出版社,1994年第2版,第243页。

② 邓小平:《目前的形势和任务》(1980年1月16日),《邓小平文选》第二卷,第243页。

③ 习近平在讲话中指出:"文艺是时代前进的号角,最能代表一个时代的风貌,最能引领一个时代的风气",希望广大文艺工作者能够围绕"实现中华民族伟大复兴"这一"近代以来中国人民最伟大的梦想","充分发挥文艺和文艺工作者的重要作用"。[参见习近平:《在文艺工作座谈会上的讲话》(2014年10月15日),中共中央文献研究室编:《十八大以来重要文献选编》(中),第121、119页]

④ 参见陈炎:《"东方美学的研究前景"笔谈·编者按》,《文史哲》2001年第1期。

21世纪则很可能是东西方文化和解与共荣的时代”。闵周植在发言中还介绍说:“2001年的第15次(国际美学)大会将在日本召开,在‘21世纪美学’的共同主题下,会上还将举行东方美学特别分组会议”,这说明“无论是在讨论的议题上,还是在会址的选择上,都说明西方学者已开始对东方美学产生了兴趣”。① 不难指出,这种因“西方学者已开始对东方美学产生了兴趣”而欢欣的心态,仍带有根深蒂固的西方中心主义色彩。与此相应的现实状况,则正是日本学者滨下昌宏所说的:“谈到我们的东方美学会是否可以和以欧美为中心运营的其他的许多有关美学的国际学会相抗衡,我的回答是否定的”,因为“国际美学会,从会议运营以及论点设定的主导权来看,其实质是‘西欧’美学会,这一点,我们作为东方人不得不承认”。② 尽管如此,2001年的这次呼和浩特会议(首届东方美学国际学术会议)和第15届国际美学大会,确实凸显了“阐释东方艺术精神、进而弘扬东方文化的历史责任”③的东方主体意识。

东方主体意识的兴起,必然要求对西方中心主义进行检讨与制衡。中国学者王德胜这样概括居优势地位的西方中心主义对东方主体性的压制与消解,他写道:

> 在20世纪的行程中,全球化之于东方国家的直接意义常常被限于“西方化”和“现代化”的主观要求之上,其中缺少某种异质文化间的互动性功能。与此同时,正由于在20世纪东西方关系史上,全球化被定位在东方向西方寻找“现代化”的基础上,所以东方民族往往忽视了自身文化内在的现代性转换因素;东方文化的现代性建构被置于“西方”的整体结构之中,其前途则被定位于“融入”或“纳入”西方文化制度的可能性,以及由此所获得的文化认同与价值肯定。
>
> 应该看到,全球化之于当代世界的发展,在经济和文化方面都有其不可忽视的双重性。一方面,随着经济一体化的扩张与强化,不同地域和民族的文化联系变得越来越密切,从而人类文化发展中的共同性问题也将越来越突出和广泛;另一方面,作为全球化进程中的强势存在,西方(尤其是美国)不仅拥有经济上的主导性力量,而且其经济优势还直接决定并巩固

① [韩]闵周植:《全球化时代东方美学的角色》,《文史哲》2001年第1期。

② [日]滨下昌宏:《东方美学的可能性》,《文史哲》2001年第1期。

③ [韩]闵周植:《全球化时代东方美学的角色》,《文史哲》2001年第1期。

着它在全球文化发展中的有利地位——西方作为一种强势文化而形成了对于其他地区、民族文化的制度性权力体系。这一双重性事实在东方民族这里便具体表现为:一方面,全球化对于东方民族及其文化生存和发展,既是无法回避的历史进程,同时也是一个巨大的文化挑战;另一方面,东方文化在迎接这一挑战过程中怎样有效地把握自身的价值存在,将直接决定全球化在当代东方的发展前景。也可以这么说,相较于此前的东西方文化关系,今天,东方民族和东方文化不仅正在经受更大规模的文化压力,而且,由于受东方民族急欲实现社会经济高速发展的功利动机驱使,这种压力现在更以其制度性的权力方式而威胁着东方文化的价值重建意志。由此,对于东方文化的具体生存和发展而言,全球化的威胁变得十分具体,其中最值得警惕的,就是西方文化借助当代人类文化共同性问题而逐步削弱东方民族对自身文化价值的现实认同感,在逐步消解东方价值观的特殊性的同时,以"经济—文化"一体性强权而剥夺东方文化话语空间。①

西方对东方的这种话语权优势,直接体现在"美学"学科的现行建制上。日本学者滨下昌宏指出:

美学这个学问体系本身是起源于欧洲的。众所周知,"美学"的译语原文是西文(英语里是 Aesthetics),我们有必要考虑到美学范畴的大部分都是由西欧哲学史派生出来的这一事实。从研究水准和历史来说,东方美学足以和西方美学相对抗,但它仍然缺乏世界性的理由,或许是出于下面的原因。首先,在19世纪以后的近代,西欧学者的东方研究是以殖民地主义和霸权主义为背景,基于东方情趣和异国情调搞起来的。因此,学问同时也有反映了国际政治利害关系的一个侧面。另外,还有必要时常确认,美学作为学科体系,它本身就有着偏向于西欧的特殊性。围绕着美学的本质性的各个问题,即感性、艺术在社会中的位置、美的理念的多样性等与东方不同的问题设定或概念,是在西欧特有的思想和精神环境下提出的。另外,在对时代思想的课题的解答(比如生态、生命伦理、人权、动物权等等)或者是像结构主义、符号论、男女平权主义、文化批判、后现代主义等等的问题提出的能力等方面,我们也必须承认西欧的学术原创性。他们面对自

① 王德胜:《全球化语境中的东方美学》,《文史哲》2001年第1期。

己所面临的问题，几乎没有把东方作为所参照的镜面，而在坚持不懈地进行内在的思想开拓。当然，在这之中，唯理主义(intellectualism)的精神传统也起了很大的作用。

他进一步指出：

事实上，我们中的大多数学者仍然是以西欧近代美学为模式来论及东方美学的。其理由确实是因为在考虑东方美学范畴时，要以西语范畴为基础，并且需要采用西欧哲学独特的理论调整的思考方法。问题不仅限于方法论，现代美学中的大多数论点也是由西欧思想出发的，即使是以印度学者为中心的“后殖民地批评”(Post-colonial criticism)，也是首先是在西欧的土壤上受到评价。①

如此一来，东方美学的主体性如何挺立？对此，韩国学者闵周植表示：

东方美学研究数量之少，并不意味着东方美学自身的肤浅。在新的世纪里，全人类需要更为统一、更为完备的美学思想。因此，活跃的东方美学研究乃是时代之要求，我们应该本着文化的多样性和普遍性共存、东方的古老传统与西方的现代精神共荣、人同自然和谐与人同社会统一同步发展的价值观，解决包括审美和艺术在内的各种各样的时代课题；我们应该恢复被机械技术所泯灭的人性，并通过感性的恢复醇化人类精神，再度认识大自然的恩泽；我们应该在东方传统中寻找到能够真正解决问题的智慧。②

宋生贵认为：

像东方文化一样，东方美学在新世纪是会有大的发展与大的作为的。但这既是机遇，同时也是挑战和使命，为此，东方美学不光不可以处于自足、自闭状态，坐待所谓“文化转向”以及西方前来“寻根”，反而须自觉而主动地面对文化全球化的新时代，在广泛的对话与交流之中，在将不同民族、不同地域的——亦即整个人类社会生存与生活作为课题加以思考与解决的实践之中，显示其价值，并从中不断寻找新的生长点，逐步建构新的东方美学体系。当代社会发展的趋势已清晰地表明，文化的全球化已成不逆之

① [日]滨下昌宏：《东方美学的可能性》，《文史哲》2001年第1期。

② [韩]闵周植：《全球化时代东方美学的角色》，《文史哲》2001年第1期。

势，这是不争的事实，走向未来的东方美学必将面临新的世界文化格局，所面对的重要问题也不仅只是民族性、地域性的，而是世界性的，所以，解决人类所面临的共同问题则应是当代东方美学的新的立足点，其价值指向也便可以从中获得新的生长点。①

处在这样的全球化语境之中，王德胜表示：

我们首先应当想到，21世纪的全球化进程不应再被视为东方向西方的"融入"，而应成为东西方文化间在寻求相互对话过程中的一种互动与合作——不同文化在各自结构性重组过程中进行着有效的价值整合。因此，"发现"东方美学体系在文化上的价值共同性，以及这种价值共同性在整个当代东方美学发展中的制度性确立方式，是东方美学在当代全球化文化语境中获得自身合法性身份和话语有效性的根本。当然，这种"发现"过程不是单纯基于民族自尊心基础上的民族性或地域性身份认同，而是为了真正获得东方美学在当代的价值立场。当代东方美学之于自身文化价值共同性的确认过程，也不是为了对抗全球化中的文化共同性层面，而是为了更大程度地实现当代东方美学对于人类文化共同性问题的解释权。②

在强调东方美学对于自身文化价值共同性的发现与确认之际，如何充分实现东西方美学的对话与互补？这也是东方美学发展所必然提出的当代性课题。必须承认，虽然东方审美价值观、东方艺术精神在东方各国的长期演化、发展中，其内部也潜在着现代性转换的种种因素，并且这种转换即便在当代文化语境中仍然有其具体的合法性。但这不等于说，当代东方美学已能全面包容当代世界、当代人类实践所遭遇的全部问题，能够全面有效地阐释当代人类精神、审美活动的全部事实与现象。特别是，随着全球化进程的不断推进，当代人类实践中的价值困惑将越来越复杂，在这种情况下，人类审美与艺术的变异同样要求通过不断扩大东方美学与西方美学及其当代发展的深入对话，使东方美学观念、艺术精神的现实合法性得到更深入的展开。以此在理论与实践互补的同时强化东方美学对于当代人类价值问题的新的阐释力度。这方面，值得更深一层探讨的问题有：东

① 宋生贵:《东方美学的当代话题》,《文史哲》2001年第1期。
② 王德胜:《全球化语境中的东方美学》,《文史哲》2001年第1期。

西方美学在全球化语境中对话与互补的必要理论根据何在？如何在克服对话过程中文化差异性的同时，又不至于取消不同文化各自的价值特殊性基础？东西方美学的传统差异如何能够通过观念互补而得到当代性的统一？所有这些问题，都应被视作当代东方美学所要解决的现实发展课题。①

东西之间互补共存的乐观憧憬，也被推广到了东方文化与东方美学内部：

到今天为止，韩国美学界与日本美学界都在各自研究本国的美学。然而，今后有必要在各自与中国美学的关系中深入考察相互之间的影响和其独特的发展倾向。正如亚里士多德的《诗学》不仅是古希腊的经典，也是整个西方乃至全人类的经典一样，《论语》《诗经》《文心雕龙》《诗品》《历代名画记》《书谱》等也不只是中国人的经典，也是韩国人和日本人的经典。当然，在韩国和日本也有与之相媲美的经典著作。考察这些东方古典美学思想在现代社会中的意味，发掘隐藏于其间的问题乃是我们的任务。②

让东方文化与东方美学成为拥有世界性话语力道的重要一元，在此基础上同西方文化与西方美学形成共存、互补、融合关系，这个愿望是合理的，但在现实中道路却注定是异常曲折的。学者们在憧憬东方美学未来前景的措辞中，不乏对现实状况的暗淡评估，例如："东方美学研究数量之少，并不意味着东方美学自身的肤浅。""东方美学在新世纪是会有大的发展与大的作为的。但这既是机遇，同时也是挑战和使命。""更大限度地实现当代东方美学对于人类文化共同性问题的解释权。""但这不等于说，当代东方美学已能全面包容当代世界、当代人类实践所遭遇的全部问题，能够全面有效地阐释当代人类精神、审美活动的全部事实与现象。"……在下一小节中我们马上就会看到，与东方美学息息相关的中国文论竟到了"失语"的地步——这一现象折射出了对中国文化发展战略进行反思与调整的必要性。

三、反思中国文论的失语问题

2008 年，《文史哲》编辑部举办"中国文论遗产的继承与重构"人文高端论坛。较之 2000 年在内蒙古举行的那次"首届东方美学国际学术会议"，"中西之

① 王德胜：《全球化语境中的东方美学》，《文史哲》2001 年第 1 期。
② ［韩］闵周植：《全球化时代东方美学的角色》，《文史哲》2001 年第 1 期。

争”问题在这次《文史哲》人文高端论坛上非但没有降温，反而有愈演愈烈之势。《文史哲》编辑部刘培稍后在《“中国文化发展战略应作方向性调整”——“文史哲杂志人文高端论坛:中国文论遗产的继承与重构”在山东大学举行》一文中，对这次高端论坛进行了深度报道。

该文指出，如何估计中国文论研究的学科现状，如何看待中国文论与西方文论的关系，是本次会议讨论的重点。四川大学曹顺庆教授在重点发言中重申了他 10 年前提出的“失语症”观点，并指出:以往几十年用西方文论指导中国文论的路走错了，导致这一学科的“学科史”成为“学科死”，中国文论作为主流话语已经死亡，因此，必须改弦更张，重新起步！曹顺庆认为，造成这一现状的原因是西方文论的话语霸权，他因此呼吁:中国文化的未来发展必须作出战略性、方向性调整，重建中国文论之路在于中国文论的中国化。曹顺庆的上述看法成为本次会议讨论的中心问题。左东岭不同意“失语症”和“学科死”的提法，相反，他认为，在近几十年来的古典文学研究中，中国文论成就最为显著，活力最强，对其他学科的辐射力度最大;与游国恩等主编的《中国文学史》相比，袁行霈主编的《中国文学史》已经实现了话语转型，这是古典文论仍然活着的显著例证。陈伯海对曹氏的看法持同情的理解，他认为在现代文论话语的建构中，我们的确冷落了中国文论，匆忙接受了西方文论，偏重外来、冷落传统仍是当前的现状。在他看来，脱离了古典文论，我们无法建构健康的当代的文艺学，但他也不同意“失语症”的提法，尤其是不同意“改弦更张”“去西方化”的研究路向，他认为问题不是中国文论走错了路，而是时代变了，古代文论没有充分进入当下的话语，当前应该做的是“激活”传统，以当代中国为本位，古今中外为我所用，具体说来就是传统的现代化、西方的本土化以及经验的理性化，从而实现中国文论的“现代转型”。高小康认为，中国文论值得继承，但应该有当代的正当性。在他看来，现代文艺学渊源于黑格尔主义，特别是其中的普世主义，而与古希腊罗马的诗学传统关系不大，我们对西方文论的黑格尔式的想象影响了我们的判断，从术语、范畴、体系诸方面来建构中国文论，这本身就是西方化;警惕掉入隐性黑格尔主义的陷阱，是我们过滤继承中国文论遗产时应注意的问题。他主张，应该把中国古代文论放到中国古典文学自身的经验背景上去，而不是植入西方文论的框架中去。王先霈认为，强调中国文论的当代合法性，是处于文化守势者的一种特有焦虑，他认为“失语症”的“失”字用语很准确，但他忧虑:排斥了西方话语之后我们如何进行思考?①

由此可见,“西方作为一种强势文化而形成了对于其他地区、民族文化的制度性权力体系”(王德胜语)②,并不会因为西方和东方一些学者道破了“西方中心主义”这一局面而自行让渡话语权力与解释空间。此前在内蒙古举行的“首届东方美学国际学术会议”上,学者们发言的字里行间所透露出来的孱弱、短板、问题、任务、险阻,在2008年度的《文史哲》人文高端论坛上被中国文论的“失语症”一词一言道尽。而与此同时,重建中国文化之主体性的战略方向选择,在一定程度上,也就同本土传统文化(包括传统文论)在当代世界重获话语权,紧密地联系在了一起。

留意观察中国人文学界宏观动向的读者会发现:2012年以后,以儒学为代表的中国传统文化自上而下地呈现出全面复兴的强劲态势;2016年“哲学社会科学工作座谈会召开,‘本土化’渐成人文研究之主流取向”③;2017年中共中央办公厅、国务院办公厅印发了《关于实施中华优秀传统文化传承发展工程的意见》。可以说,改革开放以来的中国的文以载道事业,目前正在以新文化运动以来最具建设性的姿态,鼓励以儒学为代表的中华优秀传统文化的激活、传承与发展。由此反观2000年的“首届东方美学国际学术会议”与2008年的“中国文论遗产的继承与重构”论坛,确实在很大程度上显示了时代思潮的这种调整,而再次体现了文艺(创作与研究)的时代风向标角色。与此同时,我们也必须注意到:尽管本土传统文化在面对西方强势话语而重获当代世界性话语权方面面临一系列困难,但这绝不意味着这种话语权的取得以及尤其是文化上的“中国主体”的挺立,需要以一种“夷夏之辨—攻乎异端”的偏激方式去达成。

正如在2000年召开于内蒙古的“首届东方美学国际学术会议”上,许多学者在发言中所表达过的那样:包括中国文论、东方美学在内的中国或东方传统文化资源、基因,必须切实投身到原本由西方所发起、所主导的“现代化”与“全球化”处境中,通过面对共通问题、在对话切磋中提供优越方案的方式,逐步建立高品质的世界性话语权。在这个意义上,汉语学界的西学研究非但不能削弱,反而必须随

① 本段内容取自刘培:《“中国文化发展战略应作方向性调整”——“文史哲杂志人文高端论坛:中国文论遗产的继承与重构”在山东大学举行》,《文史哲》2008年第3期。

② 王德胜:《全球化语境中的东方美学》,《文史哲》2001年第1期。

③ 《2016年度中国人文学术十大热点》,《文史哲》2017年第3期。

传统文化的复兴而同步地水涨船高,只有这样,主要以汉语为工作语言的本土传统文化研究,才会有更多、更充分的机会不断与西学对手进行实质性切磋。

第四节　左翼文学研究开新

当代中国文化分三大板块:代表共和国政治基因的红色文化、在改革开放40年间重新积聚并繁荣起来汉语西学、以儒学为主干的中国传统文化。改革开放以来迄至20世纪末,中国学界对西学、本土传统文化研究都有了长足的积累,从不同角度对中西文化进行的比较研究亦日渐丰富。相形之下,红色文化同汉语西学、本土传统文化研究之间的互动,则因时代变迁而萎缩。不过,由于红色文化是共和国政治基因的表征,自然会有各种力量驱动它与另两大板块重建新的有机联系。21世纪的到来使人们对20世纪的事情获得了一定的超脱感,对20世纪的红色文化财产进行更一般的人文审视的政治心理空间大致具备。这种相对来说更突出人情味的审视,其实也是红色文化资源重建与普通人文学术有机联系的重要途径。鉴于相关考虑,《文史哲》自2006开始设立"左翼文学问题"栏目,并于2013年辑成《左翼文学研究》论文集。[①]

鲁迅"向左转"的问题,是左翼文学研究中最引人注目的显学。若干年来,传统的鲁迅解释框架,无论是左翼论,还是启蒙论,皆无法解释鲁迅的全貌。张宁教授在《文史哲》2007年第2期上发表的《"转"而未"变"》一文,超越了左翼论与启蒙论的二元对立,力图抓住"鲁迅一以贯之的内在精神或'不变'的东西",着力揭示"它的内在结构"[②]。

实际上,李泽厚先生早在80年代即已指出:"比较起胡适和陈独秀以及其他五四时期的风云人物来,鲁迅是完全不同的人物。和陈独秀一样,鲁迅参加过辛亥革命;和胡适一样,鲁迅搞过专门的学术研究,但是他仍迥然不同于他们。在中国近代思想史上,只有他才是真正深刻的。他在发掘古典传统和现代心灵的惊人

① 《文史哲》编辑部编:《左翼文学研究》正式出版于2015年。《文史哲》资深编辑贺立华教授为本栏目主要组稿人,也是《左翼文学研究》这部论文集的执行编者。本小节的撰写,重点参考了贺立华教授为该论文集所作的前言《现代文学的重要课题:左翼文学研究》。

② 《文史哲》编辑部编:《左翼文学研究》,北京:商务印书馆,2015年,第124页。

深度上,几乎前无古人,后少来者。”[1]这种罕见的深刻性体现为“鲁迅是启蒙者又超越了启蒙”,“把体验着生和死、背负着一切苦难和黑暗、面对着历史的废墟和荒坟的情感心理,化为形上本体”。[2] 张宁在刊发于《文史哲》的那篇文章中,则进而将鲁迅精神中的这种一以贯之的内在结构概括为:直面“瞒和骗”这种“令人‘惭愧’到不愿意承认”的“原罪”般的“缺陷”,并以一种“赎罪”般的坚韧,将“民族困境和人类困境”“纳入到自己的个人困境中”。[3] 凭借这种精神结构,鲁迅一方面具有了抵御宏大叙事消解个体焦虑的根基,另一方面又能够“将个别问题普遍化和他者问题自身化”[4],从而带着一种“‘非政治’的政治性走入‘新的阵营’”[5]。

正是凭借这样一种迥然不同而又真正深刻的精神结构,鲁迅才能在卷入左翼文艺运动的同时对“一些革命作家‘专挂招牌,不讲货色’,他们对‘革命文学’的倡导是一场‘空城计’”[6]保持冷峻的“横站”批判姿态。鲁迅这种张力满满而又韧性十足的既“抵御宏大叙事消解个体焦虑”又能够“将个别问题普遍化和他者问题自身化”的精神结构(“结构性自我”),可以说,有效整合了五四新文化运动以来被持续高扬的“文艺独立”意识与传统儒家式“文以载道”理念,前所未有地“‘改变’着一种文化的内在品质”[7]。也正是在这个意义上,张钊贻教授非常实在地评论道:冯雪峰“神化鲁迅的努力”虽有失之偏颇之处,但这种努力也实实在在地“维护了鲁迅这面即将被排斥在统一战线之外的进步文化的旗帜”地位,并“在新中国成立后,将鲁迅研究建设成显学”,使得“鲁迅的真思想精神”透过这种显学成为共和国精神文化的重要组成部分。“这个真实的鲁迅,在人格上是认真和实事求是的‘新人’的模范,是各种投机和随风倒的‘聪明人’的障碍;在思想上是中国人精神革命的利器,是纯粹功利唯物论的救赎,的确是中国

---

① 李泽厚:《胡适　陈独秀　鲁迅》,《福建论坛》1987 年第 2 期,转引自李泽厚:《中国思想史论》(下),合肥:安徽文艺出版社,1999 年,第 931 页。

② 李泽厚:《胡适　陈独秀　鲁迅》,《福建论坛》1987 年第 2 期,转引自李泽厚:《中国思想史论》(下),第 937、940 页。

③ 《文史哲》编辑部编:《左翼文学研究》,第 130～134 页。

④ 《文史哲》编辑部编:《左翼文学研究》,第 134 页。

⑤ 贺立华:《前言　现代文学的重要课题:左翼文学研究》,《文史哲》编辑部编:《左翼文学研究》,第 3 页。按:“新的阵营”即“左联”。

⑥ 赵歌东:《横站的“同路人”——鲁迅与左翼文艺运动的内在联系及其姿态》,《文史哲》2012 年第 1 期。

⑦ 贺立华:《前言　现代文学的重要课题:左翼文学研究》,《文史哲》编辑部编:《左翼文学研究》,第 3 页。

新文化的一种值得重视的方向。”①

中国本土之外的左翼文学情况考察,也是这轮研究的重要增长点。相关考察扩展了对“红色30年代”图景的认识,显示出左翼文学的世界意义。

毋庸置疑,20世纪苏联的“十月革命”及其文学实践是“红色30年代”的源头。这是一场全球性的思潮与文学运动。但在当时,瞿秋白出于现实政治的需要,在译介时有意对国外的另一类左翼文化进行了遮蔽。刘林教授的《美国“红色三十年代”左翼小说论》②一文,在一定程度上填补了这个空缺。该文指出:美国“红色30年代”的小说创作在苏联“无产阶级文学”观念影响下,表现出明显的“向左转”倾向,同时延续了此前现代主义文学倡导形式创新的艺术追求,激进的无产阶级革命思想与前卫形式相融是其显著特点。美国主要左翼作家和批评家具有很强的理论反思能力,在20世纪30年代后期“法雷尔之争”或“左倾错误”讨论中,他们就批评了左翼小说中流露的口号化、政治工具论、人物形象重复单调等弊病;而且当他们警觉到左翼文学作为阶级的文学开始成为集团文学的时候,作家们就开始放弃这样的左翼创作了,这也正是美国左翼文学衰落的原因。③

黄万华教授则在《左翼文学思潮和世界华文文学》一文中指出:

> 从20世纪30年代到90年代,左翼文学思潮在台港和海外华文文学中一直有着不可忽视的影响和丰富多样的形态。即便是在20世纪70年代以后世界范围内的左翼思想相对低落的时期,台港、海外左翼华文文学仍不绝于缕。左翼文学一直构成着台港、海外华文文学的重要部分,其原因大致出于三个方面:一是台港、海外华人社会的构成及其转型强化了文学的社会功能。台港、海外华人社会的转型有其特殊性,但在20世纪30年代前后都受到了世界经济危机和反帝反殖形势的直接、重大的影响,从而直接孕育了左翼文学思潮。二是台港、海外华人作家在中国“文以载道”的传统文学观、“经世致用”的近代启蒙思潮和“启蒙教化”的五四新文化运动影响下形成了感世忧族的社会使命感。三是马列文艺思想、中国左翼文学

---

① 张钊贻:《冯雪峰“神化”鲁迅的努力、困境和贡献》,《文史哲》2016年第3期。

② 刘林:《美国“红色三十年代”左翼小说论》,《文史哲》2011年第4期。

③ 参见贺立华:《前言 现代文学的重要课题:左翼文学研究》,《文史哲》编辑部编:《左翼文学研究》,第12页。

> 理论在台港、海外华人社会的传播。例如,台湾、南洋华人社会从20世纪30年代起就有包括共产党在内的左翼政治组织的广泛活动,马列文艺思想、中国左翼文学理论一直得到传播。而在香港,港英当局出于对本国自由主义传统的尊重,使得左右翼政治势力在香港都得以容身,中共更是领导和组织左翼人士进入香港。从20世纪30年代中期起,内地左翼人士有过三次较大规模的迁徙香港。尤其是战后初期(1945～1949),中共在香港领导左翼文化力量成功地构筑成了一个包括众多报纸刊物、书店出版社、新闻机构、新办学校等在内的传播、影响机制。香港文坛左翼力量利用香港和平环境的空间,有组织地展开对毛泽东《在延安文艺座谈会上的讲话》的学习、诠释、宣传、讨论并实践左翼文艺政策,展开了富有大批判性和自我改造性的文艺运动。可以说,此时期的香港文坛是毛泽东《在延安文艺座谈会上的讲话》的相关精神在解放区以外得到最有力贯彻的地方,在不少方面成为50年代中国大陆文艺模式的先声。①

左翼文学基因的继承与左翼文学模式的转型问题,亦在最新的创作与研究中有所反映。"文以载道"意识相应地有所复苏,80年代以来的"文艺独立(纯文学)"取向因此获得些微矫正。

张宁在《命名的故事:"底层",还是"新左翼"?——大陆新世纪文学新潮的内在困境》一文中指出,20世纪80年代中期"纯文学"替代"为政治服务的文学"成为当代主宰性的文学观念,自此以往的"先锋文学""写真实""新生代""晚生代""私人化写作""后现代"均以"纯文学"为指归。从我们的角度看,这可以说是"文艺独立"意识对文以载道理念的一次挣脱。21世纪以来中国大陆文坛兴起的"底层文学"则反其道而行之,重新强调文学与社会学的融合,强调现实主义写作方法,而主要表现下岗工人和进城打工农民的生活、命运与抗争。与之相应的社会大背景则是,从20世纪90年代起,在原有的身份制社会没有结构性改变的情况下,新的社会分化便已经开始了。"底层文学"的兴起在一定程度上提示人们思考阶级分析方法的历史贡献、不当使用、未被穷尽的可能形态,及其对于当下现实的有效性等议题。②

---

① 黄万华:《左翼文学思潮和世界华文文学》,《文史哲》2007年第2期。

② 参见张宁:《命名的故事:"底层",还是"新左翼"?——大陆新世纪文学新潮的内在困境》,《文史哲》2009年第6期。

总地来看,改革开放以来的中国文、史、哲学术,正在经历全局性的本土化转向。在史学方面,上一时期居主导地位的“五种社会形态”“亚细亚生产方式”等概念的适用性遭到了深刻反思,更能体现传统中国特征的“华夏国家的‘庇护—扈从’起源论”“国家权力主导论”“郡县时代”“选举(中国传统意义上的‘选举’)社会”“宗法地主专制社会”等新的理论概括相继问世。在哲学方面,21世纪兴起的“中国哲学的合法性问题”大讨论,奏响了中国哲学(史)学科究竟应该“依傍西方哲学”还是“维护中国哲学的特质”之争的最强音,大体上历练出了一种以“本土传统资源现代化”与“古今外来资源本土化”为两翼的中国哲学(史)研究的综合创新意向。在文学方面,一方面,传统“文以载道”理念在饱经批判性审视的同时重获生机,并与“东方美学的世界地位”“中国文论的失语问题”等宏大议题和旨趣深度共振,表现出了依托本土传统资源求索世界性文艺理论话语权的意向与抱负;另一方面,左翼文学研究在“鲁迅的真精神”等名义下,着重释放了左翼文学资产中带有永恒意味的问题意识与视角思路,并高歌猛进地将左翼文学研究的视野投向了20世纪30年代到90年代的世界文坛。总之,中国传统的文、史、哲资源与红色文化基因,正在以一种深具主体性与世界视野的姿态投入到新时代文化建设的熔炉之中。在上述每一个方面,《文史哲》皆深刻介入并见证了仍在进行中的征程。

第三章　文明互鉴与中外学术交流

《文史哲》自创刊伊始，便有意识地参与国外人文学术资源的引介工作。影响深远的20世纪50年代美学大讨论，是共和国人文学术取代民国学术的标志性进程，马克思主义文艺观无疑是这场讨论的主心骨。在这一时期，《文史哲》译介了《伯林斯基的美学》[①]《普列汉诺夫的美学思想》[②]等苏联马克思主义美学作品，从一个方面折射了那一时期的中国人文学术“以苏联为师”的基本特征。

改革开放之后，中国人文学术开始了全面与世界接轨，尤其是与欧美发达国家的人文学术接轨的历程。举例来说，随着中美两国正式建交，在中国大陆处于蛰伏状态的美国现代文学研究，重新登台亮相。[③] 相应地，《文史哲》于1979年第1期发表了《美国当代作家索尔·贝娄》(陆凡)一文，并从1979年第2期开始设立“现代美国文学研究”栏目[④]。《文史哲》1980年第3期则专门刊发了3篇简短的组稿，探讨在新时期究竟应该如何看待现代西方文学作品。当代

---

① [苏联]Z·斯密尔诺瓦作:《伯林斯基的美学》，吕荧译，《文史哲》1954年第2期。

② [苏联]柯兹优拉、西多罗夫:《普列汉诺夫的美学思想》，黄嘉德译，《文史哲》1955年第12期。

③ 以山东大学英美文学研究专家黄嘉德先生为例，由中国知网检索知，黄先生在《文史哲》1963年第6期上发表过《论斯托的〈汤姆叔叔的小屋〉》这篇19世纪美国小说研究文章之后，直到1979年才有机会重新从事英美文学译介与研究，而开始发表《风筝》(《世界文学》1979年第1期)、《萧伯纳与现代戏剧》(《山东大学文科论文集刊》1979年第2期)、《评约翰·厄普代克的〈莱比特，跑吧〉》(《文史哲》1979年第6期)等文章。

④ 《文史哲》之所以能在中美建交之后迅速推出“现代美国文学研究”栏目，一个重要原因是山东大学当时有着较强的美国文学研究力量，这一学科优势的形成在很大程度上要归功于《文史哲》首届编委会成员、副社长吴富恒教授(1973年《文史哲》复刊时担任编委会副主任)。吴富恒教授是“文化大革命”之后山东大学的首任校长，其本人就是英美文学研究专家(1940年获“洛克菲勒基金会奖学金”，赴美国哈佛大学随瑞哈慈教授进修语义学和文艺评论)，1959～1966年任山东大学副校长、校党委常委期间对山东大学的晶体材料、美国文学研究等学科进行过重点扶持，更于1963年起兼任所创设的美国文学研究室主任。(参见刘光裕:《1973年〈文史哲〉复刊的回忆》，《文史哲》2011年第3期；以及《山东大学网站·山大概况·历史名人·吴富恒》，https://www.sdu.edu.cn/info/1026/1066.htm，2020年12月10日)

西方的“人道主义”“存在主义”“后现代主义”等思潮，亦随着范围更广、规模更大的译介与研究，蜂拥中国大陆。

进入21世纪，尤其是进入21世纪第二个10年以来，《文史哲》进一步明确了“厚重古典研究”的办刊风格。这一时期的《文史哲》将译介重点放在了海外汉学或海外中国学方面，所刊发的一系列文章对于拓展本土古典研究的语境和眼界具有重要意义。例如，陈怀宇《国际中国社会史大论战——以1956年中国历史分期问题讨论为中心》(《文史哲》2017年第1期)一文使汉语读者意识到，在50年代，中国历史分期问题不仅在中国本土是显学，而且牵动着国际历史学界的神经。又如，比利时学者戴卡琳的《墨家“十论”是否代表墨翟的思想？——早期子书中的“十论”标语》(《文史哲》2014年第5期)和《名还是未名：这是问题》(《文史哲》2020年第1期)、商戈令的《图像、丛生与间性——探源中国哲学的新路径》(《文史哲》2017年第3期)、倪培民的《知“道”——中国哲学中的功夫认识论》(《文史哲》2019年第4期)等文章将海外中国哲学研究的最新动态反映到了汉语学界。

与此同时，《文史哲》同仁也日渐认识到，随着中国节节复兴，中国文化走出去并在更高层次上与包括西方在内的外国文化进行良性互动，必将成为新的时代要求。基于对相关背景的考量，以及对可行途径的研判，《文史哲》于2014年创刊国际版(英文版)。本章将主要讲述《文史哲》国际版(JOCH)的创刊背景、创刊设想，及其这些年来所对外推介的主要选题。

第一节　《文史哲》国际版(JOCH)的创刊背景与办刊设想

一、背景一：中华文明开始对欧美文明构成“挑战”[①]

改革开放以来经历了数十年高速发展(且仍在快速发展)的中国，目前已经基于无法掩藏的实力，在商品生产、金融规则、发展模式与理念、国际政治等层面，让欧美西方世界日益感到不安。随着中国在全球的经济和政治影响力增强，越来越多的欧美学者和政客开始感受到来自中国的“挑战”。

---

① 本小节内容取自谭明冉《中华文明对欧美文明的挑战》[尼山世界文明论坛组委会编著:《世界文明对话研究报告(2002～2012年)》,北京:人民出版社,2013年,第51～64页],有所删节和改动。

自从1979年改革开放以来，中国以其渐进的改革方式获得了成功，变成了全球的加工业中心，“中国制造”成了大众消费品的代名词。到2006年，中国已经生产全世界的三分之二的复印机、鞋子、玩具和微波炉；二分之一的DVD播放器、数码相机和纺织品；三分之一的DVD-ROM驱动器和台式电脑以及四分之一的汽车、电视和汽车音响。中国的外汇积累高达1.8万亿美元。这种成功的经验和巨大的财力后盾使中国在国际舞台上的声音越来越受到重视。

第一，中国经济实力的高速攀升，大大削弱了美国主导的金融机构，如IMF和世界银行等的国际地位。这些机构自诞生以来，其决策权便一直掌握在西方人手里，成为维护欧美强国利益的重要工具。随着中国经济的世界化比重激增，中国提出了改革这些机构的要求。2008年，温家宝提出，像IMF等全球机构应当给发展中国家更多的发言权，应当监督美国的金融机构和美元体系。同时，中国还拒绝了IMF所要求的自由汇率政策，认为那是国家主权，不可割让。

更令美国担忧的是中国以其无附加条款式的经济援助对世界银行和IMF等机构釜底抽薪。中国以其1.3万亿的贷款储备使IMF的350亿相形见绌。它使许多国家不需要忍受西方人的说教和冒着自身政府崩溃的危险，就可以获得想要的资助。毫无疑问，随着这种形势的发展，西方的影响会被进一步削弱。

第二，最令美国和西方焦虑的是中国的经济发展模式广泛地为第三世界所效法。按照西方学者的观点，这种模式严重地削弱或取代了华盛顿共识(认为民主政治改革是经济发展的前提)所制定的发展模式，从而大大地削弱了美国的民主和自由市场的价值观的传播。甚至美国的盟友，英国国际发展部也承认，并没有什么明确证据说明民主能够带来经济发展。①

用“北京共识”这一名词的缔造者Joshua Cooper Ramo的话说，在一个被强大的引力中心(指美国)主宰的世界中，中国不仅为发展中国家找到了一条发展的道路，而且还指出了如何在保持自身独立和生活方式的情况下融入世界秩序。② 总之，中国的发展促进了世界走向多极，破坏了美国1991所设想的车轴一轮辐式的世界体系，即：所有国家都要通过美国(美元)来与另一国交往。

---

① Halper Stefan, *The Beijing Consensus: How China's Authoritarian Model Will Dominate the Twenty-first Century*, New York: Basic Books, 2010, p.125.

② Peerenboom Randall, *China's Modernizes: Threat to the West or Model for the Rest?* New York: Oxford University Press, 2007, p.7.

同时,它也说明了这样一个事实:美国的民主加自由市场的发展模式在其他国家并非唯一有效的模式。

第三,在政治上,中国一方面在现有国际秩序内谋求最大的活动空间,另一方面则建立自己主导的国际组织,捍卫自己的利益。结果是,中国在"蚕食"西方。①

中国并没有直接与美国对抗,而是采取巧妙而实用的外交政策,积极地在联合国、WHO和WTO等组织中扩大自己的影响。但是,中国始终坚持尊重主权、不干涉别国内政和不颠覆别国政权的原则。这种巧妙的外交使美国在国际舞台上的欢迎度大打折扣,从1995年在联合国大会上50.6%的得票率降到2006年的23.6%;在人权事务上,则由57%降至22%。相应地,同期的中国得票率则由43%飙升至82%。有研究者据此得出结论说,联合国正在成为中国世界观的扬声器。②

同时,中国也开始建立自己主导的国际组织,包括东亚峰会、中非合作论坛、上海合作组织等。例如,在2009金砖四国峰会上,中俄在讨论如何在没有美国的情况下进行贸易和资助。时任俄罗斯总统梅德杰维夫称之为"建立一个多极世界秩序,走出单极的世界体系"。不同于NATO和欧盟,这些组织体现出中国在尊重主权、避免对抗的基础上重建世界秩序的意愿。

可以说,通过奉行聆听和微笑外交,中国在以非对抗的方式推行自己的价值观。从短期或中期的角度来看,越来越多的国家会接受中国的尊重主权和国际间民主的诉求,特别是中国的发展模式。

二、背景二:中西文化交流的极端不对称格局亟待改善

近代以来的中国历史,从一定角度看简直就是一部"西化"史。1840～1842年的鸦片战争失败,迫使传统中国不得不正视现代西方的器物文明;1894～1895年的甲午中日战争,洋务运动之中国不敌明治维新之日本,中国当局终于开始从政治制度层面思变;1905年科举制度正式废除,1911年辛亥革命终结了清朝帝制,为进一步革除帝制复辟的文化心理基础,以《新青年》与五四新文化运动,进

① Halper Stefan, *The Beijing Consensus: How China's Authoritarian Model Will Dominate the Twenty-first Century*, Preface.

② Leonard Mark, *What Does China Think*? London: Fourth Estate, 2008, pp.129-130.

一步将"打孔家店"与"全盘西化"思潮推向中国前台。发生在中国的数千年未有之大变局,实属19世纪西方列强兴起之后,欧美文明风靡世界进程的重要组成部分。欧美所代表的西方现代文明成了现代化和文明的代名词,西化被认为是现代化的唯一途径,西化的程度被奉为进步的指标。在表象层面,先是英国的礼帽和文明棍风靡民国时代,后是麦当劳、肯德基等快餐店在中国遍地开花。时至今日,好莱坞电影、美国牛仔裤和留学欧美还是中国和世界各国中产阶级的主流爱好。可以说,包括中国在内的世界文化正在欧美化。西方学者对此有入木三分的概括:"很清楚,西方文明的故事已成为人类的故事;它的影响力如此广大,使其对手——别的文明显得毫无意义。"①

改革开放以来,在以开放促改革的时代潮流下,西方的人文社会科学被成建制地移植为中国人文社会科学。"十一届三中全会以来,大陆学界与整个中国社会一起敞开大门,积极引入各种西方人文社会科学思潮。这时学术的对外开放,比'五四'时期有过之而无不及。西方学术观念、方法的挤入与流行,是40年间中国人文社会科学史上的最重要事件。系统论、信息论、控制论、耗散结构论、接受学、士绅理论,年鉴学派理论、市民社会理论、公平正义理论、文明冲突理论、地方性知识、文化资本、知识考古学、新文化史、公共领域理论、解释学、符号学、福利社会主义、新自由主义、制度经济学、后现代主义、建构主义、解构主义、新符号论和女性主义等西方新思潮、新观念、新方法,都在'拿来主义'的口号下,大规模引入国内。《走向世界丛书》《走向未来丛书》《汉译世界学术名著》《海外中国研究丛书》《文化:中国与世界》《世界现代化进程研究丛书》《海外汉学丛书》《外国法律文库》《外国律师丛书》《当代经济学系列丛书》《日本学者研究中国史论著选译》等,在一段时间内,充当了引进西方学术思想的桥梁。这种对西方学者论著的大规模翻译和刻意学习与模仿,深刻左右乃至根本改变了大陆人文社会科学的学术走向。不仅治学的理论、观念与方法的引进,使中国学术发生了革命性变迁,我国的学科体系和学术体系在近40年的短时间内,也几乎走过了西方近200年的行程。经济学、法学、政治学、管理学等,几乎全部

① Jacques Martin, *When China Rules the World*: *The Rise of the Middle Kingdom and the End of the Western World*, London: Allen Lane,2008, p.45.本自然段后半部分取自谭明冉《中华文明对欧美文明的挑战》,[尼山世界文明论坛组委会编著:《世界文明对话研究报告(2002～2012年)》,第56页],略有调整。

照搬和原封移植自欧美。甚至我们的大学教材,最初也是改编或编译自欧美,到后来,经济学、管理学、法学、政治学等学科,干脆直接使用'英文原版教科书'"。可以说,当今中国对现代西方学术已经有了近乎全方位的深入了解。"不仅学科设置,我国整个社会科学学科体系、学位制度均是以欧美为蓝本建立起来的,这个体系和制度的所有版块和层面也均来自西方",来自于"对西方现成的学科体系的全盘性的横向照搬"。①

相形之下,尽管中国在2007年已经成长为世界第三大经济体,2010年成为世界第二大经济体,是当今世界上唯一拥有联合国产业分类中全部工业门类的国家,2008年博士学位授予数量超过美国而成为世界上最大的博士学位授予国家,但西方对中国文化尤其是中国人文传统的了解却并无结构性改善,在人文社会科学的一些重要领域甚至还出现了严重的退步。

以中国哲学在美国大学的处境为例。2006年,著名的Leiter Report blog曾贴出费尔菲尔德大学Manyul Im教授关于"中国哲学博士培养危机"的帖子②,2008年秋,《美国哲学学会通讯》(*APA Newsletter*)专门就此话题推出包括1篇主持人手记、9篇笔谈、2份统计数据的专辑。相关资料显示,排名位居前十的密歇根大学与斯坦福大学哲学系,早先均设立中国哲学教授职位,并培养中国哲学博士。加州大学伯克利分校哲学系(亦位居前十)后来居上,亦具备独立培养中国哲学研究生的实力。但现在,这三所顶尖哲学系都不再聘用中国哲学专家,也不再招收中国哲学研究生。更糟糕的是,排名前二十五的哲学系中,目前连一位对中国哲学研究感兴趣的教员都没有。即便将统计范围放宽到排名前五十的哲学系,总共4所哲学系各有1名教员对中国哲学感兴趣,但无一具备阅读"文言文"的素养。仅存的硕果——与曾经的密歇根、斯坦福、伯克利并驾齐驱的中国哲学研究重镇——夏威夷大学哲学系,近年来人丁兴旺,成为研究中国哲学的最好去处。但因被认为带有"大陆哲学"倾向,夏威夷大哲学系虽然拥有顶级的中国哲学项目(top programs),但在分析哲学主导的排名体

---

① 王学典:《学术上的巨大转型:人文社会科学40年回顾》,《中华读书报》,2019年1月2日。

② 相关信息可参考Amy Olberding, "From the Guest Editor," Chang-Seong Hong ed., *APA Newsletter on Asian and Asian-American Philosophers and Philosophies*, Vol.8 No.1 (Fall 2008): 1-2。本文本自然段至本节末整合了王学典、邹晓东《西方儒学研究新动向》一文的最后一节"问题与困难"(王学典:《把中国"中国化"——人文社会科学的近期走向》,上海:上海人民出版社,2017年,第72页),并结合英文材料进行了扩充。

系(ranked programs)中却并不靠前。[①] 据统计，在美国学界，专职的康德哲学研究者∶专职的中国哲学研究者＝33∶1；专职的中世纪哲学研究者:专职的中国哲学研究者＝19∶1。就现实中的研究力量分配而言，2500年的中国哲学史，仅抵得上中世纪的一个安瑟伦(Anselm)或邓·司各脱(Duns Scotus)。[②]

与改革开放四十年来中国几乎全盘移植了西方发达国家的文化研究与教育体制，当今中国西学书籍、西学论文、西学讲座、西学学者、西学学科、西学课题、西学课程在中国大学和研究机构遍地林立相比，美国大学中的中国哲学研究力量分布简直可以忽略不计的情形，足以例示当今中西文化交流格局是何等失衡。如果中国仍处在积贫积弱状态，则人文学术交流的上述不平衡格局在现实中或许根本无伤大雅，因为积贫积弱的中国几乎不会主动对西方构成任何挑战。但中国毕竟已经今非昔比，在中国日益崛起的时代背景下，无论是为了夯实国际和平的文化基础，还是为要享受异质文化交流互鉴的红利，上述极端不平衡的文化交流格局都应该尽快作出调整。

三、创办《文史哲》国际版(JOCH)助推西方学界更好理解人文中国

自中国进入近代以来，中国与西方的文化交流便极不对等。中国对西方的了解，要远远多于西方对中国的了解。长期以来，欧美发达国家一直在享受着"西方中心主义"带来的优势地位，而当今的中西文明冲突则往往缘于西方对中国文化的生疏与隔膜。毋庸讳言，与历史上所有其他大国的崛起一样，中国之崛起势必引起世界文明秩序的重构。在全球化背景下，中国的和平崛起当然意味着中国进一步世界化，而与此同时，随着中国政治经济文化的巨大变迁对世界的影响越来越广泛深刻，国际学界势必将日益绕不过"中国问题"。中西在文化上的生疏与隔膜状态，因而变得比以往任何时候都不可取；甚至，这种生疏与隔膜，比以往任何时候都更具潜在的危险性。世界需要了解中国，既要了解中国的经济、科技、政治、军事等硬指标、硬能力，也要了解中国的人文学术动向。

---

① Norden(万百安)的观察与评论参见 Bryan W. Van Norden, "Three Questions about the Crisis in Chinese Philosophy," Chang-Seong Hong ed., *APA Newsletter on Asian and Asian-American Philosophers and Philosophies*, Vol.8 No.1 (Fall 2008):3-6。

② Justin Tiwald, "A Case for Chinese Philosophy," Chang-Seong Hong ed., *APA Newsletter on Asian and Asian-American Philosophers and Philosophies*, Vol.8 No.1 (Fall 2008): 6-7.

毕竟,正是柔软的人在造就并运用着上述硬指标、硬能力。

然而,西方世界缺乏了解中华文化的有效渠道。以中国哲学在美国大学极其惨淡的研究力量分布状况为鉴,可以说,单凭现有的学术建制和研究力量,西方学界几乎不可能在短时期内自行打造出直通当今中国本土人文学术研究现状的高端学刊。个中原因恰恰在于,西方学术界的现有建制和规则,既是西方主流学界不了解中华文化的果,又是阻碍西方主流学界扩大中华文化研究规模的因——因果循环造成了难以逾越的瓶颈。在短时间内,西方学界几乎无法自主地生长出堪与当今中国影响力相称的、能较全面反映中国人文研究现状的高端学刊。那么,中国一方有无能力和意愿助推一把呢?

从国家层面来看,两个多世纪以来近乎一边倒的学术文化"引进来"的局面正在因为中国的和平崛起而出现转机,"中国文化走出去""打造与综合国力相称的文化软实力"的呼声此起彼伏。从中国期刊的经营策略来看,全球化与中国和平崛起使得中国日益全方位地成为世界化的中国,任何一家中国人文学刊要想赢得更为长远的发展,就必须至少成为世界汉学学术圈中的更为重要的一员,就此而言,单是谨守于中文版恐怕已远远不够。

基于上述考虑,并基于 60 余年来发行至 30 多个国家和地区、2008 年海外订户达 545 家、世界著名大学的图书馆大都订阅并收藏《文史哲》、哈佛大学更将《文史哲》与《历史研究》《考古》《文物》列为所认可的四家中国大陆学术期刊的海外影响力。2011 年,在纪念创刊 60 周年之际,按照山东大学时任主要领导的部署,《文史哲》老树新桠正式确立了创办国际版(英文版)的计划。按照设想,面向国际学坛的《文史哲(英文版)》,将着重向英文世界介绍中国人文研究的最新成果,并致力于从人文角度诠释中国所发生的重大变迁。①

《文史哲》国际版英文名称为"*Journal of Chinese Humanities*"(直译为"中国人文学刊"),由《文史哲》国际版编辑部与具有 330 多年历史、目前正大力开拓亚洲市场的欧洲(荷兰)著名的博睿学术出版社(Brill)合作推出。《文史哲》国际版(英文版)严格遵循国际学术规范,实行同行评审制度。其编委由余英

---

①　本节以上文字,取自王学典主编为《文史哲》国际版(JOCH)首期撰写的发刊词,有所调整。原文参见 Wang Xuedian, Editor's Note: Introduction to the Inaugural Issue, *Journal of Chinese Humanities* 1(2015): 1-3。本节自此以下文字取自《文史哲》(国际版)编辑部主任李扬眉所撰《老树新桠——一本老牌人文学术期刊的英文版养成记》(《文汇报》2016 年 9 月 12 日),有所调整。

时、王靖宇、王德威、林毓生、何肯、柯马丁、安乐哲、沙尔夫、李伯重、周绍明、池田知久、斯波义信、陈来、葛兆光、庞朴等世界一流学者及国内权威学者组成，有助于杂志对国际学术前沿保持敏感、进行对话。

在现今的中国学界创办一份人文学科的英文刊物，实在是一桩筚路蓝缕的艰难工程。虽然过去若干年来，国内已涌现出多家英文学术期刊，但对于《文史哲》杂志所长期耕耘的中国古典学术而言，究竟选择怎样的方式、形态和成果去主动“呈现”给西方学界才是真正有益和有价值的，迄今尚未有任何成熟的典范可供参鉴。对此，《文史哲》主编王学典教授自始便提出：《文史哲》国际版（英文版）绝不能简单地照搬中文版的既定模式，不是以学科为单元，而要以专题为形式，以问题为中心，将大陆学界一流的作品推介出去。随后，经过反复商讨，创刊号主题被确定为“中国社会形态”。为何要在创刊之初便“着力于对漫长的秦至清末两千年间中国社会的性质进行讨论”？这是因为“中国古代社会发展的道路问题，是百年来中国学术界关注的最重要的问题之一，此一问题的厘定，关系到世界历史叙事方式在中国的成败”，而“此举是想帮助海外学术界更好地理解中国变迁的历史根蒂与中国崛起的历史奥秘”。围绕着这一主题，编辑部遴选了若干旨在表现中国古代社会形态的新概念和新模型、能够反映当今中国代表性学者最新探索的文章，如已故张金光教授论述中国古代社会为“国家体制式社会形态”，以及李若晖教授将秦至清末这一长时段概括为“郡县制时代”的文章等。

文章选定之后，如何将其转化为适合西方读者胃口的食粮呢？在当今全球化和文化多元化的背景之下，中西方语言世界比之前更加需要系统、全面和深入地了解对方的社会、思潮与学术，并在此基础上形成交流和互动，而这一了解与沟通之道必然需要通过不同语言的互译来着手。但正是在翻译问题上，编辑部遇到了此前未曾料想到的困难。最初的方案是由作者本人推荐人选来翻译各自的文章，但这一轮的译本在后来的审订中全军覆没。此后又请山东大学翻译系的老师们重新进行翻译，结果仍然有半数左右的译本无法采用。这正如《文史哲》前主编陈炎教授后来所指出的那样，翻译是中国文化走出去的一种模式，但古典学术文章翻译特别难；《吉林大学社会科学学报》主编刘文山后来也在《文史哲》国际版（英文版）创刊研讨会上强调，在语言方面，一定要符合国际规范，符合外国人的阅读习惯，让人家能读、读得懂、喜欢读，读起来非常顺畅优美,否则就达不到交流的目的。①

为了更加切合英文世界的学术及语言实际,国际版(英文版)编辑部引进了两位全新的骨干,一位是香港科技大学人文学部教授、担任《文史哲》国际版(英文版)常务副主编的王心扬先生,另一位则是执教于山东大学儒学高等研究院、担任国际版(英文版)副主编的孟巍隆博士(Benjamin Hammer)。王心扬教授是恢复高考后南开大学的第一届本科生,又于1979年通过考试提前攻读硕士学位,后在耶鲁大学获得硕士、博士学位,长期执教于美国、新加坡和中国香港等地。他主攻美国史,也发表过若干关于魏晋政治史的论著,为学处世温柔敦厚,一派长者风范。孟巍隆(BenjaminHammer)则是北京大学获中国古典文献学博士学位的第一位欧美人,不仅极富语言天赋,而且每每谈及他所钟情的版本学、训诂学,双目便熠熠生辉。这一颇为"罕见"的学术偏好加语言优势,使他成为《文史哲》国际版(英文版)可遇而不可求的人才。

国际版(英文版)的各项筹备工作由此切实铺展开来。在副主编孟巍隆博士的多方联络之下,英文版翻译的主力,也调整为母语为英语、专业为中国古典学术的研究生或青年学者。经过一年多的努力,《文史哲》国际版(英文版)创刊号终于得以面世。2014年6月25日,"方法与路径:中国文化如何走出去"学术研讨会暨《文史哲》国际版(英文版)*Journal of Chinese Humanities* 首发式在青岛举行。来自中国社会科学院、北京大学、清华大学、北京外国语大学、中国人民大学、北京师范大学、复旦大学、南京大学、浙江大学、四川大学、武汉大学、吉林大学、厦门大学、山东大学等高校的30多位专家学者参加会议。与会学者围绕"制约中国文化'走出去'的瓶颈在哪里""中国学术文化在现阶段应该通过哪些方式和路径'走出去'""西方学术世界需要怎样的由中国学界主办的、有关中国学术研究的英文期刊""在全球化背景下中国学术文化欲在世界学术体系中树立起自身话语权,还需作出哪些努力"等议题展开讨论,并在众多问题上取得重要共识。与会学者还就《文史哲》国际版(英文版)的进一步发展提出诸多建设性意见。本次由《文史哲》编辑部主办的学术研讨会,也是改革开放以来中

---

① 《文史哲》前主编韩凌轩先生也表示:"《文史哲》英文版的诞生历经10多年,从一个方面说明了中国高校学术期刊以英语介绍中国古典学术的艰难。最大的困难是,精通英语且中国古典学术水平高的学者型编辑人才极其匮乏。"(赵文吉、孙宜山:《山东大学迈向世界一流大学的重要一步——〈文史哲〉杂志英文版创刊号首发之际访韩凌轩教授》,http://www.rxgdyjy.sdu.edu.cn/info/1015/2709.htm)

国学界首次会商“学术走出去”问题，而创办《文史哲》国际版(英文版)正是山东大学参与国际人文社科对话交流的一项重要举措，也是《文史哲》编辑部尝试推动国际学术格局转变的努力。① 教育部社科司规划处处长徐青森、全国哲学社会规划办公室调研处处长洪波肯定了《文史哲》国际版(英文版)的创刊对中国文化走出去的积极影响，希望《文史哲》国际版(英文版)保持鲜明的中国风格、时代风格，坚持高水准的学术品位，提高中国人文学术在世界上的影响力。②

致力于向世界介绍中国人文研究最新及最富代表性的成果，是《文史哲》国际版(英文版)最基本的创刊目标。迄今，《文史哲》国际版(英文版)已出版6卷12期，主题分别是：“Forms and Formation of Chinese Society”(中国社会形态问题)、“Dialogue Between Civilizations”(世界文明对话)、“Ming and Qing Dynasty Literature”(明清文学)、“Early Confucian Thought”(早期儒家思想)、“Ancient Chinese Myth and Legend”(中国古代神话与传说)、“Historical Memory and Changing Paradigms”(历史记忆与范式变迁)、“The Possibility of Political Meritocracy in China”(贤能政治在中国)、“Doaism and Sacred Spaces”(道教的神圣空间)、“Between Fact and Legend: Xia Dynasty Historiography”(在传说与真实之间：夏朝史学研究)、“International Security in Ancient East Asia”(古代东亚秩序)、“Reevaluating the Traditional Confucian Division between Mencius and Xunzi”(重估孟荀二分的儒学格局)、“Limitations of the Tang-Song Transition Theory”(反思唐宋变革论)。可以说《文史哲》国际版(英文版)的持续发行，为中国人文学术跨越语言的藩篱和既有的受众范围，为中国人文学术直达英文世界那些对中国文明感兴趣的人们，又搭建了一条津梁，以便西方主流学术界更多听到中国学者的声音。③

创刊8年来，《文史哲》国际版(英文版)得到了国际汉学界的广泛接受和认可。例如，创刊号面世后不久，哈佛大学终身教授、著名中国学研究学者包弼德(Peter K. Bol)即发来贺词：“恭喜博睿出版社和山东大学通过翻译工作将当代

① 参见王绍樱：《〈文史哲〉英文版首发式在青岛举行》，http://www.rxgdyjy.sdu.edu.cn/info/1015/2708.htm。

② 参见王绍樱：《〈文史哲〉英文版首发式在青岛举行》，http://www.rxgdyjy.sdu.edu.cn/info/1015/2708.htm。

③ 参见王绍樱：《〈文史哲〉英文版首发式在青岛举行》，http://www.rxgdyjy.sdu.edu.cn/info/1015/2708.htm。

中国人文研究成果带给了广大的海外人文学者!”斯坦福大学人文科学名誉教授王靖宇表示:“《文史哲》国际版(英文版)是对西方汉学研究的重要补充,我要建议学生以及学者们充分利用这份新杂志。它把中国大陆的学术成果带给了英语世界的读者,是研究中国文学、历史、哲学的珍贵的第一手材料资源。现在,借由这份杂志,中国学者可以在国际对话中发出更响亮的声音,而西方学者也能加深、扩大自己的研究。这对学界整体以及受益的个体而言,都是难得的福音。”经过数年努力之后,《文史哲》国际版(英文版)于2018年被Scopus数据库收录①,2019年又再次顺利通过专家审核被收入欧洲ERIH PLUS索引(欧洲人文社会科学研究索引)②。上述一系列正面反馈,虽然并不意味着《文史哲》国际版(英文版)的办刊理路已臻完美,但无疑是对刊物定位、办刊策略的巨大鼓励。

《文史哲》国际版(英文版)的成长路才刚刚开头,正如“中国文化走出去”正在落实为自觉的行动一样。迄今,“西学东渐”几乎一直是中外学术交流不变的基调。且不论我国社会科学的基本预设“舶来”的成分居多,传统古典学研究也长期受“东洋”以及“西洋”汉学研究的影响,源源不断地向海外学界输送材料,再转而输入对方的理论资源和思想成果。这种状况一日不改变,中国人文研究的独立品格便无法真正树立,中国人文研究在世界汉学研究中的边缘地位也就无法从根本上得到扭转。其实,那些能够真实而深切地反映中国自身社会、历史、思想、文学等各方面状况的研究,从来都是海外中国研究中最具价值和最富活力的部分;而伴随着中国的崛起,中国人文研究的自我阐释、自我认知势必会得到国际学界越来越多的重视。在这一过程中,《文史哲》国际版(英文版)将坚持不懈地打造一个具有整合力、多元化而不失个性的开放性学术平台,尽力成

---

① Scopus是全球规模最大的摘要和引文数据库,由全球著名出版商爱思唯尔(Elsevier)研发,学科覆盖全面,涵括四大门类27个学科领域;收录了来自全球5000多家国际出版商超过40多种语言的22000多种来源文献,文献类型包括期刊、会议论文、丛书、专利等。近年来,Scopus的期刊评价指标SNIP(篇均来源期刊标准影响)和SJR(声望指数)广泛应用于学术评价。由于其数据具有广泛性、准确性和代表性等特点,“QS世界大学排名”(QS World University Rankings)、《泰晤士报》(*The Times*)发布的“英国大学综合排名和专业排名”(University League Table)以及上海软科发布的“中国最好大学排名”等多种大学排行榜均将Scopus数据库作为重要的数据来源和排行依据。

② ERIH PLUS索引于2008年由欧洲科学基金会创办,是欧洲学界体量较大、颇具影响力的研究参考索引,目前由挪威教育科研部下属的挪威研究指数中心管理。收入ERIH PLUS索引将大幅提高《文史哲》国际版在欧洲学界的知名度。

为这一历程的参与者和推动者。《文史哲》杂志将借由中文版和国际版(英文版)的互动,在国内学界和国际汉学界之间搭建一座双向互动的桥梁,使国际版(英文版)成为西方学界了解中国大陆学界成果和动态的重要窗口,同时也使中文版成为中国大陆学界了解西方学界的重要窗口。

第二节 JOCH视野中的儒家伦理与古代东亚秩序

“思想家淡出,学问家凸显”被认为是20世纪90年代以来中国学界的一大显著趋势。进入21世纪以来,这一趋势开始逆转。宏观视角、问题意识、理论探索,在中国人文学界开始重新受到重视;有材料无观点、碎片化、回避现实关怀的研究路数,开始受到批评。① 这些方法论层面的反思与主张并非孤立的现象,而是与当今中国正在由模仿西方、复制西方向以中国为主体并自主创新的新发展阶段迈进的宏观现实息息相关。围绕当今中国人文学界的一系列重大议题,遴选一批主题鲜明的代表性文章译介到英语学界,无疑有助于西方人士透过人文学术更好地理解当今中国。JOCH已出的专辑,既涉及“世界文明对话”“贤能政治在中国”“重估孟荀二分的儒学格局”等在当今视野下调动古典资源的选题,亦包括“古代东亚秩序”“中国社会形态问题”“反思唐宋变革论”等重大古典研究选题。相关论文一致表明,眼下正如火如荼开展着的中国传统思想、制度、社会研究,无不与世界文明、东亚视角、西方话语、当今中国现实,有着密不可分的勾连与耦合。

一、比较视阈下的儒家伦理与政治传统

进入21世纪第二个10年以来,中国在世界上更加积极有为,中国文化走出去的呼声也日益强劲。自2010年开始,以儒家创始人孔子诞生地命名的尼山世界文明论坛,每两年推出一届。相应地,新创刊的《文史哲》国际版(JOCH)

① 参见章开沅:《辛亥革命研究60年:从无到有,从宏大到专精》,《中华读书报》2011年3月16日;王学典、郭震旦:《重建史学的宏大叙事》,《近代史研究》2012年第5期;王学典:《历史研究为什么需要“理论”?——与青年学生谈治学》,《思想战线》2019年第5期;王学典:《历史研究为什么需要“问题意识”——与青年学生谈治学之二》,《北京师范大学学报(社会科学版)》2020年第6期。当然,“碎片化”对学术的精深化、精致化亦有助益,可参考王笛:《不必担忧“碎片化”》,《近代史研究》2012年第4期;罗志田:《非碎无以立通:简论以碎片为基础的史学》,《近代史研究》2012年第4期。

1.2期(第1卷第2期),遂推出了"世界文明对话"专辑。

我们知道,在过去几百年中,众多欧洲国家的现代语言中都开始使用"黄金法则"一词来代指"己所欲,施于人"这一箴言。犹太学者浦安迪(Andrew H. Plaks)教授在《美好的理想与含糊的现实:儒家学派和犹太教对"黄金法则"的评注中存在的值得推敲的问题》一文中指出,这一箴言在基督教、犹太教、伊斯兰教、印度教、琐罗亚斯德教、佛教、巴哈伊教、古希腊哲学以及中国儒家等宗教、文化经典中普遍存在。在他看来,儒家的经典著作《论语》在相关章节中使用了和犹太圣贤希勒尔同样的话——"己所不欲,勿施于人",并将这一原则作为贯穿整个儒家思想的核心内容。更重的是,《孟子》"万物皆备于我"和王阳明"天地万物一体之仁"等命题,将此箴言从人际关系层次提升到了对世间万物的精神认同高度。傅有德和王强伟则在《古代犹太教与早期儒家孝道之比较》一文中,展示了古代犹太教和早期儒家极其相似的孝道主张,进而基于神本主义与人本主义的对比,分析了二者在孝行的程度、"孝"的外延与范围、孝道在两种文化中的地位上的差异。

除此之外,儒家伦理还同亚里士多德哲学、基督教思想存在诸多相似之处。作为古希腊哲学专家,谢文郁针对许多学者认为"儒家伦理乃是一种德性伦理、与亚里士多德伦理学高度相似"的观点,检讨了后天习成意义上的德性与修身养性意义上的本性(也被视为一种德性)之间的概念差别,着重展示了亚里士多德德性伦理学与儒家思孟派(《中庸》《孟子》)德性伦理学在思维方式上的深刻差异。谢大卫在《"善"与"善的生活":孔子与基督》一文中援引西方学者的相关观点认为,"仁"的观念在儒学中变得比"天"更具人性的吸引力,而在希伯来—基督教传统中"人性"的因素同样在持续增强,"作为具体的人的拿撒勒的耶稣"可谓这一进程的顶点,孔子和耶稣能够跨越地域藩篱而成功吸引对方世界中的人们,原因大概正在于此。

儒学与犹太教、古希腊哲学、基督教之间的相通之处,在一定程度上强化着儒学在当今复兴的信心,而复兴中的儒学必须进一步回答如何处理"传统与现代""世界与本土"的关系这两个重大问题。姚新中《传统与现代化:全球化时代的儒家伦理》、理查德·沃林《西方眼光之下:对儒学复兴的批判性反思》两文,在这两个问题意识下,对儒学在当今中国的复兴,以及儒学在全球化时代的地位进行了反思。姚新中认为,在现代化和全球化进程中道德变迁不是单一维度的变化，儒家思想的双层性质让在现代世界中同时保留传统伦理和形成新的伦理生活方式成为可能。沃林则在文中对“儒学复兴”这一“在当代中国的文化和知识领域中毫无疑问是最值得注意的一大特点”进行了关注，历数儒学在当代中国的曲折命运，认为当今的“儒家思想复兴是中国成功实现向现代化的过渡之后寻求与其珍贵的历史根基与传统重新建立联系”的一种努力，至于“除了以一种令人愉快的文化虚饰的形式做些门面功夫，儒家思想的复兴还能否为如今不可逆转且激动人心的社会经济转型提供更多不可替代的支撑”则有待进一步观察。

尼山世界文明论坛的持续举办，堪称中国传统文化之主干——儒学——复兴的一个重要标志。那么，儒学的复兴，与当代中国现实之间又有着怎样的关联呢？如前所述，2016 年加拿大在华政治学者贝淡宁的《贤能政治：为什么尚贤制比选举民主制更适合中国》(以下简称《贤能政治》)出版，引发广泛讨论。《文史哲》国际版(JOCH)4.1 期遂聚焦“中国贤能政治的可行性”，收录了学界关于“贤能政治”的争论以及贝淡宁的独家回应。

《贤能政治》一书认为，中国的政治尚贤制能够选拔出更具长远眼光和全局意识的领导者，比西方的民主制更适合像中国这样的大国。章永乐在《贤能政治的未来——评贝淡宁〈贤能政治：为什么尚贤制比选举民主制更适合中国〉》一文中表示：尽管后冷战时期是一个政治想象贫困化的时期，但种种迹象都在表明，我们正在进入国际体系大变动的时代。贝淡宁的《贤能政治》正是在这样一个新的历史时刻产生的思想成果。这本书面对西方的读者，大胆地提出选举民主并不是唯一的政治发展目标选项，贤能政治可以成为新的政治发展目标。《贤能政治》阐述了贤能政治的评价标准，探讨了制度层面的挑战与困难，并提炼出了贤能政治的不同模式。《贤能政治》是一个对古典中国的贤能政治遗产、20 世纪平等革命遗产与当代主流的竞争性选举政体经验进行综合的方案，而不是向古典的简单的回归。贝淡宁极具现实感地意识到，在当代社会的语境中延续贤能政治，其合法性论证很难依赖于“天道”“天命”这样的古典概念。当代社会的贤能政治，其合法性论证最终还是无法离开民意的支持。章永乐在文中还建议，应更多地考虑儒家传统与 20 世纪革命趋向之间的紧张关系。他认为，20 世纪的平等革命产生了中共的“群众路线”，影响到新加坡人民行动党的执政风格。在尝试将新加坡与中国作为“贤能政治”案例加以探讨的同时，我们也许可以进一步思考连接两个国家的20世纪革命遗产。这种遗产的不同强度,将会产生不同的"贤能政治"可能性,但这同时也是"民主政治"的可能性。历史尚未终结,未来并无定数,我们需要保持开放的心态,朝向一个新的时代。

按照上述评论,"贤能政治"乃是当今西方主流政治模式的有力竞争者,是参与当今"国际体系大变动"角力的重要角色之一。但另有评论者则认为,贝淡宁的"贤能政治"论,在理论上过于粗疏,时而是民主制的对立物,时而又是民主制的补充物,时而坚决拒斥民主,时而又需要民主机制来保证其合法性。而在严格意义上,"贤能政治"的提法如何与"人民主权"相协调,也是一个重大理论疑难。

刘京希教授在《构建现代政治生态必须祛魅贤能政治》一文中认为,贤能政治的提法同加强法治和民主制度建设的时代要求之间存在较大张力。在他看来,建设中国特色社会主义,发展社会主义民主,构建有中国特色的社会主义政治生态,所要致力的,应当是加强制度建设,尤其是法治与民主制度建设,把反腐、群众路线教育、干部队伍建设,统统纳入民主与法治的轨道,有秩序、有程序、有法度地进行。相形之下,贤能政治在制度设计上则潜含着极大的不确定性、非持续性甚至高风险性,其实质不过是人治的改进形式,或者说是人治的"2.0版";其最为致命的软肋,在于无力更无法从根本制度层面解决权力的来源和权力的制约这两个关涉政权合法性的根本性问题。在这个意义上,构建良好政治生态的一个重要理论前提,就是为贤能政治祛魅,祛除人们对于贤能政治的迷思。

二、世界语境下的中国社会形态与古代东亚秩序①

如前所述,在21世纪以来,中国学界对"秦至清末中国社会形态"的重估方面,《文史哲》起到了有目共睹的引领作用。基于这种优势,《文史哲》国际版(JOCH)创刊号(1.1期)的主题设置便是"中国社会形态问题",相关论文包括《关于中国古代(周至清)社会形态问题的新思维》(张金光)、《郡县制时代——由权力建构与社会控制论秦至清的社会性质》(李若晖)、《两个南北朝与中古以来的历史发展线索》(李治安)等。这些最新探讨深刻地折射出了中国历史经验

① 本小节综合了孙齐为《文史哲》国际版(JOCH)5.2期及6.2期所作的编者导言。

与西方主流理论之间既相关又相违的复杂关系。

在张金光看来，半个多世纪以来的中国古代社会形态研究，或者争来争去始终难逃“五种生产方式”说之窠臼，或者大抵是参照西方中心论及其西方学术话语体系而提出，总是迫使中国历史实际去削足适履，而非力求发现实存的中国历史逻辑。文章指出，全部中国历史的进程是以国家权力为中心运转的，国家权力决定并塑造了中国社会历史的基本面貌，国家的核心权力是土地国家所有制。文章认为，周至清中国社会形态可分为四个递进相续的时期：邑社时代(西周春秋)、官社时代(战国秦)、半官社时代(汉唐间)、国家个体小农时代(宋清间)。李若晖则拈用了“郡县制”这个中国学界毫不陌生的术语，概括周秦之变以来的中国社会的基本组织形式。该文的观念性结论则是：在传统中国，最高权力与个体臣民之间的一切中间力量被扫荡殆尽，从而缔造出一个强大到极点的君主、一个萎缩到极点的社会以及一个个沉默到极点的奴仆化个体。①

不难指出，张文与李文所使用的基础性概念——“国家权力”“土地所有权”“最高权力”“个体”等——均为西方学界的常见术语。借助恰当的英文对译，一幅幅以“国家权力/最高权力”为中心的传统社会组织架构简图得以较清晰地浮现在西方读者面前，或有助于调整在自由主义笼罩下的西方学界“国家权力/最高权力”往往作为被解释对象(而非解释基础)的地位。

这两篇文章虽然重在揭示、强调国家权力对传统中国的支配性影响，并偶或涉及这种传统基因在现当代中国的表现，但对于传统时代国家权力过强所造成的弊端则又一致予以了批评。暗含在上述批评中的价值立场，显然正是五四新文化运动以来中国知识界接受现代“个体权利”意识洗礼的结果。细心的西方读者因此也可以从中领会到：当代中国之崛起固然在一定程度上受惠于自己的、有别于现代西方自由主义的传统基因，但舶自现代西方的“启蒙”精神同样也已经在当代中国深深扎根——就此而言，当今中国之崛起的文化与观念支撑绝非单纯是本土“前现代”资源，而更是中(传统的)西(现代的)双重资源相遇、磨合的产物。

除了对中国本土的社会形态进行重估之外，学界对中国在古代东亚秩序中

---

① 类似地，雷戈在《天高皇帝近：面向民众开放的皇权秩序建构——秦汉皇帝和民众之间复杂关系的互动和呈现》一文中，毫不避讳地表示，尽管秦汉皇帝有能力和民众建立有效的联系和结合，但这种结合总体上为的是扩展皇权、强化专制。

的地位和作用问题的关注,似乎也在随当代中国的复兴而日渐升温。

早在1941年,美国中国学家费正清(J. K. Fairbank)与美籍华裔学者邓嗣禹(S. Y. Teng)联合发表"On the Ch'ing Tributary System"一文,正式提出"朝贡制度"。1968年,费正清又主编 *The Chinese World Order: Traditional China's Foreign Relations*(《中国的世界秩序:旧中国的外交关系》)一书,将朝贡制度作为分析古代东亚国际秩序和中国的世界秩序的基本模式。

费正清认为,起源于商代的朝贡制度是中国与他国交往的重要纽带,是一个包罗万象的系统。费氏朝贡体制理论的一个重要假定是"中国中心主义"(Sino-centrism),即中国自称的中心性和优越性。他认为中国人与其他周围地区,以及与一般"非中国人"的关系,都带有中国中心主义与中国优越论的色彩,中国人往往认为,外交关系就是将体现于中国国内政治秩序与社会秩序中的同一原则向外示范。他将这种以中国为中心的、层级制的中国外交关系称之为"中国的世界秩序"。

朝贡制度理论为我们理解古代亚洲政治提供了一个很好的工具和视角。此后,朝贡制度逐渐成为研究古代中国对外关系的主流分析模式,长期左右欧美、日、韩学界的相关研究,并对中国学界产生重大影响。时至今日,学术界对朝贡制度的阐释、反思和批判仍在继续。围绕古代朝贡体制和亚洲秩序,《文史哲》国际版(JOCH)5.2期精心遴选了5篇文章。

葛兆光通过对比北宋实际的国际往来和画家想象的朝贡景象,考察宋人是如何延续汉唐盛世的历史记忆,想象自己仍然作为天下帝国的盛况的。他认为,(传)李公麟(约1049～1106)《万方职贡图》象征着中国在逐渐收缩的时代却在想象自己的膨胀。他认为这也导致了宋代中国(甚至以后中国)的一个传统,就是在有限的"国家"认知中,保存了无边"帝国"的想象,致使近代民族国家从传统中央帝国中蜕变出来之后,却依然残存着传统中央帝国意识。

同样是聚焦宋朝,黄纯艳则认为中国古代朝贡体系并非只是满足王朝的虚荣,也是维持国家安全的重要因素,是整体而复合的国际安全机制。宋朝奉行"守在四夷"的整体安全观和守内制外、防御为本的安全观。宋朝与朝贡体系内诸国既有共同利益,也有利益冲突,既相互对抗和角力,也相互合作和利用。朝贡体系的稳定和破坏与宋朝国内安全密切相关,也与体系内诸国安全都有很大关系,构成了一个动态和联动的安全共同体。

陈尚胜认为,从中国明清王朝与朝鲜、琉球、越南等属国关系看,朝贡制度也是双边贸易、文化交流、边疆管控以及司法合作的基本机制。而在属国遭遇国家安全危机时,作为“上国”的明清王朝也积极进行政治、外交和军事上的援救行动。不过,朝贡制度旨在建立“上国”与“属国”之间的主从关系,各个“属国”之间并没有围绕“上国”而形成合作联盟。因此,它在近代难以抗衡运用条约体系的西方列强以及日本在东亚地区的扩张。

韩东育通过重点考察近世东亚秩序的变迁,认为以“朝贡”形式推展于东亚地区的“华夷秩序”,经历了从“文野之别”到“国族主义”的漫长演变过程。与此相应,穿俊其间的亲缘关系网络亦经历了从紧密松弛再到解体等次第演化阶段。其中,“自民族中心主义”和“利益中心主义”构成了秩序组建与解体的核心内情。陈博翼则将目光转向清朝与东南亚之间的互动。他从边界强化、人口流动控制和主权三个维度讨论清代中国与东南亚尤其是越南、荷属巴达维亚、吕宋地区的互动。他认为清廷对此三个问题的考虑首要不在于人户、领土甚或海禁,而是基于安全和稳定的基点考量。

以上诸文的研究对象时间横跨 11 世纪至 19 世纪,空间涉及东亚和东南亚诸国,既有对朝贡体制的进一步阐释和拓展,也有对其理论的批判和挑战,集中展示了近期中国学者对朝贡体制理论和古代亚洲秩序研究的新思考和新进展。与此不无关系的是,对于中国本土重大历史议题的考察,亦愈来愈和“东亚视角”脱不开干系。以唐宋变革论为例。正如清朝康熙帝为明代开国之君朱元璋的陵墓亲笔所题碑铭“治隆唐宋”显示的那样,在历来对中国古代王朝的认知中,唐代(618～907)和宋代(960～1279)有着特殊的地位。唐代以外向的“辉煌的世界帝国”著称,而宋代则被认为是中国文化内向发展的“登峰造极”之世。但唐与宋之间并非平滑过渡,很早就有学者认识到唐宋之间有着根本的不同。在诸多历史解释之中,内藤湖南在 20 世纪初期提出的“唐宋变革论”是最为知名且影响最大的一种。

唐宋变革论提出之后,首先是通过 20 世纪中期日本学界的“历史分期论争”,在日本的中国史研究中取得了广泛的影响。继而,20 世纪 70 年代以后,唐宋变革论也成为美国宋史研究界着意对话的对象。虽然唐宋变革论很早就为中国学者所知,但在 2000 年以后,这一话题突然获得了爆发性的关注。这背后有很多原因,例如海外汉学的大量翻译、国内学者力图摆脱日渐琐碎化的研究趋势的努力,等等。毫无疑问,在最近20年中,"唐宋变革论"已经成为中国学者最为熟悉的历史学概念之一,以至于越来越多的学者开始提醒这一概念的滥用,甚至进而质疑其解释效力。

《文史哲》国际版(JOCH)6.2期编发的四篇相关文章,代表了近年来中国学界对这一话题的反思潮流。杨际平的《走出"唐宋变革论"的误区》一文,尖锐地提出:内藤湖南假说的基本结论、主要观点,乃至其所持的所谓论据都是错误的,"只是一篇以欧洲中心论为模式写就的抽象论纲"。李华瑞的文章通过学术史的梳理和评述,也认为唐宋变革论已经是"明日黄花",对中国唐宋史研究并没有真正的推进,现在应该"翻过由旧价值观支撑的旧范式所形成的那一页历史"。王化雨的文章从政治制度史研究的角度,反思了唐宋变革论的诸多不足,并提出了一些未来的研究方向。牟发松的文章则是对内藤湖南学说简明扼要的评述。总之,走出唐宋变革论的笼罩,逐渐开始成为中国学者的共识,需要更长的时间才能建立一个新的具有共识性的范式。

第三节 JOCH对一系列中国古典学术议题的推介

《文史哲》国际版(JOCH)并非仅对重大议题感兴趣,而是在创刊之初便有设想,要将中国古典学术中的代表性知识点,如先秦诸子百家、唐诗、宋词、元曲、明清小说等加以系统介绍。已出版的"中国古代神话与传说""在传说与真实之间:夏朝史学研究""早期儒家思想""道教的神圣空间""明清文学研究"专辑皆属此类。

一、中国古代的神话传说与中国道教的神圣空间

中国古代神话传说,被认为是理解中华文明起源和发展的密码。《文史哲》国际版(JOCH)3.1期以"中国古代神话与传说"为主题,集中刊发了7篇有关中国古代神话传说的新近研究成果。

众所周知,成体系的古希腊神话的出现早于哲学,而成为希腊文化的母体。作为西方哲学的开端性议题,"世界的本源"乃是从赫西俄德《神谱》中的"混沌之神"脱胎而来。那么,中国远古神话之于中国文化,是否同样具有渊薮地位呢?刘毓庆在《中国神话研究的新范式》一文中指出,中国神话不是一个独立的

文化形态,而是一种依附于历史文化思潮而存在的叙事形态和思维形态,是以神秘性思维方式为内核、叙事性表述为手段的表现艺术。因为这种依附关系,人类征服自然力的提升非但并不能使神话消失,科学的发展反而会给神话以新的神秘性内容。文章梳理展示了中国神话史的三次创作高潮和功能、内涵的大变迁:第一个高潮出现在五帝三王时期,此期神话主在讲述历史,实是历史的神话化;第二个高潮出现在秦汉魏晋时期,此期神话主在阐述哲学理论,可谓哲学的神话化;第三次高潮出现在元明时期,神话的叙述主题变换为宗教性内容,可谓宗教的神话化。

黄帝形象的演变,能够较为具体地反映主流政治制度变迁对中国古代神话叙事的型塑作用。苏晓威《中国早期文献及考古材料中黄帝形象的研究》一文,通过考察中国早期文献及考古材料,指出黄帝存在于世系、古帝和祭祀三个系统之中。世系系统中的黄帝,应属最早者;然后由祖考之帝,转化为始祖之帝即传说之人王而存在,这反映了黄帝由宗统进入君统的过程,以及一个基于血缘关系存在的分封制逐渐走向地缘关系的郡县制巨大变化的过程。祭祀系统中的黄帝形象与战国后期的阴阳五行学说紧密结合,同时在后世的发展过程中,又加入了一定的道教仪轨,由此获得信仰的价值。相应地,道家类文献中不同主题的黄帝书呈现出来的黄帝形象的系统也不同。

站在比较研究的视角看,中西方“神圣叙事”的差异构成了中西文化体系的不同叙事基础。陈连山在《论“神圣叙事”的概念》一文中指出,人类社会都用某种神圣性的叙事来论证秩序与价值的合理性,神圣叙事是社会赖以存在的基础之一。西方社会选择了神的故事作为其主要神圣叙事形式,而中国古代选择了古史作为自己的主要神圣叙事形式。神话与古史尽管在叙事内容上存在差异,但是其社会功能是一致的,而且都被信为“远古时代的事实”。因此,超越神话叙事和历史叙事之间在内容方面的差异,而从它们共同的社会功能角度看,用神圣叙事来囊括神话与古史是符合历史实际的,而且也有助于正确理解不同社会文化体系的叙事基础。

西王母的神格演变,同样折射了中国古代文明的重大进程。苏永前在《西王母神格探原——比较神话学的视角》一文中表示,由于《山海经》原本是早已失传的《山海图》的说明文字,有理由认为其中保存了西王母神话的早期图像信息。揭示这些信息的象征意蕴并广泛参证民族志资料,可以帮助我们对西王母原初神格进行还原。作为史前大母神,西王母兼具死亡与再生两种神职。随着父权制的兴起,西王母的原初神格渐渐被男权话语所遮蔽,最终成为屈居次要地位的配偶神。此外,本期所刊发的美国汉学家艾兰(Sarah Allan)、张翰墨、张振军等学者的论文,均立足比较神话学、考古学等视角,分别对上古洪水传说、女神叙事等具体个案作出了令人耳目一新的解读。

古代神话除了折射现实政治与文明的重大进程之外,还有一个突出特点,那就是,它承载着古人的"神圣"意识。在中外文明交流互鉴的过程中,"神圣性"是无法回避的议题之一。鉴于"神圣空间"是宗教学研究中的重要概念,《文史哲》国际版(JOCH)4.2期以"道教与神圣空间"为主题,集中刊出了五篇有关中国古代道教"神圣地理学"的研究力作。①

其中,刘寅清(Erica Chen)运用"隐喻概念"理论,对《列子》中的"神山"神话寓言化改写进行了深入阐释。刘屹《中古道教的"中国"观念》一文则通过中古时期道教文献,揭示出在佛教宇宙观的冲击下,道教如何重构了华夏民族固有的"中国"观念。文章指出,古代中国人认为自己位居"天下之中",佛教传入中国后,带来了印度文化对于宇宙天下的新构想,对华夏民族固有的"中国"观产生冲击。这种观念也对中古时期道教产生了影响。在佛教宇宙观影响下,道教重构了自己"中国"观。其显著特点即一度放弃了以"中国"为天下之中的观念,承认不止一个"天下",也不止一个"中国",而"中国"外围的蛮夷也都可成为道法的信奉者。但是这种超越的心态并没有一以贯之地被唐代道教毫无保留地继承下去。唐代道教从大宇宙观下的"中国"又回复到传统夷夏之分的"中国"。

雷闻《龙角仙都——一个唐代宗教圣地的塑造与转型》一文集中于龙角山这一个案,揭示出一个唐代道教圣地的塑造、转型以及政治权力在其中所发挥的作用。魏斌的《"山中"的六朝史》则尝试通过山岳文化景观的视角,重新讲述六朝史。文章指出:六朝时期,山岳文化景观发生了转折性的变化。最引人注目的显然是山中寺院和道馆的兴起,以及与后者有关的神仙洞府体系的形成。这使得"山中"成为一种特殊的信仰和文化空间。两种力量共同塑造了这种山林文化景观的变动,一种是宗教信仰——道教、佛教向山林开拓的结果,一种是政治权力——以建康为中心的新政治地理格局的影响。在这两种力量的共同

---

① 自此以下至本小节末取自孙齐为《文史哲》国际版(JOCH)5.1期所作的编者导言。

作用下,"山中"世界呈现出独特的文化新貌和空间格局,并成为与六朝政治、社会、文化关系密切的内容。

二、在传说与真实之间:夏朝史学研究①

中国,在古代自称为"华夏"。"夏"是中国渊源长久的历史记载中所确认的最早王朝。"夏代",一直是中国古代国家意识和民族认同中非常基础的观念——在中国现存最早也最权威的字典《说文解字》中,"夏"被释为"中国之人也"。不过,随着中国传统王朝统治的解体和西方社会科学模式的传播,夏代的有无和相关记载的真伪,成了近百年来中国学术史中最为敏感而难以平息的争论之一。20 世纪前半叶的"疑古思潮"与反疑古思潮,20 世纪末中国的"夏商周断代工程"与《剑桥中国上古史》(*The Cambridge History of Ancient China*)的出版,两种截然相反、针锋相对的论点,伴随着一百年来中国翻天覆地的变革与发展,一直牵动着中国学术界乃至社会公众的注意力。

最近几年,夏代有无的讨论再次在中国掀起热潮。随着一系列早期遗址的田野考古和《清华简》等出土文献等与夏代关系密切的材料的积累,中国考古学界和历史学界开始重新尝试叙述夏代的历史。2018 年,中国官方组织学者进行的"中华文明探源工程"工程发布研究结论,确认了中国文明具有 5000 年历史;同年,北京大学孙庆伟教授以"夏代信史的考古学重建"为题出版专著,明确提出夏文化不是有没有发现的问题,而是用什么方法去识别的问题;加州大学洛杉矶分校李旻教授也出版了专著 *Social Memory and State Formation in Early China*,从社会记忆的角度整合考古材料,重新叙述夏代史。这些研究旋即在学界引起新的广泛讨论,被学者认为是近百年来关于夏代史的第三次论争。这一动向,也被《文史哲》杂志评选为"2018 年度中国人文学术十大热点"之一。

《文史哲》国际版(JOCH)5.1 期共选取了 5 篇文章,其中既有学术史的回顾和反思,也有重建夏代史的最新尝试,概观性地展示这场中国学术界正在进行着的热烈讨论。

陈民镇《信史抑或伪史》一文,将近百年来中国学界关于夏代史的争论分为

① 本小节系孙齐为《文史哲》国际版(JOCH)5.1 期所作的编者引言,又见于《文史哲》2019 年第 6 期,封三。

三个阶段,清晰勾画出夏史研究与中国学术思潮的发展之间的复杂互动。作为方兴未艾的第三次论争的代表人物之一——孙庆伟的《界说与方法》一文,鲜明地提出了关于夏代史的考古学重建的提议,即抛弃“都邑推定法”,而采用“文化比较法”,从而将已发现的众多考古学文化,纳入“夏文化”的范畴。贾洪波《夏王朝年代的另类推测》一文,结合最新的考古学进展,提出了一套新的夏王朝的年代推算结论。

关于夏代年代推算中作为最重要依据的《竹书纪年》的使用,夏含夷与David S. Nivison之间的分歧为中国学者所熟知。在本专号所收的文章里,夏含夷从历史学和文献学研究方法上,对他和David S. Nivison关于《竹书纪年》的处理和使用中的不同取向,进行了回顾和反思。作为二里头工作队队长,许宏对夏代史研究的相对性和不可验证性的强调,也值得注意。在《中国考古学界国家起源探索的心路历程与相关思考》中,许宏认为中国考古学界在理论上存在着受民族主义和中国中心史观影响的“单线连续进化论”等缺陷,认为应当从整个东亚大陆的视角来理解中国国家的起源。

三、早期儒家思想再认识与“孟荀二分”格局重估

自《孟子》在宋代正式升格为经以来,孔孟并称便成为常态,宋明儒家道统论传统更是致力于打造正统经书一以贯之的解读。但现代学界更强调历史感,侧重揭示思想在时间中的流变。本期推出的陈明《孔孟仁说异同论》一文,即旨在检讨孔孟仁说在言说与论证方式上的诸多不同。“仁”是孔子思想体系的基础性概念,孔子以孝为仁的基础,以仁为成己的标志,以圣为成物之极致,孔子之仁本质上是一种行动的理论,具有特定的社会文化规定性;而孟子以“天”为其思想体系的基础性概念,将孔子生生不息的生命之天转换成道德化、概念化的义理之天,将孔子关乎尊敬父兄之仁改造成一种普遍绝对的道德情感或本能,并以天作为仁的形上学源头,使仁由“欲”的成果变为“思”的对象,从而把人与仁由孔子处所呈现的生命及其实现的实践关系转换成为心与性的修养关系。孔子以人为本,从道德情感(亲情)言仁,孟子以天为本,从道德理性(心性)言仁,分辨孔孟仁说的不同,对我们重振儒学的努力具有理论意义,对于我们的生活具有实际意义。

在20世纪70年代,北京大学哲学系《荀子》注释组曾特别强调荀学“善假

于(外)物”的特征。王博《论〈劝学篇〉在〈荀子〉及儒家中的意义》一文，专门比对了早期儒学中“学”与“思”这两个概念，认为前者外向、后者内向，荀子、孟子各占一边，代表着儒学中的两种传统。文章认为，《劝学篇》呈现出来的学以致圣理路也呼应着《荀子》整部书的编排理念，并与《论语》从《学而》到《尧曰》的结构相一致。与此相对，子思和孟子代表的则是思以致圣的方向。学与思的分别并不仅仅关系到修身的方法，同时也牵涉着各自的核心主张，如对人性、人心以及天道等的理解。

曹峰《孔子“正名”新考》一文指出，孔子“正名”说和“名分论”“名实论”并无天生的关系。《论语》的“正名”之所以会被赋予各种各样的解释，很大程度是后人依据后代的“正名”观去臆测孔子，在“名”的思想发展进程中将孔子“正名”说从一个虚壳一步步充实成为一个实体。孔子“正名”的原意或许很简单，并不是要建立什么“名”的规范系统，而只是在历史上孔子第一个意识到了语言对政治的重要性。也就是说，孔子作为一个政治家注意并预见到了名之不确定性、暧昧性、随意性对政治所可能带来的影响，看到了语言在无法准确表意或为人无法准确接受时会出现的政治后果，意识到了“名”作为明确是非、建立标准之手段对社会政治所能产生的巨大作用。孔子虽然提出了言语不统一会导致政治的不统一，但却没有贡献解决的方法。

鉴于“以往学界对孟子的研究多集中于其心性理论，而对孟子政治哲学的讨论则又往往注意其所谓民本思想”的局限性，方旭东《服从还是不服从？——孟子论人臣的政治义务》一文直面传统儒家政治不是西方公民政治而毋宁是君主政治的历史现实，尝试通过考察儒家对臣道的思考深入到政治义务的各个领域。文章显示，孟子对人臣政治义务的理解有着鲜明的儒家特色，而其中洋溢的抗争意识又使现代读者容易联想到自由、民主。文章从政治义务这一角度，检读了孟子有关臣道的论述，探索孟子政治哲学的隐微之域，尝试为当代政治义务的讨论提供一个不失参考价值的思路。

近几十年来，孟荀关系重估成为中国儒学界的热点。最近一波讨论热潮，由现居美国的李泽厚先生的《举孟旗　行荀学——为〈伦理学纲要〉一辩》(《探索与争鸣》2017 年第 4 期)这篇文章触发。李文面世之后，杨泽波旋即发表商榷文章《仍是一偏：论李泽厚的新旁出说》(《探索与争鸣》2017 年第 7 期)。梁涛进而于同年 10 月联合杜维明先生，在中国人民大学组织召开了“统合孟荀与道统重估”学术研讨会,将“孟荀关系”课题提到了儒学基本格局的重估与重整的高度。基于对学界相关动态的捕捉,《文史哲》国际版(JOCH)6.1期推出“重估孟荀二分的传统儒学格局”专辑。

该辑编者导言指出,儒学史上的孟荀之争,始终贯穿着“性若善,则施教与受教有何必要”“性若不善,则施教、受教以及自修,又何以可能”这一悖论,堪称困扰了儒学二千多年的“迷思”。编者认为,近几十年来重估孟荀关系的相关研究,无不在一定程度上触及了这个悖论,相关大致可划分为以下四类:

其一,以牟宗三为代表的港台新儒家,继续服膺宋明以来的“性善论”传统。在援用、高举康德的“道德自律”概念解说孟派性善论的同时,甚至将康德笔下的人的有限的知性能力强化为“智性直观”,以此在认识论上大刀阔斧地推扩其“性善论”主张。此举可谓是宋明以来“褒孟贬荀”的儒学格局的延续与深化。

其二,稍后于牟宗三,港台以及中国大陆儒家哲学研究界,兴起了一股延续至今的为荀子鼓与呼的热潮。出于对宋明以来“褒孟贬荀”传统的反弹,并鉴于“性善论”义理所既有的优势地位,这些研究者们试图替荀子洗刷“性恶论者”的污名,如认为荀子其实持有“孟子之外的另一种性善观,可以称为弱性善观,或人性向善论”(刘又铭),论证“荀子是性朴论者而非性恶论者”(周炽成),或认为“性恶、心善”才是完整的荀子人性论(梁涛)。这些研究成果在为荀子辩诬、在一定程度上消解“孟荀二分”成见的同时,亦使《荀子》解释大大地孟学化了,即便在一定程度上取得了“维护荀子”的效果,最终还是难逃“以荀子为孟子附庸”的格局。

其三,进入21世纪以来,所谓的“政治儒学”开始在中国大陆勃兴。按理说,“政治儒学”的兴起有助于促使学界关注荀子式“君师治教”观念,荀子“性恶论”作为论述“施教”与“受教”何以必要的前提性理论,其分量与价值因而有望从根本上得以重估;然而,正如一些学者所指出的那样,由于中国文化传统中缺乏深彻的“罪”与“拯救”意识,荀子式“性恶论”始终缺乏进一步展开的机缘,当前中国大陆“政治儒学”界对荀子“性恶论”理论潜力的挖掘,远不如处在基督教神学背景下的波士顿南派儒家[以南乐山(Robert Cummings Neville)、白诗朗(John Berthrong)为代表]自觉。作为波士顿南派儒家的代表性人物,南乐山(Robert Cummings Neville)与白诗朗(John Berthrong)一方面尝试以基督教“原罪论”会通荀子的“性恶论”,另一方面又试图借鉴荀子和儒家的“礼教”思维回应基督教的“原罪”问题，不管这种耶儒融合设想能否站得住脚，它至少有助于启发非基督教语境下的儒学研究者们，去充分正视荀子异于孟子的特色主张，并乐观地估计荀学特色义理的广阔前景。

其四，另有少数学者本着“理论创新”的愿景与激情，试图将两千多年来一直处于“二分”格局的孟子、荀子思想统合起来。这也是本期主题文章的焦点所在。

梁涛近年来明确举起了“统合孟荀”的大旗。在本期刊发的《统合孟荀　创新儒学》这篇文章中，梁涛将人类生存活动划分为“道德领域”和“政治领域”，认为《孟子》侧重前一领域而《荀子》侧重后一领域。在他看来，“统合孟荀”的课题似乎可以通过将“道德领域”与“政治领域”拼合为一个完整的人类生存世界而实现。

郭沂在刊发于《文史哲》国际版(JOCH)6.1期的《受之以荀　纠之以孟——现代化背景下的儒学重建》这篇文章中认为，儒学的当代重建面临两项重要任务：一是接受、吸纳西方现代性，从而实现现代转型，以回应现代化的挑战；二是挺立人的主体价值，从而纠正、修复现代化的缺陷，以解决后现代主义所提出的问题。《荀子》承认人是有缺陷的、需要各种规范、制度乃至法律的制约的思想，可以作为儒家接受、吸纳西方现代民主思想的桥梁，而《孟子》的“先立乎其大者，则其小者弗能夺也”资源，则可用来纠正西式现代化对人性的扭曲。实际上，早在20世纪90年代，郭沂即曾将孟子、荀子的特色理论分别命名为“内在论”与“外在论”，且在“道德过程论”的名义下表达了统合内在论与外在论的意向。

黄玉顺在同期刊发的《孟荀整合与中国社会现代化问题》一文中指出，孟荀思想本身具有复杂性乃至矛盾性，并且它们向来就是随着生活方式的演变和社会形态的转换而不断地被重新诠释、塑造和利用的，其影响力也随之而消长。在中国社会从王权封建转向皇权专制之际，荀学兴盛，这表明荀学中确实存在着法家专制主义因素。皇权帝国时代“独尊儒术”，于是有法家之嫌的荀学衰退，而作为儒学正宗的孟学兴起；但荀学却仍以隐蔽的形式发挥着重大甚至根本性的作用，这就是专制权力的“阳儒阴法”政治路线。而在中国社会走向现代性之际，荀学复兴，这表明荀学中存在着有助于现代性启蒙的思想资源。但荀学的现代复兴乃是伴随着儒学的现代复兴而来的，所以孟学并未因此而衰退，这就意味着必须整合孟荀，而整合的前提是根据现代价值来分别对孟荀思想加以“损益”。

作为主题论文之一,任剑涛《孟荀之外的第三条儒学进路》一文则认为,现代儒学的突破并不在综合孟荀,而在承续董仲舒进路。这种承续,也不在仅仅专注政治操作的董仲舒公羊学,而在儒家学理与儒家政治的内在综合:既在理论上综合诸家之长而成就通纳百家的儒学思想体系,又在实践上有原则地切入现实政治运作,从而将儒学的理论雄心与政治志向熔冶于一炉。

四、明清文学研究

《文史哲》国际版(JOCH)2.1期为“明清文学研究”专辑。其中,商伟《〈儒林外史〉叙述形态考论》一文以“人物的自我表述和彼此对话”作为考察《儒林外史》叙述形态的基本着眼点,以《儒林外史》的人物对话中存在着“时间叙述不一致”问题为突破口,尝试破解《儒林外史》的成书机制与叙事特征。作者认为,吴敬梓乃是在一个开放性的写作过程中,将取自当代笔记琐闻和个人阅历的各类素材编织成篇,渐次展现了以人物为中心的、与时推移的多重视角和多声部混杂的叙述形态。这种叙述形态,赋予了小说以切入当代文人的传闻网络(包括口头和书写的轶事传言)的机会,为这个网络提供了一个文学镜像。

针对以往学术界一般结合序跋、笔记、评点、书信、官、私目录等对明清时期通俗小说创作与批评理论加以阐述,而很少涉及小说凡例的情况,程国斌在《明清通俗小说凡例研究》一文中强调明清通俗小说凡例不仅具有很好的史料价值,同时也是我们研究明清小说创作、小说理论、出版市场、读者阶层等问题的特定视角。文章指出,小说凡例一般位于小说卷首,在序言和目录、插图之间,其中保存着丰富的小说史料,对于研究小说编撰者的创作主旨、刊刻者的出版意图、小说创作理论、小说创作与读者、市场的关系均具有重要的价值和意义。

小说中含有丰富的社会历史信息,而文学与现实的关系同样也是一个饶有兴味的重要话题。朱万曙《明清文学中的徽州图景》与陈文新、高添璧《明末清初“士人”与“优伶”关系新探——以〈陶庵梦忆〉为中心》两文,通过“小说”钩沉了文本所述时代的社会风貌之一角。

众所周知,“士人”与“优伶”这两种身份高下分明,“士人”是掌握知识、有资格参与政治的阶层,“优伶”则专以调笑娱人为职业,始终难逃“玩物”的宿命,甚至背负着“祸乱天下”的恶名。在中国历史的绝大多数时段里,沉沦贱业的“优伶”通常无法与“士”相提并论，二者之间难以建立起平等的交往关系，“优伶”的独立人格、思想、情感更是难以进入士人的书写范畴。陈文新、高添璧通过深入分析《陶庵梦忆》则发现，那时期“士人”与“优伶”的关系不再仅止于狎游消遣的层面，双方之间多了一种关于艺术、生活等方面颇为平等的交游。此前，居上位者串戏多为流俗、史笔所讥，然而在明清之际，随着戏曲艺术的盛行，串戏一事也变得无可厚非，甚至在某些时候被当作一种风雅的行为。分析其中缘由，两位作者指出：一是因为明代商品经济的发展以及城市的繁荣，为明后期“士人”逸乐的生活提供了物质的保障与实现的空间，充裕的物质条件也为“士人”与“优伶”提供了优越的切磋戏曲艺术的生活环境，促进了“优伶”技艺的提高；二是因为万历年间王阳明从祀孔庙，王学中的某些体现平民意识的观点对当时的社会风气产生了很大的影响，在一定程度上(尤其是在士人思想中)弥合了职业身份贵贱分明的鸿沟；三是因为对“士人”来说明代的政治环境相当恶劣，“士人”与政治之“势”自始至终殊死缠斗，“优伶”出众的技艺与其下层的身份则为他们提供了谋生的可能，甚至能够在离乱之中给予“士人”一定的物质援助。

《明清文学中的徽州图景》一文梳理了明清时期文学作品中的徽州图景：山水、乡村、财富、书香世界的叠印，徽州男人大多具有崇“德”、好“文”、豪侠的文化风貌，徽州女人则知书达理、任劳任怨、遵从封建伦理。将文学中的徽州图景与现实中的徽州历史图景相比较，文章进而总结了文学图景与现实图景的三重关系：文学图景和现实图景相对应，文学图景因现实图景的特殊性而呈现出不同的面貌，文学图景和地域文学存在着交叉关系。

中国已经驶入不可逆转的复兴航道。与政治、经济、军事、科技、工业、农业、教育、卫生、生态等方面的实力与国际影响力持续攀升相协调，中国同样也需要在国际上树立并展示自己强大而有吸引力的文化形象。中国有着数千年相续的文明传统，近代以来以“西强东弱”“西学东渐”为特征的数千年未有之大变局，加之改革开放以来中国思想文化与学术研究界对古今西学成系统的译介、消化，以及马克思主义基本原理在当代实践中与中国具体实际相结合、与中华优秀传统文化相结合所形成的红色文化，这三大板块合在一起构成了世界史上罕见的文化大综合体。这是中国文化进一步走出国门，树立更具感染力的国际文化形象的资本与底气所在。

然而,尽管中国的"硬实力"已经对欧美发达国家构成了越来越明显的"挑战",但西谚所谓的"文化追随财富"效应却尚未进展到令西方文化界从总体上、全方位地正视体量庞大的中国文化的地步。固有的"西方中心主义"的文化优越感仍在总体上笼罩着西方文化界,少数试图借鉴中国文化探寻新思维、新出路的学者在西方学界仍处边缘位置。当今西方对中国文化的了解,在深入度与系统性上,根本无法同当今中国对西方文化的了解相提并论。文明交流互鉴永无止境,中国对西方古今文化的了解进程无由止步,但不得不承认,当今中西文化文流严重不对称的格局,已经从总体上制约了中西文明的深度交融。更严重的是,由于对"毋大而肆,毋富而骄,毋众而嚣"等强调节制、崇尚和平的中国文化基因缺乏了解,本着"国强必霸"的西式思维定式,颇有一些西方政客与策士长期散布所谓的"中国威胁论",既为中国的和平崛起制造了一定的国际舆论障碍,也在一定程度上加剧了国际和地区形势的紧张感。可以说,无论是为了塑造正面的、有感召力的国际文化形象,还是为了纠正"中国威胁论"等不利于世界和平发展的偏见,包括中国古典学术在内的中国文化都亟须更自觉、更系统地走出去。

基于上述认识,并在山东大学相关领导与部门的推动下,《文史哲》编辑部于2014年开始正式创办以英文为工作语言的《文史哲》国际版(JOCH)。JOCH目前已正式出刊12期,由初创时的每年1期,很快(自2016年始)过渡为每年2期,目前正在朝季刊(每年4期)的出刊频次奋进。JOCH创刊之后不久,便收到了哈佛大学著名中国学专家包弼德,以及斯坦福大学人文科学名誉教授王靖宇的宝贵肯定与热情推荐。2018年、2019年,JOCH又分别入选Scopus(全球规模最大的摘要和引文数据库)与ERIH PLUS(欧洲人文社会科学研究索引)这两大数据库,稳步向国际人文学刊的腹地挺进。当然了,这些成绩只能算是万里长征的第一步。要想将《文史哲》国际版在世界范围内打造得像《文史哲》中文版在国内学界或汉语学界那般享有盛誉,恐怕非得数代《文史哲》人再付出上百年的努力,并继续依托持续向好的国运不可。

但无论如何,《文史哲》国际版创刊七八年来所取得的成绩是令人鼓舞的,它的一些做法也许是值得中国本土的外文文科学刊办刊同行参考、借鉴、评议,并进一步优化的。本着总结经验、面向未来、更上一层楼的愿望,我们在这里简单归纳的一下《文史哲》国际版(JOCH)这些年来的主要做法,以便有识之士更具针对性地为之进一步出谋划策。这些主要做法是：

其一，与国际知名学术出版商合作，利用其在学术品质方面的声望，尽可能地在创刊之初便在国际学术出版界占据较高的位阶；利用其成熟的发行渠道，辅以必要的资金支持，设立最有利于传播的发行机制(如在官方网页上向所有读者全文免费开放，供其阅读、下载)；遵守其谨严的技术性编校规范，使刊物在编校质量上不辱“走出国门，走向世界”的抱负。

其二，延揽以刊物工作语言(对 JOCH 来说是英语)为母语，在刊物覆盖领域(对 JOCH 来说是中国传统文、史、哲学术)术业有专攻、通汉语的优秀硕博留学生，组建强大的翻译团队，让外国读者以流利地道的母语阅读中国文科学术文章。

其三，国际版不是中文版的简单转译，而是基于对中外学术动态及需求的研判，采取主题出版的形式，每期围绕所定专题，审视自然来稿，并重点遴选近二三十年来最能代表中文学界研究水准的相关优秀论文，进行再加工与翻译、编辑。与此同时，积极开展中文优秀学术著作书评工作，让国际学界更及时地了解中国本土的学术动态。换言之，国际版代表的不是一己之中文版，而是要努力代表中文学界的最高水平。

其四，两条腿走路，既推出“世界文明对话”“历史记忆与范式变迁”“贤能政治在中国”这等饱含时代气息、折射当代中国精神风貌的带有“弄潮”性质的选题与专辑，亦有计划地陆续推出中国文、史、哲古典学术各重要知识点的厚重梳理之作，以俾许多年积累下来之后西方读者可借这些专辑更系统、更深入地了解中国古典学术，在这个层面上助力扭转目前中西文化交流严重失衡(西方对中国文化的了解远不及中国对西方文化的了解)局面。这后一类选题既包括 JOCH 已出版的“明清文学”“夏朝史学”“唐宋变革论”等专辑的主题，也包括酝酿中的墨子与墨学、唐诗、宋词、元曲等专题。

总而言之，在翻译、编辑、出版、发行方面，《文史哲》国际版力求在国际化轨道上运行，最大限度地争取、利用外方优质资源；在内容与选题方面，《文史哲》国际版力求以专题出版的形式，反映中国人文学界尤其是中国古典人文学术研究的最新动态，力求代表中国人文学界在相关选题上的最高研究水平。当然了，受制于一系列主客观能力和条件，《文史哲》人心向往之的上述办刊境界，始终都需要在广大作者和有识之士的鼎力支持下，不断克服种种困难，久久为功、向之接近。

结语　“古今中西”关系的再平衡

近代以来的西方冲击与西学东渐，从总体上改变了传统中国的面貌。在器物层面，中国已经成为“科学技术是第一生产力”观念的坚定服膺者，且正在由全球工厂（中国制造）向技术创新大国（中国创造）努力迈进。在制度层面，“自由”“平等”“公正”“法治”等更多地是由五四新文化运动所舶入、所强化起来的现代观念（尽管本土传统文化也在一定意义上蕴含相关基因），已经被正式写入社会主义核心价值观。在文化层面，与当今国际上流行的“多元主义”口号相适应，“文化多元”的格局在中国事实上已然形成，传统“和而不同”“和谐”观念之被挖掘、被推崇与此不无关系。可以说，现当代西方文明已经对现当代中国进行了不可逆转的重塑，任何针对这种“现代化”进程的大规模盲目逆转都会在下一阶段迎来反拨。

然而，尽管这种不可逆转的“中国现代化”进程是由西方冲击触发的，并至少在长达一百年的时间里深受西学东渐驱动，但一些根深蒂固的本土传统“文化—心理”结构，仍始终在潜移默化地对现当代中国现实进程发挥范导作用，而使当今中国的政治制度、人际关系、家庭观念等明显带有与当代欧美不同的特色。究竟如何看待这些“特色”？如何看待与之相应的传统“文化—心理”结构？是将它们视为合理的乃至值得鼓励的存在，还是将它们视为有待进一步革除的旧传统“尾巴”？这是一个关系着中国文化与制度建设接下来走向的大问题。

严格来讲，这一问题无法通过刚性的学理推究予以回答。正如面对“1840年以来中国面对西方列强屡战屡败，进而发现中国在科学和制度两方面皆不如西方”的巨大负面现实，“五四”新文化运动人“知耻而后勇”，对传统果断采取了“激进打倒”的态度与措施那样，当今中国持续向好以致复兴在望的发展态势，加之数千年来绵延不绝的文明统绪，在新的时代语境下亦以一种“事实胜于雄辩”的姿态重新激活了“中国主体”意识，为重新正视、继承发扬、转化发展本土传统“特色”文化基因注入了强大的现实底气。在世纪之交与21世纪初，有诸多现象和迹象表明，学界和国人正在经历这种心态转型。

《文史哲》人较早、较自觉地捕捉到了这一时代精神的变迁动向。2006年年底，在现任主编王学典教授主持下，经当时编辑部全体人员认真推敲和权衡，《文史哲》确立了新的办刊宗旨——“昌明传统学术，锻铸人文新知，植根汉语世界，融入全球文明”。该办刊宗旨首次出现在2007年第1期目录页2右上角，自此以后在每期《文史哲》同一位置出现。这一现行办刊宗旨简明扼要地囊括了当今中国人文学术所处的“古今中外”四重语境(“传统学术”代表“古”，“人文新知”注重“今”，“汉语世界”强调“中”，“全球文明”放眼“外”)，不偏不倚地提示了因应这四重语境的应然之道(分别是“昌明”“锻铸”“植根”“融入”)，标志着《文史哲》再次找到了自己的时代定位与学术纲领。该宗旨对《文史哲》主打中国古典人文学术的固有办刊风格，进行了带有导向性的新提炼——在揭示当今中国人文学术所处的“古今中外”四重语境的同时，稳健地表达了《文史哲》面对这四重语境的策略与追求。在此后迄今的十余年间，《文史哲》持之以恒地践行着这一宗旨；而这十余年间的国际、国内大环境与精神气候的继续变迁，也一再印证着该办刊宗旨确实充满了远见。

就“昌明传统学术”这条宗旨而言，《文史哲》于2001年(在现行办刊宗旨确立之前)依托首届东方美学国际学术会议刊发的“重估东方美学的世界地位”笔谈，以及《文史哲》编辑部于2008年(在现行办刊宗旨确立之后)举办的以反思“中国文论的失语”问题为契机、以呼吁“中国文化战略应作方向性调整”为落脚点的“中国文论遗产的继承与重构”人文高端论坛，二者一脉相承地体现了《文史哲》与中国人文学界相当一部分学者重振中国传统学术的心声。而置身五四新文化运动“打孔家店”以来的反传统大潮中看，《文史哲》杂志自2013年开始设立“重估儒学价值”栏目，则可谓是最醒目、最具针对性与标志意义的“昌明传统学术”举措(因为儒学无疑是中国传统文化的主干)。与此相关的栏目设置还有“疑古与释古”“文史新考”“审美文化研究”“儒学研究”等，相关作者与编者一道助力打造了《文史哲》“厚重古典研究”刊风的基本面。

再看“植根汉语世界”。如前所述，当今“中国主体”意识的苏醒，与当今中国蒸蒸日上的国运现实息息相关。这一背景下的“昌明传统学术”,因而必然有其间接或直接的现实关怀。以冯天瑜的《“封建”考论》(2006)出版及其影响持续发酵为契机,《文史哲》编辑部于2010年举办的“秦至清末:中国社会形态问题”人文高端论坛,以及《文史哲》杂志所设立的“中国社会形态问题”名栏,不但“以今(最新的政治哲学理念)观古”地对“秦至清末中国社会形态”提出了一系列新估,而且也在古典研究允许的范围内折射了一系列“以古观今”的洞见。这是古典人文研究不纯走逃避现实的“象牙塔”路线,而在各种许可范围内努力“植根汉语世界”现实这一旨趣的一种体现。至于2015年、2017年、2018年三度举办的“儒学与自由主义的对话”人文高端论坛,更是直接体现了从古典研究的深海浮出当代现实水面的情怀。

仅有“昌明传统学术”与“植根汉语世界”这两条宗旨,对一份主打中国古典研究的名刊来说是否足够呢?答案是否定的!在“古今中外”交汇的四重语境下,无论是“昌明传统学术”还是“植根汉语世界”,毫无疑问都既不可能是一味复古,也不可能是自我封闭。

《文史哲》久久为功的对“秦至清末传统中国社会形态”的重估,本身就是在当代视角下进行的“重估”。《文史哲》近年来锐意推动的“儒学与自由主义的对话”,更是直接将本土古典资源同现当代西方主流意识形态摆列一台,试图在与现当代西学资源深度切磋的基础上打造“儒家或东方生活方式”的当代版本。而正如爆发于21世纪初、迄今余音不绝的“中国哲学的合法性”问题大讨论(《文史哲》有幸刊发这场大讨论的三个导火索文本之一)所显示的那样,任何旨在昌明传统学术的“重估”与“打造”,归根结底都要落到“锻铸人文新知”这一实处。《文史哲》人清醒地知道,中国传统学术真正昌明之际,必然也是它大量生发能经得起国际学界普遍推敲的论题与理论之时。

“古今中外”四重语境下的“锻铸人文新知”,断不是关起门用“拿来”的衣装将“旧货”外在地包装一番就可以的,而是必须拿出“融入全球文明”的巨大勇气和恒久劳作,脱胎换骨般地促成中华传统文化的“创造性转化、创新性发展”。就此而言,《文史哲》中文版“海外中国学研究”栏目的设立、其对汉语西学研究状况的反映,就绝不只是一种为了使刊物形象“好看”的装饰,而是内在地从属于“昌明传统学术,锻铸人文新知”这一充满张力的时代目标。类似地,《文史哲》国际版(JOCH)的创办,除了具有助力中国文化“走出去”、平衡中西相互了解严重“不对称”格局(当代中国对西方文化的了解远远超过当代西方对中国文化的了解)的功能之外,同时也有着“放马过去”近距离察看国际学界的学术反应,以便谋求更行之有效的“昌明传统学术,锻铸人文新知,植根汉语世界,融入全球文明”之道的深层考虑。

后　记

本书是为纪念《文史哲》创刊七十周年而著，系基于《〈文史哲〉与中国人文学术编年(1951～2021)》(郭震旦编撰)的“通论”。《文史哲》70年来的办刊史，是一部与共和国国运同频共振的学术史。本书不是一本狭义的期刊内史，而是试图通过择要回溯《文史哲》70年来所处的时代背景变迁，聚焦其办刊历程的主要环节，评点其所刊发的代表性学术成果，从一本高品质人文学术期刊的角度，见证共和国人文学术70年的不平凡历程。

本书由《文史哲》现任主编王学典教授担纲策划。上、中、下三编的布局，以及“从民国学术到共和国学术的大转型”“《文史哲》的厚重古典人文研究刊风”“当今中国人文学术的本土化转向”等贯穿全书的关键概括、主导理念、重要提法，皆出自王学典主编。

本书撰写分工如下：

“上编　从民国学术到共和国学术：《文史哲》与新中国人文学术大转型”由山东大学儒学高等研究院教授陈峰、山东大学儒学高等研究院博士生董彩云撰写。

“中编　枯木逢春：《文史哲》与中国古典学术的复兴”由山东大学《文史哲》编辑部副教授李梅、济南大学文学院教授俞艳庭撰写。

“下编　重返本土：《文史哲》与21世纪以来的中国学术气候变迁”由山东大学《文史哲》编辑部副教授邹晓东、山东大学马克思主义学院助理研究员田芳撰写。

本书从选题到分工到撰写、修改，主编、作者、《文史哲》编辑部全体同仁曾多次会商研讨。尽管如此,由于我们的识见与功力有限,加之时间较为仓促,本书对波澜壮阔的“《文史哲》与共和国人文学术七十年”的钩沉与概括,肯定有不少疏漏和可商榷之处。敬盼各界有识之士以各种方式有教于我们,大家一起不断推进对“《文史哲》与共和国人文学术历程”宝藏的挖掘和认识。

作 者

2021 年 6 月